Martha Schad
Bayerns Königinnen

SERIE PIPER

Zu diesem Buch

Über die aus dem Hause Wittelsbach stammenden Monarchen gibt es zahlreiche Veröffentlichungen. Doch wer waren die Frauen an der Seite dieser kunstsinnigen Herrscher? Bayerns Königinnen stammten alle aus führenden Dynastien Europas, waren schön und hochgebildet. Sie wirkten vor allem in ihren Familien, engagierten sich aber auch auf sozialem und kulturellem Gebiet, förderten Toleranz, Frömmigkeit und Liberalität im jungen Königreich, erlebten politische Niederlagen ebenso wie privates Glück. Martha Schad berücksichtigt Briefe und Tagebücher aus dem Geheimen Hausarchiv der Wittelsbacher und schildert kurzweilig und kenntnisreich das öffentliche und private Leben der vier bayerischen Königinnen: Caroline von Baden, Großmutter der legendären Sisi und erste protestantische Landesmutter, Therese von Sachsen-Hildburghausen, Namensgeberin der Münchner Theresienwiese, Marie von Preußen, die das Bayerische Rote Kreuz gründete, und Marie Therese von Österreich-Este, Gemahlin von König Ludwig III. Diese Neuausgabe wurde erweitert um einen umfangreichen Farbbildteil.

Martha Schad, geboren 1939 in München, studierte Geschichte und Kunstgeschichte an der Universität Augsburg, wo sie auch promovierte. Sie schrieb zahlreiche Bücher über Frauen in der Geschichte und Zeitgeschichte. Zuletzt veröffentlichte sie »Frauen gegen Hitler«, »Hitlers Spionin. Das Leben der Stephanie von Hohenlohe«, »Stalins Tochter« und »Mozarts erste Liebe«. Sie lebt als Historikerin und Schriftstellerin mit ihrem Mann in Augsburg.

Martha Schad
Bayerns Königinnen

Neuausgabe mit Farbbildteil

Piper München Zürich

Von Martha Schad liegen in der Serie Piper vor:
Kaiserin Elisabeth und ihre Töchter (2857)
Die Frauen des Hauses Fugger (3818)
Cosima Wagner/Ludwig II. von Bayern: Briefe (Hg., 4079)
Marie Valérie von Österreich: Das Tagebuch der Lieblingstochter von
Kaiserin Elisabeth (Hg., 4364)
Bayerns Königinnen (4598)

Meinem Mann Horst gewidmet

Dieses Taschenbuch wurde auf FSC-zertifiziertem Papier gedruckt.
FSC (Forest Stewardship Council) ist eine nichtstaatliche, gemeinnützige
Organisation, die sich für eine ökologische und sozialverantwortliche
Nutzung der Wälder unserer Erde einsetzt (vgl. Logo auf der Umschlag-
rückseite).

Durchgesehene Taschenbuchausgabe
August 1998 (SP 2569)
Dezember 2005
2. Auflage März 2007
© 1992 Verlag Friedrich Pustet, Regensburg
Umschlag/Bildredaktion: Büro Hamburg
Heike Dehning, Charlotte Wippermann,
Alke Bücking, Kathrin Hilse
Umschlagabbildung: Joseph Stieler (»Marie, Königin von
Bayern«; Foto: da Cunha/akg-Images)
Foto Umschlagrückseite: G. Tauber, Augsburg
Papier: Munken Print von Arctic Paper Munkedals AB, Schweden
Gesamtherstellung: Clausen & Bosse, Leck
Printed in Germany   ISBN 978-3-492-24598-2

www.piper.de

Inhalt

Zum Geleit
Irmingard Prinzessin von Bayern ... 11

Vorwort ... 13

Caroline Friederike Wilhelmine von Baden ... 15

Von der badischen Prinzessin zur bayerischen Kurfürstin ... 17
Das Haus Baden 18 – »Ihr Herz soll die Antwort diktieren« 20 –
Ehevertrag, Hochzeit und vier Kinder 23 – Um die Gesundheit
der Kurfürstin steht es nicht zum besten 27

Freud und Leid der Mutter Caroline ... 29
Vier Stiefkinder und acht eigene Kinder 29 – Auf der Flucht
vor den Franzosen 31 – Fünf Töchter und Schwiegersöhne 34 –
Töchterchen Caroline: »innig geliebt und heiß beweint« 38 –
Kommas, Punkte und Homer 41 – »Früchtebringendes Kapital« für die königlichen Töchter 42 – Die Indianerkinder Juri
und Miranha 43

Königin Caroline und König Max I. Joseph ... 45
Die Zeit der Napoleonischen Befreiungskriege 46 – Die letzten
Jahre an der Seite des Gemahls 50 – Das Appartement der Ca-
roline 53 – Caroline und die Schönen Künste 55

Die erste protestantische Regentin Bayerns ... 59
Der Hofprediger der Kurfürstin 60 – Die neue Toleranz in Bayern 63 – Eine Kirche für zwei Königinnen und die ganze evangelische Gemeinde 64 – Die Frömmigkeit der Königin 65

Caroline und Kaiser Napoleon 69
Eine unerfüllte Jugendliebe: der Herzog von Enghien 69 – Erzwungene Ehen 71 – Mit Napoleon in Venedig 75 – Napoleon, der charmante Gastgeber in Paris 77

Caroline und das Geheimnis um Kaspar Hauser 79

Witwenzeit 85
Das wenig »feinfühlende Herz« Ludwigs I. 85 – Abschied von der Münchner Residenz 89

Tod der Königin-Witwe Caroline 92
Der Eklat um die Beisetzung 93

Therese von Sachsen-Hildburghausen 99

Die Wettinerprinzessin aus Thüringen 101
Die Wahl fiel auf Therese 103 – Hochzeit, Pferderennen und die Geburt des Oktoberfestes 108

Das bayerische Kronprinzenpaar 112
Von Residenz zu Residenz 112 – »Die Wunderheilung« 114 – Die Kinder Thereses und Ludwigs 116

Der Lieblingssohn: König Otto von Griechenland 124
Das Theresienmonument in Bad Aibling 126 – Sehnsucht nach Otto und Brautschau 128

Das Königspaar Therese und Ludwig I. 132
Therese – politisch klug und diplomatisch geschickt 132 – Pflichtprogramm: Reisen durch das Königreich 134 – Die Privatreisen der Königin 137 – Die Escherich: Freundschaft mit einer »Frau aus dem Volke« 140 – Der Geiz des Königs oder die gedemütigte Königin 142 – Die »Jubel Ehe« des Königspaares 1835 145 – Therese und ihr kleiner Tiergarten 150 – Kleinod Villa Ludwigshöhe 151 – Das letzte gemeinsame Fest: die Enthüllung der Bavaria 152

*Die Leiden der Königin: die Leidenschaften des Königs –
Marchesa Florenzi und Lola Montez*   154

Therese, die Ungekrönte   161

*Der Theresien-Orden: der vornehmste Damen-Orden
in Bayern*   164

Königin Therese – ein Opfer der Cholera   169

Marie von Preußen   175

Die Hohenzollernprinzessin   177
Das Elternhaus 177 – Unbeschwerte Kindheit 180 – Verlobung
Mariechens mit Maximilian von Bayern 185 – Konfirmation der
Braut 187 – Evangelische Prokurativ-Trauung in Berlin 188 –
Triumphaler Empfang Mariechens in Bayern 189 – Katholische
Trauung in der Allerheiligen-Hofkirche 193

Max und Mariechen – das Kronprinzenpaar   197
Das langersehnte Kind: Erbprinz Ludwig 203

Königin Marie und König Max II. Joseph   209
Revolutionswirren und Geburt des Sohnes Otto 209 – Familienleben 211 – Soziales Engagement 216 – Gleichklang der Seelen 218 – Die letzten gemeinsamen Jahre 224

Marie, die königliche Bergsteigerin   229
Der Alpenrosenorden 232 – Mit den Söhnen auf Edelweißsuche 234 – Elbigenalp, das »Residenzdorf der Königin« 237

Konversion der Königin-Mutter   239
Reaktionen auf den Konfessionswechsel 243

Die Königin-Mutter und ihre Söhne   250
Bayerns Traumpaar: Märchenkönig Ludwig und Herzogin So-

phie 257 – Ein kranker und ein toter Sohn: Otto und Ludwig 262 – Trauer um König Ludwig II. 268

Königin Marie, Gründerin des bayerischen Frauenvereins vom Roten Kreuz – Kriegsjahre 1866 und 1870/71 273

Königin Maries Tod 283
Beisetzung des Herzens der Königin-Mutter in Altötting 284

Marie Therese von Österreich-Este 287

Die Habsburgerprinzessin 289
Liebe auf den ersten Blick 290 – Vermählung am Wiener Hof und Ankunft in München 293 – Leutstetten: Kinder, Blumen und Staffelei 295

Reicher Kindersegen für das Prinzenpaar 300
Dreizehn königliche Kinder 300

Isabella Braun, Karl May und das bayerische Königshaus 314

Köngin Marie Therese – die langersehnte katholische Landesmutter 317
Neue Aufgaben: Reisen und Repräsentieren 321 – »Patrona Bavariae« 327 – Goldene Hochzeit 328 – Der Hofstaat der Königin 332

Die Königin und die Frauen Bayerns im Ersten Weltkrieg 337
Sorge um Soldaten und Verwundete 339 – Armut, Hunger, Rebellion 344

Im Exil 348
Die letzten Tage der bayerischen Monarchie 348 – Durch Nacht und Nebel 353 – Trennung der Familie 357 – Freude und Trauer auf Schloß Wildenwart 360

Die Heimkehr des toten Königspaares nach München 365

Stammtafeln 368
Quellen- und Literaturverzeichnis 373
Bildnachweis 380
Anmerkungen 381
Personenregister 393

Zum Geleit

In der Geschichtsschreibung haben die vier Gemahlinnen der bayerischen Könige kaum Beachtung gefunden, obwohl sie aus führenden Herrscherhäusern stammten und die Heiraten für Bayern von politischem Interesse waren. Bis auf Königin Marie Therese, Gemahlin Ludwigs III., waren alle evangelisch. Sie waren insbesondere im sozialen Bereich tätig und waren nicht zuletzt deshalb sehr beliebt, wobei Königin Caroline als »erste protestantische Landesmutter« bis heute besondere Wertschätzung genießt.

Es ist daher begrüßenswert, daß mit dem vorliegenden Buch erstmals umfassend die Lebensbilder der Königinnen Caroline, Therese, Marie und Marie Therese dargestellt werden. Hierfür sei der Autorin und dem Verlag gedankt.

Leutstetten   Irmingard Prinzessin von Bayern

Vorwort

> *»Unser Leben ist wie ein spannender Roman«*
> Prinzessin Wiltrud von Bayern, 1918

»Die bayerische Geschichte ist fast zur Gänze patriarchalisch-männlich verstanden und gedeutet worden.« Als der Historiker Karl Bosl 1981 diese Formulierung wählte, machte er auf einen Sachverhalt aufmerksam, an dem sich bis heute nur wenig geändert hat. So finden sich in keinem der umfassenden Werke zur bayerischen Geschichte die Namen aller vier bayerischen Königinnen.

Einzelarbeiten zu den bayerischen Königinnen sind selten. Anna Lore Bühler legte 1941 eine Dissertation mit dem Titel »Karoline, Königin von Bayern« vor. Die Königinnen Therese und Marie wurden von Elfi M. Haller in brillant geschriebenen Aufsätzen vorgestellt. Hannes Heindl hat der Königin Marie ein liebevoll angelegtes Album gewidmet. Reinhold Böhm zeigte in einer umfassenden Arbeit das Leben der Königin-Mutter Marie im Füssener Land und im Tiroler Außerfern auf. Königin Thereses Tochter Mathilde, Großherzogin von Hessen und bei Rhein, hat in Barbara Beck 1994 eine Biographin gefunden. Adalbert Prinz von Bayern hat in seinen zahlreichen Publikationen Königin Caroline besondere Aufmerksamkeit geschenkt. Biographische Grundlage für Forschungen zum Hause Wittelsbach ist das Werk »Die Wittelsbacher in Lebensbildern« (1986) von Marga und Hans Rall, ehemals Vorstand des Geheimen Hausarchivs, München.

Bei den Arbeiten zu dem nun vorliegenden Buch, in dem zum ersten Mal der Lebensweg aller vier bayerischen Königinnen geschildert wird, bin ich von zahlreichen Privatleuten und Institutionen unterstützt worden. An erster Stelle steht mein Dank an I. K. H. Irmingard Prinzessin von Bayern, Enkelin der letzten bayerischen Königin Marie Therese. Sie und ihr Gemahl S. K. H. Ludwig Prinz von Bayern haben mir wertvolle Einblicke in das Familienleben des Hauses Wittelsbach gegeben und Bildmaterial zur Verfügung gestellt.

Das Haus Wittelsbach hatte mir gestattet, für meine Forschungen uneingeschränkt das Geheime Hausarchiv zu benützen. Ich darf hierfür ganz besonders herzlich danken.

Martha Schad

Caroline Friederike Wilhelmine von Baden

Gemahlin von König Maximilian I. Joseph

* 13. Juli 1776 Karlsruhe
† 13. November 1841 München

∞ 9. März 1797 Karlsruhe

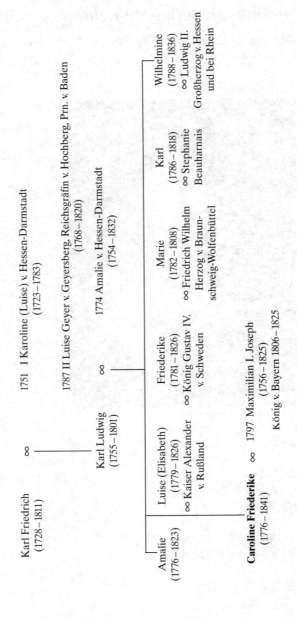

Von der badischen Prinzessin zur bayerischen Kurfürstin

Prinzessin Caroline von Baden und Hochberg und Maximilian Herzog von Pfalz-Zweibrücken waren das erste Königspaar auf dem Thron des am 1. Januar 1806 proklamierten Königreichs Bayern. Doch der Weg dorthin sollte von politischen Wirren und persönlichem Leid gekennzeichnet sein. Es war das »Zeitalter der Französischen Revolution und Napoleons bis zum Wiener Kongreß«, die Zeit zwischen 1795 und 1816, die Mitteleuropa von Grund auf umgestaltete.[1]

Maximilian Maria Michael Johann Baptist Franz von Paula Joseph Kaspar Ignatius Johann Nepomuk kam am 27. Mai 1756 als zweiter Sohn des Pfalzgrafen Friedrich Michael von Birkenfeld-Zweibrücken und dessen Ehefrau Maria Franziska Dorothea, Prinzessin von Pfalz-Sulzbach, im Schloß zu Mannheim zur Welt. An seiner Wiege war ihm nicht gesungen, daß er einmal sämtliche wittelsbachischen Länder erben und der erste König eines neuen Bayern werden sollte.

Max Joseph hatte einen älteren Bruder, Karl August, der nach dem Tod Herzog Christians IV. die Regierung in Zweibrücken antrat. Da dessen einziger Sohn früh gestorben war, wurde Max Joseph nach Karl Augusts Tod 1795 Thronerbe von Zweibrücken. Auch mit der Rückkehr Bayerns an diese pfälzische Linie konnte man nach mehr als vierhundert Jahren Trennung nicht mehr rechnen. Doch mit dem Tode des kinderlosen Kurfürsten von Pfalz-Bayern, Karl Theodor, im Jahre 1799 fiel Bayern dann tatsächlich ebenfalls an Max Joseph.

Als Max Joseph elf Jahre alt war, starb sein Vater, mit vier hatte er bereits seine Mutter »verloren«. Sie wurde von ihrem Schwager, dem seit 1760 regierenden Herzog Christian IV. von Zweibrücken, vom Hof verbannt, weil sie sich während der oft langen Abwesenheit ihres Mannes mit einem Schauspieler liiert hatte, von dem sie ein Kind bekam.

Im Jahre 1772, als Max Joseph sechzehn Jahre alt war, fanden es sein Onkel und Vormund Herzog Christian und dessen Frau Gräfin Forbach an der Zeit, nach einer passenden Braut für ihren Schützling Ausschau zu halten, doch erst 1785 sollte es gelingen, den inzwischen 29jährigen endlich zum Heiraten zu zwingen. Max Joseph war nämlich um keinen Preis bereit, sein »ziemlich ungebundenes Leben«, wie es Rall gelinde ausdrückt[2], aufzugeben. Frauen, Spielsucht und ungeheure Schulden bestimmten bis zu seiner Heirat mit Auguste Wilhelmine von Hessen-Darmstadt sein Leben. König Ludwig XVI. von Frankreich bezahlte zeitweilig die Schulden für Max Joseph; er wurde auch der Taufpate von dessen erstem Sohn Ludwig, der am 25. August 1786 in Straßburg zur Welt kam und später keinerlei Sympathien für Frankreich empfand. Nach dem Sturm auf die Bastille in Paris am 14. Juli 1789 begannen auch in Straßburg die Unruhen gegen die königliche Regierung. Max Joseph, der dort das königlich französische Infanterieregiment »Alsace« kommandierte, verließ die Stadt und ging zunächst nach Darmstadt, dann nach Mannheim. Als auch um Mannheim gekämpft wurde, floh Max Joseph mit seinen Kindern nach Ansbach. Am 30. März 1796 war seine Frau an der Schwindsucht gestorben. Fünf Kinder hatte sie ihm geboren, von denen vier überlebten. Die beste Charakterisierung Max Josephs stammt wohl von Eberhard Weis: »Nachgeborener Prinz von Pfalz-Zweibrücken, leichtlebiger französischer Offizier des Ancien Regime, landloser, vor den Revolutionsheeren flüchtender Herzog, einer der letzten Kurfürsten des alten Reiches.«[3]

Das Haus Baden

Und wer war Caroline? Sie und ihre Zwillingsschwester Amalie kamen als erste von insgesamt sieben Kindern des badischen Erbprinzen Karl Ludwig und Amalie Prinzessin von Hessen-Darmstadt, Tochter des Landgrafen Ludwig IX. von Hessen-Darmstadt und der »Großen Landgräfin« Karoline, zur Welt; deren Vater wiederum war ein Wittelsbacher, Herzog Christian III. von Pfalz-Zweibrücken.

Die tatsächliche Autorität im Hause Baden besaß die Erbprinzessin Amalie. Amalie, die Mutter Carolines, war für ihren Ehrgeiz bekannt, ihre Kinder bestens zu verheiraten. Die Frau des regierenden Markgrafen Karl Friedrich von Baden, Karoline von Hessen-Darmstadt, war 1783 gestorben. Amalie hatte wohl, um nicht durch eine zweite Markgräfin verdrängt zu werden, eine morganatische Ehe zwischen dem Markgrafen Karl Friedrich und ihrer Hofdame, Baroneß Luise Geyer von Geyersberg, »gestiftet«, der späteren Gräfin von Hochberg.

Amalie brachte zunächst fünf Töchter, dann einen Sohn und zuletzt wieder eine Tochter zur Welt. Die beiden ältesten Töchter waren – wie gesagt – Zwillinge: Amalie und Caroline. Die drittgeborene Luise heiratete Alexander, den ältesten Sohn des Zarewitsch Paul, und änderte ihren Namen in Elisabeth.

Caroline genoß eine umfassende Bildung; sie war zudem eine ausgezeichnete Reiterin und erhielt mehrere Jahre lang zusammen mit ihrer Schwester Malunterricht durch den seit 1785 in Karlsruher Diensten stehenden Maler Philipp Jakob Becker. Von ihm stammt ein anmutiges Pastellbild, das die einundzwanzigjährige Prinzessin Caroline, mit dem Zeichengriffel in der Hand vor einer Staffelei stehend, zeigt.[4]

Carolines Mutter hatte ihren Töchtern beigebracht,»sich ihrem Stande nach in der Welt zu bewegen«, sie sollten stets ihrer hohen Geburt eingedenk sein. Der Einfluß der Mutter in ihrer antifranzösischen Haltung[5] wirkte sich am stärksten bei Caroline und Elisabeth von Rußland aus. Die Mutter schrieb an den Freiherrn vom Stein:»Ich kann nach meinen Gefühlen nie eine Empfindung für exaltiert halten, wenn es das Vaterland und die Befreiung vom schimpflichsten Joch gilt. Dafür ist kein Opfer zu groß, und ich möchte sie selbst gern alle bringen.«[6]

Wie die Biographin Carolines, Anna Lore Bühler, feststellte, »ist dieses Standesbewußtsein bei Caroline, wie es sich vor allem in der Napoleonischen Zeit zeigt, tatsächlich außerordentlich stark ausgeprägt und darf als charakteristischer Wesenszug genannt werden«.[7]

Im Jahre 1791 wünschte das badische Haus in Karlsruhe eine Verbindung Carolines mit dem damaligen Kronprinzen und späteren König Friedrich Wilhelm III. von Preußen. Doch der Kronprinz verliebte sich in die Prinzessin Luise von Mecklenburg-Strelitz. Carolines Mutter schien ziemlich verärgert darüber:»Si le genre de princesses de Mecklenbourg, qui sont très coquettes, a pu enflammer si vite ces princes ...« (= »Wenn diese Art von Prinzessinnen von Mecklenburg, die sehr kokett sind, diese Prinzen so schnell entflammen konnten ...«), so sei der Kronprinz für die vornehme Caroline nicht der geeignete Lebenspartner.[8]

Drei Jahre später, 1794, warb Prinz Friedrich von Württemberg um die inzwischen achtzehnjährige Caroline, doch gefiel ihr dieser überhaupt nicht, und unter Tränen bat sie ihre Eltern, sich nicht für ihn entschließen zu müssen. Der Württemberger galt als cholerisch und war sehr korpulent, und Caroline schaffte es tatsächlich, ihn nicht zu heiraten. Über ihre Jugendliebe zum Herzog von Enghien wird noch zu lesen sein.

»Ihr Herz soll die Antwort diktieren«

Wo nun lernten sich Max und Caroline kennen? Wie schon erwähnt, war Max mit seiner Familie vor den anrückenden Franzosen nach Ansbach geflohen. Auch der markgräflich-badische Hof brachte sich dorthin in Sicherheit.

Bei dem Zusammentreffen der Familien zeigte der verwitwete, inzwischen 40jährige Herzog Max zunächst Interesse für eine »Frau oder Fräulein Schöpf«. Eines Tages aber traf ihn ein »coup de foudre«, er verliebte sich Hals über Kopf in die 20jährige Caroline. Er machte der badischen Prinzessin seine Aufwartung, bei den Bällen tanzte er bevorzugt mit ihr. »Die Schöpf« bemerkte natürlich schnell, daß sich das Interesse des Herzogs von ihr ab- und Caroline zuwandte. Montgelas, der Berater des Herzogs Max, hätte eine norddeutsche oder englische Prinzessin vorgezogen. Doch für Montgelas' Wünsche war es zu spät. Max hatte schon bei der Mutter Carolines um deren Hand angehalten und zwar schriftlich und »den rechten Moment nutzend«, da der Markgraf und der Erbprinz von Baden in ihr Land gereist waren, in dem die Franzosen schrecklich hausten.

»Sie werden mich für den lächerlichsten Menschen der Welt halten, weil ich Ihnen schreibe, obwohl wir unter dem gleichen Dach wohnen. Aber man drückt sich schriftlich besser aus als mündlich, besonders in diesem Fall, da es sich um Glück oder Unglück meines Lebens handelt. Ich liebe die Prinzessin Caroline, liebe Cousine, noch richtiger, j'en suis fou. Ich bin mir der Kühnheit, ihr in meiner Lage meine Hand zu bieten, wohl bewußt, fühle aber gleichzeitig, daß mich ihr Besitz zum glücklichsten Menschen machen würde. Geruhen Sie, diesmal mein Advokat zu sein. Sagen Sie ihr, daß, falls ein derart liebendes Herz, wie es mit Worten nicht auszudrücken ist, ein gerader und ehrlicher Charakter sie veranlassen könnte, über mein Alter und meine Eigenschaft als Vater von vier Kindern wegzusehen, ich sie anflehe, meinen kniend vorgebrachten Antrag nicht zurückzuweisen.

Ich wage, Sie zu versichern, daß sie es niemals bereuen wird, daß das meinem Herzen teuerste Bestreben sein wird, sie glücklich zu machen und ihr jeden Augenblick bis an mein Lebensende meine tiefe Dankbarkeit zu erweisen. Ich verlange von ihr nur etwas Freundschaft für mich und ihre Güte für meine Kinder, die sich bemühen werden, sich dessen würdig zu zeigen. Lesen Sie meinen Brief Ihrer liebenswerten Tochter vor, liebe Cousine, und vor allem, beeinflussen Sie sie nicht. Ihr Herz soll die Antwort diktieren. Wie sie auch ausfallen mag, ich werde ihr darum nicht weniger ewig anhänglich bleiben.«[9]

Nach diesem Brief erschien Max zu einer Aussprache bei Amalie, die ihn als wenig zuverlässig einschätzte. Amalie berichtete ihrem Mann, daß Max sich eine protestantische Frau wünsche, um in Bayern die Religionstoleranz einzuführen. Ihre Tochter finde ihn, den Herzog von Zweibrücken, etwas zu alt und zu preußenfreundlich, aber gutherzig. Caroline rang sich ganz sicherlich durch das Zureden ihrer Mutter zu einem Ja zum Herzog durch. Von dieser hieß es ja, daß ihre Töchter weder Gattinnen noch Mütter würden, sondern immer Töchter der Markgräfin blieben.

Ihrer in Rußland verheirateten Tochter Elisabeth schrieb die Mutter am 8. Dezember 1796: »Der Herzog ist der beste Mensch von der Welt, angebetet von seiner ganzen Umgebung. Ich halte ihn für etwas schwach, aber für einen Ehemann ist das kein Fehler. Er ist verliebt wie ein Mann von zwanzig Jahren. Bis es entschieden war, hat er mich unvorstellbar gequält, sagte, daß er der unglücklichste der Menschen sei, wenn sie ihm absage ... Sagen Sie ihr auch, daß Sie den Herzog bien de figure finden. Das ist in den Augen Ihrer Schwester der Hauptmangel. Aber er ist sehr gut gebaut. Er hat ihr sowie mir oft gesagt, daß er seine Dankbarkeit nie genügend werde beweisen können für das Opfer, das sie gebracht hat, einen Mann von vierzig Jahren mit vier Kindern zu heiraten.«[10]

Am 1. Dezember 1796 wurde der Kurfürst Karl Theodor von dem glücklichen Bräutigam informiert: »... Wir haben die Zustimmung der Eltern und des Markgrafen erhalten, doch wird unser Glück erst vollkommen sein, wenn Euere Kurf. Dchl. die ihre hinzufügen. Sie werden vielleicht erstaunt sein ..., daß ich mich wieder verheirate. Meine zwei Töchter und mein jüngster Sohn sind aber zu klein, um einer Mutter zu entbehren. Die Freundschaft, die meine Caroline Ihnen entgegenbringt, war einer der Gründe mehr zu meinem Entschluß ...«[11]

Seinem Schwager Wilhelm teilte Max recht offen seine Verlobung mit: »Ich dachte schon an dem Tage an diese Verbindung, als Sie mir beim Ansehen der beiden Zwillingsschwestern sagten: Die werden keinen Mann mehr bekommen! Ich gestehe es, daß ich alle Mühe hatte, das Lachen zu unterdrükken. Es hat uns niemand dazu veranlaßt, noch weniger gezwungen; es hat sich ganz von selbst ergeben. Stellen Sie sich vor: ich bin ein amoureux fou – es ist lächerlich in meinem Alter, aber ich kann es nicht ändern.«[12]

In seinem Glückwunschschreiben zur Thronbesteigung Pauls I. von Rußland unterließ es Max nicht, seine bevorstehende Verheiratung mit der Prinzessin Caroline von Baden, Schwester der Großfürstin Elisabeth und Schwiegertochter des Zaren, bekanntzugeben. Etwas pathetisch heißt es unter anderem in diesem Schreiben: »Abgesehen davon, daß ich meine Zukünftige über jede Ausdrucksmöglichkeit hinaus liebe, wage ich es, Sie zu versichern, Sire, daß das Glück, Ihnen noch näher anzugehören, nicht wenig zu dem Entschluß meiner Wahl beigetragen hat ...«[13]

Ehevertrag, Hochzeit und vier Kinder

Nachdem Kurfürst Karl Theodor der Verlobung von Max und Caroline zugestimmt hatte, war der Ehevertrag zu erstellen und beim Kurfürsten von Mainz wegen der Verwandtschaft dritten Grades um Dispens nachzusuchen. Man vereinbarte unter anderem eine katholische Trauung und Kindererziehung. Der Verfasser des entsprechenden Schreibens war Montgelas.

In Paragraph 2 des Ehevertrages wurde der »durchlauchtigsten Braut« zugesichert, sie werde »als künftige Gemahlin je und allezeit die vollkommenste Gewissen-Freyheit genießen, und solche zu keiner Zeit an keinem Ort und unter keinerlei Umständen in der Übung der protestantischen Religion, zu der sie sich bekannt, eingeschränkt und verhindert werden. Zu solchem Ende stehet ihr frey einen Cabinets-Prediger Ihrer Religion sowie auch protestantische Hofdamen, Cammerfrauen, Garderobe-Mädchen, Cammer laquayen zu tolerieren und sonstige Bedienten, welche der durchlauchtigste Bräutigam zu tolerieren und zu unterhalten verspricht, zu erwählen und anzunehmen; nur mit der Bedingung, daß die Wahl immer auf solche falle, welche dem Herrn Bräutigam nicht unangenehm sind. Außerdem ist die durchlauchtigste Braut befugt, zur Besorgung ihrer Particular-Geschäfte sich einen protestantischen, dem durchlauchtigsten Bräutigam nicht unangenehmen Rath aus Höchstderselben Dienerschaft auszuwählen, und sich dessen zu bedienen. Sollte der durchlauchtigste Herr Bräutigam seine Residenz auf kurz oder lang in einem ganz katholischen Ort aufschlagen, so wird der durchlauchtigsten Braut zu Ihrem eigenen und Ihrer protestantischen Dienerschaft Privatgottesdienst ein besonderes Zimmer in der fürstlichen Wohnung angewiesen.«[14]

Als Taschengeld wurden der Braut 12 000 Gulden jährlich zugesprochen, das aber nach Besserung der finanziellen Lage erhöht werden sollte. Die Braut bekam die Vormundschaft über ihre Kinder im Verein mit dem Ältesten ihrer Ehe, jedoch nie die Verwaltung des Landes, 12 000 Gulden Wittum und ein Schloß als Witwensitz.

Am 9. März 1797 fand die Trauung statt, auf Wunsch der Mutter im Schloß in Karlsruhe. Die Einsegnung der Ehe nahm der Hofkaplan Dr. Joseph Metzer vor. Zur großen Hochzeitsfeier am 15. März 1797 auf Schloß Rohrbach wurde der Adel aus Mannheim und Heidelberg zu einem Ball eingeladen. Die Studenten der Universität Heidelberg, die »gut vaterländische Jugend«, gratulierte mit Gedicht, Gesang und einem großartigen Fackelzug.

Max Joseph, der selbst genau wußte, daß er nicht gerade dem Ideal des Mannes entsprach, das sich Caroline aufgebaut hatte, formulierte ihre Beziehung zu ihm in einem Brief an seinen Schwager Wilhelm am 21. März 1797: »... daß ich glücklich bin, ist selbstverständlich; daß mein Glück von Dauer sein wird, das bedeutet mehr. Sie kennen den Charakter meiner Caroline. Er ist so, wie er sein muß, um wahre Anhänglichkeit täglich zu steigern, – Liebe vergeht ja, wie Sie wissen ...«[15]

Durch die Wiederverheiratung des Herzogs gab es im Schlößchen Rohrbach bei Heidelberg einige Veränderungen. Der älteste Sohn Ludwig mußte aus seinem Haus in das »Damen'sche« daneben umsiedeln, weil sein bisheriges Zimmer Carolines Zwillingsschwester Amalie bekam, »die Max sozusagen mitgeheiratet hatte«. Zudem trat damals auch der noch von der leiblichen Mutter der Kinder gewünschte Religionslehrer Joseph Anton Sambuga sein Amt an, der einige Neuerungen einführte, die den Kindern gar nicht gefielen und von denen sie annahmen, daß sie auf den Einfluß ihrer Stiefmutter zurückgingen. Doch Caroline sollte ihren Stiefkindern trotz schwierigen Anfangs eine gute Mutter werden.

Der älteste Sohn Ludwig, geboren am 25. August 1786 in Straßburg, war nur zehn Jahre jünger als Caroline. Ebenfalls in Straßburg zur Welt gekommen war am 21. Juni 1788 dessen

Schwester Auguste Amalie; ihr folgten die am 8. Februar 1792 in Mannheim geborene Charlotte und schließlich 1795 der Bruder Karl, den Caroline nun im Alter von zwei Jahren übernahm. Es ist unschwer zu erraten, daß dieses Kind sie am leichtesten als neue Mutter annahm; Karl sollte neben ihren eigenen Kindern Carolines Lieblingskind werden. Der elfjährige Ludwig litt am meisten unter dem Verlust seiner Mutter und kam am schlechtesten mit der Wiederverheiratung des Vaters zurecht.

Am 17. Oktober 1797 zog die Familie nach Mannheim. Im Februar 1798 mußte der Herzog aus dringenden politischen Gründen nach München. Kurfürst Karl Theodor hatte seit längerer Zeit geplant, Bayern gegen die österreichischen Niederlande, das heutige Belgien, einzutauschen. Die junge Ehefrau Caroline begleitete ihren Gatten. Fünfzig Jahre später gestand Caroline ihrem inzwischen zum bayerischen König aufgestiegenen Stiefsohn Ludwig, daß sie beim Ringen um den Erhalt Bayerns damals ganz energisch mitgekämpft habe. Sie hatte den Vetter ihres Mannes, Wilhelm von Birkenfeld, ab 1799 Herzog in Bayern, zur Unterstützung nach München gebeten.

Die Mutter Amalie war über die Reise der Tochter Caroline nach München wenig begeistert. Caroline hatte in der letzten Zeit sehr abgenommen und litt an Schwächeanfällen. Amalie wußte aber auch, daß zwischen ihrem Schwiegersohn Max und der jungen, lebenslustigen Kurfürstin Maria Leopoldine von Bayern eine äußerst freundschaftliche Beziehung im Gange war. Caroline lernte bei ihrem Aufenthalt in München, diese Kurfürstin kennen, die nur ein halbes Jahr älter war als sie selbst, 52 Jahre jünger als ihr Gemahl Kurfürst Karl Theodor.

Über diese Tage in München schrieb Caroline sehr ausführlich an ihre Mutter in Karlsruhe. All die vielen Gerüchte, die über den Lebenswandel der Kurfürstin kursierten, konnte sie nicht bestätigen.

Im Juli 1798 beschlossen Max und Caroline, sich in Bad Pyrmont einer Kur zu unterziehen. Doch wegen der schwierigen politischen Verhältnisse kamen sie nicht dazu. Max rechnete fest mit dem Ausbruch eines Krieges und ließ in Rohrbach Tafelgeschirr und Bilder verpacken und an einen sicheren Ort bringen. Damit trieb er Caroline fast zur Verzweiflung. Auch plante er, mit seiner Familie gegebenenfalls nach Sachsen zu fliehen. Im Februar 1799 zitterten die Zweibrückener noch immer vor einem Gewaltstreich Österreichs. Max Joseph ersuchte den König von Preußen um ein Unterkommen in Bayreuth. Doch dann kam alles anders. Am 16. Februar 1799 starb der in Bayern so ungeliebte Kurfürst Karl Theodor; es geschah einen Tag nach seinem fünften Hochzeitstag mit Maria Leopoldine. Diese erwartete ein Kind, gab aber sofort zu bedenken, daß ihr Herz »zur letzten Zeit ihres Ehestandes und ihres ersten Witwenstandes dem damaligen Oberstsilberkämmerer Grafen von Taufkirchen gehört habe«. Somit war der Weg frei für den länderlosen Max, Kurfürst von Bayern zu werden. Aus München schrieb der nunmehrige Kurfürst Max IV. Joseph am 18. Februar 1799 um 6 Uhr früh einen Brief über alle Geschehnisse an seine Schwiegermutter. Er kündigte ihr für die Osterzeit auch den Besuch ihrer Tochter Caroline an, mit der sie dann gemeinsam zum Abendmahl gehen könne.

Als Caroline, die fast ständig mit ihrem Mann zusammen war, allein nach Karlsruhe reiste, kam sie sich vor wie ein Kind, dem man die Gouvernante genommen hatte. Max hatte seine Kinder in dieser unruhigen Zeit in Mannheim gelassen. Doch dort landeten am 1. März 1799 Franzosen. Nur der Aufmerksamkeit der Schiffsmeisterin des Schlößchens Mühlau war es zu verdanken, daß man aus dem Palais am Theaterplatz die Kinder mit einer Kutsche noch rechtzeitig nach Heidelberg in Sicherheit bringen konnte. Von dort aus ging es dann weiter über Ludwigsburg, Augsburg nach Schwabhausen und dann nach München.

Erst nach den Kindern kam auch die Kurfürstin Caroline zusammen mit ihrer Zwillingsschwester Amalie in Nymphenburg an. Caroline war im dritten Monat schwanger. Der glanzvolle Einzug des Kurfürstenpaares im jubelnden München erfolgte am 12. März 1799.

Um die Gesundheit der Kurfürstin steht es nicht zum besten

Als junge Kurfürstin erkrankte Caroline mehrere Male lebensgefährlich. Einmal war es ein Schleimfieber, dann wiederum konnte sie wochenlang kaum etwas essen, so daß sie abgemagert aussah und zerbrechlich wirkte. Schon bei der Geburt des ersten Kindes »habe ganz München auf den Knien gelegen« und um das Leben der jungen Kurfürstin gebetet. Nach der Geburt der ersten Zwillingsmädchen 1801 äußerte sich Abbé Salabert sehr besorgt über den Gesundheitszustand der Kurfürstin: »… Ich wünsche lebhaft, daß meine Befürchtungen grundlos sind, aber noch eine Niederkunft und sie ist eine verlorene Frau. Ich weiß nicht einmal, ob man sie, auch wenn sie keine Kinder mehr bekäme, retten könnte. Jetzt gibt man ihr Eselsmilch, das letzte Mittel, um ihre Brust wieder in Ordnung zu bringen. Wenn sie diese nicht vertragen kann, so weiß ich nicht, welchem Heiligen man sie verschreiben wird.« Caroline nahm bis zur Unkenntlichkeit ab, dann bekam sie »Auftreibungen des Leibes«. Salabert meinte: »Wenn man Faulfieber vermeiden kann, dürfte sie zu heilen sein, aber immer wird man wegen dieses unseligen Verfalles in Sorge sein. Der Verlust dieser Prinzessin wäre für den Kurfürsten vernichtend.«[16]

Nicht nur die bayerische und badische Familie sorgte sich um sie, sondern auch die am Hof akkreditierten Gesandten. So war die Kunde von der Krankheit der Kurfürstin bis nach Stuttgart gedrungen. Dort machte sich der herzoglich-württembergische Regierungsrat Chornbühler ernsthafte Gedanken über die Krankheit der Kurfürstin, die er nicht für »natürlich« hielt. So schrieb er dem Kurfürsten Max nach München: »Eure Kurfürstliche Durchlaucht führen einen gefährlichen Krieg mit dem Aberglauben, der Bigotterie und der Dummheit.« Da Chornbühler annahm, daß man die Kurfürstin wegen ihres protestantischen Glaubens vergiften wolle, schlug er vor, nur Mundköche, Mundschenke und einen Maître d'hôtel protestantischer Religion zu beschäftigen. Diese sollten bei dem geringsten Verdacht den Kurfürsten davon unterrichten, der sie dafür fürstlich zu belohnen habe. Noch besser wäre es, wenn das katholische Küchenpersonal ständig den Rosenkranz bei sich trüge und oft in die Messe ginge.

Die Kurfürstin genas wieder, das Küchenpersonal wurde nicht ausgewechselt.

Freud und Leid der Mutter Caroline

Vier Stiefkinder und acht eigene Kinder

Als Caroline die Ehefrau des Herzogs Max wurde, übernahm sie zugleich als Stiefmutter die Verantwortung für vier kleine Kinder. Der älteste Sohn und Erbprinz war noch nicht ganz elf Jahre alt, der jüngste eben erst zwei. Und es gab da noch zwei Mädchen: Charlotte Auguste mit fünf und Auguste Amalie mit acht Jahren.

Was den Prinzen und späteren König Ludwig I. (1786–1868) mit seiner Stiefmutter ein Leben lang verbinden sollte, war eine anfängliche tiefe Abneigung gegen alles Napoleonische. Was sie trennte, waren die Schwierigkeiten um die Kurpfalz. Zu den badischen Angelegenheiten gibt es sehr aufschlußreiche Aufzeichnungen Ludwigs vom 2. August 1816: »Viel zu viele Jahre war mein Gefühl gegen die Königin sehr verschieden von dem jetzigen. Daß sie mehr badische Prinzessin als Baierns Königin ist, wegen der Pfalz …, hat mich sehr aufgebracht.« Seine Schwester Charlotte aber bemerkte: »Der König äußerte, daß wir keine bessere Stiefmutter haben konnten.«

Aus den Jahren 1820 bis 1841, dem Todesjahr der Königin-Witwe, ist ein nicht unerheblicher Schriftwechsel in französischer Sprache zwischen dem Stiefsohn und der Stiefmutter erhalten. Jeder Brief beginnt und endet mit: »Ma très chere Maman.« Ludwig bedankte sich immer wieder für alle Liebe und Zuwendung, die er von Caroline erhalten hatte. In den Briefen geht es vornehmlich um Familiäres. Oft sind es Geburtstagsglückwünsche für die Königin, die im Juli aus Bad Brückenau oder Berchtesgaden kamen, oder ein am 29. Oktober 1817 aus Rom geschriebener Brief. In letzterem beschrieb Ludwig ausführlich die Trajansäule. Aus München brachte er Geschichten über Schauspielerinnen zu Papier und berichtete

29

1836 ausführlich über die Cholera. Ludwig bat seine Stiefmutter außerdem ständig, ihn bei seinen preußischen und sächsischen Schwägern zu empfehlen.

Die älteste Tochter Auguste Amalie (1788–1851) wurde ein »glückliches« Opfer der Staatsraison: Napoleon verheiratete sie mit seinem Stiefsohn Eugène Beauharnais. Die Tochter Charlotte Auguste (1792–1873) heiratete in zweiter Ehe Kaiser Franz I. von Österreich. Ihre erste Ehe, die ebenfalls auf Wunsch Napoleons zustande gekommen war, wurde annulliert.[17]

Ludwigs jüngerer Bruder Karl (1795–1875) wird stets als der Lieblingssohn König Max' I. und der Königin bezeichnet. Das ist leicht vorstellbar. Ludwig wurde von Anfang an von seinem Vater als Nachfolger und ab 1806 als künftiger König gesehen. Entsprechend wurde er in diesem Bewußtsein auch erzogen. Karl dagegen scheint ein besonders sonniges Gemüt gehabt zu haben. Er setzte sich über viele Konventionen hinweg, seine beiden Ehefrauen wählte er aus nichtstandesgemäßen Kreisen. In erster Ehe war er mit Marie Anna Sophie Petin, ab 1823 Freifrau von Bayrstorff, in zweiter Ehe mit Henriette Hölken, geborene Schoeller, ab 1859 Frau von Frankenberg, verheiratet.

Da Carolines eigene Söhne jung starben, hing sie zeitlebens besonders an Karl. In ihrer Witwenzeit besuchte er sie fast täglich und wurde ihr finanzieller Berater und Vertrauter. In ihrem Testament bedachte die Königin ihn sehr großzügig. Sie vermachte ihm Schloß Tegernsee, Kreuth, Kaltenbrunn und das Gut in der Au. Er wohnte im Prinz-Karl-Palais am Englischen Garten.[18]

Zum Geburtstag der Kurfürstin am 13. Juli 1799 kamen ihre Eltern und ihre Schwester, die russische Großfürstin Elisabeth, aus Karlsruhe nach München und blieben drei Monate zu Gast. Das von allen freudig erwartete Ereignis, die Geburt des ersten Kindes der Kurfürstin, geriet allerdings zu einem sehr traurigen: Caroline brachte am 5. September 1799 einen toten Sohn zur Welt. Obwohl der errechnete Geburtstermin längst überschritten war, hatten die Ärzte die Geburt nicht eingeleitet. Die Trauer war unendlich in der kurfürstlichen Familie. Caroline verfiel in tiefe Melancholie. Sie trug ihr Leben lang ein Medaillon mit Haaren ihres ersten Kindes bei sich.

Auf der Flucht vor den Franzosen

Den Geburtstag des Kurfürsten am 27. Mai 1800 wollte die Familie auf Schloß Nymphenburg feiern. Bei der Rückkehr in die Stadt München erfuhren sie vom Durchbruch der Franzosen über den Lech bei Landsberg. Max fehlten die Truppen, um die Franzosen aufzuhalten. Caroline, erneut schwanger, plante nach Straubing zu gehen. Als die Meldung in München eintraf, die Franzosen stünden bei Inning am Ammersee, wurden die kurfürstlichen Kinder nach Erding gebracht, das Kurfürstenpaar reiste einen Tag später, am 29. Mai, nach Landshut, wohin dann auch die Kinder folgten. Die Flucht ging weiter nach Straubing, wo alle in Privathäusern Unterkunft fanden. Da platzte Friedrich von Zentner mit der Meldung herein, daß die dem Kurfürstenpaar hinterbrachte Nachricht vom Vordringen der Franzosen falsch gewesen sei. Sofort kehrte der Kurfürst nach München zurück, während die Kinder erst einmal in Straubing blieben, um sich zu beruhigen. Die Kurfürstin wollte ebenfalls nach München, sie hatte Angst vor einer erneuten Fehlgeburt. Auf der Rückreise meldete sie aus Landshut nach Karlsruhe: »Man hat neue Befürchtungen von der gleichen Seite. General Kray hat einen Rückschlag erlitten und mußte seine alte Stellung bei Ulm wieder beziehen.« Sie wollte nun lieber in Landshut bleiben, als sich in München neuen Schrecken auszusetzen.

In Landshut versuchte sie, sich mit den dortigen Damen anzufreunden, die »allerdings nur dem Kurfürsten vorgestellt werden wollten«. Aus Straubing teilte sie ihrem Stiefsohn Ludwig mit, daß sich die Lage allmählich doch verschlechtere, daß sie sogar Landshut bzw. Straubing verlassen müßten. Zur Abwechslung besuchte Caroline das Schloß Trausnitz und die in den Nebengebäuden untergebrachten verwundeten Österreicher; auch einige französische Gefangene gab es da.[19]

Am 2. Juli klagte Caroline ihrer Mutter ziemlich entnervt über das unvorstellbare Durcheinander in Landshut. Sie hatte sich das abgelegenste Haus als Quartier ausgesucht, um nicht dauernd durch das Gerassel der Kanonen und Trosse der Armee gestört zu werden. Die Armee wolle noch einen letzten Versuch machen, die Franzosen zurückzuschlagen. Doch Caroline sah die Sache als hoffnungslos. »Wenn nur unser armes München nicht das Opfer wird! ... Das Hauptquartier (der Franzosen, d.V.) hat sich in Nymphenburg niedergelassen. Der kommandierende General (Moreau, d.V.) wohnt in den Zimmern des Kurfürsten. Bisher führen sie sich gut auf ...«[20]

Die Flucht aller Prinzen und Prinzessinnen sollte in Weiden in der Oberpfalz enden. Einige reisten mit ihrer Dienerschaft weiter nach Waldsassen, den Kurfürsten mit seiner hochschwangeren Frau und Staats-Finanz-Minister Montgelas zog es nach Amberg in das lange Zeit unbewohnte Schloß. An Carolines Geburtstag, dem 13. Juli, kam es in Amberg sogar zu Huldigungen; Studenten brachten »dem geliebten Herrscherpaar eine Nachtmusik«.

Caroline lebte weiter ständig in der Angst, ihr Kind zu verlieren. Sie ruhte viel und ging erst in der Abendkühle etwas spazieren. Um an einem evangelischen Gottesdienst teilzunehmen, fuhr die Kurfürstin mit ihrem Mann eines Sonntags nach Sulzbach. Dort besuchte sie auch das Schloß, wo die Mutter ihres Mannes, die wegen einer Liaison vom Hof verbannt worden war, gelebt hatte und gestorben war. Auch Max zeigte seinen Kindern den Ort, an dem ihre Großmutter ihr Leben in der Verbannung zugebracht hatte. Es ist nicht sicher, ob Max seine Mutter überhaupt noch einmal nach ihrem Weggang von Zweibrücken gesehen hatte.

Die vier Kinder kamen am 2. August aus Waldsassen nach; sie wohnten nicht im Schloß, sondern bei Adligen in der Stadt Amberg. Caroline hätte ihr Kind gerne in Karlsruhe geboren, doch ihr Mann wollte sich nicht von ihr trennen. Sollte der Krieg wirklich wieder ausbrechen, würde sie zu ihren Eltern reisen und zwar unter dem Schutz des Königs von Preußen, »denn so, wie der Kurfürst zu Frankreich steht, hätte ich mich nicht getraut, ohne Schutz zu Ihnen zu kommen«, schrieb sie nach Karlsruhe. »Sie können sich vorstellen, welche Vorwürfe ich mir machen müßte, zum Ruin dieses bedauernswerten Landes beigetragen zu haben.«[21] Caroline dachte daran, daß die Franzosen sie als Geisel hätten nehmen können.

Am 28. Oktober 1800 verkündeten die Glocken der Stadt Amberg dann endlich das frohe Ereignis: Caroline hatte dem Prinzen Karl Friedrich Ludwig Wilhelm Max Joseph das Leben gegeben.

Das Jahr 1800 hatte Napoleon den Sieg bei Marengo gebracht, sein Marschall Moreau siegte bei Hohenlinden über die Österreicher. Am 9. Februar 1801 erfolgte der Friedensschluß von Lunéville. Das Ergebnis: das linke Rheinufer und Italien fielen an Frankreich. Die Entschädigung der Reichsfürsten sollte durch eine Reichsdeputation geregelt werden.

Die Franzosen zogen am 12. März 1801 aus München ab. Der Rückkehr des Kurfürsten und seiner Familie in die Residenzstadt stand nun nichts mehr im Wege. Caroline, die erneut schwanger war, reiste zusammen mit den beiden Prinzen, ihrem Stiefsohn Karl und ihrem eigenen kleinen Sohn Maximilian, während der Kurprinz Ludwig mit seinen Schwestern Auguste und Charlotte nachfolgte.

Prinz Max wurde zum Liebling des ganzen Hofes. Gerade zwei Jahre alt nahm ihn Caroline zu einer Faschingsveranstaltung am Hofe mit. Mäxchen lachte bei einer Pantomime-Darbietung aus vollem Herzen, so berichtete es Caroline ihrer Mutter. Am 12. Februar 1803 starb das Kind, vermutlich an einer Meningitis. Caroline war fassungslos. Dieser neuerliche Schicksalsschlag nahm ihr lange Zeit die Freude an ihren am 13. November 1801 in München geborenen Zwillingsmädchen Elisabeth und Amalie.

Fünf Töchter und Schwiegersöhne

Elisabeth wurde die Gemahlin des protestantischen Kronprinzen Friedrich Wilhelm, ab 1840 Friedrich Wilhelm IV. König von Preußen.

Doch es sollte ein langer und schwieriger Weg bis dahin werden. Ehe der »preußische Adler und die bayerische Taube«[22] ein Ehepaar wurden, mußte mit viel Geduld und Umsicht vorgegangen werden. Im August 1819 hatten Friedrich Wilhelm und Elisabeth großen Gefallen aneinander gefunden. Die Hochzeit fand dann am 29. November 1823 in Berlin statt. Die Schwierigkeiten lagen in der Konfessionsverschiedenheit. Von Elisabeth war der Übertritt zur protestantischen Kirche gefordert worden. Sie selbst wünschte diese Konversion nicht.

Wie verhielt sich nun ihre evangelische Mutter in dieser Situation? Die Königin war von der Unüberwindlichkeit der Hindernisse nicht zu überzeugen, da sie, wie an sich selbst, nun auch an ihrer Tochter die fromme Anhänglichkeit an den Glauben ihrer Väter ehren und dem zarten Gewissen um so weniger Zwang antun wollte. Am Königshof in München war man sich einig, daß eine katholische Kronprinzessin das Band zwischen den vier Millionen katholischer Preußen zum königlichen Haus enger knüpfen könnte. Die bayerische Königin, ihr Kabinettsprediger Schmidt und der Lehrer der Prinzessin, der protestantische Professor Thiersch, setzten sich in wohl einmaliger Weise gegen jeden Gewissenszwang und für die Beibehaltung der katholischen Konfession der Prinzessin ein. Zuletzt kam es zu einem Kompromiß, nachdem auch noch der preußische evangelische Bischof Eylert gewonnen worden war. Elisabeth kam als katholische Prinzessin an den preußischen Hof und bekam die Erlaubnis unbeschränkter Religionsausübung. Sie versprach, wenn es ihre Überzeugung erlauben würde, zu konvertieren. Dies geschah schließlich 1830, als die Königin Caroline schon verwitwet war. Den Entschluß bezeichnete sie als »ärgerliche Neuigkeit«, als den »verzweifelten Entschluß Elisens, der sie viel Tränen gekostet und grausamen Kummer bereite«.[23]

Für diese Mischehe mußte wie für alle weiteren in Rom Dispens eingeholt werden. Diesmal wurde er erteilt trotz der ausdrücklichen Vereinbarung evangelischer Kindererziehung[24], was einem Präzedenzfall gleichkommen sollte. Doch die Ehe blieb kinderlos.

Elisabeth und ihre Mutter waren zeitlebens sehr eng verbunden. Beide sollten eine wichtige Rolle bei der Verehelichung des späteren Königs Max II. mit der preußischen Prinzessin Marie spielen. Elisabeth starb am 14. Dezember 1873 in Dresden.[25]

Die Hochzeit von Elisabeths Zwillingsschwester Amalie Auguste (13. 11. 1801 München – 8. 11. 1877 Dresden) mit dem späteren König Johann I. von Sachsen, die am 21. November 1822 in Dresden stattfand, war dagegen völlig problemlos. Ihre ersten Eindrücke von dem künftigen Schwiegersohn, dem Dante-Übersetzer »Philalethes«, schilderte Caroline ihrer Mutter am 18. März 1822: »Unser junger Prinz ist sehr interessant, dabei von angenehmen Äußeren, in Haltung und Konversation seinem Alter erstaunlich voraus.« Die ersten Nachrichten von der jungvermählten Amalie besagten, daß zu deren Glück nur noch der Besuch der Eltern fehlte: »Jetzt träumt der König nur von Dresden, und es ist beschlossen, daß wir zu Ostern hinfahren. Ich bin begeistert, daß ihn diese Aussicht so angenehm erfüllt ...«[26] Die Aufnahme in Dresden war über die Maßen herzlich. Tochter und Schwiegersohn weilten fast ständig bei der Königin. In Dresden zeichnete König Max den Komponisten Carl Maria von Weber öffentlich aus. Auf Wunsch des bayerischen Königspaares wurde die Oper »Preciosa« aufgeführt. Von Dresden aus unternahm das Königspaar mit den jüngeren Töchtern einen Ritt nach Weimar zu Goethe. Der König kannte ihn von dem Zusammensein bei der Belagerung von Mainz und tauschte mit ihm alte Erinnerungen aus, »als sie miteinander viel Champagner mit Selzer-Wasser tranken«. Der Dichter hatte den königlichen Gästen ein Frühstück vorgesetzt. Leider sind keinerlei briefliche Äußerungen von Caroline über diesen Besuch in Weimar erhalten und ihre Meinung über den »Bonapartisten« Goethe.

Es sollte am kurfürstlichen Hof in München nicht bei einem Zwillingspaar bleiben. Wieder kamen am 27. Januar 1805 Zwillingsmädchen zur Welt: Sophie Friederike Dorothea Wilhelmine und Maria Anna Leopoldine. Es war der Tag nach Carolines Namenstag. Der König sah in der erneuten Geburt von Zwillingen, die er »rühmlich« fand, die »notwendige Folge, wenn man unentwegt ein braves und geregeltes Leben geführt hat ...«[27] Auguste schrieb ihrem Bruder Ludwig einen langen Brief über diese Geburt: »Wir sind alle betrübt, obwohl die Mama sich gut befindet, als man es nur wünschen kann. Wir wollten zwei Söhne oder doch einen. Mama ... es thut auch ihr leid, daß sie keinen Sohn hat.«[28]

Nun zu Sophie (27. 1. 1805 München – 28. 5. 1872 Wien), die mit neunzehn Jahren den Erzherzog Franz Karl Johann von Österreich heiraten sollte. Caroline schrieb über den zukünftigen Schwiegersohn: »Was soll ich ... von unserem kleinen Erzherzog sagen? – Ich danke dem Himmel, daß Sophie bei allen ihr von der Natur verliehenen Vorzügen so vernünftig ist. Er ist der bon garçon, bestrebt, Gutes zu tun. Er fragt jedermann um Rat, mais il est terrible. Ich glaube, es wird mir gehen wie Huldbrand, der sich um Undine zu Tode geweint hat – mich würde er zu Tode langweilen. Manchmal halte ich es nicht mehr aus. Dabei ist er gebildet, sagt man, und er beginnt, sehr verliebt zu werden. Das sollte mich freuen, aber ab und zu möchte ich ihn schlagen. Sophie ist so hübsch und geistreich!« Nach der Hochzeit, die am 4. November 1824 in Wien stattfand, urteilte Caroline dann etwas milder über ihren Schwiegersohn, der in der ihm gewohnten Umgebung weniger schwatzhaft und aufgeregt wirkte.

Es dauerte dann fünf Jahre, bis Sophie im August 1830 einem gesunden Knaben, Franz Joseph, das Leben schenkte, der einmal Kaiser werden sollte. Sophie, die bayerische Kaiserin-Mutter, wurde die Schwiegermutter der bayerischen Herzogin Elisabeth (Sisi). Deren Mutter Ludovika und Sophie waren Schwestern. Sophie war nach Maria Theresia die bedeutendste politische Erscheinung am Kaiserhof in Wien.[29]

Sophies Zwillingsschwester Maria Anna Leopoldine (27. 1.

1805 München – 13. 9. 1877 Wachwitz, begraben in Dresden) heiratete am 24. April 1833 in Dresden den Prinzen Friedrich August und wurde damit vor ihrer älteren Schwester Amalie Auguste Königin von Sachsen. Ihr Mann verunglückte am 9. September 1854 auf einer Reise bei Brennbichel in Tirol. Königin Maria ließ dort eine Kapelle errichten, zu deren Einweihung am 4. August 1855 auch Königin Marie von Bayern erschien.

Die Hochzeit der als königliche Tochter am 30. August 1808 in München geborenen Ludovika (auch Luise genannt) mit Herzog Maximilian in Bayern fand am 9. September 1828 in der Schloßkirche zu Tegernsee mit größter Prachtentfaltung statt. Noch heute gibt dort eine steinerne Erinnerungstafel über dieses Ereignis Auskunft. Nicht weniger als 228 Personen nahmen an der Feier teil – darunter zehn königliche Frauen und fünf königliche Herren.[30]

Caroline verbrachte den Winter des Jahres 1829 viel beim jungen Paar im Palais an der Ludwigstraße. Dort waren immer »viele Leute und sehr wenig Platz, und man ißt ungeheuer viel Kuchen und Erfrischungen, da in diesem Haus im allgemeinen immer Überfluß ist von dem, was Nahrung heißt«.[31] Herzog Max, ein leidenschaftlicher Schauspieler, spielte in seinem Haus gerne Stücke von Kotzebue. Viel Talent gestand Caroline ihrem Schwiegersohn allerdings nicht zu. Doch schon bald begann sie sich Sorgen um diese herzogliche Ehe zu machen, denn die Jagd, der Zirkus und das Zitherspielen interessierten den Herzog wesentlich mehr als das Familienleben. Diese Heirat war zu Lebzeiten des Königs Max I. Joseph und Herzogs Wilhelm beschlossen worden. Die beiden jungen Menschen zogen sich keineswegs unwiderstehlich an. Noch als alte Dame meinte Ludovika stets: »Wir haben uns beide nicht heiraten wollen.«[32] Ursprünglich war Herzog Max ihrer 1821 verstorbenen Schwester Caroline Maximiliane zugedacht gewesen. Die junge Ludovika wurde apathisch, führte ein »reines Pflanzenleben«. Die Schwiegermutter empörte sich über das lustige Reiseleben des Herzogs, mußte aber bald erkennen, daß sie »für ihn eine Null« war. Obwohl Caroline stets bei ihren Töchtern während des Wochenbettes weilte, wurde ihr dies von

Max bei Ludovika verboten, da er sich vom Besuch der Schwiegermutter gestört fühlte. Caroline war sehr betroffen von dieser Anordnung. Sie durfte allerdings jederzeit die herzoglichen Kinder in ihr Schlößchen nach Biederstein mitnehmen. Der älteste Enkelsohn Ludwig, 1831 geboren, hielt sich fast ständig bei ihr auf. Das dritte Enkelkind, Elisabeth, hat die herzogliche Familie »unsterblich« gemacht – Sisi, die spätere Kaiserin von Österreich. Über deren Bruder Karl Theodor, dessen Sohn Ludwig Wilhelm und dessen Adoptivsohn Max Emanuel Prinz von Bayern bzw. Herzog in Bayern und dessen Gemahlin Elisabeth Gräfin Douglas blüht das herzogliche Haus bis heute.

Töchterchen Caroline: »innig geliebt und heiß beweint«

Das letzte Kind der Königin war wieder ein Mädchen. Der König war gerade noch rechtzeitig aus Baden-Baden zur Geburt seiner Tochter Maximiliane Josepha Caroline am 21. Juli 1810 auf Schloß Nymphenburg zurück. Beinahe wäre sie am 34. Geburtstag ihrer Mutter zur Welt gekommen. Seiner Schwiegermutter schrieb Max am 9. August: »Caroline hat um 10½ eine Tochter geboren. Es ist noch nie so rasch gegangen, aber die arme Frau hat auch noch nie so viel gelitten. Das Kind ist enorm. Es wird Caroline heißen. Ihre Mutter hätte lieber einen Sohn gehabt, hat die Sache aber besser aufgenommen, als ich zu hoffen wagte. Sie bittet Sie, ihr Amalie (ihre Zwillingsschwester, d. V.) zu schicken. Wenn ich einen Sohn bekommen hätte, würde er Alexander geheißen haben. Die Vorsehung wird ihre Gründe gehabt haben … Jetzt ist das Gespann komplett …«

Caroline erhielt den Kosenamen »Ni« und wurde heiß geliebt von der ganzen Familie. Das kleine Mädchen war fast ständig in der Nähe der Mutter. Doch der Jüngsten sollte nur ein kurzes Erdendasein beschieden sein. »Ni« war aus einer Aufführung der »Jungfrau von Orléans« in den letzten Januartagen des Jahres 1821 erkältet heimgekommen. Aus dieser Erkältung entwickelte sich ein »Schleimfieber«, das am 4. Februar zum Tode der zehnjährigen Prinzessin führte. Zu diesem Unglück, das die ganze Familie sehr traf, gibt es badische und österreichische Gesandtschaftsberichte und Aufzeichnungen der ältesten Schwester, Prinzessin Auguste. Alle schildern den Tod des Kindes als herzzerreißend.

Während der zehntägigen Krankheit der kleinen Prinzessin wich die Mutter nicht von deren Bett. Die Königin »hielt das sterbende Kind von vier Uhr nachmittags bis zehn Uhr abends, so sie geendet, neben dem Bett stehend in ihren Armen ..., wodurch sie bei ihrem ohnehin zarten Körper in einem solchen Grad erschöpft gewesen, daß man sie fast wegtragen müssen«.[33] Der 65jährige König begann am ganzen Körper so zu zittern, daß man anfing, sich um ihn größte Sorgen zu machen. Prinz Karl warf sich schreiend vor ihn, wodurch der König wieder zu sich kam, und ein Ausbruch der Tränen gewährte ihm Erleichterung. Die Königin war am nächsten Morgen kaum mehr zu erkennen; sie war bleich, und ihr Blick wirkte erstarrt. Am Totenbett ihres Töchterchens warf sie sich auf die Erde, schrie auf und betete laut für die Ruhe der Seele dieses armen Kindes.

Die Königin wiederholte das, was sie schon kurz vor dem Ableben des Kindes gesagt hatte:»Ich liebte Caroline über alles. Sie war das liebste Kind meines Herzens. Ich hatte das Gefühl, daß sie mir noch mehr angehörte als die anderen, und gerade sie hat mir Gott genommen.«[34]

Wie Adalbert von Bayern zu berichten weiß, stellte man bei der Obduktion schwere organische Fehler fest. Die Ärzte behaupteten, daß das Kind höchstens noch drei Jahre zu leben gehabt hätte.[35] Die Königin hatte gewünscht, daß das tote Kind gezeichnet und gemalt werden sollte. Joseph Stieler fertigte drei Zeichnungen der Prinzessin auf dem Totenbett; außerdem schuf er das Gemälde »Caroline Prinzessin von Bayern in der Verklärung«.[36] Joseph Kellerhoven malte 1818 die damals Achtjährige als »Innocentia« – eine kleine kniende Heilige mit betenden Händen und einem Pilgerstab.[37]

Die Prinzessin fand ihre letzte Ruhestätte in der Fürstengruft der Theatinerkirche. Ihr Kenotaph steht in einer nördlichen Seitenkapelle rechts von einem Marienaltar. Links von diesem Altar befindet sich die Gedenkplatte für ihren 1803 verstorbenen Bruder Maximilian Joseph Karl Friedrich.

Den Entwurf des Grabmals schuf Leo von Klenze (1784–1864). Der Bildhauer Konrad Eberhard aus Hindelang im Allgäu führte das Relief aus. Einflüsse von Canova und Thorvaldsen verbinden sich mit nazarenischer Frömmigkeit und einem gewissen Attizismus zu einem sehr persönlichen, ergreifenden Grabmal. Die Inschrift lautet: »Innig geliebt und heiß beweint von Eltern und Geschwistern«. Die Königin Caroline, in ein fließendes Gewand gehüllt, kniet weinend am Totenlager ihres Kindes. Die mit Rosen bekränzte Prinzessin ruht friedlich auf einem Himmelbett im Empirestil, dessen Baldachin von Engeln gehalten wird. Das Motiv der Beweinung auf einem Grabmal ist für die Todesmentalität der Romantik bezeichnend. Den Schmerz, den die königliche Familie beim Tod des Kindes fühlte, wurde zum Hauptthema des Grabmals.[38]

Der König hatte schon beim Tod des Kindes erkannt, daß Caroline ihr ganzes Leben wegen dieses Verlustes unglücklich sein würde. Als Witwe trug Caroline die »Totenbilder«, die ihres Mannes, ihres Sohnes Maximilian und der Tochter Maximiliane Josepha Caroline, in Schloß Tegernsee zusammen und trieb dort fast einen Kult im sogenannten Totenkabinett.

Die Stieftöchter Auguste und Charlotte hatten Angst, daß sich Caroline in ihrem Schmerz nicht mehr um ihren Mann kümmere und auch die anderen Kinder in ihrer Fürsorge vernachlässige. Dies schien wohl nur so, denn Caroline schilderte des Königs Zustand in einem Brief an ihre Mutter: »Der König ist nach wie vor tief bedrückt. Vor Leuten nimmt er sich zusammen, aber vor mir und den Kindern weint er oft bitterlich. Er hat es nicht für möglich gehalten, daß ihn Gott in seinen alten Tagen noch so unglücklich machen werde. Noch heute morgen sagte er mir: ich kann tun, was ich will. Ich kann mich von diesem Schlag nicht mehr aufrichten, er untergräbt und zerstört mich. Er möchte gar nicht nach Baden-Baden, meint, daß ihm Tegernsee oder Kreuth ebenso gut tue, aber ich werde ihn noch überreden, seine Ansicht zu ändern … Unser Schmerz nimmt immer noch zu statt nachzulassen …«[39]

Anfang Mai 1821 übersiedelte die Familie nach Nymphenburg. Dort, wo das Prinzeßchen einst zur Welt gekommen war, wurde der Schmerz neu aufgewühlt. Als Kronprinz Ludwig in der Nacht zum 10. Mai aus Italien zurückkehrte, kam frühmorgens sein Vater zu ihm und weinte bitterlich. Die Königin zeigte sich etwas gefaßter.

Das ganze Jahr über nahm die Trauer kein Ende. Prinzessin Amalie, die Schwester Carolines, schrieb an den Großherzog Ludwig II. von Hessen und bei Rhein:»Unser stetes Gespräch ist noch immer über den Engel, den wir beweinen. Sie erinnern sich jedes ihrer Worte, ihrer Handlungen, und auch die arme Mutter nimmt gerne an dem Gespräch Anteil, es ist das einzige, was ihr Linderung gewährt. Unser Lebenslauf ist nur von Schmerz und Trauer erfüllt. Die Abende bringen wir oben mit den Kindern und der guten Herzogin von Neuburg zu, es wird gearbeitet und mitunter Patiencen gemacht. Der König spielt in einem anderen Zimmer.«[40] Den ersten Jahrestag des Todes ihrer geliebten Tochter Ni verbrachte das Königspaar in Tegernsee, auch um dem Faschingstreiben in München zu entgehen.

Kommas, Punkte und Homer

Im Jahr 1811 bekam der protestantische Philologe Friedrich Wilhelm Thiersch, hauptsächlich durch das Vertrauen der Königin Caroline, einen Auftrag, der ihm »eine der schönsten Episoden seines Lebens bereitete«.[41] Er wurde Lehrer der vier königlichen Prinzessinnen Elisabeth und Amalie, Sophie und Marie, später auch der Ludovika. Er unterrichtete die »begabten Damen« in Literatur, Geographie und Geschichte. Als Thiersch mit dem Unterricht anfing, bestand die Geistesnahrung noch aus Kinderbüchern von Herrn und Frau Gutmann. Die Romane der Hofdamen »schaffte er weg« und las mit den hohen Schülerinnen nur klassische und ausgewählte Schriftsteller. Er begann mit Homer und Voß, führte sie zu den Dich-

41

tern der neuen Zeit. So war beispielsweise der Park von Nymphenburg in Hexametern von den jungen Damen zu beschreiben. Telemachus und die rosenfingrige Eos wurden Lieblingsgestalten, mit denen sich die Phantasie der Prinzessinnen in ihren Spielen beschäftigte. Ein Drama nach griechischen Vorbildern – »worin kein Liebesgedicht vorkommt« – Antiope, wurde »zu Stand gebracht.«

Bei aller Sorgfalt und Genauigkeit im Unterrichten und Korrigieren versuchte Thiersch den Unterricht recht aufgelockert zu gestalten. Als Thiersch für einige Zeit nach England ging, versprach er, eine Schachtel voll Punkte, Kommas und Fragezeichen mitzubringen, die sich in den Aufsätzen der Prinzessinnen zu sparsam vorfanden!

Da Französisch Hofsprache war, wuchsen die Prinzessinnen zweisprachig auf. Vater Max sprach sowieso lieber französisch als deutsch, letzteres mit kräftigem Pfälzer Einschlag. Neben Französisch stand auch Englisch auf dem Stundenplan. Mit Tieren, Blumen und Pflanzen waren die Prinzessinnen von klein auf vertraut. Im Nymphenburger Garten, der unstreitig als der schönste und prächtigste in Deutschland galt, ließ der Kurfürst unmittelbar beim Wohnbereich der Familie für die Kinder separate Gärten mit Sommerhäuschen schaffen. »Die Gärtchen waren nicht öffentlich zugänglich. Sie bestanden aus schattigen Gängen, kleinen Blumenbeeten, Bauernhäuschen mit kleinen Oeconomien, worin Hühner, Tauben, Schafe, Geisen etc., alles zum Vergnügen der königl. Kinder bestimmt, gehalten werden.«[42]

»Früchtebringendes Kapital« für die königlichen Töchter

Da anzunehmen war, daß der um zwanzig Jahre ältere König Max I. Joseph vor seiner Frau sterben würde, stellte er bereits am 30. November 1822 eine Schenkungsurkunde aus für seine »vielgeliebte Gemahlin und die mit Ihr erzeugten Prinzeßinnen Töchter.« Sie bekamen als »früchtebringendes Kapital zwei Millionen viermal hundert Tausend Gulden hiesiger Währung«. Diese Summe von 2400000 Gulden stammte aus außerordentlichen und nicht aus dem Staat selbst geschöpften Mitteln. Es handelte sich um »jene Gelder, welche Frankreich als Contributionen an die verbündeten Mächte … zu entrichten hat«, also Kriegskontributionen. Aus der genannten Summe ergab sich eine jährliche Rente in Höhe von 25000 Gulden für jede Prinzessin.

Die Indianerkinder Juri und Miranha

Zu den führenden Wissenschaftlern der Bayerischen Akademie der Wissenschaften am Beginn des Königsreichs Bayern zählten der Zoologe Johann Baptist von Spix und der Botaniker Carl Friedrich von Martius. König Max. I. Joseph veranlaßte 1817 eine Expedition der beiden nach Brasilien. Der wissenschaftliche Ertrag der Reise, die bis 1820 dauerte, war groß. Spix hatte unter anderem eine Tiersammlung zusammengetragen, von der allerdings nur 57 Tiere – meist Affen und Papageien – lebendig in München ankamen.[43] »Im Dienste der Wissenschaft« verschleppten die Forscher auch zwei Eingeborenenkinder. Königin Caroline berichtete ihrer Mutter darüber: »Der Knabe ist der Sohn eines Königs seines Stammes, Schouri genannt. Er ist mit vielen anderen gefangen genommen und von diesen Herren gekauft worden – für zwei Äxte. Für sein Alter von zehn Jahren ist er groß, stark und von einer Rasse, die kein Menschenfleisch ißt. Aber das achtjährige Mädchen ist enorm und ganz viereckig. Sie ist von der espèce der Menschenfresser …«[44]

Die Königsfamilie, vor allem die Königin Caroline, sorgte sich um die Kinder. Sie wurden getauft, das Mädchen auf den Namen Isabella, der Bub auf Johannes. Dieser kam in die Obhut des Herzogs Max, das Mädchen zu der Hofpfistermeisterswitwe Kreszenzia Jakobii in der Prannerstraße 16.

Der Einstand der beiden Kinder, die sich nicht einmal untereinander verständigen konnten, war wenig hoffnungsvoll. Schon im Januar 1821 meldeten die Zeitungen, daß sie an Bronchitis erkrankt seien. Bereits im Juni des gleichen Jahres starb der Bub, vierzehn Jahre alt, an den Folgen einer Lungenentzündung und -vereiterung. Das nun völlig vereinsamte Mädchen fühlte sich angeblich wohl, und es konnten täglich »Fortschritte in den Sprachen und der Bildung der Europäer« beobachtet werden. Im Mai 1822 erlosch jedoch auch ihr vierzehnjähriges Leben.

Die Königin ließ den beiden Exoten im Südfriedhof ein gemeinsames Grab geben. Der von ihr gestiftete Grabstein bekam die Inschrift: »Der Heimath entrückt, fanden sie Sorgfalt und Liebe im fernen Welttheile, jedoch unerbittlich des Nordens rauhen Winter – errichtet von Caroline, Königin von Bayern.«[45] Die Grabplatte gab die Königin beim Erzgießer Johann Baptist Stiglmair in Auftrag. Darauf bläst Boreas, der kalte Nordwind, dem sterbenden Indianermädchen seinen tödlichen Hauch ins Gesicht. Der Knabe und das Mädchen sind nur mit Lendenschurz und Federschmuck bekleidet. »In der Darstellung entsprechen die Kinder dem Idealbild des guten Wilden im Sinne der Romantik.«[46]

Zehn Jahre nach dem Tod der Indianerkinder erschien in der Zeitschrift »Nachtschatten« folgender Artikel: »Gesegnet sey die fromme Königin, deren gemüthreicher Sinn die Menschlichkeit in ihren zartesten Regungen erfaßt, und ihnen, poetisch religiös, auf so edle Weise huldigt. Einst, wenn die gnädige Hand des Allerbarmers einsammeln wird die Asche aller seiner Kinder aus der Grabesbüchse dieser Erde, wird der einsammelnde Engel an dieser Stelle stehen bleiben und mit einem himmlischen Lächeln den Namen der erhabenen Errichterin dieses Steines lesen.«[47]

Was damals mit den Indianerkindern geschah, galt im Dienste der Wissenschaft als nichts Außergewöhnliches. Es sollte das Verhalten gegenüber der Zivilisation beobachtet werden, um Aufschluß »über die menschliche Natur« zu erhalten. Man wunderte sich, »daß die Kinder europäischer Kultur gegenüber gefühllos blieben, betrauerte und verklärte ihren Tod und legte am Ende den tätowierten Kopf des Jungen in Spiritus statt ins Grab.«[48]

Königin Caroline und König Max I. Joseph

Die Münchener Staats-Zeitung meldete am 1. Januar 1806:
»Hoch lebe Napoleon der Wiederhersteller des baierischen Königsthums!!! Da durch die Vorsehung Gottes es dahin gediehen ist, daß das Ansehen und die Würde des Herrschers in Baiern seinen alten Glanz und seine vorige Höhe zur Wohlfahrt des Volkes, und zum Flor des Landes wieder erreicht ... Lang und glücklich lebe Maximilian Joseph, unser allergnädigster König! – Lange und glücklich lebe Karoline, unsere allergnädigste Königin!«

Die Augsburger Ordinari Postzeitung veröffentlichte am 3. Januar 1806 das Gedicht: »Auf unseren guten König.« In einer der Strophen hieß es da:

> Heil unserm König Ewiger!
> Umstrahle ihn mit Macht!
> Heil unserm König Ewiger! Treu und hold
> Schmiegt an den edlen Mann
> Ihm lohnend mit der Liebe Sold,
> Sich Karoline an.

Aus dem Kurfürsten Max IV. Joseph war nun König Max I. Joseph geworden, ein »absoluter König und Souverän und ... aus freiem Entschluß einer der ersten konstitutionellen Monarchen Deutschlands ...«, unter dessen Herrschaft sich in Bayern mehr änderte als in Jahrhunderten zuvor.«[49] Die Erfolge seiner Regierungszeit waren jedoch nur erreicht worden, weil ihm der »fähigste Staatsmann zur Seite stand, der jemals die Geschicke Bayerns geleitet hat«, Maximilian Joseph Freiherr bzw. Graf von Montgelas.[50]

Die Zeit der Napoleonischen Befreiungskriege

Das junge Königreich Bayern mußte unter erheblichem französischen Druck zusammen mit fünfzehn anderen Staaten Mitglied im Rheinbund von 1806 werden. Napoleon bewirkte damit, daß Bayern außenpolitisch völlig eingeschränkt war. Als Mitglied des Rheinbundes hatte es künftig auch an Kriegszügen des französischen Kaisers teilzunehmen. Im April 1809 erklärte Frankreich Österreich den Krieg. Als österreichische Truppen in Bayern einmarschierten, verließ der Hof München. Das Königspaar befand sich in einer sehr schlechten körperlichen Verfassung. Am 11. April reiste es nach Dillingen. Die Kinder waren schon einige Tage vorher zu Baronin Wrede nach Augsburg gebracht worden. Bis in Dillingen das ehemalige fürstbischöfliche Schloß hergerichtet war, kam das Königspaar in den früheren Regierungsgebäuden gegenüber dem Rathaus notdürftig unter.

Kaiser Napoleon erschien am 17. April 1809 um zwei Uhr morgens in Dillingen zu einer fünfstündigen Unterredung mit dem bayerischen König. Caroline berichtete ihrer Mutter: »Da das Haus klein und der Gang eng ist, hörte ich alles, wie wenn man in meinem Zimmer gewesen wäre. Ich lag zu Bett, weil wir den Kaiser nicht erwartet hatten.«[51] Der Kaiser plante einen Blitzsieg, der ihm auch gelang: er schlug die Österreicher am 20. April bei Abensberg, am 22. April bei Eggmühl und am 5./6. Juli bei Wagram in Niederösterreich. Von dieser strategischen Leistung zeigte sich selbst Caroline beeindruckt. Während der Kriegshandlungen plante Caroline, entweder zu ihrer Mutter nach Rastatt zu übersiedeln oder das Angebot des Königs von Württemberg, nach Stuttgart zu reisen, anzunehmen. Doch dann beschloß sie, ihren Mann in dieser aufregenden Zeit nicht allein zu lassen.

Ende April verließ das Königspaar mit den Kindern Dillingen und ging nach Augsburg, wo es im Hotel »Drei Mohren« abstieg. Hier hatte die Königin endlich wieder einmal Gelegenheit, an Gesellschaften des Bischofs Clemens Wenzeslaus und dessen Schwester Kunigunde teilzunehmen. Aus Augsburg teilte Caroline ihrer Mutter mit, daß Napoleon ihr habe ausrichten lassen, sie möge vorerst noch nicht nach München zurückkehren. Außerdem habe sie aus Tirol ziemlich beunruhigende Nachrichten erhalten: »Die aufständigen Tiroler betragen 18000 Mann ... Die Tiroler wollen auch die Bevölkerung von bayerisch Schwaben aufwiegeln und gewinnen.«[52] In Augsburg rechnete man mit dem Herankommen der Tiroler. Die bayerische Königin entschloß sich deshalb, mit ihren Kindern nach Rastatt abzureisen. Als sie den Wagen besteigen wollte, erhielt sie die Mitteilung, daß das Schloß in Baden als Kaserne benötigt wurde und außerdem die Kriegsgefahr in Augsburg beseitigt sei. Am 20. Mai 1809 kehrte die Königsfamilie nach München zurück, wo ihr ein rührender Empfang mit einer Festillumination bereitet wurde.

Gegen das aufständische Tirol ließ Napoleon weiter vorgehen. Wenig zuversichtlich schrieb Caroline: »... Dieses Land ist zweifellos noch nicht ruhig und wird es vielleicht nie werden, aber es kann nicht soweit kommen, daß wir weg müssen. Es wird wohl noch zu Schreckensszenen kommen, die man hätte vermeiden können, jetzt und damals, wenn man andere Truppen als die unsrigen hingeschickt hätte; denn diese handeln zweifellos wegen der ersten, an ihren Kameraden begangenen Grausamkeiten rachsüchtig ...«[53] Die angesprochenen Schreckensszenen spielten sich tatsächlich ab. Unter der Führung von Andreas Hofer wurden die unter Marschall Lefebvre angerückten 40000 Mann am 13. August 1808 am Berg Isel zurückgeschlagen. »Als dann von allen Seiten französische, italienische und bayerische Truppen zu Hilfe eilten, konnte General Wrede Andreas Hofer am Berg Isel am 1. November 1809 schlagen und den Aufstand damit beenden.«[54] Der Bauernführer Andreas Hofer wurde am 20. Februar 1810 in Mantua erschossen.

Das Jahr 1812 brachte den Rußlandfeldzug Napoleons. Im Morgengrauen des 24. Juni überschritt die »Grande Armée« bei Kowno den Nijemen. Am 7. September errangen die Franzosen den Sieg von Borodino. Die Russen zogen sich immer weiter zurück, um Napoleon während des russischen Winters weit in ihr Land hineinzulocken. Moskau wurde zwar eingenommen, doch die Russen hatten es in Brand gesteckt. Am 19. Oktober begann der Rückzug; der Übergang über die Beresina stand am Anfang der Auflösung des französischen Heeres, zu dem Bayern 36000 Soldaten gestellt hatte; 30000 verloren ihr Leben. Zu Ehren dieser Gefallenen wurde auf dem von Karl von Fischer gestalteten Karolinenplatz in München ein Obelisk errichtet.

Caroline bemühte sich, durch Vermittlung ihrer Schwester Elisabeth in Rußland das Los der bayerischen Gefangenen zu mildern. Am 21. Januar berichtete sie ihrer Mutter, ihre Schwester habe eine Subskription für die Gefangenen eröffnet, die in vier Wochen 300000 Rubel erbracht habe. Schon bevor es zu dem russischen Desaster kam, hatte Caroline bemerkt, daß die anfängliche Begeisterung ihres Mannes für Frankreich nachließ: »Wenn er sich mir gegenüber so zeigt, kann man damit rechnen, daß es ehrlich ist; denn manchmal war er vielleicht geneigt, mir mehr als anderen Leuten sein Abrücken von den Freunden Frankreichs zum Ausdruck zu bringen«, schrieb Caroline ihrem Stiefsohn Ludwig.[55]

1813 kam es zum Bruch mit Napoleon. Preußen fiel als erstes Land von Napoleon ab, Österreich trat der Koalition gegen Napoleon bei, der England und Schweden angehörten, das Königreich Bayern sagte sich vom Rheinbund los und vereinte seine Armee mit der Österreichs. Der »Frontwechsel« erfolgte am 8. Oktober 1813. Caroline gab ihrer Mutter am 15. Oktober ein Bild der Lage in Bayern, wo der französische Gesandte Mercy völlig von der Entwicklung der Dinge überrascht schien: »... Man kann das tatsächlich nur einem Übermaß französischer Überheblichkeit zuschreiben, die es für unmöglich hält, daß man sich von der Sklaverei, worin wir uns befanden, losmachen will ... Seit unserem Übertritt herrscht unbeschreibliche Freude und Begeisterung ... Jedermann will jetzt marschieren ... Möge Gott das Werk krönen ...«[56] In der großen Völkerschlacht bei Leipzig vom 16. bis 19. Oktober 1813 wurde Napoleon vernichtend geschlagen. Er wurde zur Abdankung gezwungen, nach Elba verbannt.

Als nach der Schlacht bei Leipzig Soldaten der geschlagenen Armee im November 1813 die nördliche Grenze Bayerns passierten, brachten sie den Typhus ins Land. 40000 Typhuskranke wurden in Bayern gezählt, wovon 9000 starben. Der Pflege der Typhuskranken und der verwundeten Soldaten nahmen sich »edle Frauen« an. Es entstanden Frauenvereine und es wurden »Blätter für den Frauenverein« herausgegeben, die in »schönen patriotischen Artikeln die große Thätigkeit unserer bayer. Frauen und Mädchen schilderten«.[57] In München stellte sich Königin Caroline an die Spitze des Frauenvereins. Am 5. Januar 1814 erging dann folgendes Handschreiben der Königin: »Ich übernehme mit lebhaftem Vergnügen den Schutz des mit Bewilligung des Königs sich bildenden Vereines und sehe darin mit großer Zufriedenheit den Ausdruck edler Gesinnungen und der Vaterlandsliebe der Frauen dieses Reiches. Zugleich ernenne Ich als Meine Stellvertreterin zur Eröffnung und Leitung des Vereines die Gräfin von Arco geborne Gräfin von Seinsheim in der begründeten Überzeugung, daß meine Wahl den Beifall aller Theilnehmerinnen an dieser Verbindung haben werde.«[58]

Die Vereine, die sich im ganzen Land bildeten, kümmerten sich vor allem um die Errichtung von Lazaretten, um die Unterstützung der ins Feld rückenden Truppen, um die Verwundeten, Kriegsgefangenen, die Witwen und Waisen und die durch den Krieg verarmten oder in Not geratenen Landesbewohner. Nach 1815 lösten sich die Frauenvereine wieder auf. Erst 1859 kam es unter Bayerns dritter Königin Marie zur Neugründung des Frauenvereins.[59]

Nach dem Ende der napoleonischen Herrschaft wurde die Neuordnung Europas auf dem Wiener Kongreß vorgenommen, der vom 18. September 1814 bis zum 9. Juni 1815 dauerte. Das bayerische Königspaar erwartete die Zarin Elisabeth in München, um zusammen mit ihr nach Wien zu reisen. Der österreichische Kaiser Franz holte seine Gäste weit vor Wien feierlich ein. Sie nahmen in der Hofburg Logis.

Wie eine »laterna magica« erschien der bayerischen Königin

das Leben in Wien. Fast täglich schrieb Caroline ausführliche Briefe an ihre Mutter über die Empfänge, Bälle, Besuche und Gegenbesuche. Die Stadt Wien kam ihr recht klein und düster vor: »Man sagt, Wien sei dafür bekannt, weil die Straßen so eng sind und die Stadt so klein. Zuerst war ich darüber erstaunt, aber ich habe mich von der Richtigkeit überzeugt, seit ich die Stadt und ihre Vorstädte kenne ...«

Nach vier Monaten Aufenthalt in Wien, wo die Verhandlungen zwischen den vier Großmächten Rußland, Großbritannien, Österreich und Preußen sich immer schwieriger gestalteten, kehrte Caroline nach München zurück. Der König blieb zusammen mit dem Kronprinzen in Wien.

Die letzten Jahre an der Seite des Gemahls

Zu den wichtigen politischen Ereignissen in der Regierungszeit des Königs Max Joseph zählte die erste Ständeversammlung Anfang Februar 1819. Als Auftakt wurde im neuen Theater unter großem Beifall »Otto von Wittelsbach« gegeben. Am 4. Februar verlas der König die von Staatsrat Zentner verfaßte Ansprache. Caroline wohnte in großer Aufmachung der Eröffnungsrede bei, die der König zuvor schon seiner Frau und seinen Kindern mehrere Male vorgelesen hatte. Die bei der Eröffnung ebenfalls anwesende vierzehnjährige Tochter Sophie hatte so Angst um den aufgeregten Vater, daß sie in Tränen »zerfloß«, doch alles verlief bestens. Die Zeremonie empfand Caroline als sehr schön: »Der Fürst Taxis, der an Stelle des erkrankten Fürsten von Wallerstein die Krone trug, war mit Diamanten übersät. Degen, Agraffe am Hut, ja sogar seine Tabatière waren damit bedeckt ...«[60]

Die Sommermonate verbrachte das bayerische Königspaar sehr oft in Baden, wo sich die Königin natürlich immer besonders wohl fühlte. Im September 1810 war das bayerische Königshaus Besitzer von Berchtesgaden geworden. Seither gehörten das ehemalige Augustiner Chorherrnstift, das Schloß Berchtesgaden und St. Bartholomä mit seinen Jagdgebieten zu den bevorzugten Aufenthaltsorten der bayerischen Königsfamilie.[61]

Im August 1815 unternahm die königliche Familie wieder einmal einen Ausflug nach Tegernsee. Das Kloster Tegernsee war wie alle anderen Klöster 1802/03 der Säkularisation zum Opfer gefallen. Die Konventsgebäude hatte damals der bayerische Generalpostmeister Carl Joseph von Drechsel für wenig Geld erworben. Um den Unterhalt zu verbilligen, ließ er den auf der Seeseite liegenden Teil des großen Gebäudevierecks niederreißen. Der König ließ bei Drechsel vorfühlen, ob er gewillt sei, das ehemalige Kloster Tegernsee an ihn zu verkaufen, doch dieser verneinte. Die Drechsels zeigten sich jedoch äußerst liebenswürdig bei der Besichtigungstour rund um den Tegernsee. Sie fuhren mit dem Königspaar nach Kreuth und Gmund und sahen einem Bootsrennen zu. Der König fuhr nach Miesbach, die Königin mit den Töchtern zu Schiff nach Egern. Vom großen Hof in Kaltenbrunn genoß man die herrliche Aussicht. Die Königin war so entzückt von dieser wunderschönen Gegend, daß der König im Februar des folgenden Jahres die Familie Drechsel doch überzeugen konnte, die ehemalige Klosteranlage für 120000 Gulden an ihn zu verkaufen. Am 18. Juni 1816 kam das Königspaar mit seinen Söhnen und zweien seiner Töchter nach Tegernsee, um die Räume aufzuteilen. Das Schloß Tegernsee und das Wildbad Kreuth wurden zum Treffpunkt gekrönter Häupter. Noch heute erinnert in der Schloßkirche eine Gedenktafel an die Gäste des Jahres 1822: »In Tegernsees friedlichem Thale dem Lieblingsaufenthalte Maximilian Josephs I. besuchten ihn und seine königliche Gemahlin Carolina Friederica Wilhelmina auf ihrer Reise zu dem Congresse von Verona Seine erhabenen Freunde Franz I. Kaiser von Österreich mit seiner kaiserlichen Gemahlin Caroline des Königs geliebter Tochter und Alexander I. Kaiser von Rußland den VIII. Octobris MDCCCXXII. Zu dieser Zeit waren in Tegernsee anwesend vom königl-bairischen Hof CC Personen, vom kais.-oesterr. Hofe XXV Personen, vom kais.-russ. Hofe XXII Personen, vom herzog.-braunschweigischen X Personen in Summa CCLVII Personen.«[62]

In jenem Jahr 1822 hatte das Königspaar Silberne Hochzeit, die aber nur im Familienkreise begangen wurde, da sich damals der Todestag des jüngsten Kindes Caroline Maximiliane jährte. Zwei Jahre später folgte dann das in ganz Bayern begangene 25jährige Regierungsjubiläum des Kurfürsten bzw. Königs. Zur Erinnerung daran überreichte der Magistrat der Stadt München der »Allgeliebten Königin« ein Silberrelief mit der Darstellung ihres Gemahls im Krönungsornat. Auf der Rückseite findet sich folgendes Gedicht:

Was kann als Opfer unsrer Weihe
Der FÜRSTIN, der wir's bieten werth
Ausdrücken all die Lieb und Treue
Die dankbar jeder Bürger naehrt?
Wo ist gleich würdig und erhaben
Ein Gut womit wir Dich begaben
Es ist dieß Bild in deßen Blicken
In dessen Zügen gleich gepaart
Der treue Bürger sein Entzücken,
Die Gattin ihren Stolz gewahrt;
Drum KÖNIGIN, nimm dieß Gebilde
Als Denkmal dieses Tags voll Milde.

Das Königspaar war fast unzertrennlich geworden. Weilte der König zur Kur etwa in Baden-Baden oder Bad Kissingen, so fühlte sich die Königin sehr verlassen. Seine Abwesenheit verursachte ihr jedesmal eine unerträgliche Stille. Wegen seiner »Lebhaftigkeit« hörte sie ihn ständig, auch wenn sie ihn nicht sah. Bei einem etwas wehmütigen Rückblick auf des Königs Regierungszeit meinte der preußische Gesandte: »Was die vom König zu treffenden Entscheidungen am Hof, am Theater, wegen Pensionen usw. anging, so hielt er sich normalerweise an die Wünsche der Königin, in deren Appartement er hundertmal am Tag erschien. Sie selbst, mit ihrem edlen und reinen Charakter, ließ sich nicht von seiner Umgebung beeinflussen ... So liefen die Geschäfte hier ... mit größter Liberalität.«[63]

Im Oktober 1825 geschah das für die Familie Unfaßbare. Am 12. Oktober hatte die Familie noch fröhlich des Königs Namenstag gefeiert, den ein Ball beim russischen Gesandten Graf Woronzow abschloß. Gegen elf Uhr verabschiedete sich der König von seiner Frau und deren Schwester Friederike, der entthronten schwedischen Königin. Der König kehrte nach Nymphenburg zurück und legte sich zur Ruhe. Am nächsten Morgen fand ihn sein Kammerdiener entschlafen. Die Verwirrung war groß: »Alles lief willenlos durcheinander; in den Zimmern lagen die Balltoiletten umher, und zwischen diesen seufzende Töchter und weinende Nichten. Die hohe Witwe war regungslos in den Armen ihrer Schwester. Niemand hatte seine ganze Besinnung. Von München rollten die Wagen her, das Volk strömte zu Fuß und wollte noch einmal seinen geliebten Monarchen sehen, der still und friedlich lag, die Hände gefaltet, die so manchem Armen spendeten ...«[64]

Das Appartement der Caroline

Als Kurfürstin Caroline 1799 nach München gekommen war, empfand sie die Begrüßungsfeierlichkeiten als sehr angenehm. Die Menschen in München gefielen ihr, doch die Räumlichkeiten, in denen sie nun wohnen sollte, erschienen ihr rückständig. So wurde noch im gleichen Jahr mit einem Umbau und einer Neueinrichtung der Residenz begonnen. Der Kaiser- und der Vier-Schimmelsaal wurden in zwei Etagen und mehrere Appartements geteilt. Bezeichnenderweise lebte Caroline im Hauptgeschoß der Beletage, ihr Gemahl im niedrigen Mezzanin, das über eine Stiege erreichbar war. Dort lagen auch die Zimmer für die Kinder.

Mit dem vorhandenen Mobiliar konnte sich Caroline ebenfalls nicht anfreunden, sie fand es steif und unbequem. Altfränkisch nannte sie Barock und Rokoko, sie war für das Moderne, das Directoire. Die von ihr mitgebrachten Möbel nahmen sich unter den »Antiquitäten« recht »komisch« aus. Sie fand, daß man in München keinen Begriff dafür habe, was schön sei, und bat als erstes ihre Mutter um Übersendung eines modernen Schreibtischs.

Von der großartigen Ausstattung nach dem Umbau der Residenz ist heute nur noch wenig zu sehen. Viel wurde im letzten Weltkrieg zerstört, ausgelagert und verändert. Erfreulicherweise sind jedoch im Schloß Nymphenburg noch vier Räume der Königin Caroline erhalten. Die verläßlichste und anschaulichste Quelle, aus der sich der ursprüngliche Zustand der beiden Münchner Wohnsitze der königlichen Familie erschließen läßt, stellt das sogenannte Wittelsbacher Album dar. Es handelt sich dabei um eine Sammlung von Aquarellen der Residenz und Schloß Nymphenburgs, die Königin Caroline 1821 ihrem Gemahl zum Geburtstag schenkte. Dieses Album hat Hans Ottomeyer 1979 teilweise veröffentlicht und bestens ausgewertet.[65]

Auf der Hofgartenseite der Residenz befanden sich zwei Vorzimmer, die zum bedeutendsten Raum, dem weiß vertäfelten Salon der Königin, führten. An den Salon schloß sich der Thronsaal an, den sie auch als Musikzimmer nützte. Das anschließende Schlafzimmer wandelte Caroline in einen Wohnraum um. Das Schlafzimmer war umgeben von den vier Kabinetten der Königin: dem Spiegelkabinett, dem Zeichenzimmer, dem Toilettenzimmer und dem Schreibkabinett, das wegen seiner blauen Stoffbespannung auch das »Blaue Kabinett« hieß.

In Fremdenführern von 1810 und 1811 wurden die Räume als Sehenswürdigkeit beschrieben: »Hohe Pracht wetteifert mit gleicher Schönheit. Das Audienz-, das Thronzimmer, der Speissaal, das Schlafzimmer, sind mit Gemälden, Statuen, seltenen Gefässen, erhabnen Arbeiten, reichen Tapeten, Geräthschaften jeder Art nach den neuesten Erfindungen ausgeziert; besonders geschmackvoll sind die Zimmer der Königin, wo das Antike mit ausgebildetem Modernen sich vereinigt, und aller überflüssige Prunk der schönen Einfachheit geopfert ist. Unsre Künstler Schwahnthaler, Seidel, Hauber, Kellerhofen, Klotz, welche hiezu gebraucht wurden, haben sich Ehre und Ruhm erworben.«[66]

Doch nicht nur einheimische Künstler und Handwerker waren für das Kurfürsten- und spätere Königspaar tätig, sondern auch ausländische. Die Leitung des Hofbauamtes hatte Charles Pierre Puille inne. Bezugs- und Vorhangstoffe ließ Caroline bei den Händlern Peyron und Blanchon Cortet in Lyon bestellen.

Das Paradeschlafzimmer der Königin in der Residenz und in Schloß Nymphenburg sowie das dortige Audienzzimmer erhielten eine Ausstattung im Empire-Stil.

Caroline und die Schönen Künste

Ein lebendiges Bild der bayerischen Königin Caroline zeichnete der spätere Schriftsteller August Graf von Platen: »Als ich Page wurde (1808) war die Königin bereits über die ersten Jahre des Frühlings hinaus (sie war 32 Jahre alt, d.V.), doch blieb sie immer eine Dame von majestätischem Aussehen. Sie ist eine treue Mutter ihrer Kinder. Sie ist Protestantin und schenkt den Armen viel durch ihren Hofprediger. Sie zeichnet viel und liebt Lektüre, mit der sie sich gewöhnlich bis tief in die Nacht hinein beschäftigt. Sie ist eine Freundin der Musik. Sie ist gar nicht geziert und furchtsam wie andere Weiber ...«[67] Die Königin liebte das Theater. Zu ihrer großen Begeisterung für italienische Opern kam die für deutsche Musikschöpfungen wie die »Zauberflöte«, »Fidelio« oder Haydns »Schöpfung«.

Für die Malerei interessierte sich Caroline besonders. Ihr ausgeprägter Familiensinn dokumentierte sich auch darin, daß sie vor allem den Hofmaler Joseph Stieler ständig mit dem Porträtieren der Familienmitglieder beschäftigte. Das Wittelsbacher Album illustrierte der Maler Franz Xaver Nachtmann für die Königin. Für ihre Töchter gab sie bei so bekannten Künstlern wie Lebschée oder Quaglio Aquarelle in Auftrag, die das heimatliche Bayern zeigten, damit die bayerischen Schwestern in Berlin, in Wien und in Sachsen sich daran erfreuen konnten. Die größte Sammlung entstand bei Carolines Tochter Elisabeth, der Königin von Preußen. Ein kleiner Teil der herrlichen

Aquarelle des Münchner Biedermeier wurde 1991 in München gezeigt.

Caroline hatte als junges Mädchen einige Zeit Malunterricht bei Philipp Jakob Becker, einem Meister der Pastellmalerei. Caroline führte auch später noch meistens einen Zeichenblock mit sich, doch keine ihrer Zeichnungen scheint erhalten zu sein.

Für drei Malerinnen interessierte sich Caroline besonders, nämlich für Margarete und Katharina Geiger und Electrine von Freyberg. Margarete Geiger (1783–1809), »die Tochter des Schweinfurter Malers Conrad Geiger, gehört zu den beachtenswerten weiblichen Talenten, die sich im späten 18. Jahrhundert und um 1800 selbständiger als davor und danach entfalten konnten«.[68] Margaretes Begabung hatte der Vater früh erkannt und ihr den ersten Unterricht in Pastell- und Ölmalerei erteilt. Unter der Anleitung von Hofmaler Christoph Fessel studierte und kopierte sie flämische Malerei des 17. Jahrhunderts. In München studierte Margarete 1806 bei Peter von Langer und Christian von Mannlich. In Anerkennung ihrer Begabung als Porträtmalerin erhielt sie 1806/07 von Königin Caroline ein Jahresgehalt von 365 Gulden. Im Sommer 1808 übersiedelte Margarete Geiger nach Wien, um bei Heinrich Füger ihre Studien fortzusetzen. Dort starb sie 1809, erst 26 Jahre alt. Ihr Selbstbildnis von 1804 besitzt das Mainfränkische Museum Würzburg.

Margaretes Schwester Katharina (1789–1861) könnte auf Empfehlung der Königin Caroline für deren Stiefsohn Ludwig künstlerisch tätig geworden sein. Katharina verheiratete sich 1809 mit dem Großunternehmer Wilhelm Sattler in Schweinfurt. Er gründete neben vielen anderen Fabriken um 1844 eine Tapetenmanufaktur auf Schloß Mainburg. Von 1845 bis 1849 war er Abgeordneter in München. Katharina illustrierte ein Exemplar der 1839 in München in dritter Auflage erschienen Bände 1 bis 3 der Gedichte des Königs Ludwig I. mit Vignetten und übersandte diese dem König. Er dankte ihr dafür im 1847 erschienenen vierten Teil seiner Gedichte mit dem »CXIV Sonett. An Katharina Sattler, geb. Geiger, welche Vignetten zu meinen Gedichten gemalt.« Auch diesen Band illustrierte Katharina.[69]

Nach König Ludwigs Abdankung 1848 bemalte Katharina eine Tapete mit einer vordergründig harmlosen Kinderszene, die eine Anspielung auf Lola Montez und den König zeigt: Das Mädchen (Lola Montez) spielt mit einem Ziegenbock (Ludwig in der Karikatur), die Mauer im Hintergrund steht für den (mit dem König) gestürzten Staatsrat Maurer, und die bayerische Rautenfahne mit dem »L« weist auf Ludwig I. hin.[70]

Marie Electrine Freifrau von Freyberg, geb. Stuntz, gehörte zu den angesehensten Künstlerinnen ihrer Zeit, geriet allerdings schnell in Vergessenheit. Sie wurde am 24. März 1797 in Straßburg geboren als Tochter des Landschaftsmalers, Kunsthändlers und Musikers Johann Baptist Stuntz. Aus wirtschaftlichen Gründen und um seine begabten Söhne vor den fortwährenden Heeresaushebungen Napoleons zu bewahren, entschloß sich Stuntz im Jahre 1808, Straßburg zu verlassen und nach München zu übersiedeln. König Max I. Joseph war der Straßburger Familie mit ihren fünf Kindern wohlgesonnen.[71]

Electrine, damals elf Jahre alt, war eine begabte Zeichnerin. Dem König widmete sie eine Zeichnung, auf der die Beleuchtung des Münchner Rathausplatzes am 17. Mai 1809 zur Begrüßung des aus Augsburg nach München zurückgekehrten Königspaares dargestellt war. Als sechzehnjähriges Mädchen wurde Electrine 1813 in die königliche Akademie der bildenden Künste aufgenommen. Zwei Jahre später, im September des Jahres 1815, erhielt sie den Besuch der Königin Caroline, deren Schwester Elisabeth, der Zarin, und der Herzogin Amalie von Pfalz-Zweibrücken. Die Damen ließen sich die Kunst des Steinzeichnens und Druckens sowohl erklären als auch vorführen. Die Königin von Bayern zeichnete selbst die Umrisse eines Blumenkörbchens. Auch die Gemälde der jungen Künstlerin wurden bewundert. Die Zarin schenkte Electrine als Zeichen ihrer Anerkennung ein kostbares, mit Brillanten besetztes Halsbandschloß.

Eine Zeichnung von Marie Electrine von Freyberg vom Ball der Königin Caroline von Bayern, um 1810 entstanden, ist leider ebenso verschollen wie ein um 1814 gefertigtes Brustbild der Königin.[72]

Die Kunstbegeisterung der Mutter Caroline übertrug sich auch auf die königlichen Töchter. Als Caroline mit Elisabeth und Amalie Auguste 1820 die im Bau befindliche Glyptothek besichtigte, kletterten sie alle drei mühsam bis unter die Decke hinauf, um die Gemälde zu betrachten. Deren Künstler, Peter Cornelius (1783–1867), hatte Caroline des öfteren zu Gast. Er zeigte ihr die Entwürfe für die Freskenbemalung in der Glyptothek. Die Königin war überzeugt, daß aus Cornelius ein Genie würde.

Die erste protestantische Regentin Bayerns

Bei seiner Werbung um Prinzessin Caroline betonte Herzog Max 1796 gegenüber seiner künftigen Schwiegermutter, der Markgräfin Amalie, »er wünsche sich eine protestantische Frau, um in Bayern die Toleranz einzuführen«.[73] Der protestantische Vater des Herzogs Max war wegen des Erbes der katholischen Kurpfalz 1746 konvertiert.[74] Die Einführung der Toleranz und die Parität der Konfessionen in Bayern gehörten zu dem Programm für innere Reformen, das der spätere Minister Montgelas kurz nach seiner Berufung 1796 in Ansbach erstellt hatte.[75] Mit der neuen Kurfürstin, der 23jährigen Caroline, hielt 1799 die protestantische Konfession offiziell Einzug in München.

Wie schon berichtet, hatte sich Caroline in ihrem Heiratsvertrag einen protestantischen Prediger für ihre künftige Kurfürstinnenstellung zusichern lassen. Als Kurfürst Karl Theodor starb und es sicher war, daß Bayern an Herzog Max fallen würde, traf der Chef des badischen Hauses die Entscheidung, daß der 35jährige Pfarrer Dr. Ludwig Schmidt Caroline nach München begleiten sollte. Schmidt war 1792 als Hofdiakon an die Hofkirche in Karlsruhe berufen worden, nachdem seine »Religionsvorträge« in Birkenfeld den Beifall und das Wohlgefallen der badischen Herrschaften gefunden hatten. Nachdem sich der Erbprinz durch ein Gespräch über den Wert und die Wirksamkeit des Gebetes von der Rechtgläubigkeit des Predigers überzeugt hatte, erteilte er dessen Ernennung. Er entließ ihn mit den Worten, wenn es ihm in dem katholischen Lande nicht gefallen sollte, so werde er ihn jederzeit mit Vergnügen wieder aufnehmen. Dr. Schmidt verließ am 27. April 1799 Karlsruhe und kam am 1. Mai nach München.[76]

Der Hofprediger der Kurfürstin

Der protestantische Gottesdienst für die Kurfürstin begann am 2. Pfingsttag, dem 12. Mai 1799, in einem Saal des Schlosses Nymphenburg. Es war der erste evangelische Gottesdienst seit der Reformation in München. Pfarrer Schmidt äußerte über seine Tätigkeit: »Meine Anstellung bei der Kurfürstin wurde ganz persönlich betrachtet, ich war ihr Beichtvater, ihr Gottesdienst war Privatgottesdienst und ich selbst statt Hofprediger Kabinettsprediger.«

Die »Gemeinde« bestand zunächst nur aus der Kurfürstin und den rund 150 evangelischen Hofangestellten. Der Hofstaat des Kurfürsten wies allerdings mehr Protestanten auf als der der Kurfürstin. Es war »... allen Protestanten gestattet, an diesen Privatgottesdiensten teilzunehmen, auch den Katholiken war es nicht verwehrt; vielmehr sah es die Regierung gerne, wenn dadurch der altbayerische Obskurantismus etwas vermindert, und liberalen Ansichten Eingang verschafft werden konnte. So hatte ich immer selbst junge Geistliche unter meinen Zuhörern«.[77]

In früherer Zeit wäre der Privatgottesdienst einer Fürstin ein solcher geblieben. Es hätte auch jetzt genügend Mittel gegeben, den öffentlichen Zugang zu den Gottesdiensten zu verbieten. Doch es geschah nichts dergleichen.

Am 2. April 1800 erhielt Schmidt seine Ernennungsurkunde als »besonderer Kabinettsprediger unserer Frau Gemahlin«. Das Dekret trug die Unterschrift von Montgelas, nicht die des Kurfürsten. Im Grunde hatte der Gottesdienst in München »keine legale Existenz«. Seit Palmsonntag 1800, dem 6. April, wurden die sonntäglichen Gottesdienste in einer »Hofkirche«[78] der Münchener Residenz gehalten. Es war das ehemalige Ballhaus, das zwischen Brunnen- und Küchenhof lag. Der Raum war so groß, daß 900 Personen darin Platz fanden. Auch die Evangelischen der Stadt durften am Gottesdienst teilnehmen.

Über diese erste Kirche der Kurfürstin Caroline berichtete der österreichische Gesandte nach Wien: »Auf der Nordseite waren Altar, Kanzel und Orgel übereinander angebracht. Auf der Südseite befand sich die Loge der Kurfürstin …, und an den beiden Längswänden entlang zogen sich die Emporen. Altar und Kanzel waren in den bayerischen Farben blau und weiß mit Stoff drapiert und reich verziert. Das große Kruzifix stand zwischen Altar und Kanzel. Das Münchener Kunsthandwerk hatte die Orgel gebaut (Orgelmacher Frosch u. a.) und die nötigen Gefäße für Taufe und Abendmahl hergestellt.«[79]

»In München waren Protestanten zur Zeit meiner Ankunft eine ganz neue Erscheinung«, so Schmidt. »Die meisten Einwohner hatten in ihrem Leben keine gesehen und glaubten, sie müßten ganz anders aussehen als andere Leute. Darum war die Furcht vor diesen gefährlichen Ketzern und ihr bigotter Intolerantismus wohl begreiflich.« Das bekam Schmidt sehr deutlich zu spüren, als die für ihn vom Hofmarschall gemietete Wohnung von dem Hausherrn, einem Brauer, sofort wieder gekündigt wurde, als dieser hörte, daß der »Herr vom Hofe« der evangelische Kabinettsprediger sei. Der Brauer begründete die Kündigung wie folgt: »Vorm Jahr ist mir durch Blitz das halbe Haus abgebrannt, ich fürchte, Gott könnte mich noch einmal strafen, wenn ich Sie in mein Haus aufnähme.« Dieser Gefahr wolle er ihn gewiß nicht aussetzen, versicherte ihm Pfarrer Schmidt. Doch der Brauer war neugierig geworden, er nahm an protestantischen Gottesdiensten teil, kam – wie allmählich immer mehr Münchener – zu dem Schluß, daß »der Protestantismus … doch auch Christentum« sei, und er bot von sich aus dem Kabinettsprediger wieder seine Wohnung an, »ich solle es ihm nicht übel nehmen, daß er damals so dumm gewesen sei«. Pfarrer Schmidt hatte indessen, nach einer provisorischen Unterkunft, in der Residenz die Wohnung des ehemaligen Leibchirurgen Karl Theodors bezogen.

Bei Karl Theodors Tod fanden sich in München nur drei Protestanten, zwei Schauspieler und ein Instrumentenmacher. Diese mußten sich nach außen hin als Katholiken geben, einmal im Jahr gingen sie nach Augsburg, um dort das Abendmahl zu empfangen. Jetzt konnten sich die Protestanten zum ersten

Mal öffentlich bekennen und zu den Gottesdiensten in der Residenz kommen.

Zum Abendmahl wurde in der Instruktion vom Januar 1800 festgestellt: »... können wir nur der protestantischen Hofdienerschaft unserer Frau Gemahlin den Empfang des Abendmahls im Hofgottesdienst bewilligen. Die übrigen sollen es ohne äußerliche Feierlichkeit und in aller Stille in ihren Häusern empfangen.« Doch Schmidt war damit nicht einverstanden. Schließlich wurde durch die Hofjuristen entschieden, daß alle Münchener Protestanten an der Abendmahlsfeier des Hofgottesdienstes teilnehmen durften. »Zur Kontrolle wurde allerdings die Ausgabe von Eintrittskarten verlangt.«[80]

Schmidt hatte zwar die Erlaubnis, Kinder von protestantischen Eltern zu taufen. Die Taufgebühren gingen aber an die katholischen Pfarrer, denn die Protestanten galten noch als Glieder der katholischen Kirche. Gesuche um Aufnahme in die evangelische Gemeinde gab es in der Anfangszeit häufig. Meist standen sie in Verbindung mit einer Ehescheidung und der Wiederverheiratung. »Ich wies sie alle zurück; bei meiner Prüfung fand ich gänzliche Unbekanntschaft mit dem Protestantismus und seinen unterscheidenden Lehren, und bloß zeitliche Rücksichten.«[81] Von einer Proselytenmacherei hielt Schmidt sich fern, was ihm selbst die Achtung des päpstlichen Nuntius einbrachte. Er berichtet, daß es häufiger zur Taufe von Juden kam. Dabei übernahm die Kurfürstin »wie gewöhnlich« die Patenstelle. Patenkind der Kurfürstin wurde auch der kleine Graf Seydewitz, Sohn eines pfalzbayerischen Majors. Die Trauung protestantischer Brautpaare war offiziell erlaubt, und als sich katholische Pfarrer weigerten, »Mischehen« einzusegnen, übernahm dies Schmidt. Beerdigungen wurden ihm nicht genehmigt. Es war festgelegt, daß »der Cadaver sine lux et crux (ohne Kerzen und Kreuz) in die Erde versenket« werden soll. Kein Gebet war erlaubt, der Pfarrer durfte nur in Straßenkleidung die Toten zum Friedhof begleiten. Bei der Beerdigung des 1779 in München verstorbenen russischen Gesandten Christoph de Peterson hatte es noch eine andere Regelung gegeben: »Sein Kadaver wurde, nach einer alten bayerischen Hofetikette, seinen Konfessionsverwandten nach Augsburg abgeschickt.«[82]

Die neue Toleranz in Bayern

Bis zum Jahre 1801 besaßen Protestanten in München kein Bürgerrecht! Ein Erlaß des Kurfürsten vom 10. November 1801 sollte auch dies ändern. Max zwang den Rat der Stadt, dem Mannheimer Weinwirt und Pferdehändler Balthasar Michel, einem Evangelischen, das Bürgerrecht zu geben.

Bayern hatte nach der Auflösung des Deutschen Reiches mehrere protestantische Landesteile erhalten, dazu die ehemaligen freien Reichsstädte Augsburg, Ulm und Nürnberg. Nachdem nun auch in München Protestanten das Bürgerrecht erhalten konnten, kam es zu einem zahlreichen Zuzug von evangelischen Händlern und Gewerbetreibenden.

Zur neuen Toleranz in Bayern zählte auch »die Zulassung von Akatholiken, um das Land zu heben«. Protestantische Pfälzer bekamen zur Kolonisierung der bayerischen Moore bei Rosenheim, Schleißheim, Dachau und Neuburg für zehn Jahre kostenlos Land zur Verfügung gestellt. Eine bayerische Moorkolonie in der Nähe von Rosenheim erhielt den Namen »Groß-Karolinenfeld«.

Montgelas hatte, wie schon gesagt, den Besuch des evangelischen Gottesdienstes durch Katholiken begünstigt, zum einen »zur Vermeidung des bayerischen Obskurantismus« und zum anderen um »liberalen Ansichten Eingang zu verschaffen«.[83] Die Maßnahmen hatten im Sinne Montgelas' günstige Folgen. Im April 1800 lief eine Darstellung über die Gefahren des protestantischen Gottesdienstes für katholische Zuhörer in Freising ein.»Das Religionsexercitio der Frau Kurfürstin und ihrer Dienerschaft ist keine Privatandacht mehr, sondern deutet einigermaßen auf ein publicum exercitium hin«[84], denn der evangelische Gottesdienst wurde auch fortgesetzt, als die Kurfürstin bei ihrer Flucht vor den Franzosen nicht in München weilte. Pfarrer Schmidt war in München geblieben.

Den größten Einfluß unter den Protestanten am bayerischen Hof erlangte Friedrich Wilhelm Thiersch, Philologe und Theologe (1784–1860). Der aus Thüringen stammende Gelehrte war von Montgelas nach München berufen worden. Er wurde 1848 Präsident der Akademie der Wissenschaften, war Professor an der Universität München und Lehrer der königlichen Prinzessinnen.

Eine Kirche für zwei Königinnen und die ganze evangelische Gemeinde

Im Jahr 1806 war die Hofkapelle für die auf 1200 Personen angewachsene evangelische Gemeinde zu klein geworden. Immer mehr Protestanten waren in den letzten Jahren aus der Pfalz, aus Franken und Schwaben zugewandert und nahmen als Gäste am Hofgottesdienst teil. Durch nachdrückliche Bemühungen der Königin Caroline und Pfarrer Schmidts bewilligte König Maximilian I. Joseph am 5. Juli den Protestanten die Bildung einer eigenen Gemeinde. Pfarrer der »Protestantischen Stadtpfarrei München« wurde Dr. Schmidt. Als eigene Kirche wies man der Gemeinde die Salvator-Kirche zu, doch da diese von vornherein für die wachsende evangelische Gemeinde zu klein war, wurde sie nie benutzt. Endlich 1827 – die Königin war schon verwitwet – wurde als Bauplatz eine Fläche am Maximiliansplatz in Aussicht genommen. Carolines Stiefsohn, König Ludwig I., konnte sich lange Zeit nicht entschließen, einen der vielen Baupläne zu genehmigen, meistens deshalb, weil die Ausführung der Kirche, etwa nach den Plänen von Leo von Klenze, ihm zu teuer erschien. Vom 1827 genehmigten Plan des königlichen Baurats Johann Nepomuk Pertsch bis zur Fertigstellung sollten noch sechs Jahre vergehen. Nachdem schließlich von der Ständeversammlung die notwendige Restsumme bewilligt worden war, konnte die protestantische Kirche am 25. August 1833 eingeweiht werden, die erst 1877 St. Matthäus benannt wurde. Der König ließ aus seinen Privatmitteln dem Kirchenbau nichts zukommen. Er hatte selbst interessantere

Pläne zu verwirklichen: die alte Pinakothek. Doch die Königin-Witwe Caroline und ihre evangelische Schwiegertochter Therese, Bayerns zweite Königin, stifteten große Summen zur Inneneinrichtung der Kirche. Die Gemeinde hatte die Kirche »als ein Geschenk der Huld und Gnade S. M. des Königs anzusehen, daher wurden die Feierlichkeiten auf des Königs Geburts- und Namenstag, den 25. August 1833, festgelegt. Der König war zwar an diesem Tag in München, trat aber nicht in Erscheinung. Der als typische Predigerkirche angelegte Zentralbau gefiel ihm nicht. Sein Kommentar: »Das ist eine badische Weinbrenner Kirche!« Im Jahr 1938 mußte die Kirche im Zuge des »Neubaus der Hauptstadt der Bewegung« abgebrochen werden.[85]

In München besteht heute eine Carolinen-Gemeinde mit einer Carolinen-Kirche. Im ehemaligen Dorf Obermenzing war nach dem Ersten Weltkrieg eine kleine Gruppe evangelischer Bürger ansässig geworden. Von 1965 bis 1975 stand der Gemeinde eine kleine »Montage-Behelfskirche« zur Verfügung. Am 18. März 1975 wurde das Richtfest für die heutige Carolinenkirche an der Sarasate-Straße gefeiert. Der Name für die Gemeinde und die Kirche wurde gewählt »zum Gedenken an die fromme und herzensgütige bayerische Königin Caroline. Wir finden darin eine nicht nur örtliche Verbindung zu dem nahen Schloß Nymphenburg, wo am 12. Mai 1799 der erste evangelische Gottesdienst in München gehalten wurde«, heißt es im Kirchenführer.

Die Frömmigkeit der Königin

Die Frömmigkeit der bayerischen Königin ist unbestritten. Sie betete »avec ferveur« für Lebende und Tote und setzte alle Freuden ihres Lebens in Beziehung zu Gott. In ihren Tagebüchern vergaß sie nie, den guten Nachrichten das »Dieu merci mille fois« hinzuzufügen. Die Ewigkeit, in welcher sie ihre Verstorbenen wiederfinden zu dürfen Gott stets bat, war ihr eine Realität. Caroline besuchte regelmäßig die Sonntagsgottesdienste und notierte sich das Predigtthema häufig in ihrem Tagebuch. Mit den Worten »j'eus le tort de venir tard« oder »völlig von anderen Ideen eingenommen, war ich ziemlich zerstreut während der Predigt« klagte sie sich gelegentlich an.

Das Abendmahl empfing Caroline regelmäßig, meistens gemeinsam mit ihrer Schwiegertochter Therese, im öffentlichen Gottesdienst. Aus ihren Andachtsbüchern bereitete sie sich gerne zusammen mit Therese auf Beichte und Abendmahlsfeier vor. An Trauertagen las sie mit Vorliebe in den »Stunden der Andacht zur Beförderung wahren Christentums und häuslicher Gottesverehrung«, einem achtbändigen Werk von Heinrich Tschokke.

Durch ihr Leben in einem katholischen Land lernte Caroline das Wesen der katholischen Kirche ebenfalls sehr gut kennen. Sie nahm an den Hofgottesdiensten teil und erlebte die katholische Erziehung ihrer Kinder. Nach dem Zeugnis ihres Kabinettspredigers war sie »eine gute Protestantin, doch von einer schwachen Hinneigung zum Katholizismus, dessen äußerer Kultus die phantasie- und gemütvolle Fürstin in gewissen Situationen besonders ansprechen mochte«.[86] Schmidt berichtet, daß sie öfters mit ihm über den evangelischen Gottesdienst sprach, »der dem Herzen und Gemüt weniger Nahrung gäbe als dem nüchternen Verstand«. Sie liebte das feierliche Dunkel des Domes, fühlte sich angerührt »von den geheimnisvollen Schauern, die den Hochaltar umschwebten, den zur Andacht rufenden dumpfen Tönen der majestätischen Orgel«. »Ich finde es so schön, daß die katholische Kirche zu jeder Stunde offensteht, daß man, sooft man das Bedürfnis fühlt, in ihrer heiligen Stille sein Herz vor Gott ausschütten kann.« Erschüttert vom Tod ihrer Lieblingstochter »Ni« äußerte sie gegenüber ihrem Beichtvater: »Ich lese viel in Thomas a Kempis, der ist scharf und streng, er demütigt und vernichtet, aber er erhebt auch wieder, und ich danke ihm Ergebung, Stärke und Kraft.« Caroline pflegte am Gründonnerstag und Karfreitag nach dem evangelischen Gottesdienst noch eine Reihe katholischer Kirchen zu besuchen. Sie wollte das »Misere« oder das »Stabat Mater« singen hören, das Heiliggrab in der Jesuitenkirche, im

Dom und in der Theatinerkirche sehen. Sie nahm auch manches katholische Brauchtum in ihr praktisches Christentum auf. Beide Konfessionen waren ihr im Laufe ihres Lebens nah und vertraut geworden.[87]

Caroline galt bei ihren Untertanen als sehr beliebt und mildtätig. Im Berchtesgadner Land entstand der Spruch: »Geht dir die Not bis obenhin, so gehst du zu der Carolin.« Zu ihrer täglichen Arbeit gehörte von Anbeginn die Wohltätigkeit. Die Bittschriften besprach sie mit Dr. Schmidt. Die Bevölkerung Münchens war arm. Zudem war 1816/17 ein Hungerjahr. Ununterbrochene Regengüsse und Kälte vernichteten einen Großteil der Ernte; die Kornpreise erreichten eine seit Jahrzehnten nicht erlebte Höhe. Die Folge war eine große Teuerung. Unterstützung für hilfsbedürftige Untertanen kam vom Königshaus. Caroline versuchte auch ganz gezielt, einzelnen Personen zu helfen. Aus ihrer Witwenzeit ist bekannt, daß sie im Andenken an ihren geliebten Gemahl jährlich 80000 Gulden für kranke und in Not gekommene Menschen aufbrachte.

Die Zeit, in der Caroline nach Bayern kam, war gekennzeichnet von einer einzigartigen Toleranz. Doch am Ende ihres Lebens stand eine Epoche des konfessionellen Fanatismus. Der Abschluß des Konkordats 1817 weckte die Sorge um die beiderseitigen Rechte. Auch die Gedächtnisfeiern zum Reformationsjubiläum 1817 trugen dazu bei, die konfessionellen Gegensätze stärker bewußt werden zu lassen. Die Königin litt in den letzten Jahren ihres Lebens unter der zunehmenden Feindschaft zwischen den Konfessionen in Bayern. Die »Kölner Wirren« bewirkten eine ablehnende bis feindselige Einstellung gegen Preußen und den Protestantismus. In Österreich erfolgte die Auswanderung der evangelischen Zillertaler.[88] Der bayerische Ultramontanismus belastete das Zusammenleben der Konfessionen, besonders in der Frage der Mischehen.

»Die würdige und verehrungswürdige Königin-Witwe ist unermüdlich, im Sinne der Versöhnung und der Mäßigung zu arbeiten. Ihre Tätigkeit beschränkt sich nicht auf München, sondern reicht bis Wien, wo ihre Korrespondenz versucht, den ein wenig zu antiprotestantischen Eifer ihrer Majestät, der verwitweten Kaiserin und ihrer Kaiserlichen Hoheit, der Erzherzogin Sophie, zu mäßigen«, berichtete der badische Gesandte 1838 nach Karlsruhe.[89]

Doch nicht alle Töchter der Königin Caroline waren so streng katholisch wie Sophie. Die jüngste, Ludovika, war stolz auf ihre liberale Erziehung im bayerischen Königshaus: »In unserer Jugend, da waren wir angeprotestantelt.«[90]

Nach dem Tod der Königin tauchte in München plötzlich ein Gerücht um deren Hofprediger Dr. Schmidt auf. Er schreibt selbst dazu: »Als ich bald nach dem Tode eine Reise nach Karlsruhe angetreten hatte, entstand das Gerücht, das sich schnell durch Bayern verbreitete, ich sei nach Rom gereist, um dort katholisch zu werden. Die Königin erschiene mir nämlich jede Nacht und klage mich an, daß ich sie irregeführt habe; sie leide unaussprechliche Qualen und beschwöre mich, augenblicklich in den Schoß der Alleinseligmachenden zurückzukehren, um einem gleichen Schicksal zu entgehen! Bei meiner Rückkehr empfingen mich in Augsburg einige Bekannte mit Erstaunen und Freude – man hatte dort dem Gerücht vollen Glauben geschenkt!«

Caroline und Kaiser Napoleon

Eine unerfüllte Jugendliebe: der Herzog von Enghien

Vom Auftreten Napoleons bis zu seinem politischen Ende gab es ständig Berührungspunkte mit ihm im Leben des Herzogs-, Kurfürsten- und Königspaares Maximilian und Caroline. Es bestand eine heftige Abneigung Carolines gegen Napoleon, die nicht nur aus ihrer politischen Prägung als Prinzessin von Baden zu verstehen ist, sondern auch in einer sehr persönlichen Angelegenheit ihren Grund hatte. Napoleon war es, der den Mann, dem sie mit einer unerfüllten Jugendliebe anhing, ermorden ließ: Louis Antoine Henri von Bourbon, Herzog von Enghien (1772–1804). Der einzige Sohn des Prinzen Louis Henri Joseph von Condé hatte mit dem Ausbruch der Französischen Revolution 1789 Frankreich verlassen. Er trat 1792 in das Emigrantenkorps ein, das sein Großvater am Rhein gesammelt hatte, und kommandierte 1796 bis 1799 die Avantgarde desselben. 1792 war Enghien Gast in Mannheim bei Maximilian und dessen erster Frau Auguste. Damals war er auf der Flucht von Worms nach Freiburg im Breisgau.[91]

Wie Caroline den Herzog kennenlernte, ist nicht bekannt. Fest steht, daß er ein gerngesehener Gast am badischen Hof in Karlsruhe war, den er von Freiburg aus öfter aufsuchte. In den Jahren 1791 und 1794 wurden zwei vom badischen Hof für Caroline vorgeschlagene Heiratsprojekte nicht vollzogen. 1796 lernte sie bereits ihren späteren Gemahl Max Joseph kennen, somit dürfte Caroline nach 1792, damals sechzehn Jahre alt, dem Herzog von Enghien begegnet sein. Wie Caroline später ihrer Stieftochter Auguste erzählte, habe der Herzog um ihre Hand angehalten, doch ihr Vater habe den Bewerber wegen seiner Mittelosigkeit für nicht standesgemäß gehalten.[92]

Nach ihrer Eheschließung mit Herzog Max führte ihre Mutter Carolines schlechten Gesundheitszustand darauf zurück, daß diese immer noch dem Herzog von Enghien nachtrauere.

Im Dezember 1799 kam es zu einem Wiedersehen zwischen Caroline und Enghiens Vater, Prinz Condé, in München. Dieser war im »Goldenen Hirsch« abgestiegen, dinierte aber bei Hof. Seine Anwesenheit erinnerte Caroline an ihre Mädchenzeit in Karlsruhe und ihre schwärmerische Verehrung für den Herzog von Enghien, der taktvoll München mied. Dieser vermählte sich heimlich mit der Prinzessin Charlotte von Rohan-Rochefort und wohnte nach dem Friedensschluß von Lunéville 1801 in Ettenheim im Badischen, einem Ort, der zum Sprengel des Kardinals Rohan gehörte.

Am 21. März 1804 verursachte die Nachricht, daß Napoleon den von Caroline einst so geliebten Herzog wegen angeblicher Umtriebe gegen den Kaiser durch französische Reiter bei Ettenheim, also auf badischem Gebiet, habe überfallen, nach Frankreich verschleppen und dort erschießen lassen, in München erhebliche Unruhe. Vor allem beschäftigte Caroline die Frage, ob ihr Großvater, der Markgraf, von dem schmählichen Überfall im voraus gewußt habe oder erst nachträglich davon in Kenntnis gesetzt worden sei. Caroline sandte ihrer Mutter am 31. März folgenden Brief: »Mein Gott, Maman, dieser arme duc d'Enghien. Ist es möglich, eine derartige Schandtat zu begehen, wie sie diese schändlichen Franzosen zu dieser Stunde vollbracht haben! Ich kann Ihnen nicht schildern, was ich gestern empfunden habe. Kaum hatte ich Ihren Brief vom 26. mit so beruhigenden Nachrichten in bezug auf ihn gelesen, machte ich die Mannheimer Zeitung auf. Da stand als erstes seine Aburteilung und Verurteilung zum Tode ... das ist der Gipfel des Gräßlichen! Jetzt soll die Erde zusammenstürzen über diesem erbärmlichen Bonaparte, damit dieses unglückliche Opfer wenigstens gerächt werde ... Ich konnte mich gestern nicht anhalten, jeden Augenblick zu weinen ... Es hat sogar den Kurfürsten geärgert, obwohl er selbst empört ist. Heute haben wir uns darüber ausgesprochen, und ich habe ihm klargemacht, daß nie ein Gefühl so uneigennützig war wie mein Mitgefühl für diesen armen Herzog von Enghien ... Seit 7 Jahren habe ich von ihm fast nicht mehr sprechen hören. Also nur die Erinnerung läßt mich ihn beweinen, wenn auch sehr bitterlich. Heute bin ich ganz krank, hatte die ganze Nacht von ihm geträumt ...«[93] Als der englische Gesandte Drake berichtete, München sei Mittelpunkt aller Umtriebe gegen Napoleon, ließ der Kurfürst ihn sofort abberufen. Zugleich setzte die Verfolgung aller Emigranten ein. Sie sei, meinte Salabert, menschlich bedauerlich, aber politisch notwendig.

Am 18. Mai ließ sich Bonaparte zum Kaiser der Franzosen ausrufen. Diese Rangerhöhung des für Enghiens Ermordung Verantwortlichen erbitterte Caroline tief. Max war sie gleichgültig, er wollte nur kein zweites Hohenlinden[94] erleben, falls es wirklich zu einer dritten Koalition kommen sollte.

Wie sehr das Schicksal des Herzogs von Enghien jedoch den Kronprinzen Ludwig bewegte, zeigt sich darin, daß dieser bei seinem Besuch in Paris 1806 dessen Grab in Vincennes aufsuchte.[95]

Erzwungene Ehen

Carolines älteste Stieftochter, die 1788 in Straßburg geborene Auguste Amalie Ludovika, galt als die »schönste Prinzessin ihrer Zeit«. Mit sechzehn Jahren wurde sie mit dem Erbprinzen von Mecklenburg-Strelitz, Georg, dem Bruder der Königin Luise von Preußen verlobt. Die Verlobung wurde vor allem wegen der Konfessionsverschiedenheit wieder gelöst. Der nächste Heiratskandidat hieß Erzherzog Joseph, Palatin von Ungarn, der verwitwete jüngere Bruder des österreichischen Kaisers Franz. Max, der Brautvater, lehnte diese Verbindung ab. Nun kam wieder Napoleon auf den Plan, der selbst in eine alte Dynastie einheiraten wollte beziehungsweise seinen Stiefkindern den Weg dahin zu ebnen trachtete.

Am 1. Januar 1806 sollte Bayern durch Napoleons Gnaden ein Königreich werden. Bereits am Heiligabend 1805 erschien im Auftrag Napoleons der französische Marschall Duroc, um in höchst arroganter Weise die formelle Bitte des Kaisers um die Hand der Auguste Amalie für dessen Stiefsohn Eugène Beauharnais zu überbringen. Die »Bitte« war, begleitet von politischen Verheißungen im Falle einer Zusage, zugleich verbunden mit der Drohung, bei einer Absage Bayern sofort mit französischen Truppen zu besetzen. Es blieb also keine Wahl, um so mehr, als Napoleon das Heiratsversprechen des Kurfürsten schon Anfang November in Linz bekommen hatte. Bei seiner Rückkehr nach München hatte es Max jedoch nicht gewagt, diese Absprache Frau und Tochter einzugestehen.

Caroline fühlte sich regelrecht gedemütigt durch die »Rechtlosigkeit ihres Mannes«, und nicht nur dieses. Napoleon hatte nämlich auch beschlossen, Stephanie Beauharnais mit Carolines Bruder Karl zu verheiraten. Doch Karl, der Großherzog von Baden, und Prinzessin Auguste von Bayern waren ineinander verliebt und sogar schon einander versprochen. Darum kämpfte Caroline am bayerischen Hof ganz entschieden gegen die Pläne Napoleons. Sie war empört, als sie erfuhr, daß Kaiser Napoleon die Kopien aller ihrer Briefe an ihre Mutter in Händen hatte. Maximilian, der Kurfürst, verkroch sich zwei Tage im Bett.

Von allen Seiten wurde indes Caroline bedrängt, sich nicht durch ihren Widerstand schuldig zu machen am Untergang Bayerns. Als Stiefmutter habe sie gar kein Einspruchsrecht, ihre Einwilligung sei sowieso nicht notwendig. Der Kabinettsprediger Dr. Schmidt kam im Auftrag des Ministeriums zu ihr, um sie zum Nachgeben zu bewegen.

»Mein Herz ist zerrissen – ich bin von Schmerz gebrochen«, schrieb Caroline am 27. Dezember 1805. »Nun ist das geschehen, was ich am meisten gefürchtet hatte. Jetzt ist dieses unglückliche Kind geopfert. Weder meine Tränen noch alles, was ich seit Monaten getan habe, konnten sie retten ... Zu viele Erschütterungen haben mich seit gestern zugrunde gerichtet, die Verzweiflung dieser Unglücklichen, die Falschheit derjenigen, die sie ihre Mutter nennen soll (Josephine, d. V.), der Despotismus des Tyrannen, der unser Schicksal gestaltet.«[96]

Die erste Zusammenkunft zwischen dem von Napoleon bestimmten Bräutigam und seiner bayerischen Braut fand in Gegenwart von Caroline, der nunmehrigen Königin von Bayern, statt. Auguste hatte sich beruhigt, wohl »durch die charmante Art des Kaisers«, aber auch durch unglaubliche Hochzeitsgeschenke, Schmuck für 500000 Francs, einen Hochzeitskorb – »corbeille de mariage« – für 100000 Francs. Auch Caroline gefiel der Bräutigam. »Der Prinz hat eine hübsche Gestalt und Haltung, scheint zartfühlend und freundlich zu sein.«[97] Der Kaiser fuhr am 31. Dezember 1805 um ein Uhr durch das Schwabinger Tor in München ein; seine Gemahlin Josephine befand sich bereits seit Mitte Dezember in der bayerischen Residenzstadt.

Bei ihrem Zusammentreffen mit Napoleon nutzte Caroline die Gelegenheit, mit ihm persönlich über die badischen Angelegenheiten zu sprechen. Sie hatte die Hoffnung, an der Heirat ihres Bruders mit Stephanie noch etwas ändern zu können, doch der badische Hof war zu aller Erstaunen plötzlich mit des Kaisers Plänen einverstanden. Caroline äußerte damals: »Der Kaiser hat bei seinem ausgezeichneten Herzen une mauvaise tête.«[98] Der Kabinettsprediger Schmidt weiß zu berichten, daß es zwischen Napoleon und Caroline zu heftigen Auftritten gekommen sei. Napoleon ließ sich zu der Äußerung hinreißen: »N'oubliez pas, Madame, que le sort de la Bavière est en mes mains!« (»Vergessen Sie nicht, Madame, daß das Schicksal Bayerns in meinen Händen liegt!«).[99] Schmidt schreibt weiter: »Die Königin, ohne ein Wort zu erwidern, maß den Kaiser mit einem großen Blick, in welchem Stolz und Verachtung lagen, und dieser verließ sie verwirrt und zählte von nun an die Königin und ihre Tante in Weimar zu den wenigen Frauen von Charakter und Kraft, die ihm imponierten.«[100]

Am 13. Januar 1806 abends sieben Uhr war die Trauung von Auguste und Eugène Beauharnais. Im Grünen Salon der Residenz versammelten sich die Vertreter des Landes und der Stände, um dem Brautpaar zu huldigen. Die feierliche Prachtentfaltung war nicht mehr zu überbieten. Am Tag nach der Trauung fand der Hofball statt. Napoleon wiegte sich im Tanze mit der schönen bayerischen Königin Caroline!

Um das junge Paar Auguste und Eugène mußte sich das

bayerische Königspaar keine Sorgen machen. Ihre Ehe wurde sehr glücklich. Eugène Beauharnais war von 1805 bis 1812 Vizekönig von Italien, dann ab 1817 Herzog von Leuchtenberg und Fürst von Eichstätt. Auguste hatte ihn schon am 21. Februar 1824 zu betrauern.[101]

Es gab noch eine weitere erzwungene Ehe im Hause Bayern in jenen Jahren. Napoleon wünschte eine Annäherung Württembergs an Bayern. Und so wurde am 8. Juni 1808 Prinzessin Charlotte Auguste mit dem Kronprinzen Wilhelm von Württemberg vermählt. Beide waren gegen diese Verbindung, doch sie entsprach auch der Absicht des bayerischen Königs. Königin Caroline gab am Tag der Abreise des Paares aus München folgenden Kommentar: »Die Abreise Charlottes ließ mich nicht weiterschreiben. Das war wieder eine Erschütterung! Ihr Mann ist von eisiger Kälte. Ich begreife, daß er nicht verliebt sein kann. Warum hat er sie aber geheiratet, wenn er sich ihr nicht einmal nähern will? Das ist buchstäblich wahr. Er hat ihr noch nicht einmal die Hand gegeben – von Umarmung ganz zu schweigen.«[102] Am Hochzeitsabend stellte Caroline fest, daß die Erzieherin Gräfin Andlau die Prinzessin überhaupt nicht aufgeklärt hatte. So übernahm sie selbst diese Aufgabe. Die Braut bekam dadurch solche Angst, »daß sie entzückt ist, daß der Prinz noch nicht bei ihr geschlafen hat«. Das passierte weder damals in München noch jemals später. Die Ehe wurde 1814 vom Heiligen Stuhl annulliert.

Schon als Caroline ihren Mann 1815 zum Wiener Kongreß begleitete, hatte sie dort am Kaiserhof gehört, daß man an einer Heirat mit einer bayerischen Prinzessin interessiert sei. »Der Kaiser gewinnt bei näherer Bekanntschaft. Er ist un brave homme, für einen guten Familienvater wie geschaffen. Es ist aber ein großes Unglück, daß sein Minister so falsch ist; denn er läßt ihm völlig freie Hand, zu tun, was er will.«[103]

Als Caroline damals die Kapuzinergruft besuchte, ängstigte sie sich, »als sie mit allen diesen Kapuzinern mit Kerzen hinuntergeht in diese düstere Wohnung. Die beiden Frauen des derzeitigen Kaisers, jede mit ihrem Kind neben sich, befinden sich am Eingang zur neuen Gruft.«[104] Ein Jahr darauf starb die dritte Frau des Kaisers. Er heiratete noch einmal. Diesmal wurde die bayerische Prinzessin Charlotte Auguste (Karoline) erwählt, nachdem sich der Kaiser hatte versichern lassen, daß diese eine gesunde Person sei: »Sonst habe ich bald wieder eine Leich'.« Der Kaiser ließ alle seine Frauen auf Geschlechtskrankheiten untersuchen, vor denen er eine panische Angst hatte. Einen Thronfolger konnte ihm die bayerische Prinzessin nicht schenken. Sie überlebte ihren Mann um 38 Jahre.

Von ihrer Stieftochter Charlotte Auguste sprach Caroline sehr freundlich: »Diese gute Charlotte ist immer die gleiche. Es wäre mir sehr schmerzlich gewesen, in ihr das völlige Vertrauen nicht wiederzufinden, diese Anhänglichkeit, dieses Gehenlassen, das sie mir immer erzeigt hatte und das sie mir seit so langer Zeit so teuer macht. Sie hofft, diesmal glücklich zu werden ... ihre Ruhe überträgt sich auch auf ihren Vater, aber immer noch nicht genug ... Ich möchte, daß er sich ruhig freute und weniger redete ...«[105]

Mit Napoleon in Venedig

»Ich habe die Königin für mich gewonnen«, hatte Napoleon 1806 in München dem Kronprinzen Ludwig gesagt. Napoleon machte Caroline den Hof. Sie verstand es jedoch, »ihren merkwürdigen Liebhaber in Respekt zu halten, wenn sie sich auch an seinen Huldigungen zu ergötzen schien«.[106] Immerhin nahm er Caroline und ihrem Mann das Versprechen ab, zusammen mit ihm das jungvermählte Ehepaar Auguste Amalie und Eugène Beauharnais in Italien zu besuchen; außerdem lud er sie nach Paris ein.

So reiste im Jahre 1807 das Königspaar zusammen mit Kronprinz Ludwig und Prinzessin Charlotte in Begleitung des Ministers Montgelas über Tirol nach Triest. Dabei sah Caroline zum ersten Mal die Schönheit Tirols. Sie fertigte unterwegs Bleistiftzeichnungen an und studierte mit großem Vergnügen den Übergang von »deutschen zu italienischen« Gesichtszügen. In Verona trafen die Reisenden mit Napoleon zusammen, den sie über Vicenza nach Venedig begleiteten. Im Gefolge befand sich Eugène Beauharnais, ihr Schwiegersohn. In Venedig wurde das bayerische Königspaar aus dessen Haushalt mitversorgt. Napoleon kam nachts um elf zu einem Besuch zum Königspaar.

Caroline besichtigte die wegen ihrer Marmorarbeiten berühmte Jesuitenkirche, ebenso die griechische Kirche, da sie zuvor noch nie eine solche gesehen hatte. Sie »klapperte« Venedig förmlich ab, weil sie alles so interessant fand. In einer Glasmanufaktur, die ihre Waren in die Levante und bis nach Indien verschickte, erwarb sie Glasketten und Ohrringe.

In Venedig sah die Königin zum ersten Mal das Meer. »Auf einem Kanonenboot fuhren wir nur kurz hinaus. An einer kleinen Insel ließ der Kaiser anhalten, damit ich das Spiel der Wellen betrachten konnte.« Der Kaiser zeigte sich sehr charmant und ließ neue Schiffe im Arsenal auf die Namen Caroline und Charlotte taufen. Von einem Palazzo aus beobachteten sie eine Regatta auf dem Canal Grande. Hin und wieder ging Caroline abends inkognito durch die Stadt und besuchte ein Casino. Ansonsten wurden Theater, Ballett und Bälle geboten. Caroline schwärmte von Galerien und dem Palazzo Grimani, dort vor allem von zwei Statuen von Canova. Napoleon erstand augenblicklich eine davon, eine »Psyche«, wie er sagte: »für meine Widersacherin«.

Napoleons Ausfälle gegen ihre Verwandten, besonders die russischen, und ihren Bruder Karl von Baden quittierte Caroline mit absolutem Schweigen. Sie konnte aber nicht umhin, dem Kaiser ihr Erstaunen über sein Geschenk zum Ausdruck zu bringen, »nachdem er doch sonst nichts von ihr hielte«. Napoleon war äußerst verlegen.

Von Venedig aus fuhr die Königsfamilie zur Tochter Auguste nach Mailand, wohin der Kaiser wenige Zeit später folgte. Durch hohen Schnee, in dem fast alle Kutschen umstürzten, ging es dann über Innsbruck, wo der neue Landesherr Max »tausendmal willkommen« geheißen wurde, zurück nach München.

Napoleon, der charmante Gastgeber in Paris

Kaiser Napoleon hatte bei der Hochzeit seines Stiefsohnes Eugène Beauharnais mit Prinzessin Auguste dem bayerischen Königspaar auch das Versprechen abgenommen, zu einem Besuch nach Paris zu kommen. Caroline wollte verständlicherweise nicht: »Trotzdem leugne ich nicht, daß es mir Vergnügen machen würde …, Paris sehen zu können.« Die Abreise aus München erfolgte am 13. Dezember 1809. Auf dem Weg nach Paris besuchten sie für einen Tag Carolines Mutter in Bruchsal. König Max, der ehemals »so famose Prinz«, erlebte in Straßburg einen begeisterten Empfang!

In Paris erfuhr das bayerische Königspaar, daß sich Kaiser Napoleon von seiner Frau Josephine getrennt hatte, um Erzherzogin Marie Louise, Tochter des Habsburgerkaisers Franz I., zu heiraten. Die ganzen Ehescheidungs- und Heiratsverhandlungen gingen aus verwandtschaftlichen und politischen Gründen natürlich nicht am bayerischen Königshaus vorbei. Der bayerische König hatte Paris einige Jahre nicht mehr gesehen. Viele seiner Bekannten waren inzwischen Opfer der Guillotine geworden. Dem Besichtigungsprogramm entzog er sich, wann immer es ging. Er bevorzugte die Jagd und tröstete Josephine in Malmaison!

Caroline berichtete über den Aufenthalt in Paris ähnlich ausführlich wie über denjenigen in Venedig. Der Weihnachtstag wurde den berühmten Malern David und Gerard gewidmet. Caroline erledigte viele Einkäufe, sie erwarb vor allem Porzellan, Ebenholzsachen und Bronzen. Der Kaiser hatte das bayerische Königspaar gleich am Tag der Ankunft aufgesucht.

Diners, Bankette und Empfänge jagten einander. Die bayerische Königin war erneut schwanger und empfand die Unterbringung im Palais ihres Schwiegersohnes als schlecht, ohne jede Bequemlichkeit. Nach Weihnachten folgten wieder Diners bei Hof und Maskenbälle. Caroline besichtigte das Palais Royal, den Invalidendom, die Militärschule auf dem Champ-de-Mars, sie fuhr nach Saint Cloud, Trianon, Versailles und Sèvres.

In Versailles ließ sich Caroline ausführlich das Schloß und alle kleinen Kabinette der »verstorbenen« Königin Marie Antoinette zeigen. Sie ging durch den Bois de Boulogne, im Palais du Luxembourg in der Galerie verweilte sie bei Gemälden von Rubens, Vernet und Le Sueur. Der Kaiser ließ es sich nicht nehmen, die bayerischen Gäste nach einem Diner bei Hof zu einer »promenade flambeaux« in den Antikensaal des Musée Napoleon zu führen.

Caroline besichtigte die Tuilerien, die Kirche Notre-Dame, die Münze und fuhr zur Colonne d'Austerlitz. Nach Abschiedsbesuchen bei der Königin von Spanien, der von Holland und der Kaiserin folgte noch ein Ball bei der Fürstin Borghese. Am 10. Februar 1810 reiste Caroline aus Paris ab.

Der König blieb noch in Paris, denn der politische Teil der Reise, die »Landverteilung« unter den Rheinbundfürsten, war noch nicht geschehen. Einzelheiten ließ der König seinen Minister Montgelas aushandeln. Am 28. Februar 1810 kam dann der Pariser Vertrag zustande. Das Ergebnis war nach langem Feilschen: Bayern reichte von Meran und Brixen bis über Hof hinaus an die Grenze Sachsens.

Napoleon hatte das bayerische Königspaar mit kostbarem Sèvres-Porzellan und Gobelins im Gesamtwert von 91 000 Francs beschenkt. Er wußte um die Vorliebe Carolines für französisches Porzellan. Sie hatte bereits vor ihrer Reise nach Paris in Sèvres ein über 100teiliges Service in Auftrag gegeben.[107] Nach diesem Zusammentreffen mit Kaiser Napoleon in Paris sah das bayerische Königspaar ihn nicht mehr.

Auch im Leben zweier Schwestern der bayerischen Königin Caroline spielte Napoleon eine erhebliche Rolle: Schwester Marie, die Herzogin von Braunschweig, fiel der Rache des Korsen zum Opfer. Dieser schaltete nach der Schlacht von Jena den Herzog Friedrich Wilhelm von Braunschweig mit seiner ganzen Dynastie aus. Zwei Jahre später, 1809, erreichte Caroline die Nachricht, daß ihre Schwester Friederike mit ihrem Mann König Gustav IV. Adolf von Schweden und den Kindern auf der Flucht nach Deutschland war.

Caroline und das Geheimnis um Kaspar Hauser

Das Rätsel um das Findelkind Kaspar Hauser ist bis heute nicht gelöst, obwohl man sich bislang in über 3000 Veröffentlichungen darum bemühte. Auch die badische Prinzessin Caroline muß in einer Beziehung zu diesem mysteriösen Fall gesehen werden.[108]

Am zweiten Pfingsttag 1828 war in Nürnberg ein Junge aufgetaucht, der durch sein Verhalten Aufsehen erregte. Er war wohl von einem armen Tagelöhner aufgezogen worden, dem er als Säugling »vor die Tür gelegt« worden war. Ein Zettel verriet seinen Namen: Kaspar Hauser. Bürgermeister Binder kümmerte sich um ihn, Professor Daumer nahm ihn in seine Familie auf. Dort lernte Kaspar erstaunlich schnell und fügte sich gut in die Familie ein. Doch eineinhalb Jahre später wurde ein Attentat auf ihn verübt. Ein Kriminalist und Jurist namens Anselm von Feuerbach holte danach den Jungen nach Ansbach und gab ihm einen neuen Betreuer. Ein reicher Engländer, Philipp Henry, vierter Graf von Stanhope, wurde der Adoptivvater für Kaspar. Feuerbach brachte im Jahre 1832 ein Buch über Kaspar heraus, was diesen weit über Ansbach hinaus bekannt machte. Er war längst ein umgänglicher junger Mann geworden mit guten Manieren und einem freundlichen Wesen. Feuerbach hatte angedeutet, daß er ein Abkömmling aus einem vornehmen Hause sein könnte.

Bei seinen Nachforschungen nach einem verschwundenen Kind stieß er auf den Erbprinzen von Baden, der kurz nach seiner Geburt verstorben sein sollte. Er kannte durch seinen Freund, den Staatsrechtler Klüber, die Verhältnisse am badischen Hof und kam zu dem Schluß, daß es sich bei Kaspar Hauser um den »verräumten badischen Erbprinzen« handele.

Hier muß nun von dem Großvater der Prinzessin Caroline die Rede sein. Dieser Karl Friedrich von Baden hatte drei Söhne: Karl Ludwig, Friedrich und Ludwig. Der älteste von diesen war mit Amalie, der Tochter des Landgrafen von Hessen-Darmstadt, verheiratet. Amalie hatte fünf Töchter, darunter eben die spätere bayerische Königin Caroline, aber nur einen Sohn und Erben. Amaliens Schwiegervater heiratete als 60jähriger Witwer die um 40 Jahre jüngere Hofdame Luise Freiin Geyer von Geyersberg in morganatischer Ehe. Nachkommen aus dieser Ehe waren also nicht erbberechtigt, obwohl Luise in den Gräfinnenstand einer von Hochberg erhoben wurde. Mit ihrer Tochter Caroline hatte Amalie daher vereinbart, den Prinzen Karl mit deren Stieftochter Auguste, der Tochter aus der ersten Ehe des Königs Max I. Joseph, zu verheiraten. Durch das Eingreifen Napoleons wurde Auguste jedoch die Gemahlin Eugène Beauharnais' und dessen kleine Cousine Stephanie die Gattin von Prinz Karl. Erst nach fünf Jahren brachte Stephanie das langersehnte Kind zu Welt – nur war es leider ein Mädchen. Ein Jahr darauf, am 29. September 1812, wurde dann der rechtmäßige Thronfolger geboren. Großer Jubel, dann große Trauer, der Junge starb am 16. Oktober. Und an diesen Tod wollte Feuerbach nicht glauben. Er hielt sich für derart gut unterrichtet, daß er überzeugt war: bei dem Findelkind Kaspar Hauser handelt es sich um den verschwundenen jungen Erbprinzen des badischen Hofes.

Adalbert von Bayern hat, bevor der Nachlaß der Königin Caroline im Zweiten Weltkrieg verbrannte, diesen eingesehen und auf einen Hinweis hinsichtlich des badischen Erbprinzen durchforscht. Caroline gratulierte herzlich zur Geburt des langersehnten Erbprinzen. In München freute man sich also über das Kind, über das in den nächsten Tagen nur gute Nachrichten kamen. Doch dann erfolgte am 16. Oktober sein plötzlicher Tod.

Außer der Großmutter waren viele Menschen um das sterbende Kind. Die Mutter selbst aber, die wegen einer Erkrankung nicht dabei war, »hat einmal danach verlangt, ihr totes Kind zu sehen, aber nicht darauf bestanden, als man ihr sagte, es wäre nicht mehr in seinem Zimmer«. Von ihr ging aber nun die Behauptung aus, »ihr ältester Sohn, den sie nicht tot gesehen habe, sei nicht gestorben, sondern weggebracht worden«.

Verdächtigt wurde die Gräfin Hochberg, die das äußerst kräftige Kind gegen ein schwerkrankes vertauscht habe, das dann gestorben sei und in der Gruft in Pforzheim beigesetzt wurde. Die Großmutter hegte keinen Zweifel daran, daß sie das Sterben ihres Enkels miterlebt hatte, aber bei der Mutter setzte sich der Zweifel fest. Das bayerische Königspaar war voller Anteilnahme an dem Unglück der badischen Verwandten. Doch es kam die Vermutung auf, der bayerische König Max I. Joseph habe dem Kindestausch sogar zugestimmt, da er die Kurpfalz zurückgewinnen wollte.

Vier Jahre nach dem »verschwundenen« Knaben schenkte Stephanie einem weiteren Knaben das Leben. Doch nach einem Jahr verstarb auch dieser. Eine Obduktion wurde nicht vorgenommen, da der Großherzog Angst hatte, Spuren von Gift entdecken zu müssen. Das dann am 11. Oktober 1817 geborene Mädchen war lebensfähig und wurde später eine Herzogin Hamilton. Der Vater, Carolines Bruder, starb am 8. Dezember 1818, angeblich auch an Gift. Jetzt wurde sogar die bayerische Regierung verdächtigt, sie sei an der Ausschaltung der badischen Linie interessiert. Zwischen Bayern und der Regierung von Baden herrschte erhebliche Verstimmung.

Es stimmt, daß König Ludwig I. versucht hatte, die Kurpfalz zurückzugewinnen. Caroline, die Stiefmutter, vertrat auf dem Wiener Kongreß aber seiner Meinung nach zu sehr die badischen Interessen; sie war damals monatelang mit ihrer Schwester, der Zarin Elisabeth, und ihrem Bruder Karl zusammen, und die Stimme des Zaren gab schließlich beim Kongreß den Ausschlag. König Ludwig sah in Wien einen schwachen Hoffnungsschimmer, daß Bayern in einem Zusatzartikel der Schlußakte von seiten der unterzeichnenden Großmächte die Versicherung erhielt, daß das Haus Wittelsbach nach dem Aussterben der badischen Linie seine alten Länder zurückerhalte. »Aber nun will es wieder Bayerns Pech, daß Alexander gerade im entscheidenden Moment, kurz vor dem Tod des Großherzogs Karl von Baden wieder nach Deutschland kam.« Die Zarin Elisabeth machte ihm klar, daß ihr Bruder nicht in Frieden sterben könne, wenn Baden die rechtsrheinische Pfalz herausgeben müßte. Im »Aachener Machtspruch« anerkannte der Zar, daß die Erbfolge den Hochbergs zustehe; Kaiser Franz stimmte ebenfalls zu.

Vierzehn Jahre nach dem Tod des Großherzogs – man schrieb jetzt das Jahr 1832 – sandte Feuerbach seine Abhandlung zum Thema Kaspar Hauser an die Nachkommen der badischen Linie und an die bayerische Königin Caroline. Er bezichtigte die 1820 verstorbene Gräfin Hochberg, für das Verschwinden des Erbprinzen beziehungsweise seinen angeblichen Tod verantwortlich zu sein. Im Juni 1832 wollte der Engländer Lord Stanhope den von ihm adoptierten Kaspar Hauser nach England bringen.

»Ich wünschte sehr, daß die Herkunft dieses bedauernswerten jungen Mannes entdeckt werden könnte!« schrieb Caroline an ihre Tochter Elisabeth nach Berlin. Von dieser gingen die Nachrichten über Kaspar Hauser weiter an deren Schwester, Amalie von Sachsen. Amalie bat nun die Mutter in München, ihr mitzuteilen, für wen diese den jungen Mann halte. Die Antwort vom 12. März 1832 lautet: »… Hauser gilt in der Meinung vieler Menschen einstimmig als einer der Söhne meines armen Bruders. Obschon ich überzeugt bin, daß wenigstens der keines natürlichen Todes gestorben ist, so habe ich unglücklicherweise trotzdem keinerlei Zweifel, daß das Verbrechen voll ausgeführt worden ist.« Die Großherzogin Stephanie sei heimlich nach Ansbach gereist und habe Kaspar Hauser im dortigen Hofgarten gesehen. Sie sei in Ohnmacht gefallen wegen der großen Ähnlichkeit des Knaben mit ihrem verstorbenen Mann. Sie habe vergeblich versucht, den nach England reisenden Grafen Stanhope in Mannheim dazu zu bewegen, ihr Kaspar Hauser vorzuführen.

Caroline hielt sich vom 30. April bis 10. Juni 1832 in Karlsruhe auf; Stephanie kam dann nach Tegernsee. In Carolines Tagebuch ist nichts über Kaspar Hauser vermerkt, obwohl sie doch täglich mit Stephanie zusammen war.

Im Januar 1833 wurde der bayerischen Königin ein anonymer Brief überbracht, der sie tagelang nicht zur Ruhe kommen ließ, wie sie in ihrem Tagebuch schreibt. Am 14. Dezember 1833 versetzte ein Unbekannter Hauser eine Stichwunde in der Herzgegend. Schwerverletzt schleppte sich Hauser in seine Wohnung, wo er drei Tage später verstarb.

Als die Nachricht von der Verwundung Hausers nach München kam, schrieb König Ludwig I.: »München, 18. Dezember 1833: … für einen Sohn ihres Bruders gehalten worden, nämlich daß ein anderes Kind statt seiner untergeschoben worden. Der verstorbene Präsident Feuerbach hätte ihr darüber geschrieben, gewünscht, sie solle sich seiner annehmen, was sie aber, um ihm keine Gefahr zu bringen, nicht gethan …« Außerdem versicherte die Königin-Witwe ihrem Stiefsohn, daß »das Bildnis Kaspar Hausers große Ähnlichkeit mit ihrem Vater aufweise«.

An ihre Tochter Elisabeth schrieb Caroline am 19. Dezember: »Therese (Königin von Bayern, d.V.) sagte mir, Herr von der Tann hätte Nachricht bekommen, daß Hauser gestorben war! – Es ist furchtbar. Sie wollten es dem König nicht sagen, um ihn vor der Nacht nicht zu erregen. Diese Nachricht hätte ihn erschüttert.«

König Ludwig I. und seine Frau Therese hatten im August 1833 zusammen mit ihrem zukünftigen Schwiegersohn, dem Erbprinzen von Hessen und bei Rhein, Kaspar Hauser gesehen. Der Großherzog von Hessen wußte zu berichten, daß Leopold, der derzeitige Großherzog von Baden, sofort zurücktreten würde, wenn ein anderer rechtmäßiger Erbe von Baden bekannt wäre. Carolines Schwiegertochter Therese wie der künftige Schwiegersohn, Erbprinz Ludwig von Hessen und bei Rhein, suchten Ähnlichkeiten im Äußeren des Kaspar Hauser zu den ihnen bekannten Badenern zu entdecken. Therese sprach auch unter vier Augen mit Kaspar Hauser. Er soll ihr gesagt haben, »es möge doch bekannt gemacht werden, daß jenem, der ihn gefangen hielt, nichts zuleide geschehen werde …, dies sei das einzige Mittel, sein Leben vor Meuchelmördern sicherzustellen …« Die Unsicherheit über die Identität Kaspar Hausers blieb. König Ludwig I. setzte 30000 Dukaten für die Aufklärung des Falles aus.

Königin-Witwe Caroline hatte mit dem Prinzen Joseph Taxis

viel über Hauser gesprochen, weil auch dieser ihn damals in Nürnberg gesehen hatte. Als am Weihnachtstag 1833 Graf Stanhope in München eintraf, kam es bei jedem seiner Besuche bei Caroline zu langen Gesprächen über Kaspar Hauser. Die anfänglichen Sympathien für den Menschenfreund Stanhope wandelten sich aber bei Caroline, als dieser den Verdacht aussprach, Kaspar Hauser habe sich selbst den Stich ins Herz zugefügt, um noch mehr Aufmerksamkeit zu bekommen. Über diese Tage in München schrieb Caroline einen zehnseitigen Brief an ihre Tochter Amalie von Sachsen.

Im Januar 1834 erwähnte Caroline wieder in ihrem Tagebuch den anonymen Brief, den sie vor einem Jahr erhalten hatte. Sie hatte inzwischen den Sektionsbefund und die Vermutungen über den armen Hauser gelesen. »Man kommt allmählich auf die schimpfliche Annahme zurück, als ob er sich selbst verwundet hätte.« Die von König Ludwig I. ausgesetzte Belohnung wurde nie ausbezahlt. Caroline sandte die Leichenrede des Pfarrers Fuhrmann, der Kaspar Hausers Religionslehrer gewesen war und ihn längere Zeit hatte beobachten können, an ihre Tochter Sophie: »Wie kann man mit einem solchen Charakter verdächtigt werden, sich selbst getötet zu haben, ohne die physische Unmöglichkeit zu berücksichtigen!« Stanhope glaubte es. Er kehrte in der Überzeugung nach London zurück, daß sein Adoptivsohn Komödie gespielt habe, die als Tragödie endete.

Im Sommer 1834 reiste Caroline zu ihrer Schwester nach Darmstadt. Unterwegs machte sie in Nürnberg Station und unterhielt sich lange mit Bürgermeister Binder über Kaspar Hauser. In Darmstadt war sie dann wochenlang mit Stephanie zusammen. Caroline vermerkte darüber nichts in ihrem Tagebuch. Die Großherzogin Stephanie von Baden blieb zeitlebens in dem Glauben, Kaspar Hauser sei ihr erstgeborener Sohn gewesen. Die Markgräfin Amalie, die den umstrittenen Jungen zur Welt kommen, sterben und tot gesehen hatte, war überzeugt, daß Kaspar Hauser nicht der badische Thronfolger gewesen sein kann. Auch aus dem Nachlaß der Königin Caroline ist nichts zu entnehmen, was das Geheimnis um Kaspar Hauser lüften könnte.[109]

Witwenzeit

Das wenig »feinfühlende Herz« Ludwigs I.

In den ersten Monaten nach dem Tod ihres Mannes wurde die Königin-Witwe durch die Anwesenheit ihrer Schwester und ihrer Töchter getröstet. Tochter Elisabeth, Kronprinzessin von Preußen, blieb einige Wochen bei der Mutter. Dann wurde sie von der jüngeren Schwester Amalie von Sachsen abgelöst. Der Schwiegersohn in Wien, Kaiser Franz I., lud in einem Kondolenzbrief die Trauernde zu einem längeren Aufenthalt dorthin ein.

Zum Tod des Königs Maximilian, seines Vaters, schrieb der nunmehrige König Ludwig I. »Ma très chere Maman«, seiner Stiefmutter Caroline am 19. Oktober 1825 morgens um sieben Uhr aus München folgenden Kondolenzbrief: »Ich bin letzte Nacht angekommen, ich habe meine Schritte verlangsamt, kam aber trotzdem zu früh. Eben aufgestanden, ergreife ich die Feder, um Ihnen zu schreiben, das ist meine erste Beschäftigung. Oh! meine liebe und unglückliche Mama, ich kann kaum weiterschreiben. Bei einem solchen Verlust, der uns trifft, fehlen die Worte. Ich habe eine einzige consolation, nämlich die, daß mein celeste Vater nicht sein ganzes Leben so gut mit mir war wie in der letzten Zeit. Das ist ein gutes Gefühl bis an meinen letzten Schnaufer – bis an mein Lebensende. Bitte lassen Sie mir durch Comteß Mia sagen, wann ich Ihnen meine hommage filiale machen kann. Ich kann nicht mehr schreiben, der beste Mensch hat uns verlassen, ich habe einen Vater verloren wie es keinen mehr gibt. Sie flehe ich an, geben Sie mir weiterhin Ihre mütterliche Liebe. Ma très chere Maman! – Votre réspectueusement attaché fils Louis.«

Caroline hätte ihrem Stiefsohn gerne mit mütterlicher Liebe zur Seite gestanden. Doch dieser bat bereits am 20. Oktober 1825 seinen politischen Berater Karl Philipp Fürst von Wrede, mit der Königin-Witwe über ihren künftigen Wohnsitz zu verhandeln, und schlug dazu Würzburg vor.[110] Würzburg mit seinen Schlössern war Caroline von ihrem Mann neben Tegernsee und Biederstein vermacht worden.

Caroline selbst hatte gehofft und gewünscht, in München bleiben zu können, was sicher nicht schwierig gewesen wäre, hätte der König nur gewollt. Doch er war »eifersüchtig auf die Liebe und Verehrung, die sie allgemein genoß. Er fürchtete ihren Einfluß, besonders auf das Diplomatische Korps, und drang auf ihre baldige Entfernung von München«, so schrieb Dr. Schmidt, ihr Hofprediger. Caroline wollte nicht »in das unbekannte und verhaßte Würzburg«.[111]

Die »Entfernung« der Königin-Witwe aus München schlug weit über die Residenzstadt hinaus Wellen. Die verwitwete Zarin von Rußland wie auch ihr Sohn Nikolaus interessierten sich für das Schicksal der Königin-Witwe. Offenbar hatte man in St. Petersburg Gerüchten Glauben geschenkt, Caroline werde von Ludwig nicht gut behandelt, was Wrede, der ja die Verhältnisse aus nächster Nähe kannte, so energisch bestritt, daß der Zar sich für seine diesbezügliche Frage hinterher entschuldigte. Caroline war früher schon einmal in Würzburg gewesen, als sie im Jahre 1805 mit ihrer Familie fliehen mußte und über Neuburg und Ansbach dorthin kam. Der Empfang fiel damals sehr kühl aus, und obwohl es Max I. Joseph geschafft hatte, »durch sein unvergleichliches Talent sich anzubiedern«,[112] gefiel es Caroline überhaupt nicht. Das Schloß empfand sie als »nicht schlecht, aber das Haus ist so klein, daß man fast erstickt«. Noch nicht einmal das zauberhafte Veitshöchheim, die ehemalige Sommerresidenz der Bischöfe, konnte Caroline begeistern. Sie fand den Garten und das Haus »affreux, von Alter verschimmelt«. Ganz anders war ihre Meinung über das Schloß bei einem Besuch in Würzburg im Jahre 1813 gewesen. Sie freute sich sehr, Würzburg wiederzusehen und alte Bekannte dort zu treffen. Inzwischen war das Schloß neu eingerichtet worden. Die Ausstattung in reinstem französischen Empire gefiel ihr ausnehmend gut.

Im Grunde ging es aber gar nicht so sehr um das Schloß in

Würzburg, sondern um die vielen Veränderungen, die der Tod ihres Mannes mit sich brachte. Caroline war nun nicht mehr die erste Dame im Königreich und sollte nun auch noch den Menschenkreis verlassen, in welchem sie sich heimisch fühlte. Caroline hatte »von dem Brennpunkt menschlicher Größe herabzusteigen, um in den Privatstand überzutreten«.[113] Ludwig war so beherrscht von dem Gefühl, sofort nach Regierungsantritt alle seine eigenen Gedanken und Wünsche zur Durchführung zu bringen, da schien ihm die verwitwete Königin möglicherweise mit im Wege zu sein. Zudem schien es dem König an der »Art und Weise zu mangeln, seine Ansichten und Wünsche in bezug auf die Königin so an den Tag zu fördern, daß sie erfüllt werden, ohne wehe zu tun. Er ist zu rasch und fragt niemanden um Rat, daher fällt er fast immer mit der Tür ins Haus hinein, während die königliche Witwe, an zarte Aufmerksamkeit gewöhnt, ja fast verwöhnt, in ihrem gereizten Gemütszustande alles doppelt empfindet ... In diese Kategorie gehören die schnelle Auflösung und Entfernung der italienischen Oper, wodurch deren Mitglieder fast sämtlich ins größte Elend geraten müssen, und das an den Magistrat von München erlassene Roskript in bezug auf den Wittumsitz der Königin«, so steht es im Bericht der badischen Gesandtschaft einen Monat nach dem Tode des Königs.

Am 13. Oktober 1825 war der König gestorben, am 29. Oktober bereits teilte der neue König dem Magistrat von München mit, daß die verwitwete Königin Würzburg als ihren Witwensitz erwählt habe. Daraufhin begab sich eine Deputation mit Bürgermeister Behr an der Spitze von Würzburg nach München, um den Dank der Stadt Würzburg auszusprechen und die Königin-Witwe persönlich einzuladen.[114]

Ludwig I. wollte sogar der Königin-Witwe den alten Kabinettsprediger Dr. Schmidt nehmen, indem er bestimmte, dieser solle in München bleiben. Doch Schmidt wehrte sich entschieden, und Caroline ließ dem König ausrichten: »Der Schmidt ist mein und mein soll er bleiben!«[115] Warum wollte der König Dr. Schmidt in München behalten? So unglaublich es klingt: aus Sparsamkeitsgründen, weil Schmidts Besoldung, da sein Kabinettspredigergehalt, das die Königin-Witwe bezahlen mußte, eingerechnet worden wäre, dessen Staatsgehalt verbilligt hätte.

Angeblich aus Sparsamkeit ließ der Sohn auch den Privatnachlaß seines Vaters Max öffentlich versteigern. Wie im preußischen Gesandtschaftsbericht nachzulesen ist, wurden sogar die ihm von Caroline, seinen Kindern und Verwandten geschenkten Andenken, Geburtstagsgeschenke und Lieblingsgegenstände zur Versteigerung freigegeben. Der Königin-Witwe brach fast das Herz wegen dieser Taktlosigkeit der trauernden Familie gegenüber. Auch der Lieblingsschwester des Königs, Charlotte von Österreich, schien es nicht gelungen zu sein, »ihm mehr öffentliche Achtung und Schonung in Behandlung der tiefgebeugten, königlichen Witwe« einzuflößen. Caroline war völlig gebrochen, aber auch entrüstet über das wenig »feinfühlende Herz« Ludwigs, »denn die kleinsten Sachen, die Euer geliebter Vater getragen hat, sind verkauft worden«, schrieb sie an ihre Tochter Amalie von Sachsen.[116]

Die Demütigungen gingen weiter. Ludwig schien geradezu darauf zu warten, der Königin-Witwe Leid zufügen zu können. So behauptete er, den sächsischen Gesandten in München, Graf Einsiedel, vom Hof entfernen zu müssen, da dieser »unverzeihliche Äußerungen« nach Ludwigs Thronbesteigung von sich gegeben habe. Die Familie Einsiedel war zu Lebzeiten des Königs Max am Hofe sehr angesehen; außerdem war die Gräfin Einsiedel Carolines Jugendfreundin gewesen!

Bis Mitte November 1825 blieb Caroline im Nymphenburger Schloß. Dann kehrte sie in die Residenz nach München in ihre Privatgemächer zurück. Sie ordnete dort ihre Papiere und entschloß sich, Anfang Dezember zu ihrer Stieftochter Charlotte Auguste und ihrer Tochter Sophie nach Wien zu reisen. Ihre Töchter Ludovika und Marie begleiteten sie.

Die Kaiserin und die Erzherzogin fuhren der Mutter bis Sieghartskirchen bei Wien entgegen. Das Wiedersehen erschütterte Caroline so sehr, daß ein schwerer Anfall von Atemnot sie überkam. In Wien erfuhr Caroline vom Tod des Zaren. Obwohl sie sofort zu ihrer nun ebenfalls verwitweten Schwester Elisabeth nach Moskau reisen wollte, wurde dieser Wunsch wegen der kalten Jahreszeit auf den folgenden Sommer verschoben.

Das Osterfest 1826 verbrachte Caroline noch in Wien. Dann entschloß sie sich zur Rückkehr nach München. Der Gedanke an den Umzug nach Würzburg bedrückte sie, allerdings noch mehr der Gedanke, »was an Stelle des so teuren Freundes« in München wäre. Das Herz ihres geliebten »Freundes« ruhte nach altem Brauch in der Gnadenkapelle zu Altötting, die sie auf dem Heimweg von Wien besuchte. »Le coeur que nous avons perdu, est placé au dessus de l'entrée et vis-à-vis de l'autel où est la Sainte Vierge« (Das Herz, das wir verloren haben, steht über dem Eingang und gegenüber dem Altar mit der Heiligen Jungfrau). Die Königin-Witwe wurde so von Trauer überwältigt, daß sie, von der Menge der Menschen gestört, zu keiner inneren Andacht kommen konnte.

In München beschäftigte sich Caroline weiter damit, ihre persönlichen Dinge zu ordnen. Da erreichte sie eine neue Schreckensnachricht. Ihre Schwester Elisabeth war am 4. Mai 1826 in Beljow verstorben.

Abschied von der Münchner Residenz

Wie war nun sieben Monate nach dem Tod des Königs das Verhältnis der Königin-Witwe zum regierenden König? Es scheint, daß die innere Unsicherheit, die Ludwig bei der Übernahme der Regierung beherrschte, nachgelassen hatte. Caroline fühlte, daß es doch eine Möglichkeit geben könnte, in München zu bleiben: in einem eigenen Haus. Sie beschloß, in ihrem Park in Biederstein einen »Wohnpavillon« bauen zu lassen. »In Erinnerung an eine glücklichere Zeit, die nicht mehr existiert, wird im Stil des Schlosses von Rohrbach gebaut werden, wo ihre Majestät die ersten Jahre ihrer Ehe erlebt haben und das jetzt ihrer Mutter, der Markgräfin von Baden, gehört.« [117] Rohrbach, das Schlößchen bei Heidelberg, hatte Carolines Mann ihrer Mutter übereignet. Biederstein war ein großer Park bei Schwabing, damals vor den Toren Münchens, den Kurfürst

Max im Jahre 1803 gekauft und seiner Frau Caroline geschenkt hatte.

Im Sommer 1826 zwang eine ernsthafte Erkrankung ihrer Schwester Friederike von Schweden die Königin-Witwe zu schneller Abreise nach Baden. Der Abschied von der Residenz fiel Caroline unendlich schwer. Sie schrieb ihrer Tochter Amalie von Sachsen: »... die Furchtbarkeit des Abschiedstages von München: Ich glaubte, ich könne dieses teure Haus nicht verlassen, es kam mir vor, als verließe ich Euren Vater das zweite Mal. Und all die Leute, welche die Korridore, die Treppen füllten und sich weinend, schluchzend auf meine Hände stürzten und die sicher wie ich dachten, daß nun alles zu Ende sei. Es war ein unaussprechlicher Augenblick.«[118]

Von Baden aus begleitete sie ihre schwerkranke Schwester Friederike nach Lausanne, wo diese am 25. September 1826 im Landhaus Villamont verstarb. So hatte Caroline nun zwei Schwestern in einem Jahr verloren! Auf der Rückreise von Bruchsal verweilte sie nur kurz in München, um dort ein Diner beim König einzunehmen und den Neubau in Biederstein zu besichtigen. Den ersten Todestag ihres Mannes wollte Caroline in Tegernsee erleben, das ihr zusammen mit Kreuth und Kaltenbrunn vermacht worden war. Ihre Ankunft in dem großen Schloß, »wo sie solche glücklichen Zeiten erlebt hat, war durch die schmerzliche Erinnerung, die sie dorthin begleiten mußte, ein unendlich rührendes Schauspiel für alle, die sie umgaben«, schrieb der preußische Gesandte. Obwohl sie in Tegernsee alles an ihren Mann erinnerte, hielt sie die Furcht vor Würzburg bis in den Dezember hinein dort fest.

Das Leben in Tegernsee wurde aus Pietät gegenüber dem verstorbenen König genau wie zu seinen Lebzeiten gestaltet. Caroline erhielt dort die Besuche des Diplomatischen Corps ebenso wie ihres regierenden Stiefsohnes Ludwig und seiner Gemahlin. Schon munkelte man, Caroline wolle überhaupt nicht nach Würzburg übersiedeln. Doch am 14. Dezember 1826 reiste sie mit einem Gefolge von 71 Personen zu ihrer neuen Residenz ab. In München hatte sie gehört, daß König Ludwig die von ihr gewünschten Erneuerungen im Würzburger Schloß aus Sparsamkeitsgründen nicht in vollem Umfang ausführen lassen wollte.[119] »Diese Reise ... o mein Gott, ich gehe wieder harten Prüfungen entgegen ... Wir finden uns völlig entwurzelt ..., es ist in meinem Alter schwer, sich eine neue Existenz aufzubauen in einem fast fremden Lande«, klagte sie ihrer Tochter Amalie von Sachsen. Nach kurzem Aufenthalt verließ sie Würzburg wieder und verbrachte den Winter in Berlin und Dresden, machte erneut nur kurz Station in Würzburg, um gleich nach Bruchsal weiterzureisen.

Im Sommer 1827 fuhr Caroline unmittelbar nach Tegernsee. Es begann allmählich ein heitereres Leben. Die Königin-Witwe wurde wieder Mittelpunkt und Gastgeberin zahlreicher Besucher. Sie war wieder vollauf damit beschäftigt, ihre Gäste zu beherbergen, zu amüsieren und spazieren zu führen. Auch der seit 1824 geübte Brauch, bei der Anwesenheit der Königin in Tegernsee durch den Kabinettsprediger Schmidt in der Kapelle des Schlosses Gottesdienste zu halten, wurde wiederaufgenommen.

Im Januar 1829 bezog die Königin-Witwe die kleine Villa im Biedersteiner Park. Der König ließ sich sogar herbei, seiner Stiefmutter für die Wintermonate Räume in der Maxburg zur Verfügung zu stellen. Somit konnte Caroline wieder am Hofleben teilnehmen. Doch damit hatte sie erhebliche Probleme. Als sie zum ersten Mal wieder in der großen Hofloge saß, wurde sie sich ihrer traurigen Lage bewußt, zitterte wie »ein Blatt und kam sich vor wie ein verscheuchtes Reh«.

Am Weihnachtstag 1833 erlebte Caroline die Trauung ihrer Enkelin, der Prinzessin Mathilde, mit Ludwig, dem Erbgroßherzog von Hessen und bei Rhein, die im Herkules-Saal der Residenz stattfand. Da der Erbgroßherzog evangelisch war, durfte die Vermählung nicht in der Hofkapelle vollzogen werden. Die Großmutter Caroline und die Mutter Therese brachten die »ahnungslose Mathilde« zu Bett; erst jetzt wurde sie aufgeklärt. König Ludwig geleitete den jungen Ehemann zu seiner etwas verängstigten Braut. Am folgenden Tag war Hofball. Caroline nahm daran teil. Es war das erste Mal in der Regierungszeit Ludwigs I. Der König eröffnete mit seiner Stiefmutter die Polonaise.

Tod der Königin-Witwe Caroline

Im November 1841 kam Carolines Tochter Elisabeth mit ihrem Mann, dem König von Preußen, nach München, um dort ihren 40. Geburtstag zu feiern. Obwohl sich die Mutter schon seit längerer Zeit sehr elend fühlte – sie litt am Familienübel, der Brustwassersucht (Herzwassersucht, d.V.) –, wollte sie sich dieses Familienfest nicht entgehen lassen. Doch während der Feier traten bei der 65jährigen Caroline Erstickungsanfälle auf. Es wurde daraufhin zwar der Kabinettsprediger, aber kein Arzt gerufen. Als Caroline am Abend des 13. November gegen zehn Uhr sanft entschlief, umstanden ihr Sterbebett die festlich gekleideten Familienmitglieder.

Über das Ableben der Königin-Witwe berichtete der badische Gesandte am 14. November 1842 nach Karlsruhe: »Die ganze königliche Familie war zugegen. Der Jammer und die allgemeine Bestürzung bildeten den peinlichsten Kontrast zu dem Schmuck der Toiletten und zu den gewöhnlichen Zubereitungen einer festlichen Soirée. Herzogin Luise wurde ohnmächtig und mußte nach Hause gebracht werden. Prinz Karl war von heftigstem Schmerz ergriffen und schickte sogleich eine Stafette nach Wien ab (zu seinen Schwestern Charlotte und Sophie, d.V.). Der König zog sich bald nach der Katastrophe zurück. Die Königin Therese und der Kronprinz begaben sich zu den preußischen Majestäten, welche eine Stafette nach Dresden abgehen ließen. Die Herzogin von Leuchtenberg, welche ohnehin so sehr isoliert ist und an ihrer Mutter mit voller Liebe hing, war wie vernichtet und auch die Königin Therese ungemein angegriffen. Alles weinte und lief in größter Verwirrung untereinander.«[120]

Da König Ludwig I. die Aufbahrung der Toten in der evangelischen Kirche nicht gestattete, erfolgte sie in einem Saale hinter der Kapelle der Maxburg. Caroline war in ein schwarzes mit Hermelin reich besetztes Samtkleid mit Schleppe gekleidet. Auf dem Kopf trug sie eine Maria-Stuart-Haube mit einem weißen Blondenschleier. Die Stirn schmückte ein Perlencollier. Über dem Haupt lag auf dem Kissen die bayerische Königinnenkrone. Abwechselnd beteten zwei protestantische Pfarrer. Tausende nahmen in den nächsten eineinhalb Tagen von der Königin-Witwe Abschied. Am 18. November 1841 gegen ein Uhr nachmittags wurde der Sarg geschlossen. Der schon 77jährige Kabinettsprediger Schmidt hielt seiner Königin, mit der er vor 42 Jahren nach München gekommen war, die Trauerpredigt. Er schilderte in liebevollen Worten das Leben der Königin. Seine Predigt endete: »So schlafe denn den langen Schlaf in Gottes heiligem Frieden! Auch die Toten stehen in Gottes Hand. Sein Engel halte treue Wacht an Deiner Gruft, bis der große Morgen tagt, der Licht in Deine Todesnächte bringt, wo Gottes Stimme in die Gräber dringt, wo unverweslich aufersteht, was wir verweslich ausgesät haben ... Dort, dort empfängst Du aus Gottes Hand den unvergänglichen Lohn für Dein schönes Leben, die strahlende Krone der Gerechten und ein unbeflecktes Erbe, das Dir aufbewahrt ist im Himmel. Gehe ein zu Deiner Grabesruhe im Namen Gottes des Vaters, des Sohnes und des Heiligen Geistes. Amen!«

Der Eklat um die Beisetzung

Schon zu Lebzeiten der Verstorbenen war das Problem der Bestattung einer protestantischen Landesmutter in einer katholischen Kirche in München erörtert worden. Aus dem Jahre 1830 lag ein Gutachten von acht bayerischen Bischöfen vor »über die Beisetzung einer protestantischen Fürstin in einer katholischen Fürstengruft«.[121] Evangelische Geistliche sollten zugelassen werden als Zeugen der Beisetzung in der Gruft. Auch Exequien in der allgemeinen Form »für alle Verstorbenen« waren vorgesehen. Die Beisetzung selbst sollte vom katholischen Klerus vollzogen werden. Freiherr von Gebsattel, der Erzbischof von München und Freising, hatte dieses Gutachten erstellt, und er war noch im Amt, als Caroline starb. Es schien daher alles für eine würdige Beisetzung der Königin geklärt. König Ludwig I., ihr Stiefsohn, hatte ihr versprochen, »daß er Maßnahmen ergreifen würde, damit die entsprechenden Zeremonien für solche Fälle keinen Zweifel ließen, über die Ehrerbietung denjenigen bayerischen Fürstinnen gegenüber, die nicht katholischer Religion sind«.[122]

Graf von Rechberg, ein gläubiger Katholik und ehrlicher Freund des Königs, war für das Protokoll der Leichenfeier verantwortlich. Ihm wurde, kurz bevor sich der Zug von der Maxburg in Richtung der Hof- und Stiftskirche St. Cajetan (Theatinerkirche) in Bewegung setzte, mitgeteilt, daß das Zeremoniell nicht, wie vorher abgesprochen, ablaufen würde.

Sechzehn evangelische Geistliche gingen vor dem Sarg her, davor die Chorsänger der Kirche mit einem Posaunenchor. Dem Sarg folgte der König von Bayern, Ludwig I., zu seiner Rechten der preußische König Friedrich Wilhelm IV., dahinter der Kronprinz Maximilian mit dem Erbgroßherzog Ludwig von Hessen und bei Rhein, Prinz Karl von Bayern und Herzog Max in Bayern, dann alle Herren des königlichen Hofes, die Kron- und Staatsbeamten, Militärs und schließlich das erzbischöfliche Domkapitel. – Doch als man vor der Hofkirche anlangte, da öffnete sich das Kirchenportal nicht! Der Sarg mußte auf einer Estrade auf den Stufen zur Kirche abgestellt werden. Die Könige von Bayern und Preußen samt allen übrigen Trauergästen mußten vor der Kirche auf dem Straßenpflaster etwa eine Viertelstunde stehenbleiben, und der Dekan und erste Stadtpfarrer Boeckh hatte die Aussegnung trotz schlechten Wetters vor der Kirche vorzunehmen. Dann erst konnte der Sarg den Priestern des Kollegiatstifts von St. Cajetan übergeben werden, die nur gewöhnliche Straßenkleidung angelegt hatten. Die Pagen, die den Sarg begleiteten, mußten ihre brennenden Kerzen auslöschen, sobald sie die Kirche betraten. Den evangelischen Pfarrern wurde der Zutritt überhaupt nicht gestattet. Die übrigen Trauergäste betraten hinter dem Sarg die Theatinerkirche. Sie konnten es kaum fassen, daß die Kirche ohne jeden Schmuck war. Der Sarg wurde zur Gruft getragen und dort ohne Gebet oder Segen abgestellt.

Keine Kerze war entzündet, kein Gesang erklang! Der Erzbischof von München und Freising hatte das der Geistlichkeit bei der Beerdigung einer Häretikerin verboten.

Der Trauergottesdienst wurde erst am folgenden Tag gehalten. Die Kirche war immer noch völlig schmucklos, kein castrum doloris, keine Kerzen, kein Orgelspiel, kein Gesang. Nichts wies auf die Bedeutung der zu betrauernden Landesmutter hin. Der Geistliche Rat Hauber, der die Königin sehr verehrt hatte und der Beichtvater ihrer katholischen Hofdamen war, hielt einen »allerdings rührenden Vortrag«[123], der aber nicht den Charakter einer Predigt hatte, da er ohne Amen schloß. Auch er war laut erzbischöflichem Befehl nicht im geistlichen Ornat. Wieder waren Gebete und Gesang durch den Erzbischof untersagt, kein Vaterunser wurde gesprochen. Die Trauergemeinde blieb schweigend sitzen und konnte nicht glauben, daß es so würdelos zugehen sollte. »Erst die dröhnend laute Aufforderung der Hoffuriere, daß alles aus sei«, ließ sie – kopfschüttelnd – auseinandergehen.[124]

Wie anders dagegen sahen die Totenfeiern für die beliebte Königin an anderen Orten aus! – In Tegernsee wie in München bei den Barmherzigen Schwestern und bei der Bruderschaft der Herrschaftsdiener wurden Seelenämter für die Verstorbene gelesen; in Würzburg, Regensburg, Bamberg, Augsburg und Scheyern fanden würdige Leichenfeiern in den katholischen Kirchen statt. Peter von Richarz, der Bischof von Augsburg, wünschte, diesen Trauerfeiern »auch äußerlich den Eindruck jener Ehrfurcht und Liebe zu geben, welche der hohen Würde und dem edlen Charakter der allerdurchlauchtigsten Verstorbenen entsprechen«. Er erließ daher ein in acht Punkte gegliedertes Schreiben an die Gemeinden in Stadt und Land zur Durchführung der Trauerfeiern für die verstorbene Königin. Sogar ein Trauergeläut mit den Glocken aller Kirchen jeden Tag von zwölf bis ein Uhr für die Zeit von sechs Wochen ordnete er an. Doch Papst Gregor XVI. erteilte dem Bischof von Augsburg wegen des feierlichen Traueramtes für die Königin eine strenge Rüge, weil das Amt »für eine Fürstin, die in der Ketzerei wie aufs Offenbarste gelebt und so ihr Leben beschlossen hatte«, unangebracht sei:»Ja, Du hast Dich nicht gescheut, von ihrem Tod also zu sprechen, als wenn sie von Gott aus dieser Zeit zum ewigen Leben berufen worden sei. Du wirst das Ärgernis wiedergutmachen und Deine treuen Schafe schützen gegen den eitlen Trug jener Ohrenschmeichler, welche lügnerisch ausbreiten, ein dem katholischen Glauben und der katholischen Gemeinschaft fremder Mensch könne, wenn auch so gestorben, zum ewigen Leben gelangen.«[125]

Der Bischof von Speyer ließ zur Trauerfeier für die Königin-Witwe eigene Trauergesänge komponieren und ersetzte mit »solennem Pomp«, was der Feier an Inhalt fehlte.

Besonders unfreundlich war dagegen die Stimmung im Bistum Passau. Dort hatte Bischof Hofstätter dem gesamten Klerus befohlen, sich jeder kirchlich-religiösen Handlung zu enthalten. Er verbot unter Androhung der Suspension die Darbringung des Meßopfers bei einer Totenfeier für die verstorbene Königin und die Anwendung der in der katholischen Kirche für ihre verstorbenen Mitglieder üblichen Gebete.

Wer stand wohl als Drahtzieher hinter den Münchener Geschehnissen? Man hatte in der Tat die Beerdigungsfeierlichkeiten zu einer Kundgebung konfessioneller Prinzipienfestigkeit nutzen wollen.[126] Es waren zum einen die katholische Geistlichkeit unter dem hochbetagten Erzbischof, zum andern die »Ultras« mit Friedrich Windischmann an der Spitze und dem Minister des Königs, Karl von Abel. Der Oberhofmeister Graf von Rechberg sprach in einem Memoire an den König seine Enttäuschung sehr deutlich aus:»In diesem absichtlichen Benehmen ist wohl nicht zu verkennen, daß der heftigste Geist der Absonderung und Geringschätzung anderer Konfessionen sich mit allen Mitteln Bahn breche und die wohltätigen Früchte evangelischer Duldung zerstöre, eine Richtung, die durchaus nicht im Begriff der katholischen Lehre liegt.«[127] Der österreichische Geschäftsträger berichtete nach Wien:»Kurz, die ganze Beerdigung hat an die obskurantesten Zeiten zurückerinnert; denn die arme Leiche ist an der ihr bestimmten Ruhestätte so empfangen worden, als ob der Bannfluch auf ihr gelastet.«[128]

Und wie reagierte der König auf diese schmähliche Bestattung seiner Stiefmutter? Bei der Ausarbeitung der Feierlichkeiten war ihm zwar mitgeteilt worden, daß die katholische Geistlichkeit nicht im Chorrock, sondern in Zivil erscheinen werde. Aber über die Auswirkungen machte er sich im Drang der Geschäfte nicht genügend Gedanken. Ludwig wäre zudem der letzte gewesen, »der ein kirchenrechtlich gebotenes Verhalten der Geistlichkeit nicht hingenommen hätte«.[129] Die Familie hatte beispielsweise gewünscht, daß für die Verstorbene ein Seelenamt abgehalten würde; dem hatte Ludwig mit dem ausdrücklichen Hinweis auf die kirchlichen Vorschriften widersprochen. Es scheint ihm erst hinterher klargeworden zu sein, was geschehen war, und er war tief erschrocken über die unwürdige Behandlung seiner verstorbenen Stiefmutter.

Damals erst erfuhr Ludwig I., daß seine Schwester Auguste Fürstin Leuchtenberg seit Jahrzehnten an jedem Todestag (30. 3. 1796) ihrer protestantischen Mutter ein Seelenamt hatte lesen lassen und nie von seiten der katholischen Geistlichkeit daran gehindert worden war.[130] Der König fühlte sich nun vor seinen protestantischen Verwandten bloßgestellt und sah sich in seiner Königswürde gekränkt. Neben ihm stand am Sarg ja der protestantische König von Preußen und dessen Frau, Ludwigs evangelisch gewordene Stiefschwester Elisabeth, und seine evangelische Frau Therese. Weitere Angehörige des Königshauses wie der Erbgroßherzog Ludwig von Hessen und bei Rhein waren ebenfalls evangelisch. Diese empfanden die Situation als höchst schmerzlich. Auguste berichtet dem König von der Verstimmung des preußischen Königs, was König Ludwig I. angesichts der bevorstehenden Verlobung des Kronprinzen Max mit der preußischen Prinzessin Marie besonders unangenehm war. In seinem Silvesterbrief kam König Friedrich Wilhelm IV. noch einmal darauf zu sprechen: »Bei Dir ist die Partei (die Ultras, d.V.) schamlos hervorgetreten. Als sie sich so weit vergessen hatte, daß sie bei der Bestattung der unvergeßlichen lieben Mama die Geistlichkeit zu hohen Unschicklichkeiten zwang ...« Am 5. Dezember hatte Ludwig I. dem Minister Abel wegen der Vorfälle eine Standpauke gehalten, »die dem Minister die Tränen in die Augen trieb«.[131] Der König empfand das Geschehen als eine ihm geltende Demütigung. Auch dem späteren Erzbischof von München und Freising, Karl August von Reisach, den er als »Anstifter des Skandals« bezeichnete, erteilte der König eine Rüge: »Ihr, Ihr, die Ihr nicht so viel Liebe hattet, der seligen Königin Caroline die Gruft ihres Gemahls zu gönnen! Weil sie protestantisch ist ... Wirklich, Liebe ist etwas anderes!«

Die Beisetzung der Herzen der Wittelsbacher fand in der Regel in Altötting statt, allerdings nicht für die evangelischen Mitglieder. So wurde das Herz der Königin Caroline in einer goldenen Urne in St. Cajetan in München beigesetzt, drei Monate nach ihrem Tod, am 14. Februar 1842. König Ludwig hatte der katholischen Geistlichkeit angedroht, ihnen eigenhändig die liturgischen Gewänder anzuziehen, sollten sie dies nicht freiwillig tun. Der Trauerakt wurde dann auch sehr feierlich begangen. Den evangelischen Pfarrern aber gestattete man nicht, an der Feier teilzunehmen.

In der zahlreichen Korrespondenz, die zu diesen Vorgängen erhalten ist, hat König Ludwig I. auf einem Brief eigenhändig vermerkt: »Ich bleibe bei meiner Ansicht, daß weder katholische Geistliche in protestantischen Kirchen noch protestantische in katholischen Kirchen auch in die Gruft mitkommen sollen, aber daß in der Kirche die katholischen Geistlichen im Talar die königl. Leiche hätten zu empfangen gehabt. München 6. Dezember 1841.«

Am 150. Todestag der ersten Königin Bayerns, dem 13. November 1991, erwies Dekan Heimo Liebl zusammen mit Münchnerinnen und Münchnern der »Schutzherrin der neu entstehenden Evangelischen Gemeinde in München« seine Reverenz. Der Münchner Kreisdekan Martin Bogdahn legte am Sarkophag der Königin Caroline in der Gruft der Theatinerkirche eine Rose nieder.

Therese von Sachsen-Hildburghausen
Gemahlin von König Ludwig I.

* 8. Juli 1792 Jagdschloß Seidingstadt bei Hildburghausen
† 26. Oktober 1854 München

∞ 12. Oktober 1810 München

HAUS WETTIN
Die Herzöge von Sachsen-Hildburghausen (ab 1826 Sachsen-Altenburg)

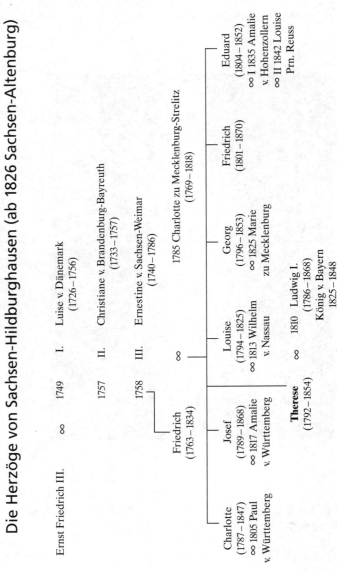

Die Wettinerprinzessin aus Thüringen

Therese Charlotte Louise Friederike Amalie wurde am 8. Juli 1792 im Landséjour, dem kleinen Jagdschloß Seidingstadt, acht Kilometer von der Stadt Hildburghausen entfernt, geboren. Das Schloß mit Park, Chaisenhalle und Hofgärtnerei ging in den Besitz der späteren Königin Therese und ihres Bruders Eduard über. Heute findet man in Seidingstadt lediglich noch einen Wegweiser zum Schloßpark, der als solcher nicht mehr zu erkennen ist. Das Schloß wurde längst abgebrochen.

Die Eltern der Prinzessin waren Herzog Friedrich von Sachsen-Hildburghausen (1763–1834) und Charlotte (1769–1818), Tochter des Großherzogs Karl II. von Mecklenburg-Strelitz. Thereses Vater folgte 1826 im Herzogtum Sachsen-Altenburg als Landesherr. Er gab damals den größten Teil seines bisherigen Herzogtums an den Herzog von Sachsen-Meiningen ab. Thereses Mutter Charlotte zählte zu den »vier schönen Schwestern auf dem Thron«, wie dies der Dichter Jean Paul in dem diesen Damen gewidmeten Roman »Titan« ausdrückte: Herzogin Charlotte, Königin Luise von Preußen, Mathilde Therese von Thurn und Taxis und Königin Friederike von Hannover. Durch die Kinder der Königin Luise von Preußen hatte Therese Vettern und Basen, von denen drei von besonderem politischen Interesse für die Familie ihres späteren Gatten, des Königs Ludwig I. von Bayern, werden sollten: König Friedrich Wilhelm IV., König Wilhelm I. von Preußen, der spätere deutsche Kaiser, und Charlotte, die unter dem Namen Alexandra die Gemahlin des Zaren Nikolaus I. von Rußland war.[1]

Kinderfrau am herzoglichen Hofe in Hildburghausen war Johanna Nonne (1760–1837), Witwe des herzoglichen Rates Ludwig Friedrich in Königsberg, weshalb man sie nur die »Rätin« nannte. Ihr Sohn, Pestalozzischüler und später Schul- und Kirchenrat, begründete den Ruf Hildburghausens als »Stadt der Schulen«. Als Erzieherinnen wirkten in Hildburghausen

Henriette von Stengel und Baronin von Scherer. Als Lehrer unterrichtete neben anderen der spätere Hofprediger Heinrich Kühner. »Therese wurde in deutscher Literatur in der Sphäre der deutschen Klassik und in der französischen Sprache gut unterrichtet, im Zeichnen durch den Hofmaler Karl August Kessler und in Musik durch den einstigen Klavierlehrer Carl Maria von Webers in Heidelberg, Johann Peter Heuschkel.«[2] Therese ließ später als Königin ihrer Kinderfrau Johanna Nonne auf dem Friedhof in Hildburghausen ein schönes geschmiedetes Grabkreuz setzen, ihrem Pfarrer und Lehrer Heinrich Kühner einen Grabstein auf dem Friedhof in Eishausen.

Am Hildburghauser Hof herrschte eine äußerst kunstsinnige Atmosphäre. »Wie Weimar zu Klein-Athen geworden war, so schien Hildburghausen Lust zu zeigen, Klein-Weimar zu werden. Der Karl August Hildburghausens war die Herzogin Charlotte.«[3] Sie wurde auch scherzhaft »Singlotte« genannt, da sie mit ihrer hervorragend ausgebildeten Stimme Feste und Gottesdienste verschönerte.

Das Schloß, in dem Prinzessin Therese ihre Jugendzeit verbracht hatte, wurde im Zweiten Weltkrieg zerstört und ist inzwischen völlig abgetragen. Im Schloßpark erinnert ein Denkmal an Königin Luise von Preußen, ihre Tante. In dem ehemaligen hübschen Residenzstädtchen Hildburghausen künden das historische Rathaus, die Hofkirche und das Ballhaus, aus dem das bedeutende Hoftheater hervorging, von besseren Zeiten. Vor diesem Theater steht seit 1977 ein Brunnen, den der Münchener Bildhauer Adolf von Hildebrand für den Marktplatz schuf und der 1902 dort enthüllt worden war.[4] Auf dem Friedhof weist ein Obelisk auf die Grabstätte von Thereses Mutter hin. Im 1992 entstandenen Stadtmuseum gibt es eine Dokumentation zur Erinnerung an Therese mit einigen Ausstellungsstücken aus ihrer Kindheit, darunter beispielsweise die Theaterschuhe, die die achtjährige Therese in der Rolle des Rotkäppchens getragen haben soll.

Die Wahl fiel auf Therese

Wie kam nun der bayerische Kronprinz dazu, sich eine Prinzessin aus Sachsen-Hildburghausen als Gemahlin zu erwählen? Es ist bekannt, daß Ludwig im Alter von dreizehn Jahren mit der ebenfalls noch im Kindesalter stehenden Großfürstin Katharina von Rußland verlobt wurde. Er hatte miterlebt, wie seine Schwestern Auguste und Charlotte unter dem Druck des französischen Kaisers Napoleon mit Partnern vermählt wurden, die sie sich nicht gewünscht hatten. Der damals 24jährige Kronprinz fürchtete daher, ebenfalls aus politischen Überlegungen Napoleons zu einer Heirat gezwungen zu werden. Sein Vater König Maximilian I. Joseph hatte ihm angedeutet, »eine Prinzessin von Hildburghausen aus sächsischem Stamme sei lieb, freundlich und gütig und könnte eine ausgezeichnete Frau abgeben. Freilich, viel Geld und Gut wird sie nicht in die Ehe bringen können, die Kleinheit des in den Rheinbund hineingezwungenen Landes macht aber die Heirat politisch unbedenklich«.

Am 20. Dezember 1809 besuchte daher der Kronprinz die kleine sächsische Residenz an der Werra. Seine Eltern weilten währenddessen auf Einladung Napoleons zu einem Besuch in Paris, wo gleichzeitig Montgelas Verhandlungen über Gebietsveränderungen für Bayern führte. Kronprinz Ludwig nahm an, daß in Paris auch über seine Verheiratung gesprochen würde und Napoleon für ihn eine Französin auswählen könnte. Darum ergriff er die Initiative zu einer eigenen Entscheidung. In Hildburghausen hatte er die Wahl zwischen den Schwestern Therese und Luise. Ludwig entschied sich für die achtzehnjährige Therese. Ursprünglich hatte diese den Erbprinzen Georg von Mecklenburg-Strelitz heiraten wollen, der nun dem bayerischen Kronprinzen weichen mußte. Ihre Schwester wurde 1813 die Gemahlin des Herzogs Wilhelm von Nassau.

Der Kronprinz teilte seinen Entschluß seinen Eltern nach Paris mit. Der Vater gab am 27. Januar 1810 seine Zustimmung zu der Lebensentscheidung seines Sohnes: »Gott segne Deine Wahl ... Mich macht sie unaussprechlich glücklich. Die Worte des Kaisers waren folgende: ›Dites au Prince Royal, que je le felicite de tout mon cœur. Sie wissen, daß ich immer eine sächsische Prinzessin gewünscht habe ...‹ Ich komme bald nach München. Habe Geduld bis dahin, die Sache muß mit Würde geschehen. Unsere hiesigen Geschäfte sind in gutem Gang ... Die Ursache, daß ich Dir so spät antworte, ist diese: In dem Publicum ging acht Tage lang die Rede, der Kaiser würde Deine zukünftige Frau heirathen. Stelle Dir meine Angst vor, auch wie er mir auf einem Ball bey Savari selbst davon anfing zu sprechen ...« Therese stand also tatsächlich auf der Liste der Prinzessinnen, die sich Napoleon 1809 hatte zusammenstellen lassen, um als selbsternannter Kaiser in ein altes europäisches Fürstenhaus einzuheiraten.[5]

Die feierliche Verlobung wurde in Hildburghausen am 12. Februar 1810 gefeiert. Das bayerische Königspaar weilte immer noch in Frankreich. Nach dessen Rückkehr brach am Hof in München Hektik aus, denn der Kronprinz wollte sobald als möglich heiraten. Das ging aber nicht ohne einen zuvor sorgfältig ausgehandelten Heiratsvertrag, den der Minister Montgelas ausarbeiten mußte. Montgelas aber kehrte erst Anfang Juni nach München zurück. Auch wollte der König die Niederkunft seiner Frau, der Königin Caroline, abwarten. Diese wiederum mochte nicht der Anlaß eines Aufschubs der Hochzeit ihres Stiefsohnes sein und schrieb ihrer Mutter: »Ich habe mich aber mit meiner ganzen Kraft dem widersetzt; denn alle würden es mir vorwerfen, und ich muß in meiner Stellung zum Wohle meiner Kinder gerade bei dieser Gelegenheit alles vermeiden, was sie gegen mich aufbringen könnte ...«[6] Am 21. Juli 1810 brachte Königin Caroline ihre Tochter Caroline Maximiliane zur Welt.

So schnell, wie der Kronprinz sich das gedacht hatte, konnte der Heiratsvertrag wirklich nicht abgeschlossen werden. Auch das Problem der Konfessionsverschiedenheit bedurfte einer Lösung. Ludwig war von seinem Lehrer Sambuga als strenggläubiger Katholik erzogen worden, während seine Braut gleich seiner Stiefmutter evangelischen Glaubens war. Er hatte sich vorgestellt, daß es ein leichtes sei, Therese zu einer Konversion zu veranlassen. Doch da hatte er sich getäuscht.

Am 28. Februar begann ein sehr umfangreicher Schriftwechsel zwischen den Brautleuten. »Glücklich werde ich sein mit Dir, liebe, liebe Therese, doch wie Trübe und Helle wechselt Freude und Trauer im Leben, Seligkeit gibt es auf Erden nicht, auch in der Ehe nicht, selbst in der glücklichsten, und oh, wie weit bin ich entfernt von Vollkommenheit! Überspannte Erwartung mindert sie mehr als die Wirklichkeit. Geliebte Therese, präge Dir tief dies ein, es ist Wahrheit, Deiner Zukunft Glück hängt davon ab ...«

Der verlobte Kronprinz ließ seinen Gefühlen freien Lauf, auch in den Briefen an seine zukünftige Schwiegermutter Herzogin Charlotte: »Erschaffen zur Königin ist meine geliebte Therese, erschaffen zum fürtrefflichsten Weib, zu treuer Freundin durch das Leben ... Viele schöne, gute, liebenswürdige sah ich schon, eine zweite Therese erspähte ich nirgends.« Ludwig nannte seinen verliebten Zustand eine Art »Fieberglut«, und als er beim Verlobungsball in Hildburghausen zum ersten Mal seine Therese im Arm hielt, fühlte er sich völlig entflammt.

Aus Potsdam schrieb die preußische Königin Luise ihrer Nichte Therese am 11. Mai 1810 einen bewegenden, weitsichtigen Brief: »Liebe Therese! Ich gratuliere Dir von Herzen zu Deiner bevorstehenden Verbindung und wünsche aufrichtig, daß sie sich zu Deinem Glück schließen möge. Viel, ja sehr viel wird dabei auf Deine Aufführung ankommen. Liebe und besonders der Rausch der Liebe kann nicht immer dauern, aber Freundschaft und Achtung kannst Du verdienen, wenn Du rein und unbescholten dastehst und wenn Klugheit Deine übrigen Schritte in die Welt leitet. Dazu gebe Dir Gott Kraft und Willen! Er leite Dich auf ebener Bahn und segne Dich und sei Dir nahe mit seinem Geist und seiner Gnade! Amen. Dieses sind die aufrichtigen Wünsche meines Herzens für Dich, liebe Therese! Ich kann Dir keine großen Beweise meiner Liebe geben, ich schicke Dir hierbei eine Eventaille (Fächer, d. V) mit meinem Namen in bunten Steinen. Sie ist ganz einfach ohne Juwelen, wie die Zeit es mit sich bringt. Kommt sie mal besser, so bekommst Du noch etwas. Noch vor einer Sache warne ich

Dich. Lasse die Eitelkeit, die Klippe der Jugend, nicht überhandnehmen. Bedenke, daß Du in ein gänzlich ruiniertes Land kommst, wo eine allgemeine Drangsal das Volk erdrückt. Bestrebe Dich, Gutes zu tun und Wohltaten zu streuen, damit die Unglücklichen Deinen Namen segnen und nicht die Marchandes de mode (Putzmacherinnen, d.V.) Dich loben. Dies kommt Dir vielleicht jetzt lächerlich vor, daß man zwischen den beiden Wegen nur wählen könne. Doch wirst Du recht wählen, dafür bürgt mir Dein Herz und das Beispiel Deiner unvergleichlichen Mutter; aber in Gefahr wirst Du noch einmal kommen, wo Kopf und Herz nicht einig sein werden. Behalte diesen Brief, und kommen solche Gelegenheiten, so denke Deiner Tante, die durch Unglück und Trübsal der großen Bestimmung entgegenreifte. Adieu, gute, liebe Therese! Der Himmel sei bei Dir, um Dich und mit Dir! Behalte fest Deine Grundsätze und laß Dich nicht wanken in dem, was Du einmal für Recht erkannt hast! Deine treue Tante und Freundin Louise.«[7]

Erst am 22. Juni 1810 erschienen die offiziellen Brautwerber am Hildburghauser Hof: Freiherr von Keßling und der Geheime Sekretär Steinsdorf. Sie überbrachten als Brautgeschenk ein mit Brillanten besetztes Porträt des Bräutigams. Thereses Vater schrieb am 24. Juni an seinen künftigen Schwiegersohn nach München: »Liebster Schwiegersohn, Dank der Vorsehung, die über uns waltet, erkenne ich, ich bin ein sehr glücklicher Vater. Ein herrliches Land ist meiner Therese. Sie mag, sie wird es verdienen durch treue Liebe, durch treue Erfüllung ihrer Pflichten. Gott segne dieses Land! Der September, wo ich Ihnen, dem edlen Mann, die liebende Braut zuführen werde, ist nicht mehr fern. Wie sehr freue ich mich darauf mit meinem guten Weibe.«

Ende September kam für Therese der Abschied aus Hildburghausen. Er wurde mit einem Fest begangen, bei dem Friedrich Rückert der jungen Braut »eine poetische Gabe« zukommen ließ, ohne dabei seinen Namen zu nennen. Im Werk seiner gesammelten Gedichte ist es aufgeführt: »Hochzeits und Abschiedsgedicht an eine fürstliche Braut«. Der Dichter weilte damals bei Hildburghauser Verwandten. Ein weiteres

106

Festgedicht »Mit drei Moosrosen« widmete er damals Charlotte, der Mutter der Braut, dieser selbst und ihren beiden Schwestern Charlotte und Luise. Die erste Strophe lautet: »Drei Schwesterblüten, einer Wiege Kinder, Entstammend eines Mutterschoßes Moosen, Bring' ich, dazu erwählter Kränzewinder, Drei taugesäugte, duftgenährte Rosen.«[8]

Prinzessin Therese verließ am 6. Oktober 1810 zusammen mit ihren Eltern und Geschwistern ihre Heimatstadt. Die Reisenden erreichten am 8. Oktober morgens um drei Uhr über Bamberg kommend Regensburg, wo sie nach einem Empfang unter dem Donner der Kanonen und den Freudenrufen einer zahlreichen Menschenmenge im Thurn und Taxisschen Palais St. Emmeram abstiegen. Dort erwartete sie voll Freude die Schwester der Brautmutter, Mathilde Therese.

Mathilde Therese (1773–1839), eine der »vier schönen Schwestern«, eine geborene Prinzessin von Mecklenburg-Strelitz, galt als eine Frau, die »zu ihrer Zeit in Deutschland nicht nur wegen ihrer hohen Geburt und Geistesbildung, sondern auch wegen ihrer forschen Emanzipationsbestrebungen berühmt und berüchtigt«[9] war. Sie wurde 1787 die Gemahlin des um drei Jahre älteren Karl Alexander von Thurn und Taxis (1770–1827). Wie ihre Schwestern kannte sie Jean Paul, Klopstock, Rückert und Lavater; sie war angeblich die »Geliebte des russischen Zaren Alexander, Talleyrands und des Grafen Lerchenfeld, Verhandlungspartnerin von Napoleon, Montgelas und fast allen bedeutenden europäischen und deutschen Königen, Ministern und Diplomaten«.[10] Und, was sich fast bescheiden daneben ausnimmt, sie war die Tante der künftigen bayerischen Königin Therese und deren Taufpatin.

König Maximilian ließ bereits in Regensburg dem Vater der Braut den höchsten bayerischen Orden, den Hubertusritterorden, überreichen. Die Braut bekam einen hübschen Brief ihres Bräutigams. Graf Pocci, der zukünftige Oberhofmeister der Prinzessin Therese, überbrachte folgenden 67. Brief, der am 9. Oktober in München geschrieben war: »Geliebte Braut! Endlich wird Dein, was Dein schon war. Völlig mein, nach sechsmaligem Verschieben, mein Weib am Altar. Sehe Dich, holde Therese, nach sechs Monaten wieder. Deinem Oberhofmeister Graf Pocci sendete ich, Überbringer dieser Zeilen zu sein. Was mein Herz für Dich fühlt zu wünschen: Glück, dauerndes Glück. Sehe Dich, geliebte Therese, ehe 24 Stunden vorüber. Dein Ludwig.«

Hochzeit, Pferderennen und die Geburt des Oktoberfestes

Die Hochzeit war auf den Namenstag des bayerischen Königs Maximilian, den 12. Oktober, festgelegt worden. Die kirchliche Namenstagsfeier fand am Morgen in der St.-Michaels-Kirche statt, die feierliche Trauung des Kronprinzen Ludwig mit Prinzessin Therese am Abend in der Hofkapelle der Residenz. Als Brautkleid trug Therese ein bodenlanges, tief dekolletiertes Empirekleid mit Puffärmeln aus rosa Seidenatlas. Das Überkleid war aus naturfarbener, geklöppelter Seidenspitze mit Silberfäden. Die Schleppe zeigte in Silberstickerei motivische vom Kleid übernommene Laubkränze und eine breite Akanthus-Palmetten-Ranke längs der Kante.[11] Am Tag ihrer Trauung litt Therese an schrecklichen Zahnschmerzen.

Fünf Tage sollten die offiziellen Feierlichkeiten zur Kronprinzenhochzeit dauern. Es bot sich eine gute Gelegenheit, das junge Königreich Bayern glänzend darzustellen. Hatte die Stadt München doch seit 1722 keine Fürstenhochzeit mehr in ihren Mauern gesehen.

»Den erhabenen Moment der Trauung verkündete das Geläut aller Glocken und der Donner der Kanonen. Die geweihte Stunde, sieben Uhr abends, nahte heran und die ganze Bevölkerung Münchens heiligte sie durch stille Feier und die reinste Freude. Auf dem Hauptplatz ertönten Musikchöre und fernhin klingende Trompeten erschallten von der Gallerie des Petersthurmes.«[12]

Am Tag nach der Trauung erstrahlte ganz München im Lichterschmuck. Der Hof und die Bürger der Stadt bestaunten die Illumination. Auf Kosten des Königshauses versammelten sich etwa 6000 angesehene Bürger, die zur Nationalgarde gehörten, in vier großen Gasthäusern zu Tanz und Abendessen. Für die »herbeygeströmten Volkshaufen« hatte man am Marienplatz, am Promenadenplatz, in der Neuhauserstraße und am Anger Tische und Bänke hergerichtet, wo sie verköstigt wurden mit Semmelbrot, Schweizer Käse, gebratenem Schaffleisch, Cervelat-Würsten und geselchten Würsten; als Getränke gab es Bier und österreichischen Weißwein.

Das nächste Fest, welches das Königshaus zusammen mit seinem Volke feierte, war ein Pferderennen der Nationalgarde-Kavallerie am 17. Oktober 1810. Als Austragungsort wählte man das Areal vor dem Sendlinger Tor, »seitwärts der Straße, die nach Italien führt«, eine Wiese, die nach der Kronprinzessin Therese auf ewige Zeiten »Theresienwiese« heißen sollte. Ein Jahr später wiederholte man das Fest und verband damit die erste deutsche Landwirtschaftsausstellung. Das größte Bierfest der Welt, das Münchener Oktoberfest, war geboren.

Unter all den Huldigungen, die das regierende Königspaar Max I. Joseph und Caroline zusammen mit dem neuvermählten Kronprinzenpaar im Königszelt auf der Theresienwiese entgegennahm, waren auch jene der sechzehn Kinderpaare, Knaben und Mädchen in den verschiedenen Landestrachten. Der kleinste der Buben überreichte Therese einen Myrtenkranz. Ein Mädchen übergab der Kronprinzessin ein Bouquet Vergißmeinnicht, ein weiterer Knabe senkte dazu seine Fahne, auf der unter der Krone in einem Rosen- und Lorbeerkranz die Allianzwappen von Bayern und Sachsen-Hildburghausen auf dem alten Wittelsbach ruhend, gemalt waren. Vorgetragen wurde folgendes Gedicht:

> Huldigend Dich zu begrüßen
> legen wir, die kleine Schaar,
> unsere Fahnen Dir zu Füßen,
> neuvermähltes Fürstenpaar.[13]

Die Kronprinzessin hatte sich für diesen Anlaß bereits in Hildburghausen ein Kleid in den bayerischen Landesfarben fertigen lassen.

Da solche Feste dem Zusammengehörigkeitsgefühl zwischen Volk und Monarchie sehr dienlich waren, veranstaltete man Theresienfeste auch in Salzburg, Bamberg und Ansbach.[14]

Seit dem Jahre 1991 feiert die Stadt, aus der die Namensgeberin der »Wies'n« stammte, ebenfalls ein Theresienfest. Dazu schrieb der damalige Oberbürgermeister der Stadt München, Georg Kronawitter, in der Hildburghauser Festschrift: »Das Münchener Oktoberfest ist überall zu einem Inbegriff freundlicher Begegnung, ausgelassener Gemütlichkeit und geselligen Beisammenseins geworden. Ich bin sicher, daß viel von dieser unverwechselbaren Atmosphäre auch beim ›geschichtsverwandten‹ Theresienfest in Hildburghausen spürbar wird.«[15]

Nach dem Besuch des Pferderennens fand am Abend im großen Opernsaal ein Ball statt, zu dem das Königspaar geladen hatte. Als sich die Kronprinzessin, sichtlich erschöpft von all den Festlichkeiten, zurückziehen wollte, brachte der junge Ehemann sie in die Residenz, kehrte aber selbst auf den Ball zurück. »Mir machte es wenig Vergnügen«, schrieb Ludwig dazu in sein Tagebuch, »aber ich tat es, um meine Freiheit zu zeigen und damit meine Frau nicht glaube, ich müsse, weil sie es getan, wegbleiben … Ich als Bräutigam habe der Braut geschrieben, meine gewohnte Lebensweise würde ich beibehalten. So tue ich schon jetzt soviel als möglich. Bei Nacht schlafe ich in meinem Zimmer, nur zu Besuch zu meiner Frau kommend, gehe bei Tag spazieren, allein wie sonst. Man muß sich gleich anfangs auf den Ton setzen, wie man ihn für die Folge will. So schicke ich mich in den Ehestand, fühle mich nicht unglücklich.«

Konnte es Ludwig nach seiner Verlobung in Hildburghausen mit seiner Verheiratung nicht schnell genug gehen, so erschien ihm nach seinen anfänglichen euphorischen Liebesbezeugungen an seine Braut der Ehestand nun in einem anderen Licht. Seiner Schwester Charlotte klagte er, daß seine Seele nicht von einem Taumel erfaßt und er nicht in hochzeitlichen Wonnen verloren sein könne. »Ausgezeichnet ist Therese durch ihr Herz, durch Vernunft, Schönheit; keine bessere Frau würde ich mir wünschen, aber leidenschaftslos verehlichte ich mich, es mag vorteilhafter sein für die Zukunft.«

Caroline schilderte in einem Brief vom 24. Oktober ihrer Mutter die Schwiegertochter Therese: »... Die Kronprinzessin scheint sehr sanft und gut zu sein. Ihre Schwester hält sich besser und hat ein fröhlicheres Gesicht. Mir ist die andere lieber, seriöser. Die kleine Luise ist etwas moqueuse ..., die Herzogin sehr höflich und zuvorkommend, aber cruellement posée. Ich bin erstaunt, daß sie mit ihrem wenig gesunden Aussehen alle diese Anstrengungen aushält ... Sie und die Herzogin von Zweibrücken sind die einzigen, die nie in ihren Zimmern geblieben sind ...« [16]

Die beiden Fürstinnen waren sich zeitlebens sehr zugetan, was sicher auch in ihrem protestantischen Glauben begründet war. Kirchenbesuche und Abendmahlsgänge unternahmen sie meist gemeinsam. Beide nahmen auch, wie schon berichtet, am Bau der Matthäuskirche regen Anteil und erlebten die Einweihung dieser ersten evangelischen Kirche in München mit. Während ihrer Witwenzeit war Caroline stets erfreut über die Besuche der Königin Therese und ihrer Kinder bei ihr in Tegernsee. Bei den Aufenthalten in München saß Caroline oft bei Therese in deren kleiner Loge in der Oper. »Ich liebe sie alle Tage mehr«, bemerkte Caroline 1829 und »La bonne Therese« wurde in ihren Briefen ein stehender Ausdruck. [17]

Das bayerische Kronprinzenpaar

Von Residenz zu Residenz

Zwei Tage nach seiner glanzvollen Hochzeit in München wurde der Kronprinz am 14. Oktober 1810 zum Generalgouverneur des Inn- und des Salzachkreises ernannt. Im Winter war Innsbruck, im Sommer das Schloß Mirabell in Salzburg die Residenz. Beide Städte gefielen dem Kronprinzenpaar sehr, vor allem aber Salzburg. »Therese war am liebsten in Salzburg«, schrieb Ludwig.[18] Da Österreich im Jahre 1813 mit Rußland und Preußen gegen Napoleon ein Bündnis schloß, wurde die Stadt Salzburg »als im Belagerungszustand befindlich« erklärt. Therese begab sich nach Augsburg, Ende des Jahres kehrte sie jedoch nach Salzburg zurück. Am Jahrestag der Völkerschlacht von Leipzig 1814 ordnete die Kronprinzessin die »Ausspeisung« von 752 Armen an. Therese übernahm das Protektorat über den »Frauen-Verein Salzburg«.[19] Als Königin kam Therese später wiederholt nach Salzburg, wo seit 1835 ihre Schwägerin, die verwitwete Caroline Auguste, Schwester König Ludwigs, wohnte. Als am 4. September 1842 das von ihrem Mann angeregte Mozartdenkmal enthüllt wurde, war Therese ebenfalls anwesend.

Von Augsburg aus reiste Therese im Sommer 1813 für einige Wochen in ihre Heimat nach Hildburghausen, ebenso hielt sie sich im Herbst 1815 dort auf. Über diese Tage berichtete Christian Truchseß von Wetzenhausen auf Schloß Bettenburg folgendes: »Unsere Kronprinzessin von Bayern und die Erbprinzeß von Weilburg waren bei ihrer Mutter, der Herzogin von Hildburghausen. Und da ich diese lieblichen Töchter von Kindheit auf kannte und sie mir stets gewogen waren, so stieg in ihnen das Gelüste auf, den alten Truchseß auf seiner Burg zu besuchen, und sie und ihre Mutter und ihr Bruder Georg und der Erbprinz von Weilburg, der wackere Mann von Waterloo, und wirklich nur eine kleine Suite kamen am Sonntag mittag. Eine große Menschenmenge war herbeigeströmt, um die Fürstlichkeiten, namentlich die schöne Prinzeß Theres, zu sehen. Mit ritterlicher Galanterie bot der Schloßherr der Herzogin-Mutter den Arm. Und als sie dies mit freundlich bedeutsamem Lächeln abwehrend ihn nach der Tochter hinwinkte, sprach er vernehmlich: ›Hoheit wollen gnädigst verzeihen, solange die Burg steht, hat zu allen Zeiten die Mutter den Vortritt vor der Tochter gehabt.‹ Die Herrn und Damen im bayerischen Gefolge standen in sprachlosem Erstaunen, und die kleine rotwangige Kosboth, die Oberhofmeisterin der Herzogin, strahlte im Triumph. Die Kronprinzessin aber, mit dem ihr eigenen herzgewinnenden Lächeln, legte ihre rechte Hand in den linken Arm des Ritters, und dieser führte die beiden Fürstinnen, die Mutter an der rechten, die Tochter an der linken Seite, durch das Tor zum Rittersaal hinauf.«[20]

Am 1. Mai 1816 zog die bayerische Besatzung aus Salzburg ab, denn das Land war in den Besitz Österreichs übergegangen. Das Kronprinzenpaar nahm seinen Wohnsitz zunächst in Aschaffenburg und dann in Würzburg. Dort lebte seit ihrer Scheidung Ludwigs Schwester Charlotte.

Ludwig und Therese zeigten sich sehr gerne in der Öffentlichkeit. So trat das bayerische Kronprinzenpaar bei der Grundsteinlegung für die Konstitutionssäule zu Gaibach am 26. Mai 1821 besonders in Erscheinung. Der fränkische Standesherr Franz Erwein Graf von Schönborn-Wiesentheid, ein enger Freund des Kronprinzen, der sich oft im Schloß zu Würzburg aufhielt, hatte beschlossen, zur Erinnerung an den Erlaß der bayerischen Verfassung vom Jahre 1818 auf dem Sonnenberg bei Gaibach über Volkach am Main ein Monument errichten zu lassen. Die Grundsteinlegung dazu fand am dritten Jahrestag der Verfassung 1821 statt. Der Entwurf zu dieser Konstitutionssäule stammte von Leo von Klenze. Ein Jahr später erhielt der Maler Peter von Heß den Auftrag, das Ereignis der Grundsteinlegung, das die Verschmelzung von Alt- und Neubayern im bayerischen Verfassungsstaat symbolisieren sollte, in einem Gemälde festzuhalten; es befindet sich heute im Mainfränkischen Museum in Würzburg. In diesem Historiengemälde sind alle bei der Feier Anwesenden wiedergegeben, darunter auch die in ein weiß-rosa Gewand gekleidete Kronprinzessin Therese und die neben ihr sitzende Gräfin Castell.[21]

»Die Wunderheilung«

Im Sommer des Jahres 1821 bereitete das Kronprinzenpaar dem bayerischen Königspaar Caroline und Max einigen Kummer.

Es ist bekannt, daß der Kronprinz ».. alle Gebrechen seiner armen Mutter geerbt hatte: Schwerhörigkeit, schwache Brust, Schwierigkeiten beim Sprechen ...«, schrieb seine Stiefmutter Caroline einmal an ihre Mutter: »Ich konnte schreien, aber das war nutzlos, und wenn er wunderbarerweise die ersten Worte verstanden hat, so hört er nicht zu und fährt fort selbst zu sprechen. Es ist sehr schwierig.«[22] Ludwig hatte schon alle Hoffnung aufgegeben, von dem Leiden jemals geheilt zu werden. Doch dann sprach man in Bayern von einem Wunderheiler, der überzeugt war, Kranke durch sein Gebet heilen zu können. Es handelte sich um den Geistlichen Prinz Alexander von Hohenlohe-Schillingsfürst. Diesen ließ der Kronprinz zu sich nach Bad Brückenau rufen. Nachdem der Geistliche über dem Kronprinzen ein Gebet gesprochen hatte, das dieser selbst nicht hörte, meinte der tief ergriffene Ludwig tatsächlich, nun besser hören zu können. In einem begeisterten Brief an den Grafen Seinsheim schilderte Ludwig die Vorgänge: »Es geschehen noch Wunder! Im letzten Monat, in den letzten zehn Tagen glaubte man sich in Würzburg in die Apostelzeit versetzt; Taube hörten, Blinde sahen, Lahme gingen, nicht durch Berührung, sondern vermittels kurzen Gebetes (›Auf Befehl im Namen Jesu. Glaube an Jesus, glaube!‹), daß geholfen werde, verlangt Fürst Hohenlohe.«[23] Sofort ließ Ludwig seine Frau nach Bad Brückenau kommen. Doch sie konnte nur sehr zögernd zustimmen, daß Ludwigs Gehör besser geworden sei. In der ungeheuren Freude über seine vermeintliche Heilung machte der Prinz wohl besondere Anstrengungen und hörte dadurch zeitweilig wirklich etwas besser.

In Bad Brückenau erkrankte die Kronprinzessin lebensgefährlich. Man sprach von einer Unterleibsentzündung beziehungsweise einer Gedärmeentzündung mit Nesselausschlag. Therese hegte Todesgedanken und bat einen evangelischen Pfarrer, ihr das Abendmahl zu reichen. Obwohl es der Prinzessin nach einigen Tagen besserging, bestand ihr Mann darauf, den von ihm so geschätzten »problematischen Wundertäter« zu ihr zu rufen.[24] Dieser betete mit dem Kronprinzenpaar. Therese gesundete, und Ludwig war um so mehr davon überzeugt, daß die Heilung dem Fürsten Hohenlohe zu verdanken sei und nicht den Ärzten. All das Erlebte behielt der Kronprinz aber nun nicht für sich, sondern ließ die Nachricht von der Wunderheilung im ganzen Land verbreiten. Er selbst berichtete Wilhelm von Humboldt begeistert über die ihm und seiner Frau widerfahrene »göttliche Gnade«.

Anfang September 1821 erfuhr Thereses Schwiegermutter nach ihrer Rückkehr aus Rovereto an den Tegernsee von den Ereignissen in Bad Brückenau. Ihrer Mutter in Karlsruhe teilte sie mit: »... auch von der Krankheit und Gefahr, worin Therese geschwebt hat, erfuhr ich erst hier. Ich hoffe, daß das, was man gesagt hat, nicht wahr ist. Es ist richtig, daß sie ein so großes Vertrauen in den Prinzen Hohenlohe gezeigt hat, während sie in Gefahr schwebte, daß dies wohl den Grund zu solchen Gerüchten gegeben haben mag ... Es ist natürlich, daß sie bei ihm geistlichen Trost gesucht hat, den sie schon als Heiligen betrachtete.«[25] Das Gerücht, das über Therese verbreitet wurde, war das ihrer Konversion. In der »etwas exaltierten Stimmung«[26] um die vermeintlichen Heilungen versuchte der Kronzprinz tatsächlich erneut, seine Frau zur Konversion zu bewegen. Doch die ihrem Mann ansonsten stets so ergebene Therese blieb bis an ihr Lebensende protestantisch.

Die Kinder Thereses und Ludwigs

Zu den Höhepunkten im Leben Thereses gehörten die Geburten ihrer neuen Kinder, wovon zwei als königliche Kinder zur Welt kamen.

Am 12. Oktober 1835, zur silbernen Hochzeit des Königspaares, erfolgte durch Ludwig I. die Grundsteinlegung der Benediktiner-Abteikirche St. Bonifaz in München, die auf seinen Wunsch hin in Anlehnung an altchristliche Basiliken in Rom und Ravenna entstanden und als Grablege des Königspaares bestimmt war. Der Marien-Altar dieser Kirche nahm auf das Herrscherhaus Bezug. Das Gemälde zeigte die Gottesmutter mit dem Kind in einer »Sacra Conversazione« mit Heiligen und Märtyrern, den Namenspatronen der königlichen Kinder. Im Vordergrund kniete Hildegard von Bingen, ihre Visionen niederschreibend, und Kaiserin Mathilde mit gesenktem Szepter; dahinter Papst Alexander, der Patron der Prinzessin Alexandra, und Abt Odilo von Cluny als Schutzpatron König Ottos von Griechenland. Links sah man Bischof Maximilian und Äbtissin Adelgundis mit der Taube, im Hintergrund Leopold, Schutzpatron des späteren Prinzregenten Luitpold, sowie Adalbert, den Bischof von Prag. An diesem Marienaltar wurden regelmäßig Gedächtnismessen für die Mitglieder des Königshauses gelesen.[27]

Der erstgeborene Sohn des bayerischen Kronprinzenpaares war Maximilian, der am 28. November 1811 auf Wunsch seines königlichen Großvaters in der Residenzstadt München zur Welt kommen sollte. Er wurde der spätere König Max II. Joseph. Da er in der Hauptstadt Bayerns geboren war, nannte er sich später als Knabe selbst einen »Kapitalbayern«, wie seine Mutter festgehalten hat. Der Vater als König und dieser sein Sohn Max standen sich nie sehr nahe, wie in den Biographien Ludwigs I. nachzulesen ist.[28] Eine Äußerung Thereses über das Verhältnis zu dem damals 29jährigen Sohn ist sehr aufschlußreich. Ihrer Schwiegertochter Amalie schrieb sie am 11. Dezember 1840 nach Griechenland, daß »Dank dem Himmel die Scheidewand nun schon seit langem gefallen, die Max uns früh entfremdet hatte. Er ist uns beiden ein treuer und liebender Sohn – in der schönsten Bedeutung des Wortes – geworden, mir der Freund, dem ich so gerne vertraue. In dieser Beziehung wird durch sein Scheiden (Max reiste nach Griechenland, d. V.) für mich eine große Lücke entstehen. Doch genug der Worte, denn zu dem verbotenen Schreiben [29] gesellen sich nun die Tränen, mir jetzt das Schädlichste.«

Bei der Geburt des ersten Enkels, des Prinzen Max, empfand die Großmutter Caroline so viel Leid, daß sie beim Diner, dem sie gegen den Rat des Königs beiwohnte, kaum die Tränen zurückhalten konnte. Sie mußte an ihre beiden Söhne denken, die sie so früh wieder verloren hatte. Zwischen der Großmutter und dem Enkel Max entstand ein sehr enger Kontakt. Selbst bei der Wahl seiner Gemahlin Marie hatte er sich den Rat seiner Großmutter geholt.

Wie schon erwähnt, mußte die Kronprinzessin im Jahre 1813 das »belagerte« Salzburg verlassen. Sie war zu dieser Zeit hochschwanger. Von ihrem Schwiegervater wurde ihr die ehemals fürstbischöfliche Residenz in Augsburg zugewiesen, wo sie am 30. August eine Tochter, Mathilde [30] zur Welt brachte.

Das Kind wurde am Tag nach der Geburt still in der Residenz getauft. Da der Kronprinz damals an Scharlach erkrankt war, fand der feierliche Staatsakt der öffentlichen Taufe erst am 10. Oktober im Augsburger Dom statt. »Eine Augsburgerin in der Königssippe«, schrieb König Ludwig in sein Tagebuch, »das war ein Thema, das man beim Königsbesuch 1829 wieder und wieder angesprochen hat.« [31] Der Königin wurde bei diesem Anlaß als Ehrengeschenk der Stadt Augsburg ein Silbertableau mit der Darstellung des Taufzuges im Jahre 1813 der Prinzessin Mathilde von der Residenz zum Dom überreicht. Der kleine Max bekam ein Lämmchen von der Stadt geschenkt. Der Kronprinz meinte, in keiner anderen Stadt als in Augsburg habe er eine solche Anhänglichkeit an die Kronprinzessin und an ihn gefunden.

Mathilde wurde die Gemahlin des späteren Großherzogs Ludwig III. von Hessen und bei Rhein. Sie fand in der katholischen Ludwigskirche zu Darmstadt ihre letzte Ruhestätte, da

117

sie ihrem katholischen Glauben treu geblieben war, während ihr evangelischer Mann im Alten Mausoleum auf der Darmstädter Rosenhöhe sein Grab fand.

Für fast alle seine Kinder schrieb Ludwig I. Gedichte, so auch für Mathilde:

Meiner noch keine zwey Tage alten Tochter Mathilde

Der gleiche immer, welche Dich geboren!
Das ist der höchste Wunsch zu Deinem Glück,
Zum Schmuck der Menschheit bist Du dann erkoren,
Die Mutter einstens gieb in Dir zurück.
Das Schönste dann vereinigst Du, Mathilde:
Mit zarter Weiblichkeit der Anmuth Milde;
Beglücken wirst Du, welche Dich umgeben.
Und Seligkeit wird Deines Gatten Leben.

Der Vater konnte damals noch nicht ahnen, daß Mathilde kinderlos bleiben würde.

Das dritte Kind des bayerischen Kronprinzenpaares war der am 1. Juni 1815 in Salzburg geborene Otto Friedrich Ludwig, der von 1832 bis 1862 Griechenland regierte.

1815 war das Jahr des Wiener Kongresses. Das bayerische Königspaar Maximilian und Caroline reiste bereits im Dezember des Vorjahres dorthin. Auch Kronprinz Ludwig kam nach Wien, damals noch eine Randfigur ohne politische Funktion. Sein Vater wollte ihn veranlassen, wieder abzureisen. Ludwigs Adjutant, der ihm sonst sehr gewogen war, gab folgendes Urteil über ihn ab: »Der Prinz könnte aber auch fort, wenn er wollte: er hat gar nichts zu sagen oder zu tun hier. Und ich glaube sogar, der König wäre herzlich froh, wenn er ginge; aber da ist er taub und blind. Er bildet sich ein, alles ginge schief, wenn er weg ist, und ist eitel genug, sich für recht nötig hier zu halten, und glaubt, je länger er da bleibt, je beliebter macht er sich. Das ist aber nicht wahr … Nun meint er gar, alle Weiber und Hürchen hier seien in ihn verliebt und reißen sich um ihn. Da möcht einen der Schlag treffen, wegen solch eselhafter Lumpereien von Frau und Kind entfernt zu bleiben, sich nicht einmal hinsehnen. Er gesteht es ja ganz klar und deutlich, er kann sich von dem lustigen Leben nicht trennen.«[32]

Die Tante der Kronprinzessin, Mathilde Therese von Thurn und Taxis, weilte ebenfalls zu dieser Zeit in Wien. Bei ihr spielte Ludwig das damals so beliebte »Blinde Kuh«. Seiner schwangeren Frau zu Hause berichtete er laufend von Bällen, Maskeraden, Jagden; zweiundzwanzig Wildschweine wollte er geschossen haben. Und wie sieht der Ludwig-Biograph Corti die Kronprinzessin in jener Zeit? Sie »ist im Grunde ihrer Seele froh, daß sie all dieses unruhige Leben nicht mitmachen muß. Sie ist eine einfache, brave Frau und würde nur darunter leiden, ihren Mann von Blüte zu Blüte flattern zu sehen.«[33] Die Nachricht von der Geburt seines Sohnes Otto erreichte den Vater dann in Mannheim auf seinem Weg nach Paris.

Nachdem Salzburg an Österreich abgetreten worden war, mußte das Kronprinzenpaar seinen Wohnsitz zunächst nach Aschaffenburg und dann nach Würzburg verlegen. So kamen die folgenden Kinder in Würzburg zur Welt. Das Töchterchen Theodolinde Charlotte Luise wurde am 7. Oktober 1816 geboren und starb bereits am 12. April 1817; ihr Grab befindet sich im Dom zu Würzburg.

Die beiden nächsten Kinder hießen Luitpold, geboren am 12. März 1821, und Adelgunde Auguste Charlotte, geboren am 19. März 1823. Sie standen sich bis an ihr Lebensende sehr nahe.

Als Luitpold zur Welt kam, weilte sein Vater, der Kronprinz, in Rom. Die Oberhofmeisterin der Kronprinzessin, die »Redwitz«, teilte diesem die Geburt seines Sohnes Luitpold mit. Ludwig fiel den im Zimmer Anwesenden vor Freude um den Hals. Er schrieb seiner Frau aus Rom: »… Redwitz schreibt mir von dem Mute, mit welchem Du dich, mein herrliches Weib, bei Deiner Entbindung benommen, ich bin dieses von Dir gewöhnt. Ein großer Stein ist mir vom Herzen, daß es so gut ging, denn gewiß ist es doch einmal nicht vorauszusagen und – es gibt nur eine Therese für mich, Seele und Körper. Du weißt gar nicht, wie sehr Du mir gefällst. Als vor zwei Monaten mir der Arm eingerichtet wurde[34] ich gezogen, ich gehalten

wurde, dachte ich an das Halten bei Deiner Entbindung ...
Dieser Brief wird nicht schwarz gesiegelt, sondern rot mit der
Liebe Farbe.« Ja, verliebt war er wahrlich – doch was seine Frau
damals noch nicht wissen konnte, hatte sich im Karneval 1821 in
Rom ereignet. Ludwig hatte sich unsterblich verliebt in eine
jungverheiratete Italienerin, seine »Madonnina«, die Mar-
chesa Florenzi. Und daraus wurde eine nie enden wollende
»Leidenschaft«.

Luitpold wurde 1886 bekanntlich Prinzregent von Bayern.
Da sein Bruder Max bereits 1864 sowie dessen Sohn Ludwig II.
im Jahre 1886 starben, und Ludwigs Bruder Otto als nicht re-
gierungsfähig galt, wurde Luitpold als nächster regierungsfähi-
ger Agnat des »Königreiches Verweser«. Luitpold war 65 Jahre
alt, als er die Regierung übernahm. »Da es unter seiner Ägide
keinen Krieg gab, geht sie als das ›Goldene Zeitalter‹ in die
Geschichte ein.«[35] Die Regentenzeit hat Luitpolds Gemahlin
Auguste Ferdinande nicht mehr erlebt, sie starb bereits am 26.
April 1864 in München an der Schwindsucht. Luitpold war ihr,
der Herzogin von Toskana, am 15. April 1844 im Dom von Florenz angetraut worden. Gemeinsam hatten sie vier Kinder:
Ludwig, Leopold, Therese und Arnulf. 91 Jahre wurde der
Prinzregent alt.

Adelgunde wurde am 30. März 1842 in München Franz V.
Ferdinand, Herzog von Modena, Erzherzog von Österreich-
Este, angetraut. Sie starb in Wien und ruht in der Kapuzinergruft. Es war ihr ein langes Leben von 91 Jahren beschieden, so
daß sie alle vier bayerischen Königinnen kannte und drei überlebte. Mit der letzten bayerischen Königin Marie Therese sah
sie eine Prinzessin aus der Familie ihres Mannes auf dem bayerischen Königsthron.

Das siebente Kind des Kronprinzenpaares, ein Töchterchen,
kam am 10. Juni 1825 zur Welt. Hildegard Louise Charlotte
wurde am 1. Mai 1844 in München mit Albrecht Friedrich Rudolf, Erzherzog von Österreich, Hoch- und Deutschmeister,
vermählt; dieser war der Sohn des »Helden Karl«, der bei Aspern über Napoleon gesiegt hatte. Wie ihre Schwester Adelgunde ruht auch Hildegard in Wien in der Kapuzinergruft.

Kurz nach dem Tod ihres königlichen Bruders Maximilian II. Josef verstarb sie am 2. April 1864 an Typhus.[36]

Im Juni 1845 begab sich Therese zu ihrer Tochter Hildegard nach Wien, da diese ihr erstes Kind erwartete. In ihrem Gefolge befand sich der Leibarzt Geheimrat von Breslau. Mit der Kutsche ging es nach Regensburg, wo die Königin von weißblau gekleideten Mädchen herzlich begrüßt wurde. Therese stieg im Gasthof »Zum Golden Kreuz« ab und traf dort mit dem Fürstenpaar Maximilian Karl und Mathilde Sophie von Thurn und Taxis zusammen. Ferner empfing sie den Präsidenten, den künftigen Fürstbischof von Breslau von Diepenbrock, sowie General und Generalin Seyssel. Der Fürstbischof sollte drei Jahre später derjenige werden, der in der Lola-Montez-Affäre noch mehr Unglück von der Königin mit allen Mitteln abzuwehren versuchte. Mit dem Schiff »Maximilian« setzte Therese die Reise über Passau nach Linz fort. Dort stand das Dampfschiff »Stadt Wien« zur Weiterfahrt nach Nußdorf bereit, wo sich Mutter und Tochter in die Arme fielen. Mit sechsspännigen Chaisen, bespannt mit Siebenbürger Grauschimmeln, ging es weiter nach Wien, wo der Königin das Palais der Erzherzogin Beatrix zur Verfügung stand. Am 15. Juli 1845 brachte ihre Tochter Hildegard ein Mädchen zur Welt, das auf den Namen Maria Theresia getauft wurde. Prinzessin Hildegard hatte sich ihre Mutter als Taufpatin gewünscht, doch die katholische Geistlichkeit in Wien ließ das nicht zu; die Großmutter war ja Lutheranerin! Nach München zurückgekehrt, erlebte die Königin am 25. August die Geburt ihres Enkels, des späteren Königs Ludwig II. Während der langen, schweren Geburt stand sie ihrer jungen Schwiegertochter Marie von Preußen zur Seite.

Prinzessin Alexandra Amalie erblickte am 26. August 1826 in Aschaffenburg das Licht der Welt. Drei Monate vorher, am 6. Mai, war der König wieder einmal nach Italien gereist. Der österreichische Gesandte teilte nach Wien dem Fürsten Metternich mit: »Der Eindruck dieses Entschlusses ist hier sehr ungünstig. Von der Königin angefangen, welche ihren tiefen Kummer über die Reise des Königs und deren Motiv zu verbergen sucht, sich aber im Geheimen über die Vernachlässigung, welche sie in den Monaten einer vorgerückten Schwangerschaft von Seite ihres Gemahls erfährt, sehr grämt, wird von dem hiesigen Publicum jene Reise sehr mißbilligt.«[37]

Das Königspaar liebte dieses Mädchen ganz besonders. Ihr Vater ließ sie von Joseph Stieler für die Galerie der Schönheiten malen. Sie wurde in späteren Jahren auf Wunsch des Vaters Vorsteherin und Äbtissin der Königlichen Damenstifte zur Heiligen Anna in München und in Würzburg. Auch als Schriftstellerin trat sie hervor. Hans Rall schreibt darüber: »Im Verlag des Katholischen Büchervereins veröffentlichte sie einen fast 300 Seiten starken Band Skizzen und Erzählungen, die sie ›Winterrosen‹ nannte … Schon 1853 folgten ›Souvenirs, pensées und essais‹. Als sie 1856 ihre Skizzen und Erzählungen ›Feldblumen‹ der Öffentlichkeit übergab, bestimmte sie den Ertrag dem Maximilian-Waisenhaus ihres regierenden Bruders. Ihre freie Übersetzung aus dem Englischen und Französischen ›Phantasie- und Lebensbilder‹ brachte 1858 ein Augsburger Verlag heraus. 1862 erschien ihre freie Bearbeitung der kleinen historischen Erzählungen der französischen Schriftstellerin Eugenie Foa. Eigene Erzählungen legte sie 1863 in den ›Thautropfen‹ nieder … . In Wien erschienen ihre Erzählungen ›Maiglöckchen‹. In ihren letzten Jahren bekannte sie sich zu einer im Selbstbewußtsein ihrer Zeit oft nicht erkannten Tatsache durch ihre Schrift ›Die Unvollkommenheit bei Ausübung der Werke der Barmherzigkeit‹. In Isabella Brauns ›Jugendblättern‹ arbeitete sie schon früh mit.«[38]

Alexandra hing zeitlebens besonders an ihrer Mutter. Sie versuchte nach deren Tod, ihrem Vater »angenehm und nützlich zu sein«. Sie hoffte, von nun an mit dem Vater an einer Tafel speisen zu dürfen. Der sparsame Vater ließ sich ausrechnen, daß höhere Kosten entstünden, wenn Alexandra mit ihren beiden Hofdamen allein speiste, und er erfüllte den Wunsch seiner Tochter. Es stellte ein großes Problem dar, daß Alexandra keinerlei Zeitgefühl besaß und angesagte Tafeln ihretwegen verschoben werden mußten. Den Dienst bei Prinzessin Alexandra empfand das Personal als äußerst schwierig. Nach dem

Tod der Mutter wünschte sie sich vom Vater mehr Personal. Die abendlichen Reinigungsrituale dauerten oft Stunden, und der königliche Vater gab Anweisung, daß die Prinzessin sich nicht später als um elf Uhr zur Ruhe begeben sollte. Mit zunehmendem Alter litt Alexandra angeblich unter der Wahnvorstellung, ein gläsernes Klavier verschluckt zu haben.[39] Alexandra besaß vier Pferde und war eine geübte Reiterin. Sie lebte abwechselnd in München, Berchtesgaden, auf Schloß Leopoldskron, in der Villa Ludwigshöhe bei Edenkoben in der Pfalz und in Aschaffenburg.

Wie der Ludwig-Biograph Caesare Corti berichtet, hegte Louis Lucien Bonaparte, ein Neffe des Kaisers Napoleon, die Absicht, die 29jährige Prinzessin zu heiraten. Lucien Bonaparte hatte sich als Gelehrter und Sprachforscher einen Namen gemacht und war von seiner bürgerlichen ersten Frau geschieden. Doch Ludwig I. meinte, daß es ihm unmöglich sei, seine Tochter mit einem Napoleon zu verheiraten. Er wies auf den nicht allzu guten Gesundheitszustand seiner Tochter hin und lehnte ab.[40]

Der König vermachte Alexandra seine naturhistorische Sammlung. Sie überlebte ihn nur um sieben Jahre und starb im Alter von 49 Jahren, ähnlich früh wie ihr Bruder Maximilian.

Das neunte und letzte Kind des königlichen Paares wurde am 19. Juli 1828 in München geboren, nämlich Prinz Adalbert Wilhelm. Er galt als ein besonders musischer junger Mann. Seine Verheiratung am 25. August 1856 in Madrid mit der Infantin von Spanien, Amalia Felipe Pilar, erlebte Therese nicht mehr. Über Adalberts Sohn, den Arzt Ludwig Ferdinand (1859–1949), und dessen Sohn, den Historiker Adalbert (1886–1970), blüht die Familie bis heute. Letzterem verdankt das Haus Wittelsbach zahlreiche wichtige Publikationen. Seine Schwester, Prinzessin Maria del Pilar (1891–1987), ist als Malerin sehr bekannt geworden.

Beim Tod der Königin Therese nannte der König seinen Sohn Adalbert den, »der der Mutter letzte Freude« ausmachte.

Der Lieblingssohn: König Otto von Griechenland

Den intensiven Bemühungen König Ludwigs gelang es, daß unter der Schutzherrschaft Frankreichs, Großbritanniens und Rußlands sein Sohn Otto König von Griechenland wurde. Die griechische Nationalversammlung wählte am 8. August 1832 den erst siebzehnjährigen bayerischen Prinzen zum »König der Hellenen«, für den in der Zeit seiner Minderjährigkeit hohe bayerische Beamte bis 1835 die Regentschaft führten.[41] Die Entsendung des jungen Prinzen Otto auf den neugeschaffenen griechischen Thron nannte Adalbert von Bayern »das größte Familienereignis in den dreißiger Jahren«.

Otto war am 1. Juni 1815 in Salzburg geboren, wie schon berichtet. Ludwig erfuhr in Mannheim von der Geburt seines Sohnes. Von dort schrieb er am 5. Juni an seinen Vater König Maximilian: »Sie können sich vorstellen, welch angenehmen Eindruck diese Nachricht der Vermehrung der Familie Wittelsbach auf die hiesige Bevölkerung gemacht hat. Es war gerade Theatertag. Ich sah, wenn ich hinginge, starke Kundgebungen voraus. Ich bin nicht hin und hatte nur zu recht; denn ich erfuhr, daß alles bereit war, mich mit Beifall zu empfangen. Wie wird erst die Erregung sein, wenn Sie einmal in diese Stadt kommen, die Sie abgöttisch verehrt ...«[42]

Mit sechs Jahren schrieb Otto am 26. Januar 1822 seinen ersten Brief. Die Mutter antwortete ihm: »Dir zu beweisen, mein gutes Ottomännchen, wie sehr Deine ersten schriftlichen Worte mich erfreut haben, sende ich Dir ein Petschaft mit Deinem Namen. – Siegle Deinen nächsten Brief damit. Dem kleinen Luitpold, Max und Mathildchen viel Liebes von mir, die ich recht, recht oft Euerer gedenke. In treuer Liebe Deine Mutter Therese.« Der Vater fügte eigenhändig hinzu: »Der Vater gibt in Gedanken seinem lieben Otto einen Kuß.«

Otto galt als ein sehr zurückhaltendes, nervöses Kind. Sein Vater meinte, er habe »nicht so sehr das Wittelsbacher-Blut geerbt, sondern mehr das altenburgische, das milde Wesen der Königin Therese.« Mit acht Jahren, am 1. Juni 1823, wurde Otto Oberst und zugleich Oberst-Inhaber des 12. Regiments. Er war zum Herrscher weder geboren noch erzogen worden. Sein Vater hat ihn dennoch zum König der Hellenen hochstilisiert, einer Aufgabe, der er nicht gerecht werden konnte.[43]

Am 6. Dezember 1832 standen elf stattliche Reisewagen in den Höfen der Münchener Residenz zur Abfahrt nach Griechenland bereit. Der siebzehnjährige Prinz Otto sollte nun ausziehen, »um Griechenlands Retter – Ein Retter und König« zu werden. Seine Eltern verließen mit ihm gegen elf Uhr in einem sechsspännigen Hofwagen die Münchener Residenz, um ihren Sohn eine Wegstrecke bis außerhalb Münchens zu begleiten. Kronprinz Maximilian, Prinzessin Mathilde und Prinz Luitpold befanden sich in den anderen Reisewagen. Bis zum Höhenkirchner Forst gaben König Ludwig und die Geschwister dem scheidenden künftigen König von Griechenland das Geleit. 1834 wurde dort, wo man Abschied genommen hatte, die sogenannte Ottosäule errichtet; es entstand das Dorf Ottobrunn. Königin Therese trennte sich von ihrem Lieblingssohn erst in Aibling. Auch dieses Ereignis wird durch einen Obelisk in Erinnerung gehalten, das sogenannte Theresienmonument. Nach der Verabschiedung ruhte Therese sich einige Zeit in der damaligen Poststation, dem »Duschlbräu« am Marienplatz in Aibling, aus. Noch heute ist dort an der Hauswand zur Straße hin ein Fresko zu sehen, auf dem der Maler Josef Hochwind den Abschied der Königin von ihrem Sohn dargestellt hat.

An der Grenze zu Tirol bei Kiefersfelden ließ Otto anhalten, nachdem er aus Erschöpfung beinahe den Abschied aus seiner Heimat verschlafen hätte, erklomm eine Anhöhe und schaute ein letztes Mal zurück in das geliebte Bayernland. Die von Daniel Ohlmüller 1834 errichtete »König-Otto-Kapelle« hält die Erinnerung an diesen Augenblick wach. Weiter ging die Fahrt über den Brenner. Das Weihnachtsfest feierte Otto in der seinem Vater gehörenden Villa Malta in Rom zusammen mit seinem Bruder Maximilian, der ihn bis dorthin begleitete. Der

Papst erteilte Otto seinen Segen für sein künftiges schweres Amt.

Als König Max II. 1858 auf seiner fünfwöchigen Reise durch die Alpen nach Kiefersfelden kam, besuchte er mit seiner ganzen Bergsteigergruppe die kleine Otto-Kapelle. Max liebte seinen Bruder sehr und ließ in der »magisch beleuchteten Kapelle«, die nur einen kleinen Teil der andächtigen und neugierigen Menschenmenge fassen konnte, eine Gedächtnisfeier halten.

Lange Zeit hörte man in München nichts über den weiteren Verlauf der Reise nach Griechenland. Im Mai 1833 erhielt die Königin endlich gute Nachricht von ihrem Sohn, der von den Hellenen freundlich aufgenommen worden war. Ihre Freude sollte »im Jubel des Volkes widerhallen«, und sie ordnete für den 28. Mai eine »reichliche Ausspeisung« von 800 Armen der Stadt München an, nachdem diese an einem feierlichen Dankamt in der St.-Michaels-Hofkirche teilgenommen hatten. Die Münchener Zeitung berichtete am 6. Juni 1833 von einem seltsamen Schauspiel. »Der berühmte Schnelläufer Ernst Mansen ging, vielmehr lief im Auftrag Ihrer Majestät der Königin von hier aus nach Griechenland ab. Auf dem Weg von Nymphenburg durch die Stadt trank er noch in einem hiesigen Kaffeehaus eine Tasse Kaffee und nahm seinen Weg durch das Tal zum Isartor hinaus und Salzburg zu. Eine große Menge Menschen hatte sich dabei eingefunden.«[44]

Das Theresienmonument in Bad Aibling

Im Juni 1833 erschien eine Deputation aus dem königlichen Landgericht Rosenheim bei König Ludwig I., die den Wunsch vortrug, in Aibling das schon erwähnte Monument und in Kiefersfelden die Ottokapelle errichten zu lassen. Für die Kapelle bei Kiefersfelden sollten Beiträge sämtlicher auswärtiger vaterländischer Freunde verwendet werden, für das Denkmal in Aibling dagegen die der »Landgerichtsbewohner«. Der König gab die Erlaubnis. In Aibling entschloß man sich, »für das Monument lediglich die von gleicher Liebe zu unserem Königshaus beseelten Frauen und Mütter Bayerns einzuladen«, Geld zu stiften. »Denn wer vermag den Schmerz mehr zu würdigen, welchen Bayerns königliche Mutter bey dem Scheiden fühlte, als die Mutter wieder, in deren Innerstes die Natur die Kindesliebe gelegt.«

Die Spenden flossen reichlich. Das Theresienmonument, das etwa 40 Meter links von der Straße Bad Aibling – Rosenheim am Ortsausgang kurz vor der Mangfallbrücke steht, wurde am 1. Juni 1835 enthüllt. Als ein Geschenk an die Königin schuf der königliche Hofarchitekt Friedrich Ziebland den Entwurf und überwachte die Ausführung ganz ohne jegliche Bezahlung.[45]

Auf dem Sockel, über dem sich ein neugotisches, spitzzulaufendes Türmchen erhebt, sind die Wappen der acht bayerischen Gaue angebracht zum Zeichen, daß in allen bayerischen Gauen der Schmerz der Königin empfunden wurde. An der Südseite ist im turmartigen Aufbau eine lebensgroße Marienstatue mit dem Jesusknaben, an der Westseite das Familienwappen der Königin Therese angebracht; auf der Ostseite sieht man das Wappen Griechenlands mit der Inschrift: »König Ludwigs zweitgeborener Sohn Otto riß sich hier vom Mutterherzen, um Retter und König Griechenlands zu werden. 6. Dezember 1832.« Auf der Nordseite befindet sich folgende Inschrift: »Die Bewohner des königlichen Landgerichtes Rosenheim und teilnehmende Frauen aus allen Gauen Bayerns verewigten hier ihre und ihrer Königin-Mutter opfernde Liebe. Am 1. Juni 1835.«

Zur Enthüllung des Theresienmonuments veranstaltete man ein großes Schützenfest, an dem 106 Schützen teilnahmen. Einige der Wahlsprüche lauteten: »Es lebe unsere Königin, sie liebt uns ja mit Muttersinn« – »Wir können heute fröhlich schießen, weil wir gesund in Hellas Otto wissen« – »O daß des Königs Leben wüchse, bei jedem Schuß aus meiner Büchse« – »Dem Wendelstein gleich der uns umgibt, so sehr mein Herz den König liebt.«[46]

In Bad Aibling, Ottobrunn und Kiefersfelden ist die Zeit der

Regentschaft eines Wittelsbachers in Griechenland längst nicht vergessen. Ottobrunn pflegt eine Partnerschaft mit Nauplia in Griechenland. Im Jahre 1982 feierte man den 150. Gedächtnistag des Abschieds König Ottos und zog mit einem großen Fackelzug vom Rathaus zur Ottosäule. Der Bayerische Rundfunk berichtete live von einer Gedächtnisfeier aus gleichem Anlaß im Duschlbräu in Bad Aibling.

Otto war bis zum Jahre 1862 König in Griechenland. Trotz vieler Reformen, die er in diesem Land durchführte, wurde er bald abgelehnt und schließlich durch eine Militärrevolution abgesetzt und zum Verlassen des Landes gezwungen.

Sehnsucht nach Otto und Brautschau

Mit ihrem Sohn Otto in der Zeit des Aufenthaltes in Griechenland wechselte Therese Hunderte von Briefe. So schilderte sie ihrem Sohn am 14. Januar 1833 das erste Weihnachtsfest ohne ihn in München. Sie hatte sich natürlich nichts mehr gewünscht als ihren Lieblingssohn bei sich zu haben. Der »theure Vater« habe sie sehr überrascht: »Als ich nach beendigter Bescherung von Deinen Brüdern und Schwestern umgeben sein Zimmer betrat (das grüne mit Spiegeln gezierte), fand ich auf einem hellbeleuchteten Tisch Dein liebes Bild. Voll freudigsten Dankes … fiel ich dem theuren Vater um den Hals. Das gemalte Bild befindet sich auf einem Armbande griechischer Form, auf dem Schloße die Fortuna, wie die alten Griechen sie darzustellen pflegen. Sooft ich es trage und deine kleinen Geschwister es erblicken, bekommt Bruder Otto ein Küßchen von ihnen.« Weiter teilte sie Otto mit, daß Generaloberst Gravenreuth aus Triest kommend ihr sehr ausführlich von ihrem Bruder Eduard, der in bayerischen Militärdiensten stand, berichtet habe und ihr zwei Zeichnungen von ihm überbrachte. Therese fügte ihrem Brief des weiteren bei: 1. Ein an König Otto gerichtetes Schreiben des bekannten russischen Majors von Rango: Therese meinte dazu: »Dir und dem Lande seiner Väter zu dienen, scheint das Ziel aller seiner Wünsche zu seyn.« Sein Gesuch,

Otto in Griechenland zu dienen, war abgewiesen worden. Wie sich Therese erinnerte, geschah dies aus dem Grunde, weil er nicht im bayerischen Militärdienst stand: »Aufrichtig gesagt, wundert es mich, daß man für einen griechischen Abkömmling (sein Großvater und sein Urgroßvater waren Griechen) keine Ausnahme gemacht.« 2. Einen Brief von Ottos Onkel Joseph von Altenburg, der sich über eine ihm von Otto gesandte Lithographie unbeschreiblich freute. 3. Die Abschrift eines Otto von Thereses Vetter Carl von Preußen versprochenen Rezepts »gegen erfrorene Füße«. Therese fügte hinzu: »Dein aus Florenz und kurz vor Rom beendigter Brief machte ihm viel Freude.« 4. Von einem bemittelten Bürger der Stadt München als Geschenk ein breites Huberti-Ordensband in einem mit Wachstuch ausgeschlagenen Kästchen. 5. Die Adresse, an die Otto seine Danksagung für das Ordensband zu richten hatte.

Die Königin ärgerte sich ständig über die langsame offizielle Postzustellung. Daher empfahl sie ihrem Sohn, den in Griechenland weilenden Münchner Kaufleuten Briefe mitzugeben. Durch den Kaufmann Bernau und den Bankier Eichthal erhielt sie sehr viel schneller Informationen über Otto.

1835 reiste König Ludwig zu seinem Sohn nach Griechenland. »Die Königin, die den Entschluß ihres Gemahls mit Tränen vernommen hatte, soll den Wunsch genährt haben, ihn begleiten zu dürfen, was aber I. M. von den Ärzten ausgeredet worden sein soll.«[47] Ludwig blieb bis zum 14. April 1836. Sechs Wochen nach des Vaters Rückkehr nach München kam auch Otto. Der Vater begab sich damals nach Bad Brückenau, die Mutter nahm sich Zeit für ihren Sohn, der auf Freiersfüßen ging. Man hielt Ausschau nach einer Braut. Mutter und Sohn reisten nach Franzensbad. Durch Therese war dort ein Treffen zwischen Otto und Amalie, der evangelischen Tochter des Großherzogs Paul Friedrich August von Oldenburg, arrangiert worden. Otto teilte seinem Vater seine Wahl nach Bad Brückenau mit und bemerkte »treuherzig, daß er zwar noch nicht völlig in dieses anbetungswürdige Geschöpf verliebt sei, daß aber sicher bald echte Liebe in ihm wachsen werde.« Dabei war diese Prinzessin ein wahrer Glücksfall für den entschlußlosen, ständig grübelnden Prinzen. Sie war nicht nur charmant und liebenswürdig, sie war vor allem sehr energisch mit ihren achtzehn Jahren.[48]

Die Hochzeit des Königspaares fand am 22. November 1836 in Oldenburg statt. Es gab eine evangelische und eine katholische Trauung mit dem Versprechen, die Kinder griechisch-orthodox erziehen zu lassen. Nach einer Fehlgeburt 1837 blieb die Ehe jedoch kinderlos.

Nach der Hochzeit schrieb Therese an ihre Schwiegertochter: »Mein theures liebes Töchterlein! Mit freudiger Bewegung empfing ich Ihre so kindlichen Zeilen, die ersten, welche die neue liebe Tochter an mich richtete.« Therese führte einen umfangreichen Schriftwechsel mit Amalie, ließ sich auch von ihr immer detailliert über ihren Sohn berichten. Alle Wünsche, die Amalie wegen Geschenken für Otto oder für ihre Hofdamen äußerte, erfüllte die Königin von München aus. Dem König gefiel die Schwiegertochter so sehr, daß es ihm leid tat, daß sie im fernen Griechenland und nicht in Bayern lebte. Sie sei keine Schönheit von Gesicht, »aber von Wuchs, ein Modell. Daß ihre griechische Hofdame Katharina Botzaris geeignet sei, in die Schönheitensammlung zu kommen, äußerte nicht nur gleich, als er sie erblickte, unser Sohn Otto, sondern auch Therese, und heute (am 25. Juni 1841, d.V.) wird Stieler sie zu malen beginnen in griechischer Tracht, in welcher sie immer gekleidet und das Haar ihr gemäß trägt.«

Am 16. Oktober jubelte Therese: »Willkommen im Bayernlande, gute theure Amalie ... je früher, je lieber, so rufen wir Dir alle entgegen, bald schließe ich Dich in meine Arme!« Amalie wollte sich in Bad Ems einer Kur unterziehen, die entsprechenden Zimmer waren von Therese schon bestellt.

Die Königin hatte die Freude, Otto und Amalie öfters in München zu sehen. Das griechische Königspaar zeigte sich gerne in seiner Nationaltracht, ob in München auf dem Oktoberfest oder auf Schloß Hohenschwangau. Als Dolmetscher für den mitgeführten griechischen Hofstaat fungierte Hofrat Thiersch.

Von einer Reise der Königin nach Griechenland war immer

wieder einmal die Rede, doch es kam nie dazu. Ganz offensichtlich verhinderte dies König Ludwig, denn er reiste dorthin immer über Italien, »wohin ihn jedes Jahr seine Neigung für die Künste ruft – und wie man weiß, eine zarte Leidenschaft.« Diese Leidenschaft war eine Italienerin, die in Rom lebte, Marianna Florenzi, über die noch berichtet wird.

Die politischen Verhältnisse in Griechenland entwickelten sich nicht zum besten. Die Revolution in Griechenland und die Vertreibung ihres Sohnes 1862 hat die Königin nicht mehr erlebt. Das entrechtete griechische Königspaar kehrte nach Bayern zurück und nahm seinen Wohnsitz in Bamberg. Auf diese Weise bekam Bamberg wieder den Rang einer Residenz.[49] Otto starb bereits 1867 im Alter von 52 Jahren an den Masern, seine Gemahlin lebte noch bis zum Jahre 1875. Beide sind in der Theatinerkirche in München beigesetzt.

Das Königspaar Therese und Ludwig I.

Therese – politisch klug und diplomatisch geschickt

Der Bayernkönig Ludwig I. »ist in München und weitum im Lande als Bauherr, Mäzen und Sammler, als Restaurator und Denkmalschützer noch gegenwärtig«, schreibt Heinz Gollwitzer.[50] Von Ludwig kennen wir den Ausspruch: »Ich will aus München eine Stadt machen, die Teutschland so zur Ehre gereichen soll, daß keiner Teutschland kennt, wenn er nicht München gesehen hat.« Er war tatsächlich der Bauherr unter den fünf bayerischen Königen.

Die Königin wurde vor allem durch die Benennung der »Theresienwiese«, auf der heute das größte Bierfest der Welt stattfindet, für Bayern »unsterblich«.

Weniger bekannt ist die Tatsache, daß Therese eine politisch äußerst kluge Frau war.[51] Sowohl ihren häufig aus München abwesenden Mann als auch ihren in Griechenland regierenden Sohn Otto informierte sie über das politische Geschehen im Land. Sie fügte ihren Briefen wichtige Zeitungsinformationen bei. So machte sie schon im März 1830 ihren damals in Neapel weilenden Gemahl auf politische Artikel im Pariser »Journal des Débats« und die drohende Revolutionsgefahr aufmerksam und legte ihrem Brief die bayerische Entgegnung im »Inland« vom 27. März zusammen mit dem Regierungsblatt bei. Wie Rall schreibt, »handelte sie stets aus der Überzeugung, daß der König, dem das Glück seiner Bayern so am Herzen liege, alles wissen müsse«.[52]

Bei der Ernennung ihres Sohnes Otto zum König von Griechenland sorgte Therese mit allem Nachdruck dafür, daß sich der Vater wenigstens des Sohnes Meinung dazu anhörte. Sie war der Überzeugung, sie müsse ihren Gemahl vor dem in der Griechenlandangelegenheit sehr tätigen Friedrich Thiersch warnen, da dieser ganz der liberalen Partei angehörte. Außerdem hatte sie in Erfahrung gebracht, daß Oberst Karl Wilhelm von Heydeck, genannt Heidegger, in Griechenland äußerst unbeliebt sei, was wiederum ihrem Sohn Otto schaden könnte.

Mit viel Feingefühl hatte die Königin zu taktieren, als Zar Nikolaus I. von Rußland ihren Mann in München überraschend besuchen wollte. Dies hatte Therese in Bad Kreuth erfahen, wo sie mit dem Zarenpaar im August 1838 zusammengetroffen war. Ludwig weilte damals zur Kur in Bad Brückenau. Der Besuch in München hatte unter anderem den Hintergrund, daß das russische Haus eine Verbindung zwischen Thereses ältestem Sohn Maximilian und der Großfürstin Olga wünschte. Weder Vater Ludwig noch Sohn Max konnten sich jedoch für eine solche Verbindung begeistern, was wiederum das russische Zarenhaus verstimmte. Therese war anfänglich recht angetan von diesem Heiratsprojekt, merkte allerdings nach einem Zusammentreffen von Max und Olga in Berlin, daß das Herz ihres Sohnes unberührt blieb.

Im Jahr 1844 plante Zar Nikolaus, zur Kur nach Bad Kissingen zu reisen. Dort wünschte er dann allerdings »keinerlei Sendungen« von bayerischer Seite. Ludwig, der nicht in München anwesend war, schrieb am 13. Juni 1844 an seine Frau, er halte es dennoch für geeignet, »wenn Dein Obersthofmeister dorthin reisen würde, denn Du weißt, daß nicht immer darauf zu gehen ist, was Kaiser Nikolaus sagt. – Wünsche, daß Du nach Gise's Ansicht was dieses betrifft Dich richtest. Im Fall, daß Dürkheim Du sendest (was nicht auf Deine Kosten zu geschehen hat), so lasse durch Gise ein von Dir zu unterzeichnendes Komplimentenschreiben aufsetzen, worin zu stehen, daß in meiner Abwesenheit Du Deinen Obersthofmeister schicktest«. Therese machte eigenhändig einen Auszug aus dem Brief ihres Mannes und sandte diesen an Minister Gise. Das Schreiben an den Kaiser wurde entsprechend abgefaßt, und Therese empfand das alles »sehr beruhigend«. Doch sie fand sich in größter Verlegenheit, als ihr Ludwig am 25. Juni mitteilte, Graf Dürkheim solle, falls Kaiser Nikolaus in Bad Kissingen erscheine, doch nicht dorthin reisen.

Daraufhin lud die Königin die Minister Gise und Abel zu

Tisch, um mit ihnen die ganze Angelegenheit zu besprechen. Minister von Abel war überzeugt, »daß die Sendung meines Oberhofmeisters, Grafen Dürkheim, an den Kaiser von Rußland, von diesem, nur als eine große Aufmerksamkeit angesehen werden könne und würde«. Therese bat ihren Mann dringend um seine endgültigen Anweisungen in dieser Angelegenheit. Sollte der Kaiser allerdings unerwartet in Kissingen eintreffen, bevor sie die Anweisungen ihres Mannes erhalten habe, so habe sie vor, »als Anhaltspunkt für mich in diesem zweifelhaften Fall, abermals durch Gise, die Ansicht Deiner sämtlichen zu München anwesenden Minister, erfragen zu lassen. – Was sie für rathsam erachten, immer im Hinblick auf Otto, auf daß der Kaiser demselben nicht entgelten lasse, was er uns vielleicht übel nimmt, werde ich dann thun«.

Hunderte von Briefen der Königin müßten noch auf ihren politischen Inhalt hin ausgewertet werden.

Pflichtprogramm: Reisen durch das Königreich

Bei allen vier bayerischen Königspaaren gehörten Reisen durch das Königreich Bayern zum Pflichtprogramm. Besonders in den zu Altbayern hinzugekommenen Landesteilen Schwaben und Franken mußte das Zugehörigkeitsbewußtsein durch die persönliche Zuwendung des Königs und der königlichen Familie geweckt und gefestigt werden. Diese Besuche liefen meist nach dem gleichen Schema ab: Begrüßungen, Ansprachen, Ehrenpforten und Huldigungen, Überreichen und Entgegennehmen von Geschenken.

Im Jahr 1829 unternahm das Königspaar Therese und Ludwig I. eine Reise, die sich sogar in einem Gedicht des Königs niederschlug: »Auf meine Reise im Königreiche Im Jahr 1829.«

Das Königspaar fuhr im Juni zunächst in die Rheinpfalz, in das »Stammland seines Hauses, ein schauendes Sein in weitester Umfassung, auch den Todeswegen deutscher Geschichte nah, den Tafeln ihrer Werte«.[53] Die Reise führte von München aus über Würzburg, Aschaffenburg nach Worms. Bei Bobenheim an der bayerischen Grenze stand die erste Ehrenpforte. Von dort ging es in einem Triumphzug über Frankenthal, Oggersheim, Dürkheim und Neustadt nach Speyer, wo das Königspaar die Pfingsttage verbrachte; über Germersheim, Landau, Annweiler und Pirmasens kamen sie nach Zweibrükken und schließlich über Homburg, Kaiserslautern, Kirchheimbolanden, Göllheim und Grünstadt wieder zur hessischen Grenze zurück. Daß in den pfälzischen Orten wie Dürkheim, Friedelsheim, Wachenheim, Forst und Deidesheim der Ehrentrunk nicht fehlen durfte, ist selbstverständlich. Nicht nur der König huldigte dieser »germanischen Sitte«, sondern auch die Königin verkostete das »funkelnde Gold« im Pokal. Auf der Rheinschanze, später in Ludwigshafen umbenannt, traf der König seine Erzieherin Hofrätin Weiland. In Landau war die Königin so erschöpft und gerührt, daß ihr die Stimme versagte und sie zu weinen anfing. Der Landeskommissär Petersen aus dem Empfangskomitee rief der Königin zu: »O lassen Eure Majestät Ihre glücklichen Unterthanen immerhin die köstlichsten der Perlen sehen; es sind die schönsten in Ihrer Krone.« Allgemein herrschte die Stimmung vor, daß Therese, »die hohe Frau und Zierde des Thrones durch ihre Gegenwart zeigen wollte, daß auch sie mit landesmütterlicher Liebe den Pfälzern zugethan sei«.

Nach dieser achttägigen Pfalzreise begann am 28. August die bis zum 4. September dauernde Reise durch den Oberdonaukreis und Augsburg, die vom Regierungspräsidenten Fürst Ludwig von Oettingen-Wallerstein großartig inszeniert wurde. Von Nördlingen kam das Königspaar nach Augsburg, um dann über Memmingen, Lindau, Kempten nach Kaufbeuren zu eilen. »Alles, was im Schwabenland Füße hatte, war auf den Beinen; nicht weniger als 400 Ehrenpforten von der Kreisgrenze des Oberdonaukreises bei Harburg waren bis zum Abschiedsbogen bei Markt Oberdorf errichtet worden. Allein 50 bis Augsburg!« Das Herrscherpaar und sein Gefolge reiste in drei sechsspännigen Karossen und mit einem vierspännigen Bagagewagen. Oft wurde das Königspaar im schönsten Schwäbisch als »Ludele« und »Resle« begrüßt. In Augsburg erlitt die sehr zarte Königin einen Schwächeanfall, erholte sich aber schnell wieder und konnte am Festball im Rokokofestsaal des Schaezlerpalais teilnehmen. Die Königin erwies den beiden Bürgermeistern und dem Fürsten Wallerstein die Ehre der Eingangstänze. Diese bisher wenig beachtete Reise durch Schwaben hat Theodor Rolle ausführlich und amüsant beschrieben.[54]

Umjubelte Frankenreisen gab es unter allen fünf bayerischen Königen. Auf die Stadt Nürnberg hat König Ludwig I. in seiner Begeisterung ein Gedicht verfaßt.[55]

Auch bei den Feierlichkeiten zur Grundsteinlegung der Walhalla am Sonntag, den 17. Oktober 1830, waren der Landesvater und die Landesmutter zugegen. Während der König am Hochamt im Dom zu Regensburg teilnahm, besuchte die Königin gleichzeitig den evangelischen Gottesdienst in der Dreieinigkeitskirche. In den Berichten über jenen Festtag wurde auf die Verflechtung der Häuser Wittelsbach und Sachsen-Hildburghausen besonders hingewiesen. »Es war überhaupt herzerhebend und rührend, zu gleicher Zeit König Ludwig an der Grabstätte Herzog Philipps von Bayern und die Königin Therese dem Herzog Franz Albrecht von Sachsen-Lauenburg gestifteten Altar gegenüber, dem Allmächtigen ihre Verehrung bringen zu sehen!«[56]

Die Eröffnung der Walhalla fand zwölf Jahre später am 18. Oktober 1842 statt, dem Erinnerungstag an die Völkerschlacht bei Leipzig. Der Hof erschien mit einem Gefolge von 70 Personen zu diesem feierlichen Ereignis. Neben dem Königspaar nahm auch das jungvermählte Kronprinzenpaar Max und Mariechen daran teil, ebenso die Eltern der Braut. Auf der Brautfahrt von Berlin nach München war die preußische Prinzessin mit ihrem Gefolge bereits am 10. Oktober schon einmal in Regensburg gewesen und hatte die herzlichen Willkommenskundgebungen der Regensburger erlebt. Die Stadt hatte ihr zu Ehren unter anderem an der Steinernen Brücke einen gotisierenden Ehrenbogen errichten lassen mit der Inschrift: »Heil Dir Marie«. Dieser Ehrenbogen konnte acht Tage später wiederverwendet werden: er bekam lediglich eine auf König Ludwig bezogene neue Inschrift.[57]

Die Privatreisen der Königin

Gemeinsame Privatreisen des Königspaares waren eher die Ausnahme, es sei denn, daß Ludwig und Therese ihren Sommeraufenthalt zusammen in Bad Brückenau – allerdings nur bis 1835 – nahmen. Die Königin reiste besonders gerne nach Hildburghausen und Altenburg. So besuchte sie im Juli 1831 Hildburghausen, diesmal zusammen mit ihrem Sohn Otto. Sie traf sich dort mit ihrer Schwester Charlotte, und beide durchstreiften das Städtchen und schwelgten in Jugenderinnerungen. Die bayerische Königin gab dem Herzoglichen Oberlandesgericht, dem Herzoglichen Consistorium und dem Gemeinderat Audienz, auch den älteren Dienern und Bewohnern Hildburghausens, die die Königin noch aus früherer Zeit kannten. Therese besuchte den Friedhof und das Grab ihrer Mutter. Selbstverständlich stattete sie auch dem Meyerschen Bibliographischen Institut, das Hildburghausen so bekannt gemacht hat, einen Besuch ab. Die Königin ließ Geld für die Armen und Notleidenden verteilen. Dann setzte sie ihre Reise über Liebenstein und Altenburg in das Seebad Doberan im Großherzogtum Mecklenburg-Schwerin fort. Ein Jahr später besuchte die Königin Altenburg zusammen mit ihrem Mann.

Eine Fahrt nach Sachsen im Jahr 1853 sollte die letzte Reise werden, die die Königin unternahm. Der eigentliche Anlaß hierfür war die Konsultation des damals berühmten Augenarztes Dr. Schmalz in Dresden. Schon in jungen Jahren klagte Therese immer wieder über ihre Augen. Wie sie selbst berichtete, sah sie zeitweise alles doppelt, meistens bei extrem heißen Wetter. Die Augenärzte verboten ihr stundenlanges Schreiben, deshalb diktierte sie ihre Briefe in der Regel ihrer Oberhofmeisterin oder einer Hofdame. Wenn es jedoch um sehr intime oder sehr bewegende Angelegenheiten ging, konnte sie nicht widerstehen und schrieb selbst oder fügte den Briefen wenigstens einige Zeilen bei. Nun wollte sie sich einmal von dem weit über Sachsen hinaus bekannten Augenarzt untersuchen lassen. Auf ihrer Fahrt dorthin begleiteten sie ihre Schwiegertochter, Prinzessin Auguste von Toskana, ihre Hofdamen und der Hofmarschall La Roche. Dieser bekam vom König den Auftrag, täglich über die Reise der Königin an ihn nach Berchtesgaden zu berichten. Auf ihrem Weg nach Dresden besuchte die Königin ihren Bruder Herzog Joseph von Altenburg mit seiner Familie. Der Erbprinz von Altenburg begleitete die Königin mit der Eisenbahn bis nach Leipzig; und weiter ging es nach Dresden. Am Bahnhof wurde der Königin und ihrer Schwiegertochter ein überwältigender Empfang zuteil. Immerhin warteten zwei einstige bayerische Schwägerinnen auf sie: Königin Maria Anna Leopoldine mit ihrem Mann König Friedrich August von Sachsen sowie Amalie Auguste und der Kronprinz Johann von Sachsen mit Kindern und weiteren Verwandten.

Die Konsultation bei Dr. Schmalz verlief für die Königin befriedigend. Er konnte keinen organischen Fehler feststellen und empfahl Therese, eines der von ihr mitgebrachten Augenwasser weiterhin zu benützen: Er fand das als das bestgeeignete, das die »Marquese« (Florenzi) dem König aus Italien für seine Frau gesandt hatte!

Die sächsischen Herrschaften gaben für die bayerischen Gäste eine Einladung für 42 Personen auf Schloß Pillnitz. Therese genoß diese Tage sichtlich, und der Hofmarschall La Roche meldete dem König: »Die Königin ist sehr vergnügt.«

Nach einigen Tagen ging die Reise weiter über Leipzig, Halle, Naumburg, Apolda, Jena nach Hummelshaim, wo die Königin schon mit großer Sehnsucht von ihrem Bruder Herzog Georg von Altenburg mit Familie erwartet wurde. Dort traf die Königin die damals 82jährige Oberhofmeisterin Frau von Feuchtersleben wieder, die ehemalige Hofdame ihrer Mutter, die ihren Dienst in Hildburghausen angetreten hatte, als Therese sechs Jahre alt war. Es gab auch ein Wiedersehen mit Fräulein von Grimmenstein, einer ehemaligen Hofdame der damaligen Prinzessin Therese.

Mit der in Eutin weilenden Schwiegertochter Amalie, Königin von Griechenland, plante Therese in Leipzig ein Wiedersehen, zu dem auch ihr ältester Sohn König Maximilian und dessen Frau Marie sich angesagt hatten. Da jedoch bei der Königin ein länger andauerndes Unwohlsein auftrat, empfahl ihr der Leibarzt ihres Bruders, die möglicherweise zu anstrengende Reise nach Leipzig zum Familientreffen zu unterlassen. Die Königin kehrte deshalb am 3. Juli 1853 nach Berchtesgaden zurück, wo sie von ihrem Mann herzlich empfangen wurde.

Von dort schrieb sie folgenden liebevollen Brief an ihre heißgeliebten Enkel Ludwig und »Ottochen«: »Meinen lieben kleinen Enkeln Ludwig und Otto sollen diese Zeilen sagen, wie sehr ihre netten Briefe, die ersten, die sie ihrer Großmutter geschrieben, mich gefreut haben. Ich küsse sie Beide herzlich, und lege hier eine Abbildung von Berchtesgaden bei, wie Du, lieber Ludwig, eine solche von uns Dir erbeten hast. – Habt Ihr die kleinen Altenburger Bauern erhalten, die ich Euch aus Sachsen zugeschickt? Hoffentlich kamen sie unzerbrochen an, so wie die Spielsachen, die ich für Euch mitgegeben habe. Die innig euch liebende Großmutter Therese.«

Meistens anläßlich von Reisen des Königspaares wurden Straßen, Plätze, Brücken, Gebäude, Schulen und vieles mehr mit dem königlichen Namen benannt. So erinnern heute noch Ludwigs- und Theresienthal an eine Reise des bayerischen Königspaares in die Gegend von Niederbayern. Eine im Jahre 1421 gegründete Glashütte erhielt 1836 den Namen Theresienthal und wurde zum Hoflieferanten des bayerischen, französischen und russischen Hofes.

Stellvertretend für die unzähligen Huldigungsgedichte sei hier das der Stadt Ingolstadt aufgeführt:[58]

Auf die glückliche Ankunft unserer allerverehrtesten Landesmutter Therese, Königin von Bayern

Der Frühling stieg hernieder
In Blüthenschmuck auf unsre Flur;
Er bracht uns Licht und Lieder;
Frohlockend dankt ihm die Natur.
Er naht mit sanftem Wesen,
Und spricht: Nimm diese Blume hin:
Gib liebend sie Theresen,

Gib sie der Königin.
Was keine Worte sagen,
Das sprech' einst laut die That:
Heil uns in diesen Tagen!
Heil Deinem treuen Ingolstadt.

Die Escherich: Freundschaft mit einer »Frau aus dem Volke«

Von den vielen Protektoraten, die die Königin übernahm, soll das für die »Kleinkinderbewahranstalt« hervorgehoben werden.

Eine der Damen, die bei der Gründung des Vereins tatkräftig mithalfen, war Auguste Escherich, die während des Tiroler Aufstands geboren war und 1836 den ehemaligen Rechnungskommissar bei der königlich-bayerischen General-Zolladministration Max Joseph Escherich geheiratet hatte. Auguste Escherich fiel der Königin bei einer Audienz auf, und sie trat zu ihr in fast freundschaftliche Beziehung.

Auguste Escherich hatte in München Gräfin Brunswick, eine geborene Ungarin, kennengelernt, die von ganz neuen, damals nur wenig verbreiteten »sozialistischen Wohlfahrtsbestrebungen« erfüllt gewesen sei. Die rüstige Dame reiste durch Europa und warb für ihre Ideen, der Gründung von Wöchnerinnenheimen, Kleinkinderbewahranstalten bis zur Beihilfe für junge Leute für ein Hochschulstudium. Für München empfahl sie, mit einer Kleinkinderbewahranstalt zu beginnen. Frau Escherich und die anderen Damen, deren Namen sie in ihren Aufzeichnungen nicht angab, engagierten sich für die Gründung einer solchen Anstalt. Die Statuten waren sehr einfach. Jede unbescholtene Frau, ob arm oder reich, die nur einen Taler zahlte, konnte Mitglied werden.

Doch die Errichtung einer solchen Anstalt wurde mit großer Skepsis betrachtet. Obwohl die Damen die Kinder armer Leute ohne Entgelt in Verpflegung, Reinigung und Speisung nahmen, »mußten wir die armen kleinen Würmer im Straßenunrat zusammensuchen und fanden für all dies nicht nur keinen Dank, sondern vielfach Ablehnung. Allmählich erst, mit der Zeit fanden die dummen Weiber doch, daß es bequem war, ihre junge Brut anderer Obsorge zu überlassen, und wieder über ein Weilchen ließen sie sich sogar darauf ein, für den Tag zwei Kreuzer für je ein Kind zu bezahlen, doch hatten wir immer noch solche, die wir gratis mit durchschleppen mußten«.[59]

Um aber die gemeinnützige Idee auf einen »kräftigen Untergrund« zu stellen, beschlossen die Damen, Königin Therese um Übernahme des Protektorats über den Verein zu bitten. Moritz Freiherr von Metting, der bei Hof viel galt, konnte als Protokollführer und Vereinssekretär gewonnen werden. Er machte die Eingabe an das Sekretariat der Königin; Gräfin Deroy, die Obersthofmeisterin, übernahm es, die »hohe Frau für diesen Gedanken zu gewinnen«. Doch Frau Escherich wußte, daß die Königin ein gutes Herz hatte und allem wohlgesinnt galt, was auf die Wohlfahrt ihrer Landeskinder abzielte.

Mit der Übernahme des Protektorats durch die Königin »schnellte« das Ansehen des Vereins der Kleinkinderbewahranstalt derart in die Höhe, daß es kaum mehr eine Dame von hohem und höchstem Adel in München gab, die nicht Mitglied wurde. Das wiederum »lockte die Beamten-, Offiziers- und Künstlerfrauen und erst recht die reichen Bürgersfrauen«. Der Verein war über Nacht so in Mode gekommen, daß zu einer Audienz bei der Königin schon mehrere hundert Damen vorgestellt werden konnten.

Und unter diesen vielen Damen fiel Therese besonders Frau Escherich auf. Als die Königin in den Audienzsaal trat, verneigten sich alle Damen tief. Frau Escherich hatte sich, da sie noch nie an einer Audienz teilgenommen hatte, von der ihr befreundeten Obersthofmeisterin Gräfin Deroy das Protokoll erklären lassen. Doch dann kam die Sache mit dem Handkuß. Bei der Vorstellung adeliger Damen war es üblich, daß sie der Königin die Hand küßten. Je niedriger der Rang der Damen, um so tiefer hielt die Königin die Hand, und sie mußten sich entsprechend tief hinunterbeugen. Frau Escherich kamen plötzlich Zweifel, ob der Handkuß ausschließlich ein Privileg der adeligen Damen sei. Bevor sie als erste mit bürgerlichem

Namen vorgestellt wurde, wollte sie von der Obersthofmeisterin wissen, ob sie der Königin die Hand küssen dürfe. Obwohl die Escherich geflüstert hatte, mußte es die Königin gehört haben. Ehe die Obersthofmeisterin antworten konnte, wandte sich die Königin Frau Escherich zu und hielt ihr lachend ihren freien Handrücken zum Mund herauf. Frau Escherich drückte einen »etwas schallenden Kuß« darauf, und die Königin lachte fröhlich und fing mit ihr ein Gespräch an.

Aus dem Gespräch wurde die Freundschaft mit einer Frau aus dem Volk. Um aber überhaupt mit ihr verkehren zu dürfen, mußte die Königin ihren Gemahl um Erlaubnis bitten.

Auguste Escherich erhielt Einladungen an den Hof, bei denen sich die Königin mit ihr zurückzog und sich mit ihr nach Herzenslust unterhielt, allerdings immer nur solange, wie es ihr auf die Minute geplanter Tagesablauf zuließ. Von ihr erfuhr Therese, was das Volk vor allem über den König sprach. Sie besuchte Frau Escherich auch in deren Wohnung.

Wie die Königin dort bekannte, hatte sie noch nie eine Küche gesehen und ließ sich den Gebrauch von Pfannen und Töpfen erklären, besah die Küchenvorräte und fand in der Wohnung Kleiderschränke, wie sie sie in der Residenz nicht hatte. Ihre Kleider hingen nämlich in Kammern offen an den Wänden, Hüte und Wäsche befanden sich in Kisten und Körben. Die Escherich meinte, es wäre doch ein leichtes für die Königin, sich solche Schränke anzuschaffen. Als die Königin entgegnete, sie habe kein Geld für Anschaffungen, konnte Auguste Escherich nicht umhin, zu lachen. Therese erklärte ihr unumwunden, daß ihr die vom König zugestandenen Mittel höchstens bis zum zehnten eines Monats reichten.

Der Geiz des Königs oder die gedemütigte Königin

Bei jedem etwas tensereren Kleidungsstück war die Königin darauf angewiesen, den König darum zu bitten. So wünschte sie sich einmal zu Weihnachten aus dem Modehaus Schultze einen schwarzen Samtmantel. Bis die 400 Gulden für den Mantel durch den König über die Kabinettskasse bewilligt waren, hatte die Münchner Franziskanerwirtin diesen längst erstanden. Das klingt wie eine Anekdote, spiegelt aber die tatsächlichen Verhältnisse wider, in denen die Königin lebte. Der König, der Millionen für seine großartigen Bauten aus seiner Privatschatulle aufbrachte, war seiner Familie gegenüber äußerst geizig. Für jeden Kuraufenthalt der Königin in einem Bad, für jede Reise zu ihren Eltern und Geschwistern oder auch zu ihren Kindern mußte ein Kostenvoranschlag der Kabinettskasse an den König gelangen. Dieser bewilligte die Reisen nicht immer und wenn doch, dann nur mit dem Hinweis, daß das Geld in Monatsraten an die Kasse zurückzuzahlen sei. Hin und wieder gab er sich großzügiger, etwa bei Thereses Reisen nach Marien- und Franzensbad im Sommer 1850, denn er bewilligte zu den 8000 Gulden – falls das Geld nicht reichen sollte – nochmals 4000 Gulden.

Oft lieh sich die Königin Geld bei der Kabinettskasse im Einverständis mit ihrem Gemahl. Sie empfand es jedesmal als äußerst demütigend, daß sie einen Schuldschein zu unterschreiben hatte und die monatliche Rückzahlung peinlich genau überwacht wurde.

Der Königin standen jährlich 12 000 Gulden »Nadelgeld« zur Verfügung. Zum Vergleich: die Töchter der Königin Caroline erhielten von ihrem Vater eine jährliche Rente von 25 000 Gulden. Das Heiratsgut der beiden ersten Königinnen Caroline und Therese war übrigens das gleiche: jede brachte 20 000 Gulden mit. Caroline hatte als Witwe nicht weniger als 260 000 Gulden jährlich zur Verfügung, wovon sie etwa 80 000 Gulden für wohltätige Zwecke ausgab.

Es muß für Therese förmlich ein Schlag ins Gesicht gewesen sein, daß ihr Gemahl seiner Geliebten Lola Montez 1847 zum Geburtstag 40 000 Gulden und ein Silberservice im Wert von 6000 Gulden schenkte.[60]

Das Budget der Königin belasteten die vielen Pensionen, die Protektorate und wohltätigen Stiftungen. Es scheint aber auch so gewesen zu sein, daß sie ihren Bruder Prinz Eduard zeitlebens unterstützte. Dieser Prinz, zwölf Jahre jünger als seine

Schwester Therese, trat in den bayerischen Militärdienst, diente als Rittmeister im 6. Chevaulegerregiment »Herzog Leuchtenberg« in Zweibrücken, Bamberg, Nürnberg und Neumarkt. Er wurde Inhaber des 1. Chevaulegerregiments, Generalleutenant und Kommandant der 1. Kavalleriedivision in München. Er war auch einige Zeit Gouverneur bei seinem Neffen Otto in Griechenland. Prinz Eduard stand bis zu seinem Tode seiner Schwester Therese sehr nahe, und besonders in den Wirren um Lola Montez hielt er zu ihr und tröstete sie. Für ihren Bruder nahm die Königin beim Münchner Bankier Hirsch ein Darlehen in Höhe von 14700 Gulden, bei der Kabinettskasse in Höhe von 2000 Gulden auf. Er erwarb damit ein Haus in München. Ein weiteres Darlehen in Höhe von 1700 Gulden mit 4 % Zins brauchte Therese, um ihrem Bruder seinen Anteil am Jagdschloß Seidigenstadt, wo sie einst geboren wurde, auszubezahlen.

Hin und wieder weigerte sich Therese, den Grund für eine Verschuldung anzugeben, und dann heißt es in den Kreditverträgen mit Bankier Hirsch: »Zu einem von Ihrer Majestät nicht benannten Zweck.« Was mag nur den König bewogen haben, seiner Frau ein Landhaus mit den dazugehörigen Stallungen und Remisen nebst Gartenanlagen an der Schwabinger Landstraße erbauen zu lassen, für das er 90000 Gulden zu bezahlen hatte? Der Architekt war der königliche Direktor Johann Friedrich von Gärtner, der allerdings vor Vollendung des Baus verstarb.[61] Das Datum der Schenkungsurkunde ist der 21. Oktober 1848! Es war das schwierige Jahr der Revolution, der Lola Montez und der Abdankung des Königs. Der König schrieb: »Wir erklären mit Gegenwärtigem, daß wir unserer vielgeliebten Gemahlin Therese, Königin von Bayern, das mit unseren Privatmitteln erbaute Landhaus freiwillig geschenkt und zu Besitz und Eigentum übergeben haben.« Das Wort »freiwillig« ist dick mit Rotstift durchgestrichen!

Die »Jubel Ehe« des Königspaares 1835

Der König schrieb in seinem 1841 verfaßten Testament über seine Frau:»Keine bessere Mutter gibt es, wie auch keine bessere Frau; unübertroffen ist ihre Liebe, ihre Gewissenhaftigkeit. Hätte ich zu wählen, ich wüßte, in welchem Stande es immer wäre, keine andere, die ich wählen würde, als sie.« In einem der etwa siebzig seiner Frau gewidmeten Gedichte steht[62]:

> Wenige gibts, die sind die seltensten, die wie Therese,
> Niemals denkend an sich, lebend dem Gatten allein ...
> Unvergleichlich Edele, Deine erhabene Güte
> Sie bezwang mein Herz, ewig nur liebet es dich! ...

Aus Rom belehrte in später Einsicht der verwitwete Großvater Ludwig seinen Enkel Ludwig II. mit der Erkenntnis:»Das häusliche Glück ist des Irdischen größtes.«[63] Dieses häusliche Glück scheint oft genug im Zusammenleben Ludwigs I. mit seiner Familie getrübt gewesen zu sein. Wenn Ludwig es aber wollte, konnte er durchaus ein aufmerksamer Ehemann und liebevoller Familienvater sein. Wie aus den Briefen seiner Frau Therese hervorgeht, hatte sie ihn buchstäblich über jeden Schritt der Kinder zu informieren. Der König stellte die Bildungsprogramme für seine Kinder auf, die Königin überwachte sie, bedingt durch die vielen Reisen des Königs. Die oft monatelange Abwesenheit ihres Mannes empfand Therese bereits als Kronprinzessin als sehr deprimierend.

So klagte Therese ihrem Mann im Dezember 1813 aus Salzburg:»Max und Mathilde sind wohl. Als ich gestern frug, was ich dem lieben Vater schreiben soll, sagte Max – bleib da. Ich schweige denn von mir und meinem Kummer, doch den eines anderen zu lindern, ergreife ich die Feder ... Wie glücklich würde es mich machen, könnte ich mit Dir reden.«

War der Kronprinz und spätere König wirklich einmal länger mit seiner Familie zusammen, so äußerte sich Ludwigs Stiefmutter Caroline darüber wie folgt:»Ich glaube, das wird ebenso lang dauern, als er keine neuen Liebschaften hat.«[64]

Daß die Königin »für den Herrscher und Kunstenthusiasten eine inspirierende Partnerin hätte abgeben« können, war durchaus möglich.[65] Sie ließ sich von dem Kunsthistoriker und ab 1826 Professor Ludwig von Schorn Abendvorlesungen über Kunstgeschichte erteilen. Seine Inspirationen holte sich der König dagegen offensichtlich lieber in Italien, in dem er seit seiner Volljährigkeit insgesamt sechseinhalb Jahre verbrachte.[66]

»Ludwig besaß ein äußerst aktives erotisches Temperament«[67], schwer zu vereinbaren mit seinem Herrscheranspruch und seiner Religiosität. Therese litt aber vor allem an »seinem Mangel an Zartgefühl«, wie dies Caroline, ihre Schwiegermutter, formulierte. Des Königs Abenteuer spielten sich zu sehr in der Öffentlichkeit ab; die europäischen Höfe waren über das Liebesleben des bayerischen Königs bestens unterrichtet.

Die Liebe des Königs zur Königin ist dennoch unbestritten. Er konnte für sie genauso schwärmen und dichten, wie eben leider auch für andere Frauen. Ludwig schrieb seiner »Mäusekönigin« beispielsweise: »Wo ich sitze, gehe und stehe, denke ich an Dich, aus meiner Herzensfülle frohlocke ich glühend, wenn auch der Schein solches nicht zeigt. Innige Liebe kettet mich an Dich«, ein anderes Mal: »... nach und nach mir auch körperlich gefallendes herrliches Weib.«

Nach 25 Ehejahren feierte ganz Bayern das Fest der Silberhochzeit des königlichen Paares und zugleich das 25. Oktoberfest.[68] Der große Festzug zur »Feyer der Jubel-Ehe« war bereits am 4. Oktober 1835. Zu einem strahlend weiß-blauen Himmel kamen »vielfältige farbenfrohe Huldigungen« des Königspaares. Während der König umgeben von seinen Söhnen auf der obersten Stufe vor dem Königszelt stand, hatte die Königin auf der kleinen vorgesetzten Tribüne Platz genommen. Die Königin sah sehr glücklich aus.

Zur Silberhochzeit verfaßte der König für seine Frau ein rührendes Gedicht.

Meiner Frau am Tage unserer silbernen Hochzeit
in München

Wurd'st die Meine hier an dieser Stätte,
Fünfundzwanzig Jahre heut es sind,
Jedes ward ein Ring der ew'gen Kette,
Wie enteilte diese Zeit geschwind!

Aber nicht in ihrem raschen Zuge
Löst die Zeit, was innig sie verband,
Sie berührt es nicht in ihrem Fluge;
Lieb dich mehr, weil du mir ganz bekannt;
Lieb dich mehr, als ich dich damals liebte,
Reizender erscheinest du mir heut;
Ob ich gleich öfters betrübte,
Hätte ich keine lieber doch gefreit.

Dichter es so schlimm nicht wirklich meinen,
Leicht erregt wird ein poet'scher Sinn,
Mocht ich andre liebend auch erscheinen,
Bist du dennoch tief im Herzen drin.

Ob die goldne Hochzeit wir begehen?
Keine Hand der Zukunft Schleier hebt;
Dies doch weiß ich: werden wir sie sehen,
Liebe mich auch dann für dich durchbebt.

Doch wie der österreichische Gesandte berichtete, war die Königin am Abend der Silberhochzeit allein, da der König neue Räumlichkeiten in der Residenz bezog. Das Verhalten schmerzte die Königin sehr. Sehr unerfreulich wirkte sich die Tatsache aus, daß der Nuntius, »der sich sonst bei jeder Gelegenheit bei Hofe sehen läßt«, der Feier der Silberhochzeit fernblieb. Es wurde vermutet, daß er damit auf die »augenscheinlichste Weise den Willen des Heil. Vaters, das Prinzip der gemischten Ehen in Bayern in thesi nicht anzunehmen, habe an den Tag legen wollen.«

Therese wußte schon vor der Silberhochzeit, daß ihr Mann eine Reise nach Griechenland über Italien plante. Ihr Wunsch mitzureisen, um den geliebten Sohn in Athen wiederzusehen, wurde ihr vom König abgeschlagen, angeblich wegen ihrer schwachen Gesundheit; dabei wußte jeder, daß der König die Marchesa Florenzi besuchen wollte. Die Königin fügte sich schließlich. Die Leidensfähigkeit war überschritten, als der König ihr durch seinen engsten Vertrauten, Heinrich Freiherr von der Tann, übermitteln ließ, daß er von nun an seinen Kuraufenthalt in Bad Brückenau ohne seine Frau zu verbringen wünsche. Therese sah sich ob dieser erneuten Demütigung außerstande, sich mit ihrem Mann vor dessen Abreise nach Griechenland auszusprechen. So schrieb sie am 21. Februar 1836 in München ihren 560. Brief an ihren auf dem Rückweg von Griechenland in Ancona weilenden Gemahl. In diesem sechs Seiten langen Brief offenbarte die Königin die Seelenqualen in ihrer Ehe. Therese bat ihren Mann ausdrücklich, »diesen Brief nie zu vernichten. Es ist mir nämlich Dein Wille bekannt, daß Deine an mich gerichteten Briefe uns einst überleben sollen. Da sie nun öfters Anspielungen und Klagen enthalten, daß ich zuweilen kalt oder wenigstens nicht herzlich bin, wünsche ich, daß durch diese Zeilen die Gründe (so Ursache waren, daß mein Benehmen wohl oft das Gepräge eines inneren Kampfes getragen) nicht mit mir zu Grabe gehen. Mehr denn siebzehn Jahre hatten wir Brückenau vereint besucht und war mir der trauliche Aufenthalt recht lieb geworden. Denke Dir daher – gerecht, wie Du bist – nun mein Betretensein, als Tann mir die Eröffnung machte: Ich möge nicht mehr nach Brückenau Dich begleiten, in diesem Wunsche Dir gleichsam entgegenkommen. – Ich ward zur Bildsäule. Nie hatte ich das geringste Mißtrauen über Deine alljährliche oder alle zwei Jahre in Italien stattfindenden Aufenthalte Dir kundgegeben, ich freute mich vielmehr dieser Aufheiterung für Dich, mein Ludwig, erkannte, daß sie bei beinahe erdrückender Last von Arbeiten, Dir höchst notwendig war. – Doch gleichzeitig in Bayern uns befindend und auch da fünf bis sechs Wochen jährlich getrennt zuzubringen, in diesem Wunsche sogar Dir entgegenzukommen, konnte ich nimmermehr für Pflicht erkennen … In schmerzlicher Stimmung brachte ich einen Tag – der nie uns wiederkehrt – den unserer Silbernen Hochzeit zu, denn zu schmerzlich waren all die Monathe gewesen, die ihm leider unmittelbar vorausgegangen waren … Nun auch noch ein Wort über den Besuch von Madame D. (Marie Denker, Hofschauspielerin, d.V.) Ein Wunsch nur blieb aus vergangenen Erfahrungen mir zurück (ja, er ward zum täglichen Gebete), daß Du nämlich nie mehr die Dir unentbehrliche Erheiterung im Umgange mit einer Schauspielerin suchen mögest. Als nun Dein neues, selbst (wie ich überzeugt bin) ohne Verliebtsein geknüpftes Verhältnis mir klar ward, traf es mich schmerzlich und doppelt schmerzlich … Denn ich fürchtete damals während Wochen blind zu werden, und so vermochte ich es nicht ohne Bitterkeit (mir sonst fremd) an Madame D. zu denken. – Von Dir aufgefordert, sprach ich ohne Rückhalt meine Überzeugung dahin aus, daß ich bei einem solchen Verhältnis mein Lebensglück für gefährdet halte, während ich wirkliches Verliebtsein in ein weibliches Wesen anderer Bildung (gleichwohl welchem Stand angehörend) Dir und Deiner ernsten Stellung zuliebe, gewiß wie sonst, mit Fassung, ja heiterm Gesicht getragen haben würde. – Nun aber gebe ich Dir, lieber Ludwig, das Versprechen: daß ich mich in das nun einmal von Dir Beschlossene, ohne Murren füge, Du mich bei Deiner Rückkehr heiter und auch herzlich finden sollst … Habe Geduld mit diesem langen Brief und baue auf die Liebe Deiner Therese.«

Geburtstags- und Namenstagsfeste des regierenden Königspaares wurden sowohl am Hof als auch im Volk mit Kirchgang, Huldigungen und Festlichkeiten begangen. Thereses Enkel Leopold (1846–1930) gefielen die Familienfeste, zu denen jung und alt eingeladen war, ganz besonders. Es gab stets Trinkschokolade mit einer riesigen Brezel, dann Altenburger Schokolade mit Kartoffelkuchen. Selbst als die Königin längst gestorben war, hielt das Haus an dieser Tradition fest.[69]

Nach der Abdankung König Ludwigs I. wurde der Theresientag, wie etwa der von 1851, außerhalb der Residenz in recht fröhlicher Runde begangen. Ludwig erzählte davon ganz begeistert seinem Sohn Otto von Griechenland:

»Das Familienfrühstück, wobei wir zu 10, darunter meine Enkel Ludwig und Leopold (Söhne des Prinzen Luitpold, des späteren Prinzregenten, d.V.), auch mein Bruder, war im Land. Das Essen in Schwaneck, dem am Ende von Hesselohe vom verewigten Schwanthaler erbauten Thurm. Musik meines Regiments ließ sich hören während demselben und als der Kaffee im Saale drüben herumgegeben wurde. Da ergab sich's, daß ein Paar zu walzen anfing, ich walzte und – Mütterlein walzte!! jung und alt, alles tanzte. Am Abend waren wir bei Thee, welchen mein Schwager Max und meine Schwester Louise gaben. Petzmayr mit Begleitung spielte auf der Zither. So endigte sich der 15.«

Von 1852 an nannte Ludwig seine Frau in Briefen an seine Kinder fast immer das »Mütterlein«.

Therese und ihr kleiner Tiergarten

Im Nachlaß der Königin befindet sich eine Auflistung all der Tiere, die sie bei ihrem Tod besaß: ein männliches Äffchen, einen roten Papagei, Lori genannt und elf Jahre alt, zwei grüne Papageien, zwei brasilianische kleine Vögel als Überrest von 27 Vögeln und einen Gimpel. Bis auf den Gimpel, den sie sich selbst gekauft hatte, handelte es sich bei den anderen Tieren um Geschenke ihres ältesten Sohnes Max, der diese von seinen Reisen aus Griechenland und Italien seiner Mutter mitgebracht hatte. Zeitweise besaß die Königin sogar ein Affenpaar, das sie im Turmzimmer hielt und das »sehr zudringlich bettelte«, wie ihr Enkel Leopold dies empfand.[70]

In einem Brief an ihren Sohn Otto im Januar 1847 teilte sie ihm mit, daß sie Mitglied im »Thierquäler-Verein« sei, der ursprünglich von »Seinsheim« (Karl August Joseph von Seinsheim, bayerischer Finanzminister, d.V.) geleitet, von ihrem Bruder Eduard von Sachsen-Altenburg übernommen wurde. In diesem Verein seien sehr hochgestellte Persönlichkeiten. Der Jahresbeitrag betrage 24 Gulden, doch sie könne nur 12 Gulden bezahlen, »da ich durch Pensionen, Unterstützungen – kurz Ausgaben aller Art, über Kräfte in Anspruch genommen bin«.

Kleinod Villa Ludwigshöhe

Kronprinz Maximilian und Kronprinzessin Marie von Bayern bekamen zur Hochzeit 1842 das Hambacher Schloß – umbenannt in Maxburg – geschenkt. Das junge Paar nahm dieses Präsent 1843 in Empfang. Der königliche Vater begleitete es. Prinzessin Marie war von dem Ausblick von einer Höhe über Edenkoben so begeistert, daß sich der königliche Schwiegervater bemüßigt fühlte, dort ein »Lustschloß« als Sommerresidenz errichten zu lassen. Es entstand die »Villa Ludwigshöhe«. Der Architekt des als herausragendes Zeugnis spätklassizistischer Architektur geltenden Schlößchens war Friedrich von Gärtner (1792–1847). Nach dessen frühem Tod wirkte sein »Rivale«, der Hofbauintendant Leo von Klenze, vor allem an der dekorativen Ausstattung der Villa mit. Gärtner, der auch das Pompejanum in Aschaffenburg schuf, hat beispielsweise Motive der dortigen Wandgestaltung in die Villa Ludwigshöhe mitübernommen.

Am 6. Juli 1852 war das Schloß mit seinen drei Gebäudekomplexen fertiggestellt: der Königsbau mit 62 Räumen, der Kavaliersbau mit 63 Räumen und der Marstall. Das milde Klima und die herrliche Aussicht über die Weinberge mit Blick zur Rheinebene bis nach Speyer und bei klarem Wetter angeblich bis zur Turmspitze des Straßburger Münsters begeisterte das Königspaar, als es im Juli in die Villa einzog, begleitet von der Tochter Mathilde und deren Gemahl, dem Großherzog Ludwig III. von Hessen und bei Rhein. Die königliche Familie beschloß von jetzt an, alle zwei Jahre die Sommerwochen bis zum Geburtstag des Königs am 25. August auf der Ludwigshöhe zu verbringen. So reiste das königliche Paar von den Einweihungsfeierlichkeiten des Kölner Doms kommend, auch im August 1854 zur Villa Ludwigshöhe. Das war das letzte Mal, daß sich Therese an der unvergleichlichen Schönheit der Villa und der Landschaft erfreuen konnte.

Im Schloß sind die Räumlichkeiten der Königin zu sehen, möbliert in biedermeierlicher Eleganz und ausgestattet mit herrlicher Wanddekoration und Gemälden. Im Wohnzimmer der Königin Therese hängt das Porträt ihres Schwiegervaters Max I.

Joseph. Sie selbst ist in diesem Raum zweimal im Bild festgehalten: Einmal als 24jährige Kronprinzessin von Joseph Stieler gemalt, das andere Mal von Moritz Kellerhoven in altdeutscher Tracht mit einem Barett. Ebenfalls in altdeutscher Tracht zu bewundern ist Thereses Schwiegermutter Caroline in einer Lithographie von Nepomuk Strixner nach einem Gemälde von Stieler, »die zu den Inkunabeln der lithographischen Kunst gezählt werden darf«. Dazu kommen noch zwei weitere Lithographien von G. Bodmer: der Abschied von König Otto von Griechenland 1832 von seinen Eltern·in der Residenz sowie Ludwig und Therese im Kreise ihrer Familie beim Betrachten des Gemäldes des »Einzugs des Königs Otto in Nauplia«.

Nach einer wechselvollen Geschichte ist die Villa Ludwigshöhe 1980 der Öffentlichkeit übergeben worden. Sie dient heute dem Land Rheinland-Pfalz für staatliche Repräsentation und für künstlerische Aktivitäten. Es wurde auch eine Max-Slevogt-Galerie dort eingerichtet. Wie Berthold Roland in seinem bezaubernden Büchlein über die Villa Ludwigshöhe schreibt, muß man sich dieses Gesamtkunstwerk unbedingt anschauen; der Königin Therese fühle man sich dort ganz nah.[71]

Während König Ludwig in Edenkoben einen eleganten Bahnhof für seine mit dem Zug anreisenden Gäste erbauen ließ, stiftete die Königin einen Kindergarten in Rhodt. Dorthin fuhr sie sonntags mit der Kutsche zur evangelischen Kirche, in der heute noch ihr Sessel mit der bekrönten Initiale »T« steht.

Das letzte gemeinsame Fest: die Enthüllung der Bavaria

Dort, wo einst das jungvermählte Kronprinzenpaar vom bayerischen Volk zum ersten Mal stürmisch gefeiert wurde, auf der Theresienwiese, dort sollte nach der Abdankung Ludwigs I. die letzte großartige Huldigung an das Königspaar stattfinden: die feierliche Enthüllung der Bavaria, des mächtigsten Standbildes Europas. Ludwig Schwanthaler, der Schöpfer des vor der Ruhmeshalle errichteten Werkes, konnte sich daran nicht mehr erfreuen; er war schon 1848 verstorben. Ausgeführt wurde das Meisterwerk vom Erzgießer Ferdinand von Miller (1813–1887), der mit erheblichen technischen Schwierigkeiten zu kämpfen hatte.

Schon 1844 war der Kopf der Bavaria gegossen worden. Als dieser in der königlichen Erzgießerei aus der Grube gezogen wurde, fand sich das Königspaar mit vielen anderen Gästen dort ein. Ferdinand von Miller hatte im Kopf dreißig Arbeiter versteckt. Dieser wurde aus der finsteren Dammgrube herauf- gezogen, mit bengalischem Feuer beleuchtet, und plötzlich schallte es aus dem Inneren: »König Ludwig lebe hoch!« Diese Arbeiter kamen nun zusammen mit den Söhnen des Erzgie- ßers Fritz und Ferdinand aus dem Kopf heraus. Der König zählte sie und rief bei jedem: »Theres! Noch einer!«

Die Bavaria mußte wegen ihres großen Gewichts in einzel- nen Stücken auf die Theresienwiese gebracht und dort zusam- mengesetzt werden. Bissiger Kommentar zum offensichtlichen Gigantismus: der selige Koloß von Rhodos wäre der einzige ebenbürtige Mann zur Bavaria![72]

Anläßlich des Oktoberfests 1850 und der Landwirtschaftsaus- stellung erfolgte am 9. Oktober die Enthüllung der Bavaria, ver- bunden mit einem Huldigungsfest, das die Künste und Gewerbe Münchens dem nicht mehr regierenden und dem nun regie- renden Königspaar darbrachten. Letzteres, Max II. und Marie, hielt sich bewußt im Hintergrund. Auf der Tribüne des Königs- zelts auf der Theresienwiese wurden Ludwig und Therese vom Volk umjubelt. Der Festzug dauerte zwei Stunden, dann stürz- ten auf einen Wink die die Bavaria umgebenden Bretterwände krachend ein, das Standbild – »Bavaria«, das Sinnbild des bayerischen Vaterlandes, stand vor den staunenden Augen der Menge. Die Festrede des Malers und Kaulbachschülers Anton Teichlein endete mit dem Satz: »Bavarias Kranz gebührt vor allem König Ludwig I., dem Kunstbeschützer!« Der König dankte seinem Volk gerührt für die Huldigungen. Neben ihm saß seine Therese, »welcher oftmalig Tränen aus den Augen perlten«, Freudentränen sicherlich auch darüber, daß ihr Lieb- lingssohn Otto zu diesem Fest aus Griechenland gekommen war und in diesem feierlichen Augenblick neben ihr stand.

Die Leiden der Königin: die Leidenschaften des Königs – Marchesa Florenzi und Lola Montez

König Ludwig I., der »leicht Entflammbare, Schwärmerische«[73] hat mit seiner heute noch in Schloß Nymphenburg zu bewundernden »Schönheitsgalerie« eine Gemäldesammlung hinterlassen, die weibliche Schönheit repräsentiert, wie sie Ludwig I. und seine Zeit verstanden haben. Ursprünglich hingen die fast ausschließlich vom Hofmaler Stieler gefertigten Porträts in der Residenz unweit der Gemächer der Königin Therese! Sie wußte sicher auch von den Gerüchten, die um die Porträtierten und ihren Mann, den Auftraggeber, am Hof und im Volk umgingen. Es ist müßig nachzuforschen, in welchen Beziehungen der König zu den jungen Frauen stand. Zwei der Dargestellten griffen allerdings erheblich in das Leben der gesamten Königsfamilie ein: Marianna Marchesa Florenzi und Lola Montez.

Während Therese 1821 hochschwanger der Geburt ihres fünften Kindes entgegensah, vergnügte sich ihr Gemahl auf dem Karneval von Rom und lernte dort die jungverheiratete Italienerin Marianna Florenzi kennen. Sie dürfte die geistreichste seiner Geliebten gewesen sein, eine »philosophierende Schönheit, ein ausgesprochener Freigeist«.[74] Über 3000 Briefe schrieb ihr Ludwig, denn er »war von ihrem Geist bezaubert und hielt ihr ein Leben lang die Treue«![75]

Man darf es wohl als Taktlosigkeit par excellence bezeichnen, daß der König 1831 die Marchesa zusammen mit deren zweiten Mann nach München einlud. Die beiden kamen auch und blieben vom 11. Juli bis 8. August. Die Königin hatte demonstrativ den Hof verlassen und war in ihre Heimatstadt Hildburghausen gefahren. Der englische Gesandte am Hof in München meldete nach London, die ganze Angelegenheit sei für den König eine »unfavourable sensation«. Der preußische Gesandte ließ in Berlin wissen: »Die Marchesa Florenzi ist hier auf Kosten des Hofes untergebracht und ist bei Hof vorgestellt worden.«[76]

Es gibt keine Geschichte Bayerns, in der wenigstens die Namen aller vier bayerischen Königinnen erscheinen; aber in jeder Geschichte Bayerns findet sich der Name Lola Montez. Diese leidige Affäre glitt »ins politische Fahrwasser hinüber und gewann geschichtliche Bedeutung«.[77] Das Thema »Lola und der König« beschäftigt bis heute die Gemüter.[78] Lola (die eigentlich Maria Dolores Gilbert hieß), 1818 in Limerick in Irland geboren, kam nach verschiedenen Aufenthalten in Europa als Tänzerin nach München. Am 10. Oktober 1846 erzwang sie eine Audienz beim König. Sie entzückte Ludwig durch ihren Tanz im königlichen Nationaltheater. »Mit teuflischen Einflüsterungen war sie dem König ... im Ohr gelegen!«[79]

Durch anonyme Briefe von der Natur des Verhältnisses ihres königlichen Gemahls zu der »Spanierin« unterrichtet, befand sich die Königin Therese in einem ungewöhnlich gereizten Zustand. »Wenngleich sie die Sanftmuth selbst ist und wohl schon an Duldung in dieser Beziehung gewöhnt sein mag, so ist es doch zu einer Explication gekommen, welche eine mehrtägige vollkommene Trennung des Königspaares zur Folge gehabt hat, und dieses ist selbst dem größeren Publicum dadurch bemerklich geworden, daß der König während mehrerer aufeinander folgender Theater-Vorstellungen gar nicht in der Loge der Königin erschien, sondern ganz gegen seine Gewohnheit allein in der unerleuchteten großen Loge Platz nahm, sowie I. M. auch drei Male während der Anwesenheit der Coburgischen Herrschaften unter der Entschuldigung, an Migräne zu leiden, nicht bei der Tafel erschienen ist. Es hat darauf eine äußerliche Versöhnung stattgefunden, welches sich durch gemeinschaftliches Erscheinen in der Loge der Königin gezeigt hat.« So schrieb der preußische Gesandte Graf Bernstorff an den Staatsminister Graf Canitz bereits am 30. November 1846. Wie peinlich die ganze Angelegenheit dem Diplomaten war, ist daran zu erkennen, daß er davon Abstand nahm, diese Information in einem amtlichen Bericht an den preußischen König weiterzuleiten.[80]

Der König teilte seinem Sohne Otto nach Griechenland mit: »Diese Frau (Therese, d.V.) benimmt sich bewunderswürdig, inniger wurden wir aber auch miteinander, statt wie manche gewollt, nicht Frieden, sondern Sturm herrschen sollte. Zum Erstaunen frisch und blühend für ihre Jahre sieht Deine Mutter aus!!«

Die Affäre eskalierte. Der wohl peinlichste Brief für die Königin dürfte jener gewesen sein, den ihr Mann an Melchior Freiherr von Diepenbrock, den Fürstbischof von Breslau, schrieb, der das Vertrauen des Königs in besonderem Maße besaß. Der Bischof beschwor daraufhin den König flehentlich in mehreren Briefen: »König Ludwig! Du wandelst in den offenen Abgrund, der Deine Ehre, Deinen Ruhm, das Glück Deiner Familie zu verschlingen droht! Deine hohe Familie! Deine edlen Söhne und reinen Töchter, und ihre königliche Mutter ...«[81] Der König teilte dem Bischof mit, daß er grundsätzlich Briefe, deren Inhalt sich auf Lola Montez beziehen, nicht beantworte, doch bei »Diepenbrock mache ich eine Ausnahme. Bekanntschaften habe ich fast immer gehabt. Sie sind ein Bedürfniß für meine lebhafte Phantasie und ein Mittel der Abwehr gegen die Sinnlichkeit. Sie entsprechen meinem poetischen Gemüth. Aber ich wiederhole es: Der Schein trügt. Ich versichere auf mein Ehrenwort, daß ich seit fünf Monaten weder meiner Frau noch einer anderen beigewohnt. Mätressenwirtschaft mag ich nicht und werde solche nie gestatten. Selbstherrscher bin ich innerhalb der Grenzen der Verfassung. Sehr wünsche ich ein Mittel, um Ärgerniß abzuwenden. Brechen kann ich nicht. Ich könnte mich dann selbst nicht achten.«[82] Eine Abschrift dieses Schreibens ging am 5. März 1847 durch den österreichischen Botschafter Graf Senfft an Fürst Metternich nach Wien!

Im Juli 1847 wurde das Gerücht von der Standeserhöhung der Lola Montez zu einer Gräfin verbreitet, die am 25. August, an des Königs Geburtstag, tatsächlich erfolgte. Graf Bernstorff äußerte dazu, der nächste Schritt sei dann wohl eine Vorstellung der Lola Montez bei Hof. Alle wünschten der Königin »einen thätigen Widerstand gegen ihren Gemahl, damit ihr nicht etwas zugemutet würde, was mit ihrer weiblichen und königlichen Würde« nicht zu vereinbaren sei. Die Obersthofmeisterin der Königin, Gräfin Eltz, wollte sofort ihren Abschied nehmen, sollte der König seine »Günstlingin« vorstellen. Der Gesundheitszustand der Königin gab zu großer Sorge Anlaß.

Im September 1847 hieß es: »Die Ultramontanen und die Lolisten stimmen darin überein, daß sie behaupten, die Königin habe in die Erhebung eingewilligt ... ja man geht schon so weit, vom Theresien-Orden u.s.w. zu sprechen, da sie als Gräfin noch nicht hoffähig ist, sondern entweder Kammerherrn-Frau oder Ordensdame sein muß. Sollte es wirklich wahr sein, daß es dem König gelungen wäre, die Königin in so schrecklicher, ich möchte sagen, auf so empörende Weise zu verblenden und irre zu leiten, so wäre alles verloren und man sähe endlosen Skandalen entgegen.«[83]

Im gleichen Monat plante der König von Preußen, Friedrich Wilhelm IV., mit seiner Gemahlin Elisabeth eine Reise nach Bayern. Doch nach diesen Berichten aus München zögerte er, die Reise anzutreten, da die preußische Königin unter keinen Umständen mit dem bayerischen König zusammentreffen wollte. Ludwig war ihr Stiefbruder, und sein Benehmen fand sie entsetzlich.

Da selbst der völlig verblendete König einsehen mußte, daß er von seiner Frau eine Verleihung des Theresiens-Ordens an seine Geliebte auf keinen Fall durchsetzen konnte, plante er, Lola Montez den Annen-Orden zu verleihen.

Im Dezember 1847 ärgerte sich der König über die Haltung der Königin und ihrer Damen, vor allem aber deren »Kälte« und »Sprachlosigkeit« gegen die neuen Minister. Die Königin begann immer mehr zu durchschauen, wer auf des Königs Seite stand, und sie verhielt sich entsprechend reserviert gegenüber diesen Personen.

Zur Neujahrscour 1848 am Hofe erschien die Königin nicht. Sie trauerte um ihre verstorbene Schwester Charlotte, die Gemahlin des Herzogs Paul von Württemberg. Den Hofball im Januar verließ der König vorzeitig, um mit Lola Montez in seinem Appartement Tee zu trinken. Als der König zum Souper nicht erschien, bat die Königin darum, ihn zu holen, doch der Diener kam mit der Antwort zurück, der König sei auf seinem Ruhebett eingeschlafen. »Ist das nicht hübsch: Die Königin hält im II. Stock Ball und der König im I. Stock mit seiner Maitresse Theegesellschaft?«[84]

Auguste Beauharnais entschloß sich, ihren Bruder zu bestürmen, Lola zu entfernen. Die Residenz war durch Truppen abgeriegelt, so daß sie nur zu Fuß weitergehen konnte. Als sie ihren Bruder traf, beschwor sie ihn:»Thue die Binde von Deinen Augen. Man hat Dich umstrickt, Du kennst die Wahrheit nicht, es droht Gefahr.« Sie warf sich vor ihm auf die Knie, um die Dringlichkeit ihrer Bitte zu unterstreichen. Lola Montez wurde am 12. Februar 1848 ausgewiesen. Sie floh nach Genf.

Die Königin hatte ihrer Schwägerin Auguste anvertraut, sie sei verschiedentlich vor Anschlägen auf ihr Leben gewarnt worden. Es kursierte das Gerücht, der Chocolatier Mayerhofer liefere vergiftete Schokolade, die für die Königin bestimmt sei. Die Aufregungen hörten nicht auf.

Die königliche Familie sorgte sich sehr um das Wohlergehen der Königin Therese. Am 3. März befanden sich bei ihr außer Auguste Beauharnais mit Tochter Amalie auch ihre Tochter Mathilde und ihre Schwiegertochter Auguste von Toskana. Da kam der König und bat die Königin um eine kurze Unterredung. Von dieser kehrte Therese sehr blaß zurück. Ihr Mann hatte ihr eröffnet, daß Drohbriefe vorlägen, die Residenz in Brand zu stecken, wenn er nicht innerhalb der nächsten zwei Wochen den Landtag einberiefe. Darum wolle er sie und die Schwiegertöchter mit ihren Kindern in Sicherheit bringen lassen. Doch die Frauen weigerten sich. Nur die Kinder kamen in das Schlößchen Biederstein. Des Königs Bruder Karl verkündete am Nachmittag im Rathaus sowie am Prater- und am Marktplatz, daß der König einer Einberufung des Landtages für den 16. März zugestimmt habe. Nach seiner Rückkehr in die Residenz dankte Ludwig seinem Bruder Karl, die Königin umarmte ihn voll Rührung.

Am 6. März hielt der König in Anwesenheit seines Bruders Karl und seiner Söhne Max, Luitpold und Adalbert den Ministerrat ab. Er entsprach allen vom Volk gewünschten Zugeständnissen. Volksmengen füllten den Max-Joseph-Platz. Als das Königspaar an das Fenster trat, riefen die Menschen:

»Hoch dem König!« Ludwigs Kommentar zu seiner Frau: »Sie schreien hoch und erniedrigen mich.«[85]

Nach der Proklamation schien in München wieder Ruhe einzukehren. Beim ersten gemeinsamen Theaterbesuch des Königspaares brachen stürmische Ovationen aus. »Weiß-blau gekleidete Mädchen streuten Blumen. Therese weinte vor Rührung, während Ludwig verbittert bemerkte, auch Opfertiere würden geschmückt.« Als das Königspaar zu einer Spazierfahrt unterwegs war, wollten Studenten die Pferde ausspannen und den Wagen selbst ziehen. Ludwig erinnerte Therese daran, daß dieselben, die dem Heiland »Hosianna« zugerufen hatten, am nächsten Tag »Crucifige« schrien.

Die politischen Unruhen in München nahmen noch kein Ende. Der König sprach immer häufiger von einer Abdankung. Königin Therese zeigte ihrer Schwägerin Auguste einen Brief von deren Schwester Charlotte aus Wien. In Österreich und Frankreich gab es ähnliche Angriffe auf die Monarchie wie in München, und dabei gab es dort keinen Lola-Skandal. In München kursierte angeblich ein Aufruf, man wolle den Prinzen Luitpold als König haben, »weil er einen Engel zur Frau hat«. Die Lola-Montez-Affäre hatte unverkennbar auch konfessionelle Momente. Kronprinz Max war durch seine vom Vater beabsichtigte häufige Abwesenheit von der Residenz in München weniger bekannt als Luitpold und besaß daher geringere Beliebtheit. Dazu hatte er die evangelische preußische Prinzessin Marie zur Gemahlin. Auch das spielte im Volk eine wichtige Rolle. Gerade in diesen Revolutionstagen kam nun Otto, der zweite Sohn des Kronprinzenpaares, zur Welt.

Am 19. März 1848 entschloß sich der König zur Abdankung; er hatte dreiundzwanzig Jahre regiert. Er versammelte alle volljährigen Prinzen um sich und verlas seine Abdankungsadresse, einen handgeschriebenen Aufruf an die Bayern. Der König selbst und alle Prinzen weinten. Maximilian, der Kronprinz und Thronfolger, sprach sich gegen die Abdankung aus. Da sein Vater aber darauf beharrte, kniete er vor diesem nieder und bat um den väterlichen Segen. Danach ging Ludwig zu seiner Gemahlin Therese.

Prinz Luitpold äußerte brieflich seinem Bruder Otto von Griechenland gegenüber: »... daß unsere geliebte Mutter in dieser schweren Zeit wie ein Engel sich bewährte, brauche ich Dir nicht zu schreiben!«

Am 30. März 1848 schrieb Therese ihrem Sohn Otto: »Wahrscheinlich haben bereits die Zeitungen Dich von einem Entschluß des theuren Vaters in Kenntnis gesetzt, welcher Dein kindlich Gemüth schmerzlich berühren wird. Ich vermag die Zeilen nicht zu schließen, ohne Dir zu sagen, daß Max unendlich kindlich gegen Vater und mich sich benimmt. Gott segne ihn in seinem schweren Amt.«

Auch in einem Brief vom April 1848 an ihre Schwiegertochter Amalie bemerkte Königin Therese nur, daß sie sicherlich von den Märzereignissen gehört habe; keinerlei Klagen über ihren Ludwig!

Der Entschluß des Königs wirkte damals als eine Art »Sühne für seine Versündigung am Königtum, für seine Mißachtung der Sitte, der öffentlichen Meinung und der Zeitlage ... die Thronentsagung (war) der größte politische Fehler ..., den Ludwig beging«.[86]

Und so sah das Volk der Königin Abschied:[87]

Theresen's Abschied am 20. März 1848

Leb' wohl, mein Volk, mein treues Volk,
Mein theures – jetzt heißt es, scheiden!
Leb' wohl, mir bricht mein Mutterherz –
O könnt' ich lindern alle Leiden!

Mit deinem Vater zieh ich fort –
Lieb' meinen Sohn, er wird dich lieben –
Ich leg' die Krone hin – mein Volk –!
Mehr ist mir doch – dein Herz geblieben!

O sprich von Vater Ludwig gut,
Er wird Euch heiße Liebe bewahren –
Leb wohl, mein Volk, mein theures Volk,
Gott sei mit dir und seine Schaaren!!

Joseph Stieler,
Königin Caroline von Bayern (1776–1841),
Gemahlin von Max I. Joseph.

Silhouettenporträts der Familien des Kurfürsten von Pfalz-Bayern und des Erbprinzen von Baden, 1801. – V. l.: Marie von Baden, Kurprinz Ludwig, Kurfürstenpaar Max IV. und Caroline mit den Kindern Maximilian, Karl und Charlotte, Carolines Eltern Karl Ludwig und Amalie Friederike, Auguste von Bayern und Amalie von Baden, Carolines Zwillingsschwester.

August von Heckel, Das Königspaar Caroline und Max I. Joseph mit fünf Töchtern beim Richtfest des Neubaus von Wildbad Kreuth, 1864.

*F. T. Berg, König Max I. Joseph
und Königin Caroline vor Würzburg
(im Hintergrund Festung Marienberg), 1818.*

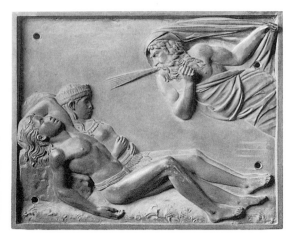

J. B. Stiglmair, Grabrelief für die Indianerkinder Juri und Miranha, 1825.

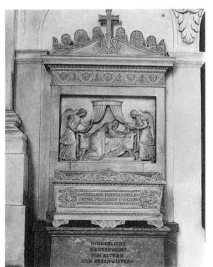

Grabmal der Prinzessin Maximiliane Caroline von Bayern (1810–1821) in der Theatinerkirche. Entwurf Leo von Klenze, Bildhauer Konrad Eberhardt, 1821/26.

Joseph Kellerhoven, Prinzessin Maximiliane Caroline von Bayern als Innocentia, 1818.

*Joseph Stieler, Die Prinzessinnen Ludovika, Sophie
und Marie auf einer Wiese tanzend, 1812.*

*Joseph Stieler,
Königin Therese von Bayern (1792–1854)
im Krönungsornat, 1827.*

F. T. Berg,
Das Kronprinzenpaar Ludwig und Therese vor Aschaffenburg
(im Hintergrund Schloß Johannisburg), 1818.

J. C. Rabes, Glückwunschadresse zur Hochzeit des Kronprinzenpaares Therese und Ludwig, 1810.

Theresienmonument bei Bad Aibling.

König Otto I. von Griechenland (1815–1867), um 1833.

Joseph Stieler, Mathilde Therese von Thurn und Taxis (1773–1839), Tante der Königin Therese von Bayern, 1833.

Königspaar Therese und Ludwig I. – Jubelmedaille zur Grundsteinlegung der Walhalla 1830.

Katharina Sattler, Supraporte mit Anspielung auf die Februarereignisse 1848: rechts Lola Montez mit dem Ziegenbock spielend, neben ihr Ludwig I. mit der bayerischen Rautenfahne mit dem „L" und dahinter die Mauer (mit Ludwig stürzte auch Staatsrat Maurer), 1848/49.

Wilhelm Schadow, Prinzessin Marianne von Preußen mit ihren Söhnen Adalbert und Wilhelm, 1820. (Die Mutter und Brüder der Marie von Preußen, Königin von Bayern.)

Im (heute nicht mehr existierenden) Berliner Stadtschloß wurde Marie von Preußen 1825 geboren. Hier verbrachte sie auch einen Großteil ihrer Kinder- und Jugendjahre.

Karl Wilhelm Wach, Prinzessin Marie von Preußen (10 Jahre alt), die spätere Königin von Bayern, und ihre Schwester Elisabeth (20 Jahre alt), um 1836.

a) *Joseph Stieler, Friederike Freiin von Gumppenberg, Hofdame der Königin Marie von Bayern, 1843.*

b) *Hochzeitsbild des August Ludwig Frhr. von Leonrod und der Sybille Meilhaus, der Erzieherin der Prinzen Ludwig und Otto, Söhne des Kronprinzenpaares Marie und Maximilian von Bayern, 1860.*

c) *Das von der Königin Therese gestiftete Grabmal für ihre Erzieherin Johanna Nonne (1760–1837) im Friedhof von Hildburghausen.*

Erich Correns, Königin Marie mit Söhnchen Otto und König Maximilian II. mit Sohn Ludwig auf Schloß Hohenschwangau, 1849.

Gustav W. Kraus, Vermählung des Kronprinzen Maximilian von Bayern mit Prinzessin Marie von Preußen in der Allerheiligen-Hofkirche in München am 12. Oktober 1842.

Farbfenster im Chorraum der Pfarrkirche in Elbigenalp zur Erinnerung an die wohltätige Königin-Mutter Marie, gestiftet 1893 von Pfarrer Christian Waibl.

Königin-Mutter Marie von Bayern, ihre Schwester Elisabeth von Hessen–Darmstadt und ihr Bruder Prinz Adalbert von Preußen, etwa 1870.

Kronprinzessin Marie, Großmeisterin des von ihr am 18. 6. 1844 gegründeten Alpenrosenordens. – Im Hintergrund Schloß Hohenschwangau.

Kronprinz Ludwig (links) und Prinz Otto in Bergsteigertracht, um 1860.

A. Kraus, *Königin-Mutter Marie bei einem Besuch verwundeter Soldaten in einem Lazarett*, 1866.

Das offizielle Totenbild der am 17. Mai 1889 auf Schloß Hohenschwangau verstorbenen und im Schwanenritter-Saal aufgebahrten Königin-Mutter Marie.

Therese, die Ungekrönte

Als aus dem Kurfürstenpaar Caroline und Max IV. Joseph am 1. Januar 1806 das erste bayerische Königspaar wurde, sollte diese Rangerhöhung durch eine Krönung beider bestätigt werden. Der zum König von Bayern aufgestiegene Max I. Joseph teilte seinem Volke mit: »Unsere feyerliche Krönung und Salbung haben wir auf eine günstigere Zeit vorbehalten, welche Wir in Zeiten öffentlich bekannt machen werden.« Der ehemalige Kurfürst von Trier und nunmehrige Bischof von Augsburg, Clemens Wenzeslaus, sollte diese Krönung vornehmen, sobald das geplante Konkordat, in dem es um die Neuordnung des Verhältnisses von Kirche und Staat ging, abgeschlossen und er zum Erzbischof von München und Freising und zum Kardinal erhoben worden wäre.

Die Krönung war zunächst für Ostern 1807 vorgesehen, aber erst am 24. Oktober 1817 kam es nach langen Verhandlungen zum Abschluß des Konkordats. Die Krönung war in diesen Jahren immer wieder verschoben worden und hatte ihren Sinn als Inthronisationsfeier inzwischen verloren. Auch von den folgenden bayerischen Königspaaren erlebte keines eine Königskrönung.[88]

Königin Therese ist allerdings von allen vier bayerischen Königinnen die einzige, von der es ein Gemälde des Hofmalers Joseph Stieler gibt, das sie in vollem Krönungsornat zeigt.

Das Ornat für Therese wie auch für ihren Gemahl König Ludwig I. geht auf die Krönungsgewänder französischer Könige zurück. So sieht man die Königin in einem dekolletierten Empirekleid mit hoher Taille und Puffärmeln. Das Kleid ist aus Seide und ebenso wie die lange Schleppe mit einem breiten Streifen Blütenmuster und Lorbeerkränzen in Goldstickerei geziert. Kleid und Schleppe weisen lange Goldfransen auf. Die Schuhe der Königin sind ebenfalls aus Seidenstoff gefertigt und reich bestickt. Über die linke Schulter ist der Krönungsmantel aus schwerem Samt drapiert; er ist verbrämt mit einem in München vom Hofkürschner Johann Schuster gearbeiteten sibirischen Hermelinfutter.

Auf dem Haupt trägt die Königin eine Krone mit einem vorgesteckten Diadem, das die Haare an der Stirn völlig verdeckt. Über den Ohren läßt das Porträtbild die zu festgesteckten Stopsellocken geformten dunklen Haare erkennen. Um den Hals trägt die Königin eine elegante Perlenkette, die mit zusätzlichen Tropfenperlen versehen wie ein Collier gearbeitet ist. Diese Tropfenperlen wiederholen sich in den Ohrgehängen. In der linken Hand hält die Königin einen zusammengeklappten Fächer, am rechten Arm trägt sie ein fünfreihiges Perlenarmband mit einem Medaillon.

Die Krone der Königin ist eine goldene Bügelkrone mit acht Spangen, Globus und Kreuz. Der mit leicht unregelmäßigen Perlenschnüren an seinen Rändern gesäumte Stirnreif trägt auf mattierter Fläche einen Steinbesatz, bei dem rosettenartig mit Diamanten eingefaßte Rubine mit Smaragden und großen Brillanten in gleichen Abständen nebeneinander stehen, darüber lief ein silberner Volutenfries, dessen Windungen sich um Perlen schlossen. Den Voluten entsteigen wechselnd große aufrecht gestellte Perlen und Tropfenperlen, die mit einem perlbesetzten Palmettenschild hinterfangen waren. Der Globus des aufsitzenden kleinen Reichsapfels war eine einfache Goldkugel mit Rautenmuster, smaragdbesetztem Äquator- und Orbitalband sowie einem Kreuz aus à jour gefaßten Diamanten.

Die Krone, die sich heute in der Schatzkammer der Residenz befindet, ist nicht mehr identisch mit der auf Stielers Gemälde. Thereses Enkel, König Ludwig II., ließ sie für seine Braut Sophie, die er dann doch nicht ehelichte, stark verändern.

Der Krone vorgesetzt trug die Königin auf dem Gemälde als Bestandteil der Kroninsignien ein Diadem mit Diamanten und Brillanten. Über einen Reif laufen zwei Wellenbänder in der Mitte zusammen, wo zwei große Brillanten übereinander aufsteigend angeordnet sind. An den Lorbeerzweigen wurden beweglich tropfenförmige Diamanten »en pendeloque« angehängt.

Die Kosten für die Königinnenkrone sind bekannt: sie betrugen 26 003 Gulden; des Königs Krone hatte einen Wert von 94 505 Gulden.

Die Krone und das Diadem entsprechen in Form und Verwendung sehr denjenigen, die Napoleons erste Gemahlin, Josephine, bei ihrer tatsächlich vollzogenen Krönung 1804 in Paris trug. Das Diadem stammt vom gleichen Juwelier Nitot aus Paris.

Auch die Krone der bayerischen Königin wurde aus Paris geliefert und zwar von den Hoflieferanten Kaiser Napoleons. Charles Percier darf als der Künstler gelten, der in Zusammenarbeit mit dem Goldschmied Martin-Guillaume Biennais die Kroninsignien des Königreiches Bayern schuf. Sie sind noch heute in der Residenz in München zu bewundern.

Der Theresien-Orden: der vornehmste Damen-Orden in Bayern

»In vieler Hinsicht Abbild der Beschaffenheit der führenden Gesellschaftsschicht im Königreich war das bayerische Ordenswesen.«[89]

Zu Beginn des 19. Jahrhunderts gab es als höchstrangigen Orden in Bayern den 1444 gestifteten »Ritterorden vom Heiligen Hubertus«, der 1708 erneuert und durch König Maximilian I. Joseph bestätigt worden war. Rangmäßig folgte ihm der »Ritterorden vom Heiligen Georg«, dem König Ludwig I. im Jahre 1827 neue Statuten verlieh. König Maximilian I. Joseph war der Stifter des »Königlichen Militär-Max-Joseph-Ordens«, einer Vorstufe zur Erlangung des »Verdienstordens des Heiligen Michael«. Als völliges Novum unter den Orden galt der »Maximilians-Orden für Wissenschaft und Kunst«, den König Maximilian II. im Jahre 1853 stiftete.

Das Jahr 1827 sah zwei neue Orden: König Ludwig I. stiftete den »Königlichen Ludwigs-Orden« zur Belohnung derjenigen Staatsdiener, »die nach dem in diesem Jahr eingetretenen Allerhöchsten Geburts- oder Namenstage das 50. Dienstjahr vollendeten«. Königin Therese stiftete den »Theresien-Orden«.

Es gab bereits seit dem 17. Jahrhundert Auszeichnungen für Damen. Zu den bedeutendsten zählten der österreichische Sternkreuz-Orden, der russische St.-Katharinen-Orden, der portugiesische Isabellen-Orden sowie der preußische Luisen-Orden. Die Luisen-Orden war eine Stiftung der Königin Luise, der Tante der bayerischen Königin Therese. Und diese stiftete nun am 12. Dezember 1827 den nach ihr benannten Theresien-Orden:

> *»Wir Therese,*
> *von Gottes Gnaden Königin von Bayern, geborene*
> *Herzogin von Sachsen, Jülich, Cleve und Berg, auch*
> *Engern und Westphalen, Landgräfin in Thüringen,*

Markgräfin zu Meissen, gefürstete Gräfin von Henneberg, Gräfin zu der Mark und Ravensberg, Herrin von Ravenstein etc.etc.

Bekennen hiermit für Uns, Unsere Erben und Nachkommen: da die Verhältnisse der Zeit dem Adel überhaupt mehrfache Nachtheile gebracht haben, insbesondere aber einer geeigneten Versorgung seiner Töchter entgegenstehen, und Wir den aufrichtigen Wunsch hegen, dem desfalls obwaltenden Bedürfnisse in etwas zu begegnen, sowie Unsere wohlwollende Gesinnungen für das Beste der Töchter des Bayerischen Adels zu geben, so haben Wir mit Vorwissen und mit Genehmigung Unseres geliebtesten Gemahls des Königs Majestät, Uns entschlossen, aus Unseren eigenen Mitteln eine Stiftung zu gründen, welcher die Bestimmung gegeben seyn soll, einer festgesetzten Zahl unverheyratheter adelicher Töchter, neben einer ihnen zugedachten Ehrenauszeichnung, zugleich eine, ihre Vermögensumstände verbessernde Jahres-Rente zu gewähren.«

In siebzehn Paragraphen wurde festgelegt, daß zwölf »Präbenden« ein jährlicher Betrag von 300 Gulden zugewendet werden sollte. Die Zugehörigkeit zum katholischen oder evangelischen Glaubensbekenntnis sollte keinen Unterschied machen, doch mußten die Bewerberinnen dem bayerischen stiftsmäßigen Adel angehören, aus gesetzlicher Ehe entsprossen und unverheiratet sein, auch in der Regel das zehnte Lebensjahr bereits erreicht haben. Bei der Eheschließung einer Ordensdame war ihr der »Bezug der Präbende« noch ein Jahr lang als Beitrag zu ihrer Aussteuer zugesichert. Großmeisterin des Ordens war die jeweilige Königin oder mit ihrer und des Königs Zustimmung eine in Bayern lebende Prinzessin des köni chen Hauses. Außer den Ordensdamen durfte die Großm isterin auch »Ehrendamen des Theresien-Ordens« ernennen; es konnten dies bayerische oder ausländische Adelige sein, doch war die jeweilige Genehmigung des Königs dazu erforderlich. Diese

165

Ehrendamen erhielten keine Zuwendungen, mußten vielmehr zur Bestreitung der dem Orden entstehenden Kosten und zur Schonung des Stiftungsfonds eine Aufnahmegebühr entrichten, die für »Inländerinnen« auf 55 Gulden festgesetzt war, für »Ausländerinnen« 110 Gulden betrug, ein Beitrag, der am 19. November 1829 auf 220 Gulden erhöht wurde.

Der Orden wurde folgendermaßen beschrieben: »Das Ehrenzeichen des Ordens besteht in einem goldenen, hellblau emaillirten und mit der Königskrone bedeckten Kreuze, in dessen Mitte auf der Vorderseite Unsere Namens-Chiffre (T) in Gold auf weißem Schmelz, umgeben von einem Rautenkranz, auf der Rückseite aber das Stiftungsjahr (1827) umgeben von den Worten: ›Unser Erdenleben sey Glaube an das Ewige‹, ebenfalls in goldenen Zeichen auf weiß emaillirten Grunde sich befinden. Zwischen jeder der vier Abtheilungen des Kreuzes stellen sich in den untern Lücken weiss und blaue liegende Wecken dar. Dieses Kreuz wird an der Schleife eines weissen gewässerten mit zwey himmelblauen Streifen eingefaßten Bandes an der linken Brust angeheftet, und wenn eine Ordensdame in Gala bey Hofe erscheint, wird zugleich ein breiteres solches Band von der rechten zur linken Seite hinab getragen. Die vorgeschriebene Kleidung der Damen bestehet aus hellblauem Seidenstoff.«

In § 15 hieß es: »Wir setzen voraus, dass sämtliche Theresien-Ordens-Damen jederzeit eines solchen Wandels sich befleissigen werden, welcher dem Sinne der auf der Rückseite des Ehrenzeichens befindlichen Denkwortes entsprechend ist, und erwarten nicht, dass jemals eine derselben durch entgegengesetztes Betragen Veranlassung geben werde, sie dieses Ehrenzeichens und der damit verbundenen Vortheile verlustig erklären zu müssen.« Im § 14 war festgelegt, daß die Ehrenzeichen nach dem Tode einer Ordensdame von den Erben zurückgegeben werden mußten.

Nach dem Ableben der Königin Therese erließ am 10. März 1858 ihre Schwiegertochter, Königin Marie, »Allerhöchste Bestimmungen über das Tragen der Theresien-Ordens-Dekoration und des Ordens-Kleides«. Sie bestimmte unter anderem:

»Bei jenen Anlässen, bei welchen die Herren in (gewöhnlicher) Uniform oder schwarzer Kleidung, aber mit dem Orden (Stern auf der Brust oder dem Ordens-Kreuz um den Hals) erscheinen, tragen die Theresien-Ordens-Damen den Orden mit der Schleife auf der linken Brust und ein buntes Kleid. Bei allen Gelegenheiten, bei welchen den Herren die schwarze Kleidung ohne Stern und Ordens-Kreuz Allerhöchst erlaubt ist, legen auch die Damen den Theresien-Orden nicht an. Ihre Majestät die Grossmeisterin behalten sich vor, in besonderen Fällen, und ausnahmsweise auch bei Hofgala, das Tragen des Theresiens-Ordens zum bunten Kleide zu gestatten.«

Der Theresien-Orden war der vornehmste Damen-Orden in Bayern. Nach ihm rangierte der 1766 gestiftete Elisabethen-Orden, den die Kurfürstin Elisabeth Auguste, die Gemahlin des Kurfürsten Karl Theodor, gestiftet hatte. Als Aufgabe hatte sich dieser Orden die Wohltätigkeit für Arme gestellt. Eine Aufnahme in diesen Orden war an stiftungsmäßigen Adel gebunden und durfte nur Angehörigen des katholischen Glaubens gewährt werden. Aufgenommen wurden nur adelige Damen, die sechzehn adelige Vorfahren, ab 1873 noch acht, nachweisen konnten. Neben der Oberhofmeisterin und den Hofdamen der Königin konnten sechs verheiratete oder verwitwete Damen aufgenommen werden. 1854 wurde Prinzessin Auguste, die Ehefrau des Prinzen Luitpold, von König Max II. zur Großmeisterin ernannt. Die Hof-Kollegiatskirche St. Cajetan wurde Ordenskirche. Durch seine Exklusivität war die Zugehörigkeit zu diesem Orden Ausdruck besonderer Stellung und Nähe zum Thron, daher hoch bewertet und außerordentlich begehrt.

1783 war von der Kurfürstin Maria Anna für die Töchter des katholischen bayerischen Adels in München der St.-Anna-Orden gegründet worden. Die Stiftsdamen erhielten jährliche Unterstützungen, hatten kostenlose Wohnung und Kleidung, eigene Dienerschaft. Ihre Zahl war auf achtzehn beschränkt, sechs von ihnen konnten Töchter nichtadeliger Offiziere oder Beamten sein. Seit 1808 konnten auch Damen mit protestantischer Konfession aufgenommen werden.

Vom Stiftungstag bis zum Ableben der Königin Therese im Jahr 1854 wurde der Theresienorden insgesamt 375mal verliehen.

Die ersten Orden empfingen am 16. Dezember 1827: Obersthofmeisterin Feuchtersleben, geb. Freiin von Kosboth, Caroline von Grundherr, geb. von Feuchtersleben, und Charlotte Freiin von Beust, Hofdame I.K.H. Erbprinzessin von Sachsen-Altenburg. Die letzte Ordensverleihung erfolgte durch die Königin am 13. August 1854 an Amalie Freiin von Jetzernitzky, Hofdame von Thereses Tochter Adelgunde, Erzherzogin von Modena.

Der Theresien-Orden wurde am 1. August 1986 von Herzog Albrecht von Bayern aufgelöst.

Königin Therese – ein Opfer der Cholera

Im August des Jahres 1854 erfuhren Königin Therese und ihr Mann auf der Villa Ludwigshöhe, daß in München die Cholera ausgebrochen war. Von Aschaffenburg, wo zum Namenstag des Königs am 25. August die Kinder Adalbert und Adelgunde eingetroffen waren, bat der König seinen Sohn Luitpold schriftlich, er möge mit seiner Familie München verlassen und sich nach Berchtesgaden begeben. Als es hieß, daß die Seuche in München erloschen sei, kehrte das Königspaar dorthin zurück. 9000 Personen waren der Cholera erlegen.

Am 12. Oktober feierten Ludwig und Therese ihren 44. Hochzeitstag. Die Königin fühlte sich in den darauffolgenden Tagen nicht recht wohl. Doch der am 25. Oktober gerufene Leibarzt Dr. Schrettinger sah trotz verdächtiger Anzeichen einer Cholera noch keinen Grund zur Besorgnis. Als sich das Befinden der Königin rasch verschlechterte, wurde am nächsten Tag Pfarrer Berger ans Krankenbett geholt, um Therese das Abendmahl zu reichen. Am Abend ging der König nicht zu Bett, sondern legte sich angezogen auf ein Canapé in der Nähe der Königin. Bereits um 23 Uhr wurden er und die Kinder Luitpold, Adalbert und Alexandra zur Sterbenden gerufen. Sie knieten um ihr Krankenlager, als die königliche Frau und Mutter am 26. Oktober morgens um vier Uhr sanft entschlief.

Aus Darmstadt eilte die Tochter Mathilde herbei, Max wurde von der Jagd zurückgerufen und Adelgunde verständigt. Der König schilderte seinem Sohn Otto nach Griechenland das Ableben seiner Mutter: »4. November 1854 – ... du hast die beste Mutter, ich die beste Frau verloren. Sanft wie Deiner Mutter Leben war ihr Sterben, schmerzlos schlummerte sie hinüber ... Die Trennung für dieses Leben so plötzlich nach 44jähriger Ehe, in der sie mir immer lieber und lieber wurde, ihrer Fürtrefflichkeit wegen. Seit Jahren bangte mir schon um ihr Herz, ich zitterte, wenn sie Herzklopfen quälte, doch wie gesagt, davon starb sie nicht. Laut weinte ich, als sie nicht mehr atmete, laut weinend verließ ich den verödeten Palast. Nun war in München kein Bleiben mehr für mich. Mit Mathilde, welche die Mutter nicht mehr lebend finden konnte, begab ich mich hierher (Darmstadt, d.V.). In den ersten Minuten nach ihrem Tode gab ich die Anweisung, daß sie einbalsamiert würde, und zu meiner Freude vernahm ich, daß das so gut geschehen, daß 300 Jahre lang ihre Züge unverändert bleiben werden. Ihre Hülle ist nicht bestimmt, in der Theatinergruft zu bleiben, sondern in München habe ich vor, daß ihre und meine Grabstätte hinauskommen, wo ich mich mit der Verklärten befand.«

Schon am 28. Oktober, zwei Tage nach dem Ableben seiner Gemahlin, war der König um sechs Uhr morgens mit dem Eilzug nach Darmstadt abgereist, zusammen mit seiner Tochter Großherzogin Mathilde von Hessen und bei Rhein und seinem Sohn Adalbert. Sie nahmen alle drei nicht an der Beerdigung in München teil. Es hat den Anschein, daß sich der König bei der Bestattung seiner evangelischen Frau Therese in einer katholischen Fürstengruft nicht noch einmal einem Eklat aussetzen wollte, wie dies 1841 bei Königin Caroline der Fall war.

Über die Beisetzung in der Theatinerkirche am 31. Oktober 1854 schrieb Hofmarschall La Roche dem König nach Darmstadt: »Eure Majestät! Nun ist erfüllt, was noch ein schwerer Gang war. – Ein Fürst war unvermuthet gestern Abend um 10 Uhr noch eingetroffen, welcher die letzte Ehre mit anzeigen wollte. Es war dies der regierende Herzog Ernst von Sachsen-Altenburg … Es ging alles gut, erbaulich und ohne jede Störung vor sich. – Der Himmel war so rein und wolkenlos während des Zuges zur Theatinerkirche wie das Leben derjenigen rein war, um die es sich so betrübenden Anlasses handelte. Alle Läden waren geschlossen; jeder Münchner hat den tiefsten Antheil. Alle hier anwesenden Glieder der königlichen Familie waren anwesend in der Herzog Maxburg, dann in der Theatinerkirche, und schließlich in der protestantischen Kirche. Ihre Hoheit, Prinzessin Eduard, war in letztere gekommen. Wahrhaft erbaut und innerst ergriffen kehrte man heim …« There-

ses Neffe, Herzog Ernst, hatte aus Altenburg einen Efeu-
kranz mitgebracht, der aus dem Garten von Thereses Bruder,
Herzog Georg, stammte. Die Kriegsveteranen baten um die
Ehre, im Trauerzug mitgehen zu dürfen, und trugen die Fahne,
die ihnen die verstorbene Königin geschenkt hatte.

Die Trauerrede in der Theatinerkirche hielt der königliche
Hofkapell-Direktor und Stifts-Propst Dr. Ignaz Döllinger. Er
stellte sie unter Worte aus Psalm 14: »Aller Ruhm kommt der
Königin aus ihrem Herzen.« Döllinger sprach, er wolle den
Ruhm der Königin verkündigen, aber den Stoff dazu aus ihrem
Herzen schöpfen: »Als sie 1810 nach Bayern kam, war die Ver-
mählung mit dem Kronprinzen Ludwig für das bayerische Volk
einer jener Lichtblicke, in einer politisch schwierigen Zeit ...
Als sie im Jahre 1825 selber den Thron bestieg, da war die
Freude des Volkes größer als die ihrige, es hatte schon als
Kronprinzessin sie lieben und verehren gelernt ... Zehn Jahre
danach erlebten wir jenes unvergeßliche Fest, wo ein ganzes
Volk die Feier der 25jährigen Ehe seines Königs beging, wo die
Liebe dieses Volkes sich so erfinderisch in der Verherrlichung
seines Königspaares zeigte, ein Fest, dessen Heldin sie war,
dessen Huldigungen ihr dargebracht wurden, ihr, dem Muster-
bild der Gattinnen und Mütter, der reinen Frau, an deren Ruf
auch nicht der leiseste Flecken haftete, gegen welche nie und
nirgends ein Wort des Tadels vernommen ward.« Der Propst
sprach die unbedingte Wahrheitsliebe und feinfühlende Gewissenhaftigkeit der Verstorbenen an. Er rühmte ihre Mutter-
liebe, die sich auch darin äußerte, daß sie die Verantwortlich-
keit für ihre Kinder nicht in fremde Hände gab. Sie wirkte
durch ihr eigenes Beispiel an Frömmigkeit und Sittlichkeit für
die »unsterblichen Seelen ihrer Söhne und Töchter«. Er
nannte sie eine Friedenstaube, die sich vier Jahre zuvor so er-
folgreich in die Verhandlungen einbrachte, daß kein deutscher
Bruderkrieg ausbrach. »Wäre das bayerische Volk versammelt,
könnten diese vier Millionen Bayern wie ein Mann ihr Wort
sprechen, was anders würden sie sagen als: unsere Königin ist
uns stets eine huldvolle Landesmutter gewesen – sie hat nie
einen aus uns gekränkt, nur Wohltaten sind von ihr ausgegan-

gen!« Wie der König seinem Sohn Otto geschrieben hatte, sollte der Leichnam der Königin nur vorübergehend in der Theatinergruft ruhen.

Ursprünglich hatte Ludwig I. geplant, in dem 1838 wiederbegründeten Benediktinerkloster Scheyern eine Grabkapelle als Grablege für das Königshaus zu erbauen. Die Erhebung zur Propstei verzögerte sich aber immer wieder, unter anderem kam es zu Schwierigkeiten mit Rom über das im Stiftungsbrief zur Bedingung gemachte Requiem für den Stifter und seine protestantische Gemahlin Therese. Der Papst bestimmte, daß für diese kein Trauergottesdienst in Scheyern abgehalten werden dürfte. Dieser Entscheid wiederum verzögerte den Bau einer Grabkapelle. Die Abdankung des Königs 1848 beendete das Projekt endgültig.[90] 1856 bestimmte er die St.-Bonifaz-Kirche in München als Grablege.

Ludwigs Sarkophag wurde noch zu dessen Lebzeiten am 9. April 1857 dort aufgestellt, der Sarg seiner Frau Therese war bereits am 19. März aus der Theatinerkirche in eine eigene Gruft unter dem Königsgrab überführt worden. Dabei durfte der Sarg nicht durch die Kirche an seinen Platz getragen werden. Es wurden die Stufen am Kirchenportal abgetragen und der Katafalk durch eine Öffnung in der Außenmauer in die Gruft geschoben.[91] Der König überlebte seine Frau um vierzehn Jahre; er starb 1868 in Nizza.

Die Königin hinterließ ein 26 Seiten starkes Testament. Die Testamentseröffnung am 26. November 1854 meldete Hofmarschall La Roche dem König nach Darmstadt. La Roche »konnte sich der tiefsten Rührung nicht erwehren – Staatsminister von Ringelmann konnte nicht fortfahren zu lesen. Das Testament ist der reinste Spiegel der Seele Ihrer Majestät und ihres unvergleichlich guten Herzens ...«

Der Hofmarschall ließ für den König und die Kinder Kopien des Testaments anfertigen. Mit großer Erschütterung las der königliche Witwer Ludwig in Darmstadt die letzte Liebeserklärung der Frau, die vierundvierzig Jahr lang in allen guten und bösen Tagen selbstlos ihm zur Seite stand:

»Überzeugt, daß unser himmlischer Vater mich in seiner

Gnade vor dem König, meinem vielgeliebten Gemahl, von der Erde abberufen werde, drücke ich ihm wärmsten Dank des Herzens für jeden Beweis der Liebe aus, durch welchen er mir das Leben zu verschönern wußte ...« Als die Königin im Sterben lag, hielt sie eine kleine Uhr fest in ihrer Hand. Im Testament schrieb sie: »Möge ihr Schlag dem Könige, meinem besten Freund, stets nur heitere und frohe Stunden bezeichnen.«

Wie tief erschüttert König Ludwig I. über den plötzlichen Tod seiner Gemahlin war, zeigt seine Antwort auf das Kondolenzschreiben seiner Schwiegertochter Amalie: »... Auch Du hast eine gute, liebevolle Mutter verloren. 44 Jahre war ich mit ihr verbunden, und größer und größer wurde meine Liebe und Anhänglichkeit wegen ihrer Vortrefflichkeit. Schon schwebte mir die Goldene Hochzeit vor, Gott wollte es anders, und seinem Willen sollen wir uns unterwerfen. Im kleinen geselligen Kreise kann ich ganz der Alte sein, aber allein oder mit meinen zwei Töchtern (Mathilde und Alexandra, d.V.), bleiben nicht immer die Augen trocken, auch Adalbert kommen oft die Thränen in die Augen, von der Mutter redend. Habe den Thron, meinen besten Freund (Heinrich von der Tann, d. V.), Eltern und Geschwister verloren, aber was ist das alles gegen den Verlust meiner Lebensgefährtin!! ...«

Zum ersten Jahrestag des Todes seiner Gemahlin dichtete der König das Sonett »An meine verklärte Therese«. Vier Jahre nach ihrem Tod schrieb er: »Die Zeit vergeht, aber mit ihr lebe ich sie«. Zur Überführung der Verstorbenen in die Gruft bei St. Bonifaz drückte er seine Gefühle wieder in einem Gedicht aus:

Die Du gereinigt lebest, ohne Fehle,
Sei mein Schutzengel auf der Erde Du,
Beschirme in dem Kampfe meine Seele,
Geleite, liebend, sie dem Himmel zu.

Selbst seine Träume, in denen ihm seine Frau begegnete, hielt Ludwig fest. »In einem von feurigem Schwung beseelten Gedichte, Traum vom 15. auf 16. Februar 1858 wird geschildert, wie die Geschiedene zur Erde zurückkam, wie sich die Gatten in reiner Liebesgluth, in inniger Seligkeit umschlungen hielten:«

> Voll Sehnsucht rief ich aus: O bleibe, bleibe!
> Nicht trennen kann ich wieder mich von Dir,
> Von dem unendlich viel geliebten Weibe,
> Von Dir, die auf der Erde alles mir.

Fast 150 Jahre ruhte Königin Therese von Bayern in ihrer Gruft. Erst um das Jahr 2000 gab es Überlegungen, sie umzubetten. Dafür setzten sich Pater Augustinus Bauer, Pfarrer von St. Bonifaz, und der evangelische Regionalbischof Martin Bogdahn ein. Dieser fragte im Haus Wittelsbach an, ob die protestantische Königin nicht aus ihrer »herabwürdigenden Lage« befreit werden könnte. Der Bischof fand Gehör, und es begann die Planung für eine Umbettung.

Am 12. November 2002 war es endlich soweit:Othereses inzwischen stark beschädigter Zinksarg wurde ohne großes Protokoll aus der Gruft geholt und in einen eigens angefertigten Marmorsarkophag gelegt, der in die Rückwand hinter dem Königsgrab eingelassen wurde. Der evangelische Landesbischof Johannes Friedrich und Odilo Lechner, Abt von St. Bonifaz, segneten die neue Grablege der Königin. Das Haus Wittelsbach hatte zwei schlichte grüne Kränze vor die Särge legen lassen. Franz Herzog von Bayern, Chef des Hauses Wittelsbach, verfolgte mit weiteren 15 Mitgliedern des königlichen Hauses die Zeremonie. Es sei doch eine »recht unschöne Situation« gewesen, sagte er, wie seine Vorfahrin bestattet gewesen sei. »Die Königin ist rehabilitiert«, freute sich auch Landesbischof Johannes Friedrich. Es ehre die Nachfahren des Königs, daß sie Königin Therese »in einer Zeit, in der sich das Verhältnis von Protestanten und Katholiken grundlegend geändert hat, posthum Gerechtigkeit widerfahren lassen«. Die ersten Liedzeilen des Gottesdienstes waren mit Bedacht gewählt: »Sonne der Gerechtigkeit, gehe auf zu unserer Zeit.«

Marie von Preußen

Gemahlin von König Maximilian II. Joseph

* 15. Oktober 1825 Berlin
† 17. Mai 1889 Hohenschwangau

∞ 12. Oktober 1842 München

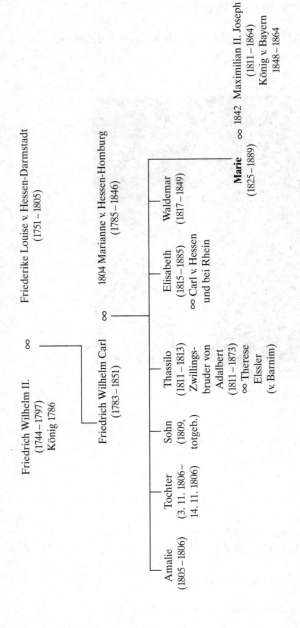

Die Hohenzollernprinzessin

Das Elternhaus

Marie Friederike Franziska Hedwig Prinzessin von Preußen wurde die dritte bayerische Königin und Landesmutter. Marie stammte aus der Dynastie der Hohenzollern und hatte eine bedeutende Ahnenreihe aufzuweisen. Sie kam aus der Familie König Friedrichs II. von Preußen, den man den Großen nennt und dessen sterbliche Überreste 1991 nach Potsdam zurückkehrten. Ihr Urgroßvater, August Wilhelm, war der Bruder dieses Königs, ihr Großvater war König Friedrich Wilhelm II. von Preußen (1744–1797). Aus dessen zweiter Ehe mit Friederike von Hessen-Darmstadt stammte Maries Vater Wilhelm (1783–1851), dessen ältester Bruder 1797 bis 1840 als König Friedrich Wilhelm III. von Preußen regierte.[1]

Die Mutter der dritten bayerischen Königin war Prinzessin Marianne von Hessen-Homburg (1785–1846), Tochter des Landgrafen Friedrich V. von Hessen-Homburg (1748–1820) und seiner Ehefrau Caroline von Hessen-Darmstadt (1746–1821), die ihrerseits eine Enkelin des Wittelsbachischen Herzogs Christian III. von Zweibrücken war.

Zum 200. Geburtstag der Mutter der bayerischen Königin veranstaltete die Stadt Bad Homburg 1985 eine Ausstellung »Marianne zu Ehren«.[2] In dieser Ausstellung wurde vor allem Mariannes Mithilfe zur Erlangung der vollen Souveränität der mediatisierten »französischen« Landgrafschaft Hessen-Homburg gewürdigt. Ebenso ist es ihr zu verdanken, daß die Stadt zum beliebten Kuraufenthalt der preußischen Könige und Kaiser wurde.

Prinzessin Marianne wurde am 12. Januar 1804 mit Prinz Wilhelm von Preußen verheiratet. Die Trauung fand im »Weißen Saal« des königlichen Schlosses in Berlin statt. Der preußische König wies dem jungen Paar die südwestliche Hälfte des dritten Obergeschosses im Berliner Schloß als Wohnung zu, in dem wohl auch Marie geboren wurde.

Marianne unterhielt einen regen Schriftwechsel, u. a. mit den Ministern vom Stein und von Hardenberg, auch mit den beiden Brüdern von Humboldt sowie dem Archäologen Hirt. Von dem Reichsfreiherrn Friedrich Karl vom und zum Stein kennen wir eine Beurteilung der Prinzessin: »Sie liebt Geschichte und erlernt sie aus den Übersetzungen der Alten, die sie mit großer Aufmerksamkeit liest und durch Auszüge in ihr Gedächtnis einprägt. Ihr Urtheil über Menschen ist ... strenge, frei von Vorurtheilen; sie ist unerbittlich gegen das Flache und Gemeine ... Sie hat einen unwiderstehlichen Hang zur Einsamkeit, zu einem innern, in sich gesammelten Leben, das ihre äußern Verhältnisse, mehr als gut ist, befördern. Ihre Liebe zur Kunst ist verbunden mit einem ausgezeichneten Talent zum Zeichnen, das sie durch sich selbst, weniger durch Unterricht entwickelt hat.«[3] Ihr Kunstsinn war erlesen. Von ihrem Mann erhielt sie 1822 als Geschenk das berühmte Gemälde von Hans Holbein d. J. »Madonna des Basler Bürgermeisters Jakob Meyer zum Hasen« (1526).[4]

War Prinzessin Marianne als junge Frau zunächst nur zu Repräsentationspflichten als Schwägerin des amtierenden Königs gefragt, so wurde bald aus ihr, hervorgerufen durch die politischen Verhältnisse ihrer Vaterstadt Homburg, eine engagierte Frau für ihr Land. Sie setzte sich für ein Eingreifen Preußens in den Krieg gegen Frankreich ein. Als am 9. Oktober 1806 Preußen den Krieg erklärte, zog ihr Mann mit dem preußischen König ins Feld, sie selbst floh – hochschwanger – zusammen mit Königin Luise aus Berlin, zunächst nach Stettin und dann nach Danzig; dort kam eine weitere Tochter zur Welt, die aber kurz danach verstarb. Auch ihre erstgeborene Tochter Amalie verlor sie in der Ostseestadt. Nachdem Preußen von Frankreich geschlagen worden war, kam es im Juli 1807 zum Frieden von Tilsit. Um Preußen vor dem »Untergang« zu retten, wurde Mariannes Mann in einer Sondermission nach Paris zu Kaiser Napoleon gesandt, um ihn bei seinen hohen Reparationsforderungen milder zu stimmen. Als Beweis der »Bündnistreue und

178

bis zur Tilgung der Kriegsschuld« wollte sich Prinz Wilhelm mit seiner Frau Marianne sogar Napoleon als Geiseln anbieten.[5] Das Bemühen war vergeblich. Marianne hatte dieses Geiselangebot nur dem Freiherrn vom Stein anvertraut, der ihrem Mann schrieb: »Diese Bereitwilligkeit, alles dem Vaterland und der Ehre aufzuopfern, was dem Menschen theuer und heilig ist, ist eine so schöne Hoffnung in diesem egoistischen kleinlichen Zeitalter ...« Vom Stein wurde wenig später, am 26. November 1808, aus dem preußischen Staatsdienst entlassen.[6]

Die Zeit der deutschen Befreiungskriege von 1813 bis 1815 prägte das Leben der Mutter der späteren bayerischen Königin Marie entscheidend. Sie gründete zusammen mit anderen hochgestellten Damen den »Frauenverein zum Wohle des Vaterlandes«. Ihr Aufruf vom 1. April 1813 an die preußischen Frauen, dem Vaterland in der Gefahr beizustehen, fand ein überwältigendes Echo. Der Erlös der Spenden wurde zur Bewaffnung und Einkleidung der Soldaten und zur Pflege der Verwundeten verwendet. Dieser Einsatz der Mutter mag Vorbild gewesen sein für die späteren karitativen Aktivitäten der Tochter Marie.

Im Gefolge von Marschall Blücher, der in der Neujahrsnacht 1813/1814 bei Kaub über den Rhein setzte, befand sich auch Maries Vater. Er zog mit diesem am 31. März 1814 als Sieger in Paris ein. Im Oktober 1815 verließ er die Armee und kehrte nach Berlin zurück.

Maries Vater war in den Jahren 1824 bis 1829 Gouverneur der Bundesfestung Mainz. Von 1830 bis 1832 wohnte die ganze Familie dann in Köln, wohin der Vater als Generalgouverneur der beiden Provinzen Rheinland und Westfalen versetzt worden war. Von 1834 bis 1839 und noch einmal von 1844 bis 1849 diente Prinz Wilhelm als Gouverneur der Bundesfestung.

Von den sieben Geschwistern der späteren bayerischen Königin Marie überlebten drei das Kindesalter. Marie hing sehr an dem um vierzehn Jahre älteren Bruder Adalbert (1811–1873), der die preußische Flotte befehligte. Bekannter als er dürfte seine morganatische Gemahlin, Therese Elssler, gewesen sein, die wie ihre Schwester Fanny als Tänzerin umschwärmter Mittelpunkt an den großen Bühnen Deutschlands war. Therese wurde vom König zur Freifrau von Barnim erhoben.

Die um zehn Jahre ältere Schwester Elisabeth[7] war mit Prinz Carl von Hessen und bei Rhein verheiratet. Das Diakonissenhaus Elisabethenstift in Darmstadt verdankt ihr seine Entstehung. Elisabeth widmete sich neben der Erziehung ihrer vier eigenen Kinder auch der Fürsorge für alleinstehende Mädchen.

Maries Bruder Waldemar, 1817 geboren, diente wie sein Bruder Adalbert bei der Armee und blieb unverheiratet.

Unbeschwerte Kindheit

Marie war das Nesthäkchen und kam am 15. Oktober 1825, einem Sonntag, den man als Erinnerungstag an die Schlacht von Waterloo feierte, in Berlin zur Welt. Ihre Mutter war damals bereits 40 Jahre alt. Marie und ihre Geschwister bekamen als Betreuerin und Erzieherin die in Coburg geborene Philippine Berndes-Mebes, Witwe des 1800 verstorbenen Johann Wilhelm Mebes, des Hofpredigers an der Schloßkirche zu Köpenick bei Berlin. Philippine war nur drei Jahre jünger als Prinzessin Marianne und Mutter von sechs Kindern. Im Jahre 1810 kam sie mit ihrem jüngsten Sohn zur prinzlichen Familie. Nach ihrem Tod 1830 wurde eine ihrer Töchter Kammerfrau bei Maries Mutter.

Wie aus Briefen der Erzieherin zu entnehmen ist, verbrachte Marie ihre ersten Lebensjahre im Schloß in Berlin. Die preußische Kronprinzessin Elisabeth, eine bayerische Königstochter, die kinderlos bleiben sollte, war von dem kleinen Mädchen besonders angetan. Über die zweijährige Marie schrieb Mebes an deren damals elfjährige Schwester Elisabeth: »... auch schmeckt es ihr vortrefflich, weshalb sie jetzt dreimal Suppe bekommt; mittags Brühsuppe und morgens und abends eine Zwiebacksuppe, auch trinkt sie mitunter Milch bei Tage: ich hoffe, das soll dem lieben kleinen Engel das Entwöhnen erleichtern.« Bruder Waldemar berichtete an die in Berlin gebliebene Erzieherin aus dem Sommeraufenthalt über seine Schwester: »Mariechen ist in der letzten Zeit sehr gewachsen und kann schon ziemlich viel sprechen … Marie ist sehr lustig. Sie hat jetzt einen kleinen Lockenkopf.«[8]

Einige Kinderjahre verbrachte Marie mit ihren Eltern in Köln und Mainz, dann wieder im Schloß in Berlin. Nach dem frühen Tod der preußischen Königin Luise 1810 hatte Prinzessin Marianne zeitweise Mutterpflichten für die königlichen Kinder übernommen. Während der Sommermonate verließ sie Berlin, das sie ihren »goldenen Käfig« nannte, um im Sommersitz der Familie im schlesischen Fischbach (Karpniki) zu leben. Prinz Wilhelm hatte das Schloß im Jahre 1822 für die Familie erworben.

Das Schloß, das in seinem Kern aus der Renaissancezeit stammte, wurde nach dem Erwerb stark verändert und dem neugotischen Zeitgeschmack angepaßt. Es liegt mitten im lieblichen Hirschberger Tal des Riesengebirges mit einem freien Blick auf die Schneekoppe. Vom Schloß aus sah man auch den Falkenstein, auf dessen Gipfel Maries Mutter ein Kreuz mit der Inschrift aufrichten ließ: »Des Kreuzes Segen über Wilhelm, seine Nachkommen und das ganze Thal.« Am Fuß des Berges ließ Prinz Wilhelm als Geschenk an seine Frau zu ihrem Geburtstag ein »Schweizerhaus« errichten (1823). Hier traf sich wiederholt die hessische, preußische, bayerische und russische Verwandtschaft und verlebte »ländlich festliche Stunden«. Heute ist das einstige Jagdhaus mit Försterwohnung eine polnische Berggaststätte.

Das schöne Schlesien wuchs Prinzessin Marianne so sehr ans Herz, daß die Sommeraufenthalte oft bis Weihnachten ausgedehnt wurden. Marianne suchte die Stille, aber nicht die Einsamkeit. Zu den liebsten Gästen in Fischbach gehörte die schon erwähnte Elisabeth (1801–1873), Gemahlin König Friedrich Wilhelms IV., eine Tochter des bayerischen Königs Max I. und Stiefschwester König Ludwigs I. Zwischen ihr und der Prinzessin Marianne entstand ein besonders herzliches Verhältnis. Als die katholische Wittelsbacherin zur evangelischen Kirche übertrat, war Marianne zugegen.

Mit den Bewohnern des Dorfes Fischbach stand Marianne in regem Kontakt. Sie unterstützte die Armen und ließ den Bedürftigen Kleidung und Essen austeilen. Den armen Frauen überließ sie Flachs, damit sie im Winter spinnen konnten. Den Sonntagsgottesdienst feierte sie mit den Leuten in der Dorfkirche und brachte in den Gottesdienst das »Kirchenriechel« mit. Bauern erhielten Schalmeien, der Schäfer ein Alphorn, auf dem er Choräle blasen lernen mußte, aber auch das »Mantellied«, ein echt schlesisches Erzeugnis. Aus dem Harz wurde ein wohl zusammenklingendes Geläut für alle Kühe des Hofes beschafft.

Doch es gab noch etwas, was das Hirschberger Tal für Prinzessin Marianne so anziehend machte: Es lebte dort eine pietistische »Gemeinschaft der Gläubigen«. Sie bestand zunächst aus Mitgliedern des ansässigen Adels, wirkte aber stark in das Leben des Volkes hinein. »Die Elemente des geistlichen Lebens, die uns das damalige Berlin zeigt, finden sich in der schönen Ländlichkeit frischer und einfacher wieder: fromme Überlieferung der Häuser, neue Erweckung in der Zeit der Befreiungskriege, fortwährende Anregung durch die zahlreicher werdende lebendige gläubige Geistlichkeit. Das eine, das noth thut: Christus, sein Evangelium, seine Gnade, sein Werk, sein Reich, war der Kern des Verkehrs. Jeder gab mit Wärme, jeder nahm mit Dank«, schrieb Wilhelm Baur.[9] Die Zimmer im Schloß, in denen Marianne wohnte, ließen »uns sofort den christlich-deutschen Geist ihrer … Bewohnerin athmen«. Und so erlebte auch ihre Tochter, die spätere bayerische Königin, in einer pietistisch geprägten Atmosphäre ihre Jugendzeit. Mariannes Lieblingszimmer hieß das »Blaue Zimmer«. Dort stand auf ihrem Schreibtisch eine kleine Marienstatue, die später in den Besitz der Tochter überging und als liebe Erinnerung an die Mutter den Weg nach München fand.

Die Aufenthalte auf Schloß Fischbach bedeuteten für die Kinder immer auch ein Stück Freiheit vom Zeremoniell im Berliner Schloß. Sie durften mit den Dorfkindern spielen, durchstreiften Hof und Stallungen, lernten den Umgang mit den Tieren. Als Jüngste im Haus durfte Mariechen die Eier aus dem Hühnerstall holen, und sie besaß ein eigenes Butterfaß. Sie wuchs für damalige Vorstellungen sehr ungezwungen auf.

Im Riesengebirge machte Marie mit ihrer Familie auch ihre ersten Bergwanderungen. Die Liebe zu den Bergen blieb ihr zeitlebens erhalten. Schon bevor sie nach Bayern kam, kannte sie Edelweiß und Alpenrosen, die »von einem eifrigen Hüttenwirt auf der Schneekoppe angepflanzt worden waren«. Wie sehr auch ihre Mutter die Berge liebte, zeigt sich darin, daß sie nach der Hochzeit ihrer Tochter in München trotz Kälte und Schnee nach Partenkirchen reiste, um die Zugspitze zu sehen.

Marie wuchs in der Geborgenheit ihres Elternhauses auf. Sie liebte ihre Eltern sehr und blieb ihnen zeitlebens in großer Anhänglichkeit verbunden. Wegen ihrer natürlichen Anmut und sanften Art war sie der Liebling der ganzen hochadeligen Verwandtschaft; deshalb auch der Kosename »Engel«. Mariechen wurde »in evangelischer innerlicher Religiosität zu echtem Christusglauben und zu Taten der Barmherzigkeit erzogen«, wie Hans Rall einfühlsam formulierte.[10]

Im Jahre 1837, als Marie von Preußen zwölf Jahre alt wurde, kamen in der Nähe von Fischbach die um ihres evangelischen Glaubens willen ausgewanderten Zillertaler an.[11] Maries Mutter bezeichnete die Aufnahme der »Missionare« als einen Segen für das ganze Tal. Auch der Pfarrer von Fischbach, Siegert, bekundete, daß er an seiner Seele durch den Unterricht, den er den Neuangekommenen gab, gewonnen habe. Marie begleitete immer wieder ihre Mutter zu den Gottesdiensten und besuchte mit ihr die Zillertaler. Die Mutter legte großen Wert darauf, daß die Zillertaler »in aller Munde waren«. Damit werde darauf aufmerksam gemacht, daß sie um ihres Glaubens willen ihre Heimat verlassen mußten, »von dem ja jetzt so wenig die Rede ist; schon das ist ja ein großer Segen«. Die Beziehungen zu den Zillertalern in Schlesien bestanden selbst dann noch, als Marie Königin von Bayern geworden war.

Nachdem sich ihre Schwester Elisabeth 1836 mit Prinz Carl von Hessen und bei Rhein verheiratet hatte und nach Darmstadt gegangen war, blieb nur noch Marie bei der Mutter. Am 31. Dezember 1841 bat Kronprinz Maximilian von Bayern um die Hand der gerade sechzehnjährigen Prinzessin.

Hier soll nicht unerwähnt bleiben, daß bereits 1826 Elisabeth als Braut des bayerischen Kronprinzen Max ausersehen war. Der bayerische Fürst Karl Philipp Wrede hatte bei seiner zweimaligen Durchreise durch Berlin nach Petersburg die Prinzessin gesehen und war von ihrer Schönheit und Liebenswürdigkeit »ergriffen«, so daß er mutmaßte, »daß sie die wünschenswerte Partie für den bayerischen Kronprinzen sein würde«. Der damals sechzehnjährige Kronprinz »soll in Hinsicht auf Geist und Charakter zu den besten Hoffnungen berechtigen«. König Ludwig I. war von Wredes Vorschlag angetan, zumal eine doppelte Verbindung des bayerischen Hauses mit dem so hoch stehenden königlich-preußischen Hof das »allerfreudigste Ereigniß sein würde«. Seine Tante Elisabeth, Kronprinzessin von Preußen, und seine Großmutter Caroline unterstützten dieses Heiratsprojekt ebenfalls. Prinz Wilhelm, Vater der preußischen Elisabeth, war von dem Gedanken einer Einheirat in das bayerische Königshaus sehr angetan. Aus einer Depesche des preußischen Gesandten von Küster am Hof in München an Prinz Wilhelm geht jedoch hervor, daß »vorderhand an keine Verbindung des Kronprinzen von Bayern mit seiner Tochter Elisabeth« gedacht würde. Damals sollte unter strengster Geheimhaltung über eine Verbindung des Kronprinzen mit der Großfürstin Maria Nikolajewna auf Wunsch König Ludwigs I. verhandelt werden. Kronprinz Max lernte die preußischen Prinzessinnen Elisabeth und Marie (damals fünf Jahre alt) spätestens 1830 kennen, als er in Berlin studierte.[12]

Anläßlich der Brautwerbung 1841 schrieb Kronprinz Maximilian an König Friedrich Wilhelm IV. von Preußen: »Die lebhafte Zuneigung, welche Ihre Königliche Hoheit, die Prinzessin Marie von Preußen, Muhme Eurer Königlichen Majestät, mir vom ersten Augenblicke unserer Bekanntschaft an eingeflößt, hat in mir den sehnlichen Wunsch erregt, ein christliches Ehebündniß mit derselben zu schließen.«[13] Maries Mutter äußerte sich zur Brautwerbung: »Ja, das ist ein ernstes Ereignis, das schon so früh ins Leben tritt dieses jungen Kindes, aber in allem, was geschah in dieser Sache, war des Herrn Führung und Leitung so deutlich, daß ich mich deshalb beruhigt fühle, so entsetzlich schwer es mir auch wird, zu denken, daß ich das liebe Kind nicht mehr um mich haben werde.«[14]

Verlobung Mariechens mit Maximilian von Bayern

Am 23. Dezember 1841 meldete die »Münchner Politische Zeitung« die bevorstehende Verlobung des bayerischen Kronprinzen Maximilian mit Prinzessin Marie von Preußen. In einer feierlichen Audienz in Berlin erfolgte die »Anwerbung« der Prinzessin für den bayerischen Kronprinzen bei dem preußischen Königspaar und bei den Brauteltern. Das Brautwerbungsschreiben überreichte der königlich bayerische Gesandte in Berlin, Graf von Lerchenfeld. Da die zukünftige Königin von Bayern evangelisch war, hätte der bayerische Hof beim päpstlichen Stuhl um Dispens wegen der Religionsverschiedenheit ansuchen müssen. Es wurde zwar um Dispens ersucht, allerdings nur wegen der Verwandtschaft vierten Grades. Den Auftrag dazu erhielt Graf Spaur offiziell am 20. März 1842. Dabei wies Staatsminister August Freiherr von Gise ausdrücklich darauf hin, daß das Dispensbreve kostenlos erteilt werden sollte, wie es im Jahre 1828 bei der Heirat der Schwester Ludwigs I., der Prinzessin Ludovika, mit Maximilian, Herzog in Bayern, der Fall gewesen sei.[15]

Am 6. Januar 1842 reiste Maximilian mit militärischem Gefolge zur Brautwerbung nach Berlin. Am Tag seiner Ankunft erkrankte die Braut an einer typischen Kinderkrankheit, den Masern. Daher konnte die feierliche Verlobung erst am 23. Februar 1842 im königlichen Schloß in Berlin in Gegenwart des Königspaares und des gesamten königlichen Hauses von Preußen stattfinden. Der glückliche Bräutigam verfaßte folgendes Gedicht:[16]

Der Prinzessin Marie von Preußen
(an meinem Verlobungstage in Berlin.)

Gott möchte einen Engel senden,
Der meiner Seele Sehnsucht stillt:
Das fleht' ich mit erhob'nen Händen;
Die Bitte ist mir nun erfüllt.

Es trieb mich über Berg' und Meere
Des tiefsten Herzens mächt'ger Drang,
Daß »Unser Vater« mir beschere,
Was ich im Traume oft besang.

Gefunden ist der Frauen Krone,
Die holde Rosen-Königin:
Mein Leben nimm zum Ritterlohne,
Daß Deine Gunst Du mir verlieh'n.

Es blieb in jener schönen Stunde,
Wo Du entsendet lichten Höh'n,
Ein Engel auf dem Erdenrunde
An Deiner Wiege segnend steh'n;

Legt' dort der Gaben schönste nieder,
Zu lieben und geliebt zu sein,
Eilt zögernd zu den Sternen wieder, –
Und Du, sein Liebling, bist nun mein!

Während seines Aufenthaltes in Berlin besuchte der bayerische Kronprinz eine Vorlesung des Philosophen Schelling und nahm seine Braut in eine Versammlung des Wissenschaftlichen Vereins mit, wo Professor Werder einen Vortrag hielt über »Schillers Verhältnis zur deutschen Philosophie«.[17] Marie lernte erstmals den Bildungs- und Wissensdrang ihres künftigen Gatten kennen.

Konfirmation der Braut

Bevor an eine Hochzeitsfeier gedacht werden konnte, stand noch ein anderes feierliches Fest ins königlich-preußische Haus: die Konfirmation der Braut. Der Bräutigam kam durch Böhmen nach Schlesien in das schöne Fischbacher Tal, um daran teilzunehmen. In der Dorfkirche von Fischbach wurde Marie am 30. Juli 1842 von Oberkonsistorialrat Dr. Strauß aus Berlin eingesegnet. Die Lieder, die gesungen wurden, durfte sich Mariechen wünschen: »Mir ist Erbarmung widerfahren« und »Ach bleib mit deiner Gnade bei uns, Herr Jesus Christ.«

Über die Konfirmation ihrer Tochter schrieb Prinzessin Marianne: »Ehe sie am Altar ihrem himmlischen Bräutigam sich angelobt, winkte ihr schon der irdische Brautkranz ... Ja, das waren schöne Tage ... Die Confirmandin war so gesammelt, daß weder die Ankunft des Bräutigams noch die Anwesenheit so vieler Personen, die in der kleinen Dorfkirche zusammengedrängt waren – sie im Mindesten störte, sie war als wie ganz allein mit ihrem Herrn und Gott vor dem Altar – o es war eine große Gnadengabe! – Allen Anwesenden war das erbauend. Auch bestand sie sehr gut. Strauß – seine Reden waren herrlich – die Lieder waren schön – Alles war befriedigend ... Ja, es war eine unvergeßliche Zeit – eine stärkende im Hinblick auf die so schwere Trennung, die mir bevorsteht. Doch ich sehe sie ja jeden Tag vor mir, so glückselig mit ihrem Bräutigam, der noch bei uns ist, daß ich mich nur freuen sollte.«[18]

Maximilian blieb bis zum 10. September 1842 bei seiner lieblichen Braut und reiste dann über Pilsen, Prag und Straubing nach München zurück.

Über die Konfirmation soll auch der Philosoph Friedrich Wilhelm Joseph Schelling, der Protestant war, zu Wort kommen. Er nannte die fürstliche Familie ein Beispiel dafür, daß »noch immer auch in den höchsten Kreisen aus inniger, durch Religion geweihten Liebe und Verbindung der Gemüther ein goldnes Weltalter erblühen kann! Welch eine Thatsache, daß der Erbe des bayerischen Throns bei dem öffentlichen aus innerstem

Herzen abgelegten Religionsbekenntniß der evangelischen Prinzessin, seiner Braut, nicht als gleichgültiger und kalter, sondern als theilnehmender und selbstbewegter Zeuge zugegen war!«.[19] Der Bräutigam selbst nannte die Einsegnung seiner Braut »erhebend«. Die Brautzeit, die Maximilian im Kreise »so herrlicher Menschen« in Fischbach erlebte, sah er an als einen »Vorgeschmack der Seligkeit, die uns jenseits erwartet«.[20]

Evangelische Prokurativ-Trauung in Berlin

Die feierliche Vermählung der sechzehnjährigen Marie von Preußen mit dem 31jährigen Kronprinzen Maximilian fand am 5. Oktober 1842 im königlichen Schloß in Berlin abends um 6¼ Uhr statt. Im »Rothen Zimmer« Friedrichs I. wurde die aus der Schatzkammer geholte Krone gemeinsam von der Königin von Preußen und der Prinzessin Marianne, der Mutter der Braut, der in herrlichstem Brillantenschmuck gezierten Braut aufs Haupt gesetzt. Von dort aus zogen die Festgäste zur Schloßkapelle. An der Seite der Braut ging nicht der Mann, der ihr Ehemann werden sollte, sondern Wilhelm Prinz von Preußen als Vertreter des bayerischen Kronprinzen. Bei dieser in Berlin vorgenommenen Prokura-Vermählung war also der spätere Kaiser Wilhelm I. der Vertreter des späteren bayerischen Königs. Der Kammerherr von Usedom überreichte auf einem rotseidenen Kissen die von Maximilian von Bayern ausgestellte Vollmacht, die der Geheimrat von Raumer verlas. Dann sprach der evangelische Bischof Dr. Eylert den Segen, und die Ringe wurden gewechselt. Der Generalleutenant von Nostiz empfing den Ehering aus der Hand des Prinzen von Preußen, um ihm dem bayerischen Kronprinzen nach München zu überbringen. Nach dem kirchlichen Segen erfolgte im »Weißen Saal« des Schlosses die Gratulationscour und die Festtafel.

Am Tag nach der Trauung folgte die Gratulationscour bei Marie, der nunmehrigen Kronprinzessin von Bayern, in den Zimmern der Königin Elisabeth, der Tante ihres Mannes. Am Abend stand die Oper »Wilhelm Tell« von Gioacchino Rossini auf dem Programm. Maries Vater und Königin Elisabeth begleiteten die junge Frau, die sich recht schnell in ihre neue Rolle einfühlte und durch eine »huldvolle Verneigung« den jubelnden Festgästen dankte. Es muß schon ein eigenartiges Gefühl für die junge Braut gewesen sein, nicht am Arm ihres Gemahls, sondern an dem des künftigen Königs von Preußen in der Oper mit freudigen Hochrufen als Kronprinzessin von Bayern empfangen zu werden.

Zwei Tage nach der Prokurativ-Trauung hieß es Abschied nehmen von der Heimat. Über die Abreise von Berlin berichtete eine Zeitung unter der Überschrift: »Sie geht, und Segen folgt Ihr überall!« Die Berliner wünschten ihrer jungen Prinzessin von Herzen Glück in ihrer Wahlheimat Bayern.

Triumphaler Empfang Mariechens in Bayern

Damit Marie der Abschied nicht allzuschwer fiele, begleiteten ihre Eltern und ihr Bruder Waldemar sie nach München, um auch dort an der Trauung teilzunehmen. Bis Dessau befand sich die Königin Elisabeth in der Begleitung der »hohen Neuvermählten«, bis nach Halle kamen der König von Preußen und die Prinzen Carl und Georg mit. Dort endete damals die Eisenbahnstrecke, und die Reise mußte mit dem Wagen fortgesetzt werden. In Gera wurde das erste Mal übernachtet.

Die ganze Reisestrecke bis München wurde zu einem wahren Triumphzug für die evangelische Hohenzollernprinzessin. Obwohl es regnete, hatten viele Städte Festtagsschmuck angelegt. Auf Wunsch des Königs waren der königliche Staatsminister von Rochow und der bayerische Gesandte in Berlin, Graf von Lerchenfeld, bis zur Grenze in der Begleitung der Kronprinzessin Marie geblieben. Dort standen der bayerische Graf von Seinsheim und Regierungsrat Freiherr von Welden zu ihrem Empfang bereit. Hier sah Marie nun auch zum ersten Mal ihren künftigen Hofstaat, die Oberhofmeisterin Gräfin von Pillement und die Hofdamen Gräfin von Luxburg und Freiin von Gumppenberg.

Die feierliche »Übergabe« der Kronprinzessin an Bayern, so meldete es die Zeitung, erfolgte dann am 9. Oktober 1842, einem Sonntag. Zusammen mit ihren Eltern besuchte Marie den evangelischen Gottesdienst in Bayreuth. Pfarrer Dr. Gabler predigte über einen Text aus Matthäus, Kap. 22: »Das Himmelreich ist gleich einem Könige, der seinem Sohne Hochzeit machte …«. Alle Anwesenden waren zu Tränen gerührt, als der Pfarrer am Schluß des Gottesdienstes mit Blick auf die Kronprinzessin den Segen sprach: »Der Herr segne Sie und behüte Sie!«. Rührend war dann auch der Abschied im Schloß Bayreuth. Nachdem die Grundlagen für die »Übernahme« verlesen waren, traten die preußischen Hofchargen ab und die bayerischen wurden zum Handkuß zugelassen. Tausende Schaulustige fanden sich in Bayreuth ein, um der Prinzessin zuzujubeln. Marie übergab in Bayreuth 1000 preußische Taler für die Armen der Stadt.

Der Regierungspräsident von Oberfranken begleitete dann die Herrschaften bis zur Grenze seines Kreises, von wo aus der Regierungspräsident des Kreises Regensburg und Oberpfalz die weitere Betreuung übernahm.

Die nächste Station war Amberg in der Oberpfalz. Schon vier Stunden vor Amberg, vom Kreuzberg aus, konnte man auf dem sogenannten Erzberg ein 180 Fuß hohes und 80 Fuß breites »M« erkennen, das durch Holzfeuer und Pechkränze beleuchtet war. Wie in vielen Städten war auch hier eine Ehrenpforte errichtet, es erklang das dreimalige Hoch auf die königliche Braut. Das für den Großvater des Bräutigams erbaute Maximilian-Denkmal wurde mit bengalischem Feuer erleuchtet. 200 Bergknappen mit Musik, Fahne und Grubenleuchten zogen vorbei. Die Infanterie-Regimentsmusik spielte bayerische und preußische Nationallieder. In Amberg erfolgte die zweite Übernachtung während dieser Reise.

Kanonendonner hallte der neuen bayerischen Kronprinzessin in Schwandorf entgegen, wo man mit einer kolossalen Ehrenpforte im griechisch-dorischen Stil aufwartete. Überall in den besuchten Städten wehten Fahnen in den bayerischen und preußischen Landesfarben. In Regensburg empfing Marie die

Honoratioren im »Goldenen Kreuz« und nahm an der »köstlichen Mittagstafel« teil. Am Nachmittag besuchte sie den Dom. Beim Abschied aus der Stadt beschenkten Schulkinder sie mit Blumen und Kränzen.

Der nächste Festempfang war in Landshut. Hier wartete bereits ungeduldig der bayerische Kronprinz auf seine Braut, die nun schon seit fünf Tagen als bayerische Kronprinzessin gefeiert wurde. In der Residenz sah sich das Braut- bzw. Ehepaar allerdings nur kurze Zeit, da der Kronprinz nach Moosburg weiterreiste. Am nächsten Tag verabschiedete sich Marie wieder aus Landshut, das sie mit einer Ehrenpforte mit riesigen Buchstaben grüßte: »Gib Landshut Deine Liebe«.

Weiter ging die Brautreise in das festlich geschmückte Moosburg. Die Moosburger durften sich an dem erneuten Zusammentreffen der Braut und des Bräutigams freuen. Maximilian eilte von hier aus nun seiner Braut nach München voraus. Ohne ihn zog Marie in Freising ein, wo auf der Ehrenpforte zu lesen war: »Auch Freysings Dom, der tausend Jahre sah, bringt seinen Flaggen-Gruß Ihr nah'«. Böllerschüsse dröhnten durch die alte Stadt zur herzlichen Begrüßung. Am Hauptplatz hielt der Regierungspräsident und Staatsrat von Hörman eine Rede, vor dem Dom erwartete die katholische Geistlichkeit die künftige evangelische Landesmutter. Nach sechs Tagen ununterbrochener Festlichkeiten schien die junge Braut sichtlich erschöpft, dabei hatte sie ja noch den nicht weniger aufregenden Einzug in die Residenzstadt München vor sich, eine Stadt, die sie nie vorher gesehen hatte und die nun ihre neue Heimat werden sollte.

In Freising war Marie um elf Uhr angekommen, bereits für zwei Uhr nachmittags war die Ankunft in München vorgesehen. »Wer könnte wohl den Jubel aller fassen, / wer zählen diese freudetrunknen Massen!« Gegen drei Uhr traf dann die Kronprinzessin an der Triumphpforte in der Schwabinger Landstraße ein. Ganz München schien auf den Beinen zu sein. Die Luft dröhnte förmlich unter einem tausendstimmigen Vivat. Die Schuljugend mit den Lehrern an der Spitze waren die ersten, die die Kronprinzessin begrüßen durften. Sie überreichten ihr ein Fest-Begrüßungsgedicht, das Bezug nahm auf das dem Triumphbogen gegenüberliegende (heute nicht mehr vorhandene) Schloß Biederstein und dessen verstorbene Erbauerin, Königin Caroline, um deren Segen für die liebliche Prinzessin Marie zu erbitten.

Zur nächsten Ehrenpforte schritt die Kronprinzessin zu Fuß, um dort vom Bürgermeister und dem Magistrat der Stadt empfangen zu werden. Dann bestieg sie zusammen mit ihren Eltern den vom bayerischen Hof entsandten, mit Blumen geschmückten Wagen, dem als glänzende Eskorte das Kürassier-Regiment Prinz Carl voran- und nachritt. Der Weg durch die prächtig geschmückte Ludwigstraße, vorbei an den mit ihren Fahnen aufgestellten Zünften und den Tausenden von Schaulustigen, glich einem wahren Triumphzug. Auf den drei an der Ludwigstraße aufgestellten Tribünen schmetterten Musikchöre. An der königlichen Residenz wartete »sehnsuchtserfüllt« der Bräutigam mit den Prinzen Carl und Luitpold und den hoffähigen Damen und Herren. An der Residenz angekommen, sprang die sechzehnjährige Braut förmlich aus dem Wagen, und auch der Bräutigam hielt sich nicht mehr an die Hofetikette. Er stürzte seiner Braut entgegen, und »bei dem bräutlichen herzlichen Kosen blieb kein Auge thränenleer«. Mit sichtlichem Stolz führte Maximilian seine liebreizende junge Frau die Treppe hinauf, wo Königin Therese und König Ludwig I. zum Empfang ihrer Schwiegertochter bereitstanden. Die Kronprinzessin wollte sich vor dem König kniefällig verneigen, doch er kam ihr zuvor und umarmte sie voller Rührung. Nach einem kurzen Aufenthalt in den königlichen Gemächern wurde Marie von Vertretern des Magistrats das Hochzeitsgeschenk der Stadt München überreicht: ein prachtvolles Diadem im Wert von 25 000 Gulden.[21]

Marie wollte die erste Nacht in München mit ihrer Mutter verbringen. Daher wohnten die beiden in den Trierzimmern der Residenz.

Katholische Trauung in der Allerheiligen-Hofkirche

Sieben Tage nach ihrer evangelischen Trauung in Berlin wurden nun Marie und Maximilian am 12. Oktober 1842 um zwölf Uhr in der Allerheiligen-Hofkirche nach katholischem Ritus vermählt. Es war der Tag, an dem 32 Jahre zuvor das regierende bayerische Königspaar getraut worden war, und zugleich der Namenstag des Bräutigams, der Maximilianstag.

Die Sitzordnung für alle Gäste legte der König selbst fest. Unter dem Donner von 60 Kanonenschüssen und dem Glockengeläut der ganzen Stadt begab sich das Paar in die Kirche. Die Trauung vollzog Erzbischof Lothar Anselm Freiherr von Gebsattel von München-Freising. Das Brautpaar steckte sich die geweihten Ringe an, der Erzbischof umwand die Hände mit der Stola und knüpfte das eheliche Band.

Über den Verlauf des Hochzeitstages gibt es einen sehr aufschlußreichen Brief, den die Schwester des Bräutigams, Großherzogin Mathilde von Hessen und bei Rhein, an ihre Schwägerin, Königin Amalie von Griechenland, am 22. Oktober 1842 schrieb: »Max und Mariechen ... sind, dem Himmel sei Dank, das Bild des Glücks. Als sie vom Altare, an der Hand unseres Max, wegtrat, erschien sie uns wie sein schützender Engel. ... Um halb 12 Uhr versammelte man sich bey Vater; Marie hatte ein magnifiques Braut-costume, in drap-d'argent, mit erhabenen Krännzen gestickt; um ihr schönes dunkles Haar schlang sich gleich dem Diamant-Kranz ein blühender in Myrthen. Ergreifend war es, als wir die heilige Schwelle der Kirche betraten, wie plötzlich ein Sonnenstrahl sich die Bahn durch den bewölkten Himmel brach u. freundl. Licht herabsandte – man hörte ordentl. ein freudiges Gemurmel unter den Anwesenden. Max weinte sehr bey der Trauung; Marie war unendl. gefasst, aber sehr blässlich – ihr Ausdruck verklärte, als sie d. Altar verliess.«

Die Allerheiligen-Hofkirche war von Ludwig I. erbaut worden, und in ihr hatte ein halbes Jahr zuvor auch die Vermählung von König Ludwigs Tochter Adelgunde mit Herzog Franz von Modena, Erzherzog von Österreich-Este, stattgefunden.

Anläßlich der Trauung seines Sohnes fand der »bausüchtige« König hinreichend Gelegenheit, den Gästen Neuentstandenes vorzuführen, unter anderem den Festsaal der Residenz. Im Thronsaal fand der »Salut du Trône« und anschließend im »Saal Karls des Großen« das Hochzeitsmahl statt.

Über den Abschluß des Hochzeitstages schrieb Mathilde: »… machte Marie in ihrem appartement die Abend-Toilette; die beyden Mütter, u. ich, warteten, im blauen Kabinett. Marie sah delicieuse aus, in rosa Nacht-costume, dazu ein rosa Unterröckchen; in diesem costume, schnitt sie uns Myrthenzweige ab, welche ihre Toiletten begränzten. Als sie zu Bett war, brachten die beyden papas, in unserer Gegenwart Max zu ihr … Ihre Mutter hatte ihr eigentl. nichts Rechtes vorher gesagt – Max blieb diese Aufgabe, so er mit der größten Zartheit löste. Am andern Morgen sah sie content u. glückl. aus; Max sagte mir: Der Himmel hat mich gesegnet. Ja wohl hat er ihn gesegnet; welch' ein herrlich-liebes Wesen ist nun seine Lebensgefährtin; wie lieb gegen unsere Aeltern ist sie – allgemein gefällt sie auch …«

Das erste Frühstück wurde in der Wohnung des frischgebakkenen Ehemanns eingenommen, das zweite bei der Königin Therese. Sie fand, daß es dabei recht munter zuging, ihr Sohn Adalbert einen »kleinen Spitz von Champagner« hatte und ihr Sohn Max nun sehr glücklich sei.[22]

Am 13. Oktober, dem Todestag des 1825 verstorbenen Großvaters Max I. Joseph, fanden keine Festlichkeiten statt. Am folgenden Tag wollte die gesamte Hochzeitsgesellschaft die festlich geschmückte Stadt bewundern und sich dem Volk zeigen. In sechs- und vierspännigen Kutschen fuhren die Herrschaften durch die Hauptstraßen. Am Abend ging es ins Theater. Die Hofoper spielte »Die Puritaner« und bot ein mit Geistern und Feen ausgestattetes Festspiel.

Der 15. Oktober war der 17. Geburtstag der Kronprinzessin Marie und der Namenstag ihrer Schwiegermutter Therese. Noch vor Tagesanbruch erscholl vom Petersturm die bayerische Volkshymne. Am Abend veranstaltete das Königshaus einen Hofball mit 875 Gästen, von denen 400 zum »Nachtessen gesetzt« wurden. Der nächste Tag brachte die Eröffnung des Oktoberfestes und die Hochzeit von 35 Brautpaaren aus den acht Regierungskreisen. Den Schaulustigen bot sich ein farbenschillerndes Schauspiel, als sich der gewaltige Brautzug vom Rathaus zur Michaels- und Matthäuskirche bewegte. Sieben Priester trauten an sieben Altären die 24 katholischen Paare, die elf evangelischen wurden gemeinsam eingesegnet. Das von der Stadt München ausgerichtete Mahl fand im Pschorr-Bierkeller statt. Am Nachmittag defilierte der Brautzug – alle Brautpaare waren in Tracht erschienen – auf der Oktoberfestwiese an dem jungen Kronprinzenpaar vorbei. Der Kronprinz ließ den Bräuten goldene Ringe reichen mit der Inschrift: »Heil und Segen zum 16. Oktober 1842 wünscht der Kronprinz von Bayern.« Jedes Paar erhielt außerdem einen Gedenktaler, versehen mit dem Brustbild des Kronprinzenpaares und deren Hochzeitsdatum.

Am 17. Oktober reiste die königliche Familie zusammen mit Maries Eltern nach Regensburg zur Einweihung der Walhalla und zur Grundsteinlegung der Befreiungshalle nach Kelheim. Die gesamte königliche Familie traf am 20. Oktober nachts wieder in München ein.

In München gingen die Feierlichkeiten weiter. Der Kronprinz nahm an einem Festschießen teil, am 25. Oktober tanzte er mit seiner jungen Frau auf dem von der Bürgerschaft Münchens im Odeon veranstalteten Ball, der, »was Eleganz, Geschmack und Pracht betrifft, der Hauptstadt eines Königreiches würdig war«.[23]

Am folgenden Tag reiste das Paar von München nach Hohenschwangau ab. Mariechen scheint die nicht unerheblichen Strapazen gut überstanden zu haben. Seit ihrer Prokurativ-Trauung in Berlin war sie nun vierzehn Tage ununterbrochen in der Öffentlichkeit unter fremden Menschen. Als sie in die Kutsche stieg, strahlte sie noch immer und war fröhlich. Zwölf Jahre später fuhr eine bayerische Prinzessin nach Wien zu ihrer Vermählung: die sechzehnjährige Elisabeth, bekannt als »Sisi«. Sie war bei ihrer Ankunft in Wien schon so erschöpft, daß sie in ihrer gläsernen Kutsche unaufhörlich weinte, keine strahlende Kaiserbraut, sondern ein schluchzendes junges Mädchen, wie Brigitte Hamann schreibt.[24]

Von München ging es zunächst nach Starnberg, dann zu den herzoglichen Verwandten nach Possenhofen, zu Maxens Tante Ludovika und Onkel Max und deren damals fünfjährigen Tochter Elisabeth, die eben Erwähnte. Über Weilheim, Schongau und Füssen erreichte das Paar gegen Mitternacht das Schloß Hohenschwangau.

1832 hatte dieses Schloß der Kronprinz erworben und »in des Mittelalters ritterlicher Herrlichkeit« wiederherstellen lassen. Mariechen war vom Schloß und vom Anblick der Berge völlig fasziniert. Welch ein Glück, daß sie sich in ihrer neuen Umgebung so schnell heimisch fühlte!

Natürlich sollte das Kronprinzenpaar auch in Füssen entsprechend gefeiert werden. Das Musikcorps des Kronprinzen-Regiments war aus München angereist, ebenso kamen die Liederkränze aus Kempten, Obergünzburg, Kaufbeuren, Sonthofen und Schongau. In der Stadtpfarrkirche wurde ein Füssener Paar getraut, danach zogen die Festgäste zum Schloß Hohenschwangau. Dort nahm das Kronprinzenpaar die Huldigung der Versammelten entgegen. Den schönen Tag beschlossen Freudenfeuer, donnernde Hochrufe, ein Fackelzug und ein großartiges Feuerwerk.

Max und Mariechen – das Kronprinzenpaar

Nun waren sie also ein glückliches Ehepaar.

Der königliche Vater und Schwiegervater war sehr zufrieden. Er hatte sich aber auch wirklich schon viele Gedanken darüber gemacht, wann endlich sein Sohn und Thronfolger sich vermählen würde.

Am 28. Oktober 1841 vertraute der König seinem engsten Freund, dem Freiherrn Heinrich von der Tann (1784–1848), an: »Heute in einem Monat, am 30. Jahrestag seiner Geburt, will der Kronprinz Bräutigam sein; von wem? Das weiß ich nicht, und er wohl selbst nicht, darüber in Hohenschwangau sinnend ...«[25] Doch der Kronprinz mit den »wundgelaufenen Freiersfüßen« hatte schon seine Braut erwählt, »nicht einem flüchtigen Augenblicke folgend, sondern nach reiflicher, gewissenhafter Forschung und Erwägung«.[26]

Der Kronprinz ließ seinen verehrten Professor Schelling wissen, daß er am Sarge seiner geliebten Großmutter Caroline, die am 13. November 1841 verstorben war, die Verwirklichung deren stillen Wunsches seiner Vermählung mit der Prinzessin Marie von Preußen beschlossen habe. Maximilian fühlte, daß, wenn er der Großmutter Stimme folgen würde, er den Schritt nie zu bereuen brauche.[27]

Drei Tage nach der Hochzeit verfaßte König Ludwig I. folgenden Brief an seine Tochter Adelgunde: »... die erste Frage wird seyn wie gefällt dem Väterchen das neue Schwiegertöchterlein, trefflich lautet die Antwort, in den ersten Augenblicken hatte sie bereits meine Eroberung gemacht. Sie ist sehr gemüthlich, nichts von Selbstsucht an ihr, ohne Schönheit zu sein, sehr hübsch, äußerst liebreich, ihre Augen aber, diese sind wirklich sehr schön. Marie wird Adelgunde recht ansprechen, und wie sie ist erstere in ihren Mann ungeheuer verliebt. So sah ich Max noch nie, er ist vollkommen glücklich. Es ist ein gar zärtliches Pärchen. Marie ist mittlerer Größe; gewachsen und verschönt seit letztem Jahre findet sie der junge Ehemann. Überall wo sie noch war im Land, gefiel Marie sehr, ihre aus dem Herzen kommende Freundlichkeit ist aber auch recht für die Bayern gemacht ...« Diese Begeisterung steigerte sich noch, da der König Marie »wie eine leibliche Tochter« liebhatte. Später war er davon überzeugt, daß von allen seinen Schwiegertöchtern Marie die einzige war, die »Bayerin« geworden ist.[28] Seiner Schwiegertochter Amalie teilte er mit, daß seine verehelichten Söhne sich glücklich preisen könnten, »da jedem die Frau geworden, welche am besten sich zu ihnen eignet«.

Wer war eigentlich dieser bayerische Kronprinz, dem Mariechen die Hand zum Ehebund gereicht hatte? »Die Jugend des Kronprinzen war in sittlicher Beziehung sehr flatterhaft; jetzt spricht man auf diesem Felde nicht mehr über ihn«, so der päpstliche Nuntius Viale Prela im Juni 1845. Vernichtend war sein Gesamturteil, das von den römischen Interessen geprägt war: »... dieser Prinz taugt ziemlich wenig«.[29] Auf die problematischen Beziehungen des Kronprinzen zum königlichen Vater wird hier nicht näher eingegangen. Allerdings kam es vor der Hochzeit zu einem Eklat, da der Vater sich mit des Prinzen sorglosem Umgang mit Geld nicht einverstanden erklärte. Der sparsame Vater überprüfte die erheblichen Schulden, stellte einen Tilgungsplan auf, und unter der Versicherung seines Ehrenwortes versprach Max, keine Schulden mehr zu machen.[30]

Als der Kronprinz um Mariechen warb, hielt zur gleichen Zeit auch der Herzog von Coburg für seinen Sohn, den späteren Ernst II., um ihre Hand an. Der Herzog sollte schon im Jahre 1844 sterben. Marie war dies »ganz eigen«, doch sie war doppelt froh, nicht angenommen zu haben, einmal, weil sie so glücklich mit dem bayerischen Kronprinzen geworden war und zum anderen, weil sie dann 1844 bereits eine »Regierende« gewesen wäre. Sie ahnte damals ja noch nicht, daß ihr Schwiegervater schon vier Jahre später abdanken würde. Den Coburger hätten Maries Eltern allerdings am liebsten als Schwiegersohn gesehen.[31]

Schon kurz nach der Hochzeit des Kronprinzenpaares äu-

198

ßerte der König, er wolle die Kronprinzessin für seine Schönheitsgalerie malen lassen. Ende Dezember 1842 saß Marie dann auch dem Maler Joseph Stieler Porträt. Am 11. Februar 1843 erhielt König Ludwig bereits das vollendete Bild. Wenige Tage später war auch das Porträt der Hofdame Friederike Freiin von Gumppenberg fertig, die der König ebenfalls hatte porträtieren lassen. Sie war die Tochter des ehemaligen königlich-bayerischen Oberberg- und Salinenrats Freiherrn Franz Seraph von Gumppenberg und der Therese, geborene Gräfin von Tannenberg. Friederike war zwei Jahre älter als die Kronprinzessin, der sie seit 1842 als Hofdame diente. Fünfzehn Jahre lang teilten die beiden Frauen Freud und Leid, dann heiratete Friederike 1857 ihren Cousin Ludwig von Gumppenberg und schied zum großen Bedauern der Königin aus ihrem Dienst aus. Sie überlebte Marie um 26 Jahre und starb 1916 im Alter von 93 Jahren[32].

Doch nun wieder zurück zum frischvermählten Kronprinzenpaar. Am 26. Oktober 1842 war – wie berichtet – die Abreise nach Schloß Hohenschwangau erfolgt. Die Eltern der Kronprinzessin kamen am 7. November 1842 ebenfalls dorthin und blieben bis zum 26. November. So konnte die Schwiegermutter den Kronprinzen ganz gut kennenlernen. Da sie ihn »so lieb habe«, wollte sie ihm ihre sehr persönlichen Gedanken mitteilen. Sie schrieb ihm am 23. November, an Mariechens Tauftag, von Hohenschwangau aus: »Du bist lange unverheirathet gewesen. Es ist natürlich, daß Du davon eine längere Zeit Gewohnheiten behalten wirst – dennoch gab es mir allemal einen Stich ins Herz im Gefühl für Mariechen, wenn Du in ihrer Gegenwart ausmaltest, wie es schön sein würde, wenn Du ein Zimmer haben würdest, sehr verziert und geordnet, und das Du abschließen könntest, wohin niemand kommen kann. Ich hoffte immer, Du würdest wenigstens aus Güte sagen: außer Du, aber Du sagtest es nie. Im Ehestand muß Mann und Frau sich immer einander mitteilen können …« Sie bat dann ihren Schwiegersohn daran zu denken, daß Marie aus ihrem bisherigen Leben herausgerissen worden sei, in dem sie stets liebevoll von der Familie umgeben war.

Da die Schwiegermutter nun die Räumlichkeiten auf Schloß Hohenschwangau kannte, wies sie auf das Thema der Ausmalung des Zimmers ihres Schwiegersohnes hin. Er habe sich das Ritterleben bildlich darstellen lassen, »darin als Glanzpunkt der Moment gemalt, wo Mann und Frau sich vereint absondern, und der Ritter sagt: ›Ich liebe Dich! Laß mich's gestehn von allen Menschen fern.‹« Als Beispiel für einen guten Ehemann stellte Prinzessin Marianne den König von Preußen heraus. Auch er habe erst spät geheiratet, dann alle Untugenden abgelegt und lebe nun in enger räumlicher Nähe mit seiner Frau, der Königin Elisabeth, der bayerischen Prinzessin.[33]

Der preußische Gesandte von Küster meldete im Januar 1843 vom Hof in München an König Friedrich Wilhelm IV. nach Berlin: »Die Kronprinzessin ist wahrhaftig das Glück der ganzen königlichen Familie« und: »Das Verhältnis des Kronprinzen zum König ist gegenwärtig sehr gut, und die Kronprinzessin, die, wie mich der König versichert, ihm täglich mehr gefällt, ist ein gutes Band zwischen Vater und Sohn. Aber dieses Verhältnis muß mit großer Achtsamkeit behandelt werden, und darum vermeidet der Kronprinz die Sitzungen des Reichsrates, solange die Kniebeugung auf der Tagesordnung steht.«[34]

Im Februar 1843 kündigte sich bei dem jungverheirateten Kronprinzenpaar das erste Kind an, doch die Kronprinzessin erlitt drei Monate später eine Fehlgeburt. Der Kronprinz teilte dies sofort seiner Schwiegermutter mit, worauf sie ihm antwortete: »Wie traurig ist die Nachricht, die Du uns gibst, lieber Max, von lieb Mariechen: Es ist eine schwere Prüfung für Euch beide. Der Herr sei ein Trost, und gewiß wird Euch diese Prüfung auch zum Heil sein, denn nur deshalb konnte der Herr sie Euch senden ... Gott gebe nur, daß es ihrem jugendlichen zarten Körper nicht schade ...«[35]

Wie nahm Mariechen nun selbst diesen Schicksalsschlag auf? Sie schrieb an ihren ehemaligen Pfarrer Siegert in Fischbach: »... nehme ich diese Prüfung auch getrost hin. Ich danke dem Herrn dafür. Er schlug mich aus Liebe ...!«[36]

Aus beiden Briefen geht hervor, wie tief Mutter und Tochter in ihrem Glauben verwurzelt und miteinander verbunden waren. Eigenartig berührt die Tatsache, daß Marie von dem sie behandelnden Arzt Dr. Gietl zunächst nicht gesagt bekam, daß sie ihr Kind verloren hatte. Die Mutter meinte dazu ihrem Schwiegersohn gegenüber, daß Marie den Schmerz um so mehr empfinden würde, wenn sie es erführe. Es sei wohl ihrer jugendlichen Unwissenheit zuzuschreiben, daß sie die ganze Tragweite des »Unfalls« nicht durchschaue. Max möge mit den Ärzten eine Kur für seine Frau zu deren Stärkung vereinbaren. Mariechen erholte sich jedoch schnell.

Zwischen den beiden Schwiegermüttern Marianne und Therese entstand ein nicht unerheblicher Schriftwechsel. Im Neujahrsbrief vom 29. Dezember 1843 schrieb Therese an die theure, liebe Freundin Marianne, daß sie hoffe, daß »Mariechen uns zu glücklichen Großältern mache«. Der König fügte dem Brief an: »Glückseliges Neues Jahr! Der von mir ganz vorzüglich geschätzten Mutter der besten Schwiegertochter, die ich hätte bekommen können.

Schwiegersohn Max unterzeichnete:

»Empfangen Sie gütigst meine besten Wünsche zum neuen Jahre, verehrte Mutter meines Engelsweibchen.«

Bei einem Besuch des Kronprinzenpaares in Berchtesgaden im Juli 1844 erlaubte Maximilian seiner Frau, zwei Tage ins Zillertal zu reisen. Dieses Tal war für Marie ein Ziel ihrer Wünsche und »eine wahre Herzensfreude und Seelenstärkung«, um endlich die zurückgebliebenen Angehörigen der nach Schlesien Ausgewanderten kennenzulernen. Um ihrer evangelischen Überzeugung willen hatten im Jahre 1837, wie schon berichtet, viele Zillertaler ihre Heimat verlassen und waren in Erdmannsdorf in Schlesien, unweit von Fischbach, angesiedelt worden. Marie nahm großen Anteil an deren Schicksal. Bei ihrem Weggang aus Fischbach versprach sie einen Besuch im Zillertal. Nun ergab sich die Möglichkeit, dort den Zurückgebliebenen aus der schlesischen Heimat zu berichten. Die Kronprinzessin war ganz überwältigt vom Anblick der Landschaft und der Liebenswürdigkeit und Gastfreundschaft, mit der sie überall empfangen wurde. Marie schrieb für alle ehemaligen Zillertaler einen regelrechten Reisebericht mit liebevollen Details, mit Lustigem und Traurigem. In Bichl besuchte sie das Haus des ehemaligen Holzschuhmachers und Wortführers der Zillertaler, Fleidl, dem sie durch ihre Schwester Elisabeth einige Blätter vom großen Birnbaum seines früheren Gartens schickte. In Finkenberg wurde sie bei der Schwester von Joseph Stock mit Kartoffeln und Milch verköstigt. Diese freute sich, von ihrem Bruder etwas zu erfahren und gab getrocknete Blumen und einen Kronentaler für ihre Nichte mit, die ihr Patenkind war. Die Kronprinzessin besuchte die Familien Geisler und Rahm, wobei sie sich nicht sofort als solche zu erkennen gab. Gemeinsam stieg man nach Barleiten zum Elternhaus hinauf. Unterwegs erkundigte sich Marie, ob man schon vom »Mariechen« in Fischbach gehört habe. Da wußten alle, daß Marie, die bayerische Kronprinzessin, vor ihnen stand. Beim Wirtshaus in der Ramsau traf Marie die Ehefrau von Andreas Egger mit ihren drei Kindern. Sie war dageblieben, während ihr Mann unter den Auswanderern war. Über diese Begegnung schrieb Marie: »Frau Egger sah sehr wohl aus, konnte aber vor Sehnsucht nach ihrem Mann kaum sprechen. Der älteste Sohn sagte: Wir möchten den Vater wohl bitten, daß er uns nicht vergißt und nicht böse auf uns ist.« Über Fügen bei Straß verließ man wieder das Tal, »noch so lange zurückblickend als möglich. Ich betete recht für Euch und Eure dort weilenden Verwandten! Nun lebt wohl! Gott mit Euch allen! Betet für mich und denkt oft an Eure Freundin Marie«.[37]

Da aber der Gesundheitszustand des Kronprinzen immer wieder zu wünschen übrig ließ, fuhr er im August 1844 nach Bad Bocklet. Nicht nur er fühlte sich dort einsam, sondern auch seine junge Frau in München. Nach einer sechswöchigen Trennung freuten sich die Eheleute sehr aufeinander. Nach der Rückkehr ihres Mannes schrieb Marie an Pastor Siegert: »Wir genießen recht jede Minute, besonders abends auf einsamen Spaziergängen, und gestern sprachen wir uns recht über höhere Dinge aus, was mir immer besonders lieb ist; so sprachen wir viel über die Ewigkeit und das Jenseits. Sein kindl. weises Wesen und liebendes Herz thut mir so wohl …«[38]

Mit Pastor Siegert wechselte Marie besonders lange und innige Briefe zum jeweiligen Jahreswechsel bis zu dessen Tode im Jahr 1856. Im Glückwunschbrief zum Neujahr 1845 steht, daß die geplante Reise nach Berlin ausfallen müsse, da »der Herr uns frohe beglückende Hoffnungen sandte; möge Er sie uns dies Mal gnädig erhalten. Sein Wille geschehe! Ich bin recht wohl und glücklich ...«[39] Im Frühjahr 1845 mußte Maximilian wegen seines schlechten Gesundheitszustandes erneut zur Kur, diesmal nach Gastein. Marie blieb in Hohenschwangau. Sie fühlte sich während der Schwangerschaft prächtig, litt aber unter der Trennung von ihrem Mann.

Das lang ersehnte Kind: Erbprinz Ludwig

Das freudig erwartete Kind kam am 25. August 1845 in München zur Welt. Der Erbprinz wurde im Grünen Salon in Schloß Nymphenburg geboren. Als Marie nach einer mehr als zwölfstündigen Geburt das Bettchen mit ihrem »Engelchen« neben sich stehen hatte, dankte sie Gott für das unendliche Glück. Die lange Zeit der Schmerzen »wurden gelindert durch die Liebe des Kronprinzen und seiner Eltern, alle drei wichen kaum von mir und litten unendlich viel, mich so leiden zu sehen; aber wirklich, ich kann Gott nur für die Schmerzen danken, die Er mich gleich nach der Geburt des lieben Kindes vergessen ließ – o welch Augenblick war das ... Wolle Gott mir dies Glück erhalten, welches Er mir durch die Liebe meines Mannes und nun durch den Anblick meines Söhnchens geschenkt ...«[40]

Und was empfand der Kronprinz Maximilian? Er schilderte die langen Stunden der Geburt seinem Schwager Prinz Adalbert von Preußen sehr ausführlich und meinte: »... Der Augenblick, wo das Kind den ersten Schrei tat, war ein herrlicher ... Es ist doch ein prächtiges Gefühl, Vater zu sein ...«[41]

Durch 101 Kanonenschüsse erfuhren die Münchener von dem freudigen Ereignis. Schloß Nymphenburg wurde festlich geschmückt und beleuchtet, als am 26. August das Kind im großen Saal durch Erzbischof Freiherr von Gebsattel auf den Namen Otto getauft wurde. Taufpaten waren zwei Könige: Friedrich Wilhelm IV. von Preußen und Otto von Griechenland, der aber nicht anwesend sein konnte. Stolz trug der Großvater, König Ludwig I., seinen Enkel auf dem Arm. Die Taufkerze hielt Adalbert, Maximilians jüngster Bruder. Einige Tage nach der Taufe gelang es dem königlichen Großvater, die jungen Eltern zu überzeugen, daß ihr Sohn besser den Namen Ludwig tragen sollte, da er doch am Tag des heiligen Ludwig, der zugleich der Geburtstag des Großvaters war, zur Welt gekommen sei. Der als Otto Getaufte hieß daher künftig Ludwig.

Drei Monate später, am 28. November, feierte Kronprinz Maximilian seinen 34. Geburtstag auf Schloß Hohenschwangau. Marie hatte sich mit weiteren fünf anwesenden Damen eine besondere Überraschung für ihren Mann ausgedacht. Sie kleideten sich »in Gazekleidchen mit Zephyrflügeln und führten mit ausnehmender Grazie eine Anzahl von reizenden Attitüden auf«.[42]

Kronprinzessin Marie hatte sich so sehr gewünscht, daß ihre Eltern bei der Geburt ihres ersten Kindes zugegen gewesen wären. Diese befanden sich zwar schon auf dem Weg nach Bayern, allerdings erkrankte die Mutter während eines Aufenthaltes bei Maries Schwester Elisabeth in Darmstadt, so daß sie nach Berlin zurückkehren mußte. Sie sollte ihren bayerischen Enkel nie sehen.

Als die Mutter der Kronprinzessin immer schwächer wurde, reisten die beiden Töchter Elisabeth und Marie nach Berlin. In den Armen ihres Mannes verschied Prinzessin Marianne am 14. April 1846. In den letzten Minuten knieten Elisabeth und Marie samt ihren Ehemännern Kronprinz Maximilian von Bayern und Prinz Carl von Hessen und bei Rhein am Fußende des Bettes. Marie betete laut ein Lieblingslied der Mutter: »Wenn ich einmal soll scheiden, so scheide nicht von mir.«

Die Beisetzung der Verstorbenen fand in der königlichen Gruft im Dom von Berlin statt. In seiner großen Zuneigung zu seiner Frau »fuhr« Prinz Wilhelm »mit dem Sarg in die Gruft hinab«. Wie nah der bayerische Kronprinz seiner Schwiegermutter stand, kommt in einem Gedicht zum Ausdruck, das er nach ihrem Tode verfaßte und seiner bayerischen Tante Elisabeth, der Königin von Preußen, widmete:

In der Prüfung schweren Tagen,
Wo der Korse Deutschland schlug,
Fürsten ihm zu Füßen lagen
Und Europa Fesseln trug,
Hat sie treulich mitgelitten,
Für des Vaterlandes Ruhm,
Geistig hat sie mitgestritten
Für der Freiheit Heiligtum.

Stand am Bette wunder Krieger
Wie ein Engel tröstend mild,
Es begeisterte die Sieger
Ihrer Tugend hehres Bild.
Im erkämpften süßen Frieden
War Beglücken ihre Lust,
Und die Kraft war ihr beschieden,
Oft zu segnen unbewußt.

Was ich in der letzten Stunde,
Mutter, dir im Geist versprach,
Davon folgt die sichre Kunde
Dir auch über Sterne nach:
Was so theuer dir gewesen,
Deines Herzens Edelstein,
Den ich liebend mir erlesen,
Nichts soll trüben seinen Schein!

Nun an euch, ihr deutschen Frauen,
Die ihr wißt, was jene war!
Ja auf euch darf Deutschland bauen
In den Stunden der Gefahr!
Nähret der Begeist'rung Flamme
Für der Väter heil'gen Grund,
Wir gehören Einem Stamme,
Knüpfet fest der Brüder Bund!

Von Berlin aus reiste Marie zunächst nach Fischbach. Der Abschied von dort fiel ihr nicht leicht, aber die größte Freude erwartete sie ja in München: ihr fast ein Jahr alter Sohn. Doch in München standen die Dinge nicht zum besten. Während Marie zur sterbenden Mutter nach Berlin geeilt war, erkrankte ihr Sohn lebensgefährlich. König Ludwig I. in München ließ nicht zu, daß das Kind der Mutter nach Berlin gebracht wurde, da es zu schwach war. Es ist überhaupt fraglich, ob die Kronprinzessin in Berlin über das wahre Ausmaß der Erkrankung ihres Sohnes informiert wurde. Was war passiert?

Wie damals üblich in Herrschaftshäusern, stillte die Mutter das Kind nicht selbst, sondern ließ es von einer Amme stillen. Diese war also die Bezugsperson während der frühen, »von symbiotischen Bedürfnissen so sehr bestimmten Kindheit«, so der Psychoanalytiker Wolfgang Schmidbauer.[43] Die Amme Ludwigs war eine Bauersfrau aus Miesbach, eine gesunde dicke Frau, bei der das Kind bis zum achten Monat prächtig gedieh. Dann erkrankte die Amme an einem »heftigen Fieber mit Gehirnerscheinungen«, offensichtlich einer Meningitis, an der sie starb. Marie nannte die Krankheit später ein Nervenfieber. Wie tief dieser frühe Verlust den Säugling traf, der sogleich abgestillt werden mußte, wird daraus deutlich, daß er verfiel und dem Tode nahe war. Er kränkelte einige Monate an Krämpfen und Fieber. Im Verlust der Amme kann vielleicht ein Bezug zu einer oft »mütterlichen, genauer: ammenhaften Beziehung« Ludwigs II. zu Personen, die er förderte, gesehen werden.[44]

Mit der Amme wurde auch die Erzieherin Sibylle Meilhaus für den neugeborenen Erbprinzen Ludwig ausgewählt. Sie war die Tochter des Weinhändlers Johann Meilhaus und dessen Ehefrau Magdalena Thekla, geborene Walz, und hatte am 20. August 1814 in Hanau das Licht der Welt erblickt. Leider ist keine Korrespondenz zwischen ihr und Marie erhalten. Zwischen den Prinzen und ihrer Erzieherin ist ohne Zweifel ein sehr enges Verhältnis entstanden. Leider mußten sie sich aber trennen, da ab 1854 die Prinzen einem männlichen Erzieher, Graf Baselet La Rosée, anvertraut wurden. Sibylle Meilhaus verheiratete sich im Alter von 45 Jahren mit dem General der Kavallerie, August Ludwig Freiherrn von Leonrod; sie verstarb am 20. April 1881. Ihr einstiger Schützling, mit dem sie in Briefkontakt geblieben war, ließ ihr in Augsburg auf dem katholischen Friedhof an der Hermanstraße ein neugotisches Grabmal aus Carraramarmor errichten. Es ist anzunehmen, daß auch der Kontakt zu Königin Marie nicht abbrach. »Die Meilhaus« umsorgte schließlich das, was Marie am meisten liebte, ihre Kinder.[45]

Anfang Juni 1846 kehrte Marie nun also nach Hohenschwangau zurück; da eilte Sibylle Meilhaus mit dem kleinen Prinzen aus München herbei. Kurz vor dem Schloß scheuten die Pferde, und der Wagen mit der Erzieherin und dem Kind drohte umzustürzen. Nach all den Aufregungen wurde Ludwigs erster Geburtstag am 25. August 1846 doch noch sehr froh gefeiert. Das Kind nahm wieder zu, wuchs und hatte schon drei Zähnchen. Der Vater Maximilian konnte erst drei Tage später gratulieren, da er sich bis dahin in Paris aufgehalten hatte. Marie versorgte ihren Sohn, wenn es ihr die vielfachen Repräsentationspflichten ermöglichten, selbst. Sie fand Ludwig, der viel lachte und den sie so gerne in den Schlaf trug, »so niedlich und munter«.

Im Februar 1847 klagte Marie: »Die Trennung vom Kronprinzen kommt mir schwer an, er geht noch nach Athen. Recht oft bekomme ich Briefe …, diese Briefe sind mir sehr viel werth, wir sind in Gedanken und besonders vor Gott im Gebet geeint, und das macht uns beiden die Trennung leichter. Wir sehnen uns zueinander! Ja das war ein langer, langer Winter …« Über diese Reise berichtete der preußische Gesandte nach Berlin: »Die abermalige Abwesenheit des Kronprinzen macht einen unangenehmen Eindruck im Lande. Alle Welt fragt sich, warum der Prinz seine junge Gemahlin abermals allein läßt … Sein plötzlicher Entschluß hat die Kronprinzessin sehr betrübt.« Anscheinend ließen ihm seine ständigen Kopfschmerzen keine andere Wahl, als dem bayerischen Winter zu entfliehen.[46] Der Kronprinz war vom 12. November 1846 bis zum 11. Juni 1847 auf Reisen, zunächst in Italien und dann in Griechenland. Vor allem ihr Sohn erleichterte Marie die Trennung von ihrem Mann. Der kleine Ludwig fing damals an zu sprechen. Erfreulich war für Marie auch die liebevolle Zuwendung von seiten ihrer Schwiegereltern in München.

Beim zweiten Geburtstag des kleinen Prinzen Ludwig im August 1847 weilten seine Eltern in Schlangenbad, dem hessischen Badeort im Taunus, der damals sehr in Mode war. Die Mutter schrieb einen rührenden Geburtstagsbrief »an ihr liebes Kindchen« in München mit dem Wunsch, daß Gott es segnen möge. Sie hatte für den kleinen Buben neben vielen Spielsachen noch österreichische Soldaten und einige Kugeln gekauft. »Die Meilhaus wird Dir heute noch mehr Spielsachen geben ... Ich habe diese Nacht von Dir geträumt und denke den ganzen Tag an Dich, liebes Kindchen! Papa gibt Dir viele Küsse und wünscht Dir Glück und Segen.« Zum Geburtstag ihres Kindes hatte der Kronprinz seiner Gemahlin Blumen geschenkt und einen kleinen Engel als Brosche.

Der Neujahrsbrief 1848 an Pastor Siegert kam diesmal aus Würzburg. Ihm ist zu entnehmen, daß Marie und Max das alte Jahr froh zusammen beschlossen hatten und das neue Jahr guten Mutes begannen, da »uns der Herr neue Mutterfreuden verspricht, das ist ein großer neuer Segen für uns«. Marie fühlte sich ausgesprochen wohl, der kleine Ludwig wurde immer mehr zur Freude. Nach Tisch kam der Kronprinz zu Marie und dem Kind. Dann spielten sie mit ihm auf dem Boden und beide genossen in vollen Zügen und mit Dank gegen Gott »die Freude Eltern zu sein«. Marie wünschte sich so sehr, daß ihr Glück erhalten bliebe. Sie war sich fast gewiß darin, denn sie hatte ihr Leben »in Seine Hände« gelegt und betrachtete »Ihn« als das Haupt der Familie. »Daß der liebe Kronprinz ganz hierin meiner Ansicht ist, das sehe ich als das größte Glück an.«[47]

Königin Marie und König Max II. Joseph

Revolutionswirren und Geburt des Sohnes Otto

König Ludwig I. dankte am 20. März 1848 ab und übertrug seinem Sohn Maximilian die Krone. Die neue Königin schrieb: »In dieser Zeit König zu werden, das war eine schwere, schwere Aufgabe, eine harte Last, die der Herr meinem armen König auferlegt; aber er trägt sie im Glauben, im kindlichen Vertrauen zu IHM. ER wird ihm helfen.«[48] Um den Gleichklang der Seelen von Max und Marie aufzuzeigen, soll auch aus dem Brief des neuen Königs an seinen Vater zitiert werden. »Sie wissen, lieber Vater, unter welchen Umständen ich den Thron bestieg, welchen Zustand der Dinge ich gefunden; der Boden schwankte unter meinen Füßen, alle Bande der Ordnung waren gelockert. Diese schwere Last übernahm ich mit leidender Gesundheit ..., ich übernahm sie auf Gott vertrauend und auf meinen redlichen Willen, ... eine Dornenkrone ist es, die ich trage.«[49]

In dieser aufregenden Zeit stand Marie unmittelbar vor der Geburt ihres zweiten Kindes. Als Gerüchte einer bevorstehenden Revolution umgingen, boten Herzogin Ludovika und ihr Mann Herzog Maximilian der hochschwangeren Marie an, sie nach Possenhofen zu holen, um sie vor Aufregungen in München zu bewahren. Doch Marie blieb in München. Am 27. April 1848 brachte sie, etwas verfrüht, einen Sohn zur Welt.

Auch bei dieser Geburt war die Anteilnahme des Volkes groß: wieder ein Neugeborener, der den Häusern Hohenzollern und Wittelsbach zugleich angehörte. Der zweite Knabe bekam nun den Namen Otto, und er behielt ihn auch. Marie nannte das Kind »eine erste Freude in dieser ernsten Zeit«. Sie sah seine Geburt als eine rechte Gnadenstunde an. Ihr und dem Kind ging es bestens. Marie schrieb, daß auch Ludwig fast immer bei ihr sei, der König sich viel mit dem nun schon Dreijährigen abgebe. Immer, wenn der König besonders schwierige Aufgaben zu bewältigen habe, erfreue er sich an den Kindern, die ihr ganzes Glück ausmachten.

Marie verfolgte in den Zeitungen »die Begebenheiten in Berlin«. Sie wußte daher über das dortige Revolutionsgeschehen sehr genau Bescheid und sah es als einen Beweis der Liebe Gottes an, daß man in Bayern dem König Liebe und Vertrauen zeigte, »wahrlich eine Seltenheit, eine Gnadengabe Gottes in dieser traurigen Zeit, da alle Bande gelöst scheinen und leider auch zwischen König und Volk«. Doch hatte gerade sie einen großen Anteil daran, daß dieses Band zwischen König und Volk wieder fester geknüpft wurde. Marie war in ihrer Jugendlichkeit und Herzlichkeit sehr beliebt und wesentlich volkstümlicher als ihr Gemahl, der stark introvertiert wirkte und stets Hochdeutsch und nicht Bayerisch sprach. Max erreichte auch nie die Popularität seines Vaters. Als konstitutioneller Monarch galt er eher als »ernst, gemessen, verschlossen, ohne Leidenschaftlichkeit«. Paul Heyse berichtet in seinen Jugenderinnerungen, daß sich das Volk der Königin zutrauerlicher näherte als dem »Herrn Kini«.[50]

Auch über die revolutionären Verhältnisse in Preußen außerhalb Berlins hielt sich Marie durch Zeitungen und Briefe auf dem laufenden. Ihre Sorge galt unter anderem den nach Schlesien ausgewanderten Zillertalern, von denen sie sehr traurige Briefe erhielt. Sie fürchtete, daß man sie möglicherweise wieder aus dem Lande vertreiben würde. Darüber schrieb Marie an Pastor Siegert und bat ihn, ihr die dortige Situation zu schildern. Im Vertrauen teilte sie ihm mit, daß sie das Problem schon mit ihrem Mann besprochen habe und dieser bei einer tatsächlichen Ausweisung der Zillertaler aus Schlesien nicht abgeneigt sei, sie in Bayern aufzunehmen. Doch müsse er sich erst erkundigen, ob dies möglich wäre.[51]

In Maries Heimatstadt Berlin waren im März Freiheitskämpfe ausgebrochen, der Ruf nach nationaler Einheit, einer Verfassung und Pressefreiheit mobilisierte die Bürger. Die Regierung zeigte sich der Lage nicht gewachsen. Im Mai trat die Erste Deutsche Nationalversammlung in Frankfurt zusammen. Der Versuch, eine Zentralgewalt zu schaffen und Deutschland im groß- oder kleindeutschen Sinn zu einen, schlug jedoch fehl.

Aber auch die Vorgänge in Österreich interessierten Marie. »In Wien sieht es ja schrecklich aus«, vermerkte sie. Die Stadt wurde im Oktober von kaiserlichen Truppen eingenommen, Ferdinand I. dankte ab und Kaiser Franz Joseph I. folgte ihm in der Regierung nach. Die geplante Trennung von Staat und Kirche empfand die Königin als »ein Unglück für die Menschheit«.

Familienleben

Nach den Revolutionswirren gestaltete sich in der zweiten Jahreshälfte 1848 das Leben am königlichen Hof wieder ruhiger. Das Königspaar bezog in der Residenz die Zimmer, die zuvor König Ludwig I. bewohnt hatte. In den Gemächern der Königin hingen Bilder ihrer Mutter und ihrer Geschwister Adalbert, Waldemar und Elisabeth. Es gab dort auch eine Puppenstube, mit der die Königin als Kind gespielt hatte. Sie war sehr hübsch, aber ohne jeden Luxus, stellte jedoch eine liebe Erinnerung an Fischbach dar. Weilte die königliche Familie nicht in München, dann hielt sie sich am liebsten auf Schloß Hohenschwangau auf. Dazu kam 1849 als zweiter königlicher Sommersitz eine Villa am Fuß des Fürstensteins bei Berchtesgaden. Um seiner Frau eine Freude zu bereiten, ließ der König in der Blöckenau ein »Schweizerhaus« bauen, das dem Schweizer Haus seiner Schwiegermutter Marianne in Fischbach entsprach. Außerdem ließ der König eine wunderschöne Idylle auf der Roseninsel am Starnberger See entstehen. Bei vielen Gartenanlagen wurde der Direktor der preußischen Hofgärten Peter Joseph Lenné verpflichtet.

Max verlieh seiner Frau Marie an deren Namenstag am 9. September 1849 die Oberstinhaberstelle bei dem 3. Reitenden Artillerie-Regiment. Zwei Tage später fand zu Ehren der in München weilenden Königin Amalie auf dem Marsfeld eine

Truppenschau statt. Königin Marie war in den Farben des ihr verliehenen Regiments gekleidet, als sie im sechsspännigen Galawagen die Reihen des Regiments entlangfuhr. Weilte der König im Lande, wünschte sich die Königin, ihre Geburtstage mit ihm allein im Gebirge zu feiern. So verbrachte sie ihren 24. Geburtstag zusammen mit Max in Egern am Tegernsee. Da Pastor Siegert auch im Oktober Geburtstag feierte, gingen regelmäßig Geburtstagsbriefe hin und her. Auf ein beigefügtes Familienbild schrieb Marie: »Die glücklichsten Augenblicke sind die, die das Bild darstellen: mit Mann und den Kindern vereint!«

Im September 1850 überraschte Max im Beisein seines Bruders Otto von Griechenland seine Frau auf Hohenschwangau mit einer Rotunde »in einem Buchenhain, Marien-Hain genannt«. Es wurden bayerische, französische und griechische Nationaltänze aufgeführt. Im gleichen Monat besuchte Marie eine Aufführung der Oberammergauer Passionsspiele. Zu Beginn des Oktobers hielt sich Kaiser Franz Joseph von Österreich in Hohenschwangau bei dem bayerischen Königspaar auf.[52]

Im Frühjahr 1851 fühlte sich der Vater der Königin sehr krank, und sie eilte zu ihm nach Berlin. Von dort aus gingen Briefe an den sechsjährigen Kronprinzen und seinen vierjährigen Bruder. Die Kinder sollten weiterhin viel spielen und die Schwäne mit Zucker füttern, wünschte die Mutter. Maries Vater starb am 28. Oktober 1851; sie nahm an seiner Beerdigung in Berlin teil.

Am 27. Dezember 1852 klagte Marie über »eine schwere Trennung auf mehrere Monate« von ihrem geliebten Ehemann.[53] Das Weihnachtsfest hatte die Familie noch gemeinsam gefeiert, jetzt sei sie allein mit den Kindern, die auch schon fleißig mit ihr beteten. Marie werde auch in der Abwesenheit ihres Mannes »recht treu« ihre Pflicht erfüllen. Der König war unterwegs nach Italien; aus Florenz, auf dem Weg nach Rom, schrieb er an sie, daß er im Mai zurück sein wolle. Marie wünschte ihrem Mann, daß er neugestärkt in die schweren Regierungsgeschäfte zurückkehren werde.

Von all den Reisen, die das Königspaar gemeinsam unternahm, soll nur auf einige eingegangen werden. So reiste das Paar zusammen mit dem Kriegsminister am 2. September 1853 nach Berlin und Potsdam an den Hof Friedrich Wilhelms IV., keine »Vergnügungsreise« also, sondern eine Reise mit politischem Motiv: »Versöhnung und Annäherung«, so Müller.[54] In Berlin traf Max unter anderem sein philosophisches Orakel Schelling, und er konsultierte wegen seiner ständigen Kopfschmerzen den bekannten Nervenarzt Romberg. Von Potsdam aus unternahm das Paar einen Ausflug nach Hamburg. Marie besuchte dann Fischbach, traf sich mit ihrem Gemahl wieder in Dresden und kehrte nach Hohenschwangau zu den Kindern zurück.

Als Marie zum 17. Oktober 1854 ihren Geburtstagsbrief an Pastor Siegert schrieb, berichtete sie auch, daß sie an diesem Tag in München zum Dank für das Erlöschen der Cholera an einem katholischen Gottesdienst teilgenommen habe. Die königliche Familie sei so dankbar, daß kein Mitglied dieser furchtbaren Krankheit erlegen sei. Nur sieben Tage später, am 24. Oktober, geschah dann das Unfaßbare: Maries Schwiegermutter Therese wurde von der Cholera hinweggerafft.[55]

Das Weihnachtsfest 1854 verlief für die königlichen Buben recht traurig. Im Dezember war der Großvater Ludwig I. bei seiner Tochter Mathilde in Darmstadt so schwer erkrankt, daß mit seinem Ableben gerechnet werden mußte. Marie und Max eilten dorthin. Doch dem Großvater ging es bald wieder besser, und es tat ihm leid, daß er schuld daran war, daß die kleinen Prinzen eine Weihnachtsbescherung in München ohne die Eltern erleben mußten.

Der letzte Geburtstagsbrief, den Pastor Siegert an Marie schrieb und den sie beantwortete, stammt vom 15. Oktober 1855. Die »treue Schülerin und Freundin Marie«, wie sie sich nannte, berichtete darin fröhlich von ihrem Geburtstag, den sie zusammen mit dem König »in der Rieß, nicht weit vom Tegernsee« verbracht hatte. Der König weilte dort zur Jagd. Sie machten zusammen »eine schöne Partie nach Tyrol«.[56]

Der immer als so ernst geschilderte König Max II. konnte

mit seiner Frau durchaus fröhlich sein. Dafür ein Beispiel: In einem Brief Maries vom 12. November 1854 an die Kinder berichtete sie, daß sie »mit Papa« in Pinswang und Füssen Schlitten gefahren sei; sie hätten Schneebälle gemacht und sich gegenseitig beworfen.

Nachdem für beide Söhne der Hausunterricht begonnen hatte, wünschte der König, daß dieser nicht durch Reisen unterbrochen werden sollte. Nur eine Ausnahme gestattete der Vater: Die Stadtoberen von Nürnberg baten den »königlichen Burgherren und seine erhabene Gemahlin« während deren fünfwöchigen Besuch 1855 in der stolzen Noris, die Prinzen dem Volk vorstellen zu dürfen. Mit dem Zug in Nürnberg angekommen, stürmten der zehnjährige Ludwig und der siebenjährige Otto der Mutter geradezu entgegen, küßten ihr die Hand und ließen sich herzen. Im Empfangssaal des Schlosses türmten sich die Spielwarengeschenke, und die Buben wußten in ihrer Begeisterung nicht, womit sie zuerst spielen sollten.

War das Königspaar längere Zeit von den Kindern getrennt, schrieb es ihnen Briefe. Die Kinder wiederum legten ihren Briefen an die Eltern getrocknete Blumen bei. Als der Vater im März 1857 in Rom weilte, wünschte sich der fast neunjährige Otto: »Ich möchte recht gerne jetzt auch mit Ihnen in Rom Blumen pflücken! Hier findet man rein gar nichts, als Veilchenknospen. Bei Herrn Klaß lerne ich täglich fleißig, mach schon kleine Aufsätze und ziemlich schwere Rechnungen. Am meisten freut mich der Unterricht in der Geschichte und der Geographie ... Ich freue mich, Sie lieber Vater, bald wiederzusehen und mit Ihnen einige Zeit auf dem Lande verbringen zu dürfen. – Ich küsse Ihnen ehrfurchtsvoll die Hand, und bin in aller Liebe Ihr dankbarer Sohn.« Da der Vater an Ottos neuntem Geburtstag immer noch in Rom sich erholte, bedankte sich der Bub schriftlich für den bayerischen Generalsstab und die Tasse mit dem Bild des Onkels Otto von Griechenland und berichtete: Am Geburtstag »führte uns die Mutter in die Blumenausstellung, wo es mir sehr gut gefiel. Die Mutter gab uns Loose, mit welchen wir Hyazinthen gewannen«. Am Abend waren die Vettern eingeladen.

Die beiden königlichen Knaben wuchsen keineswegs isoliert von andern Kindern auf. Wie aus vielen erhaltenen Briefen herauszulesen ist, besuchten sich die Kinder des Hauses Wittelsbach im Jünglingsalter gegenseitig häufig und schrieben sich Briefe. Die Söhne Luitpolds von Bayern, die Prinzen Leopold und Ludwig, der spätere König Ludwig III., kamen jahrelang jeden Sonntag mit den königlichen Prinzen Ludwig und Otto zusammen. Es gibt einen köstlichen Briefwechsel zwischen den beiden fast gleichaltrigen Vettern Ludwig (II.) und Ludwig (III.), beide damals zehn Jahre alt. So sandte Ludwig (III.) aus der Villa Amsee dem Cousin in München einmal Eier, »die von unseren Zwerghühnern stammen, sehr nett und fein«. Oder er gratulierte ihm zum Geburtstag mit dem Wunsch: »... daß Du aufwachsest zur Ehre und Freude Deiner Eltern und einst ein guter König und Vater Deines Volkes werdest.«

Im Winter in der Residenz, im Sommer meist im Nymphenburger Garten fanden oft »wilde Spiele« statt. Und wenn die junge Königin in der Residenz mit ihren Söhnen Fangen spielte, war dies zwar absolut gegen die Hofetikette, die Buben aber strahlten vor Freude. Zu den Spielgefährten zählten etwa auch der Sohn des damals noch bürgerlichen Arztes Gietl, ebenso Helene von Dönniges, Tochter des Historikers und Staatsmannes Wilhelm von Dönniges, jenes Mannes, der am Hof den stärksten Einfluß auf den König hatte. Helene von Dönniges schilderte ihre Zeit als »erlesene Spielkamerad(in) des Kronprinzen« als eine sehr glückliche. Die Kinderspiele waren meistens – trotz all der vielen königlichen Spielsachen – rein phantastischer Art. »Elfensein war unser höchstes Ideal. Gardinen und Portieren wurden zu Blumen und Flügelgewändern, in die wir uns hüllten, in denen wir wohnten – und die märchenhaftesten Vorgänge erlebten wir in unserer Kinderphantasie.« Helene erinnerte sich an das von allen Kindern so beliebte Spiel des Hinunterspuckens oder schönen, großen plastisch gearbeiteten Zinnsoldaten die Köpfe umzudrehen. Der Streit um ein Bilderbuch konnte im »wüstesten Handgemenge« enden – der Kronprinz als Sieger –, der eine Handvoll

»meines goldroten Haares ausgerissen in der kleinen Hand hielt«. Baronin Meilhaus, die »gütige und liebenswürdige Erzieherin«, mußte wieder einmal eingreifen. Sie war es aber auch, die Ludwig und Helene »öfter mitsammen in die tiefen Geheimnisse der Lese-, Schreib- und Rechenkünste« einweihte.[57]

Wie Prinz Leopold in seinen Aufzeichnungen überlieferte, versammelte Großmutter Therese bis zu ihrem Tod 1854 an Sonntagen zwischen zwölf und ein Uhr alle anwesenden Kinder im Wittelsbacher Palais. Bei der Großmutter wurden lithographische Bilderbogen mit Wasserfarben koloriert. Alle Kinder waren eifrigst bei der Sache, denn die Großmutter kaufte die Zeichnungen um ein paar Sechserln ab, was das ohnehin sehr geringe Taschengeld der Prinzen und Prinzessinnen etwas aufbesserte. An Familienfesttagen ging es bei den Großeltern Ludwig und Therese besonders lustig zu. Es gab immer Trinkschokolade und eine riesige Brezel sowie Altenburger Schokolade mit Kartoffelkuchen. Besonders aufregend fanden es die Kinder, daß sie vom Großvater persönlich bedient wurden.[58] Außerdem hielt die Großmutter im Turmzimmer zwei Papageien und ein Affenpaar, das ihr ihr Sohn Maximilian aus Griechenland mitgebracht hatte. Da gab es viel zu lachen. Königin Therese war eine ganz zärtliche Großmutter. Sie schrieb liebevolle Briefe an ihre Enkel Ludwig und Otto; letzteren nannte sie stets Ottochen zur besseren Unterscheidung zu ihrem eigenen Sohn Otto, dem König von Griechenland.

Soziales Engagement

Die Königin war eine beliebte Landesmutter nicht nur bei ihren protestantischen Landeskindern. Wie ihr Gemahl war sie durchdrungen von der Überzeugung, daß es eine der wichtigsten Aufgaben der Zeit sei, einer zunehmenden Armut im Land entgegenzuwirken. So übernahm sie zahlreiche Protektorate, oft auch zusammen mit ihrem Gemahl. Zu Maries Lebzeiten wurden 1848 der Evangelische Handwerkerverein, 1851 die Protestantische Rettungs- und Erziehungsanstalt Feldkirchen, 1850 das Maria-Martha-Stift und 1861 der Magdalenenverein gegründet. Als weiteres Beispiel für ihr soziales Engagement mag die im Jahre 1853 erfolgte Gründung eines überkonfessionellen Zentralvereins für wohltätige Zwecke, des St.-Johannis-Vereins, gelten, der für Waisen, Blinde und Taube sorgen sollte. Ebenso unterstützte die Königin das Maximilians-Waisenstift, dessen Vorsteherin des Königs Schwester Prinzessin Alexandra war. Marie förderte tatkräftig die evangelische Gemeinde in München und war an der schnellen Entwicklung der »Inneren Mission« beteiligt. Der König interessierte sich ebenfalls für diese soziale Einrichtung und besuchte, um sich über die Arbeit der »Inneren Mission« zu informieren, das »Rauhe Haus« in Hamburg, eine Gründung von Johann Hinrich Wichern.

Wie aus der Hohenschwangau-Chronik zu ersehen ist, ließ das neuvermählte Paar schon im Winter 1842 in Hohenschwangau selbst eine Schule errichten, damit die kleinen Kinder nicht mehr den weiten Weg bis nach Waltenhofen laufen mußten.

Wie ihr Mann trat die Königin ein für die Abschaffung der Kinderarbeit[59], was allerdings zu jener Zeit an dem »heiligsten Recht« der Eltern in der Verfügung über ihre Kinder scheiterte.

Nach dem Tod ihres Mannes wurde 1867 in München eine »Wartestation für Gemeindekrankenpflege« eröffnet. Pfarrer Wilhelm Löhe, der Begründer der Neuendettelsauer Anstalten, sandte zwei Diakonissen aus dem Mutterhaus zur Leitung der Station nach München. Für die immer größer werdende Armen- und Krankenpflege wurde 1869 das Anwesen Arcisstraße 16 (später 33), das damals noch außerhalb der Stadt lag, zum Bau einer Diakonissenanstalt angekauft. Die Mittel dafür kamen von der evangelischen Gemeinde Münchens, den Grundstock dazu legte die Königin-Mutter Marie, die sich mit der hohen Summe von 5000 Gulden an der Finanzierung beteiligte.[60] Die Königin-Mutter stiftete auch Kirchengeräte wie beispielsweise einen Abendmahlskelch und Hostienbehälter für die evangelische Erlöserkirche in Immenstadt.

Als weitere soziale Aufgabe hatte die Königin das Protektorat des Vereins des Dr. Haunerschen Kinderhospitals von ihrer

Schwiegermutter Therese übernommen. Das Hospital wurde
damals noch von dem Begründer Dr. August Hauner, einem
hochgeschätzten Kinderarzt, geleitet. Versammlungen des
Vereins durften unter dem Vorsitz der Königin in deren Privat-
gemächern in der Münchener Residenz abgehalten werden.
Den weitaus größten Teil der benötigten Medikamente stellte
König Maximilian ab 1851 kostenlos aus der Hofapotheke zur
Verfügung. Im Februar 1886 fand die Übergabe des Spitals an
den bayerischen Staat statt. Die Königin-Mutter war zu dieser
Generalversammlung nach München gekommen.

In ihrem Testament vermachte die Königin-Mutter dem Haunerschen Spital 1000 Gulden, für arme Münchener weitere 4000
Gulden, für die sechs Kleinkinderbewahranstalten 6000 Gulden, dem St.-Marien-Krankenhaus 800 sowie dem Roten Kreuz
500 Gulden. Die letztgenannte Institution lag ihr stets besonders am Herzen, galt Marie doch als die Gründerin des bayerischen Frauenvereins vom Roten Kreuz. Der katholischen Kirche zu Fischbach vermachte Königin Marie 1000 Gulden, die
gleiche Summe der Gemeinde für Zwecke der Altenpflege.

Gleichklang der Seelen

König Maximilian schrieb seiner Frau 243 Briefe, weder diese
noch die seiner Frau an ihn sind heute noch erhalten. Der Ludwig II.-Biograph Gottfried von Böhm hat von den Briefen, die
ihm 1924 noch zugänglich waren, einige aus den Jahren 1848,
1853, 1856, 1857 und 1860 ausgewählt und veröffentlicht.[61]
Marie, die unter den häufigen Trennungen von ihrem Mann
litt, drückte ihre Sehnsucht nach ihm in vielen ihrer Briefe aus.
Doch der König meinte: »Du schreibst mir nicht zu selten. Du
thust besser, die Zeit zu ernster Beschäftigung zu verwenden.«
Ein anderes Mal stellte Max ziemlich autoritär fest, was er von
seiner Frau wünschte: »... keinen Widerspruchsgeist, freundli-
ches, meinen Wünschen entgegenkommendes Wesen« und außerdem »ein wohlthätiges, heiteres frisches Wesen, dann mehr
Sprechen, geistige Ressource, größeren Antheil an dem, was

das tägliche Leben mit sich bringt«. Der König war 1853 davon überzeugt, daß »Du so werden wirst, wie ich so sehr wünschen muß«. Ob wohl Max immer den Wünschen seiner Frau entsprach?

Was sich Marie wohl gedacht haben mag, als ihr Mann ihr mitteilte, daß er in Rom »viele schöne Damen« kennengelernt habe? Er fügte allerdings hinzu, daß er nur in einer lieben, glücklichen Häuslichkeit wahre dauernde Befriedigung fände. Die schönen Römerinnen müssen ihn wohl auch an seine Frau in München erinnert und zu folgendem Satz inspiriert haben: »Noch eins! Bitte, iß nicht zu viel, daß Du Deine schöne Taille nicht verlierst«.

Am Gründonnerstag, dem 5. April 1860, kam ein Liebesbrief aus Genf an das »Liebste Herz! An mein Herz hätte ich Dich drücken mögen, als ich Deinen Brief las. Wie gerne vergebe ich meiner treuen Alten, was sie glaubt nicht recht gemacht zu haben.« Erfreulich ist es, daß Max hinzufügt: »Thu auch das gleiche bezüglich meiner … Glaube mir, auch mein Streben ist es und wird es stets bleiben, Dich glücklich zu machen. Nun lebe wohl, liebste Marie, und Gottes Segen mit Dir … Bete für Deinen treu Dich ans Herz drückenden Max.«

Was den Gleichklang der Seelen des Paares ausmachte, war, wie es der König nannte, »das ernste Streben, auf religiösem Grund gebaut; da hilft der HERR, und da kann es nicht fehlen. Auch ich will stets mehr auf Ihn bauen, gleich Dir: so hilfst auch Du mir durch Dein Beispiel«. Marie und Max liebten und respektierten sich, was aber nicht einschließt, daß sie in allen Anschauungen und Wünschen übereinstimmen sollten.[62]

Nahezu in allen Biographien über König Ludwig II. wird hartnäckig der Satz tradiert, Marie habe an allem Geistigen kein Interesse gehabt. Ein derartiges Pauschalurteil muß hinterfragt werden. Elfi M. Haller sieht die Persönlichkeit der Königin schon etwas objektiver: »Eine Intellektuelle ist Marie gewiß nicht, aber sie ist alles andere als ›beschränkt‹, wie einige boshafte Zeitgenossen von ihr behaupten.«[63]

Maries um vierzehn Jahre älterer Mann besuchte als Kronprinz die Universitäten in Göttingen und in Berlin. Fernau-

Daxenberg nannte den Kronprinzen »in Kunst und Wissenschaft früh erzogen, mit dem Studium des klassischen Altertums auch jetzt noch aus eigener Vorliebe beschäftigt, geistig ernährt durch die Erfahrungen eines jahrelangen Reiselebens in Europa und im ehemals byzantinischen Reiche, ein Kenner der österreichischen und preußischen Monarchie, des übrigen Deutschland, Italiens, Griechenlands und eines Teiles von Großbritannien«.[64] Er steckte auch als König noch voller Wissensdrang. Ihm war es ein Bedürfnis und eine Notwendigkeit, sich auf jede Weise fortzubilden. Brunner nennt ihn einen »nachdenklichen, gereiften Bildungsphilister«.[65] Marie dagegen genoß eine fromme Erziehung und nur Unterricht durch Hauslehrer. Wird, wie üblich, Marie mit dem Maßstab des bildungshungrigen Max gemessen, dann fällt das Urteil zwangsläufig zuungunsten der Königin aus. Dies liegt, so wird jeder Einsichtige rasch erkennen, freilich nicht an Marie, sondern an dem Maßstab. Nach der Vermählung in München sollte Friedrich Wilhelm von Thiersch, der spätere Präsident der Bayerischen Akademie der Wissenschaften, der bayerischen Kronprinzessin vorgestellt werden. Der Kronprinz erteilte ihm den Auftrag, seine Gedanken über die weitere literarische Ausbildung der jugendlichen Prinzessin niederzuschreiben. Der Entwurf des Gelehrten sollte die Methode erkennen lassen, mit der er einst als Lehrer der königlichen Prinzessinnen des ersten Königspaares so erfreuliche Resultate erzielt hatte. Der Kunstgeschichte sollte besondere Aufmerksamkeit gewidmet werden. Die Aufzeichnungen des Gelehrten vom 17. März 1843 auf diesem Gebiet, seine kurze Geschichte der Malerei in Italien, die »synchronistische Übersicht der Malerschulen«, die »Tabellen über Kunstsachen« mögen ebensosehr für den Kronprinzen wie für die Kronprinzessin bestimmt gewesen sein.

Der König, der selbst gerne Wissenschaftler geworden wäre, ordnete an, daß seine Frau bei ihren Tee-Abenden Koryphäen der Literatur und Wissenschaft zu Gast haben mußte. Ehrlich wie die Königin war, zeigte sie hin und wieder ihr Desinteresse, wenn auch zum Ärger der Professoren: »Trotz aller Bemühungen war es nicht gelungen, der Königin Interesse an Literatur und Poesie einzuflößen. Ihr war nur wohl im leichtesten Geplauder … Jene Tee-Abende, an denen gelesen wurde, erfreuten sich daher nicht ihrer Gunst. Sie fügte sich eben nur dem Wunsch des Königs und pflegte während der Vorlesung in Photographie-Albums zu blättern.«[66] So urteilte der Berliner Dichter Paul Heyse über die Königin. Heyse, der engen Kontakt zu Adolf von Menzel, Joseph von Eichendorff und Theodor Fontane unterhielt, lebte seit 1854 in München und sollte 1910 Träger des Nobelpreises für Literatur werden. Er war der Begründer der literarischen Gesellschaft »Krokodil« und gehörte zum Dichterkreis um König Maximilian II.[67]

Bereits 1852 hatte der König als Vorleser Emanuel Geibel engagiert, den späteren Literaturprofessor, der »einem klassizistischen Form-Idealismus huldigte« und 1868 den Schiller-Preis verliehen bekam. Bei einer dieser Lesungen kam es vor, daß Marie einer neben ihr sitzenden Dame etwas einmal so laut zuflüsterte, »daß Geibel das Buch, aus dem er gelesen hatte, auf den Tisch legte und mit finsterem Stirnrunzeln verstummte. – Der König, auf das peinlichste berührt, warf seiner Gemahlin einen unwilligen Blick zu und lud dann Geibel mit einer huldvollen Handbewegung ein, fortzufahren«.[68] Bei den Vorlesungen war meist ein bestimmter kleiner Kreis zugegen: außer dem Königspaar die Oberhofmeisterin Gräfin von Pillement, geborene Marquise de Boisseson, eine »verwitterte kleine alte Dame, die Platens erste und einzige Liebe gewesen sein soll, die schöne Gräfin Charlotte Fugger und Fräulein von Redwitz, die zweite ebenfalls sehr anmutige Hofdame, gewöhnlich von der Tann mit seiner Gemahlin, Hofmarschall Baron Zoller und eine sehr gescheite, unverheiratete Dame, Fräulein von Küster, Tochter eines früheren preußischen Gesandten in München, die der jungen Kronprinzessin nach ihrer Ankunft in München attachiert worden war, um die noch sehr kindliche Bildung der reizenden Frau zu vervollkommnen …«[69]

Des Königs enger Kontakt zu den zahlreichen Gelehrten, Künstlern und Literaten wie Bluntschli, Geibel, Heyse, Schack, Bodenstedt, Kobell, Riehl, Pocci, Liebig, Sybel und Klenze stieß in der Hofgesellschaft zeitweise auf Widerstand.

Man machte sarkastische Bemerkungen über die »unersättliche Lernbegier« des Königs und äußerte sogar Zweifel an seiner Begabung.[70] Der König vertrat ein kulturpolitisches Programm mit dem Ziel: »Bayern durch Pflege der Wissenschaften ... ein bedeutendes geistiges Gewicht zu verleihen.«[71] Als Kulminationspunkt königlichen Bildungsbewußtseins darf das Maximilianeum in München angesehen werden, sowohl das Bauwerk als auch die Stiftung, und das als Einrichtung der Volksbildung 1854 gestiftete Nationalmuseum.

Nicht nur die Königin langweilte sich gelegentlich in der Hofgesellschaft. Der bedeutende Kunsthistoriker und Schriftsteller Wilhelm Heinrich Riehl äußerte recht ironisch, daß ihm bei Hof eine Kunst zustatten gekommen sei, nämlich »die Kunst zu gähnen, ohne daß man es merkte«.[72] Von Paul Heyse, der in Berlin als Muse Bettina von Armin um sich gehabt hatte, stammt die bissige Bemerkung, daß die Königin, wenn sie überhaupt ins Theater gegangen sei, lieber ins Publikum als auf die Bühne geschaut habe.

Der große Theatermann Franz von Dingelstedt, Schriftsteller und Hoftheaterintendant, ist da schon charmanter: »Als König Max, die Königin Marie am Arm, aus den inneren Gemächern herauskam – wahrlich das Bild des stattlichen Herrscherpaares –, fragte sie mich, wann ich meine Frau und die Kinder nach München nachkommen lasse, ohne die ich mich in den neuen Verhältnissen gewiß nicht heimisch fühlen könne ... Angelo di Dio, nannten sie die Herren ihres Hofes, ihre engelhafte Schönheit und ihre himmlische Herzensgüte gleich richtig bezeichnend.«[73] Die Königin hatte durchaus Freude an den schönen Künsten, nur scheint sie sich die Freiheit genommen zu haben, diejenigen Aufführungen zu besuchen, die sie interessierten. Unzählige Male gehörten Theateraufführungen, und nicht nur in München, zu ihren Repräsentationspflichten an der Seite ihres Gemahls. Für Marie waren Opernbesuche keinesfalls nur Pflichtübungen. So besuchte sie noch 1875 als Witwe zusammen mit der österreichischen Kaiserin Elisabeth und deren Kindern eine Lohengrin-Aufführung in München.[74]

Unter der Regie von Dingelstedt erfolgte die Uraufführung von Friedrich Hebbels »Agnes Bernauer« am 25. März 1852. Hebbel weilte schon seit Februar in München und wurde vom Königspaar mehrfach empfangen. Über die Königin berichtete er im März seiner Frau: »Sie wohnt prachtvoller als ihr Gemahl, hat eine wunderschöne Antichambre in den sogen. Dichterzimmern und ist eine äußerst liebenswürdige Frau, ein rein weibliches Wesen mit einem ganz eigenthümlichen Gesichtsausdruck, in dem sich sehr wenig Bewußtsein ihrer hohen Stellung ausspricht, sondern eher eine Art Ängstlichkeit ...«[75] Sie ist »bei weitem die liebenswürdigste und schönste aller Frauen, die hier vorkamen, und brauchte, – eine Königin darf ich doch loben, nicht wahr? – nicht auf dem Thron zu sitzen, um hoch hervorzuragen. Es war für mich ein höchst eigenthümlicher Eindruck, dies anmutige Gemisch von Schüchternheit, die der Grundzug ihres Wesens zu sein scheint, und Würde, die der hohe Stand ihr einimpfte, am Teetisch mir so nah gegenüber zu haben. Nach dem Tee kam der König, der auch augenblicklich von der »Judith« begann. Er ist ganz voll davon und sprach mit wahrer Begeisterung darüber mit mir wie zu Thiersch ...«[76] Auf Wunsch des Königspaares las Hebbel fast den ganzen ersten Akt seiner »Genoveva«, dann aus älteren Gedichten, die sich in der Privatbibliothek der Königin befanden, so »Das Kind am Brunnen«, den »Sonnenjüngling« und »Das alte Haus«. Als sich der König um zehn Uhr wie immer zurückzog, um schlafen zu gehen, soupierte die Königin mit den geladenen Künstlern. Die Königin, so erfahren wir also, besaß eine Privatbibliothek. Wie ist es nur möglich, daß ohne Quellenangabe in Publikationen über ihren Sohn Ludwig II. ständig behauptet wird, sie habe »nie ein Buch gelesen und werde auch nie eines lesen«? Aus Rom schrieb ihr Max im März 1857: »Harre aus in Deinen Lektüren, zu wichtig für unser, Dein und mein Glück ...«[77]

Obwohl sie die »schreibselige« Königin genannt wurde, beklagte sie sich hin und wieder über die umfangreiche Korrespondenz, die sie zu führen hatte.

Der König und die Königin fanden an alpenländischer

volkstümlicher Musik einigen Gefallen. Bei den Teeabenden in der Residenz erfreute sich Marie am Zitherspiel des »ungeheuer virtuosen Petzmayr« und dessen Schülerin Elise Pauli. Herzog Max in Bayern, der »Zithermaxl«, widmete der Kronprinzessin von ihm komponierte Zitherstücke[78], so die »Marienpolka« und die »Marienquadrille«.

Die letzten gemeinsamen Jahre

Das Jahr 1863 sollte ein wichtiges politisches Jahr für das Königspaar werden. Im September fand in Frankfurt der Fürstentag statt, bei dem sich die deutschen Fürsten über eine Reform des Deutschen Bundes verständigen wollten. König Wilhelm I. von Preußen blieb dem Treffen fern. Er begab sich statt dessen zur Kur nach Gastein. Auf dem Weg dorthin machte er mit Otto von Bismarck in München Station. Die Königin und die Prinzen Ludwig und Otto zeigten dem König von Preußen die Residenz und die Schatzkammer. Am 16. und 17. August nachmittags gegen vier Uhr kamen die Gäste nach Nymphenburg zur Hoftafel zur Königin Marie, die ja die Cousine des Königs war. Kronprinz Ludwig saß seiner Mutter an der Tafel gegenüber. Sein Tischnachbar war Bismarck, der sehr schnell bemerkte, daß mit dem politisch wenig interessierten Wittelsbacher Sproß kein ihn befriedigendes Tischgespräch zu führen war. In den oft peinlich langen Gesprächspausen blickte Ludwig über seine Mutter hinweg zur Decke und leerte ab und zu hastig sein Glas Champagner. Bismarck meinte zu bemerken, daß wohl auf Anweisung der Mutter das leere Champagnerglas des Kronprinzen sehr langsam nachgefüllt werden sollte.[79]

Schon vor diesem Besuch in München hatte Marie versucht, König Wilhelm I. von Preußen zu bewegen, zur Tagung aller Fürsten nach Frankfurt zu gehen. Als dies nicht geschah, bat Maximilian seine Frau, den König in München so lange »festzuhalten«, bis er mit anderen Fürsten nach München hätte eilen können, um den preußischen König von dort nach Frankfurt zu holen. »Freilich sorgte Wilhelms Begleiter Bismarck da-

224

für, daß Wilhelm I. fernblieb, obwohl es ihm schwerfiel«, schreibt Hans Rall.[80] So ergriff auf dem Fürstentag der bayerische König das Wort, setzte sich für die Eigenexistenz der Staaten des Deutschen Bundes ein und sprach sich gegen eine Gleichschaltung unter nur einer Staatsform aus. Dies zog nach sich, daß Maximilian 1864 auch für die Selbständigkeit von Schleswig-Holstein kämpfte.

Am 25. August 1863 war der 18. Geburtstag des Kronprinzen Ludwig. Zur Feier der Großjährigkeit fand ein großes Fest in Hohenschwangau statt. Die Königin stand »mit wahrem Mutterstolz in den Zügen« an der Seite des hochgewachsenen, jugendschönen Kronprinzen auf der Freitreppe und nahm die Huldigungen entgegen. Der König kehrte erst am 4. September aus Frankfurt zurück und sprach dann seinem Sohn die Glückwünsche aus.

Als es zur Krise um Schleswig-Holstein kam, weilte der König in Italien, da seine Gesundheit nach dem Fürstentag wieder angeschlagen war. Das »so peinliche Leiden«[81] hatte ihn wieder einmal eingeholt, und in Italien fühlte er sich besser. Als Maximilian dann Anfang Dezember 1863 eben aus politischen Gründen nach München zurückgerufen wurde, wußte wohl nur er selbst, daß er größter Schonung bedurfte, und er nannte seine Rückkehr »ein Opfer, das er seinem Volk brachte«.[82]

Große Feste, zu denen der König erschien, waren in München eher die Ausnahme, aber am traditionellen Kostümfest im neuerstandenen Residenztheater im Januar 1864 nahm er teil. Meist war ein Sagen- oder Märchenmotiv das Motto. Die Ideen stammten überwiegend von dem Spätromantiker Moritz von Schwind, der auch einige Gemächer von Hohenschwangau ausgemalt hat. Als junges Kronprinzenpaar hatten sich Max und Mariechen beim Maskenball in der Residenz im Jahre 1843 als »Prinz und Dornröschen« verkleidet. Beim Hofmaskenball am 26. Februar 1857 war es der Wunsch des Königs, daß seine Frau in der Tracht einer Münchner Bürgersfrau erschien: mit Mieder mit Geschnür, im goldenen Riegelhäubchen und mit einem Kropfband, dessen breites Schloß von Diamanten funkelte.[83]

Diesmal nun, im Schicksalsjahr 1864, sollte auf Wunsch des Königs in den Kostümen die Zeit des Kurfürsten Max III. Joseph wiedererstehen, in der 1753 das Rokokotheater einst als Hofopernhaus errichtet worden war. Der König, der sich nicht gerne verkleidete, überwand sich und erschien als Domino. Seine Gemahlin Marie stellte zusammen mit ihrem Schwager Luitpold, dem späteren Prinzregenten, das Kurfürstenpaar Max III. Joseph und Maria Anna dar. Die 39jährige Königin muß atemberaubend ausgesehen haben. Sie trug ein Hermelinkleid mit purpursamtenem, goldbestickten Überwurf, reich besetzt mit Diamanten, eine kleine Krone auf dem gepuderten Haar. Der sechzehnjährige Otto sah allerliebst aus als Page, sein älterer Bruder Ludwig fühlte sich nicht wohl und mußte das Bett hüten. Marie wurde stürmisch gefeiert. Sie und ihr Sohn Otto waren ein Bild des Glücks, der König fühlte sich stolz und glücklich.

Dieser strahlende Glanz zerbrach jäh am 10. März 1864. König Maximilian II. lag auf der Totenbahre. Niemand hatte mit dem Ableben des Königs gerechnet, und die allgemeine Erschütterung über den Tod des erst 52jährigen Wittelsbacher Herrschers war groß.

Nur 22 Ehejahre waren dem Königspaar beschieden gewesen. Es war die kürzeste Ehe der vier bayerischen Königspaare, doch es darf uneingeschränkt gesagt werden, daß es eine glückliche Ehe war. Es ist in Erfüllung gegangen, was der Philosoph Schelling seinem Schüler Maximilian voraussagte, nachdem er die junge Braut in Berlin kennengelernt hatte: »Der Geist sagt mir, daß in solcher Lieblichkeit und Anmuth, für die ich vergeblich den Ausdruck suche, Eurer Königlichen Hoheit das höchste Glück Ihres Lebens zu theil werden. – Ihr reicher Geist, Ihr herrliches Gemüth und alles, was es tief Liebevolles in sich hat, in dieser reinsten, zur höchsten Schönheit reifenden Seele den vollsten Widerklang finden werde.«[84]

Des Königs früher Tod traf die Königin sehr. Mit erst 39 Jahren war sie Witwe geworden. Als das Unfaßbare geschah, weilte Marie am Bett ihres Mannes, der ihre Hand hielt, bis er von diesem Erdendasein erlöst wurde. Sein letztes Wort galt seiner Frau: »O Marie! Ich –«

Wie glücklich Maximilian II. mit seiner Frau war, hatte er einst selbst in einem Sonett zum Ausdruck gebracht:[85]

Beim Anblick der Madonna Seggiola von Raphael:

Von meiner Kindheit ersten Frühlingstagen
Fühlt' ich mich, Heil'ge, zu Dir hingezogen.
Des Herzens Andacht hat mich nicht betrogen,
Sein stilles, tiefstes Leid durft' ich Dir klagen.

Da wagt' ich einstens, Hohe, Dich zu fragen,
Vertrauensvoll, wie ich so oft gepflogen,
Ich bat Dich, Himmelskönigin, gewogen,
Wen ich zur Gattin wähle, mir zu sagen.

Und plötzlich glaubt' ich da in Deinen Zügen,
Marien, meinen Engel, zu erschauen.
Du, Heil'ge, wolltest uns zusammenfügen.

Der Holden wolltest Du mich anvertrauen,
Durch sie den Fluch des Bösen zu besiegen,
Der lieblichsten, der reinsten aller Frauen.

Für die unzähligen Beileidsbezeugungen, die die Witwe erhielt, soll auszugsweise diejenige Leopold von Rankes stehen, des bedeutendsten Historikers jener Zeit, der dem Verstorbenen seit seinen Universitätsjahren nahestand: »Ew. Königliche Hoheit vergeben mir, wenn ich bei dem trostlosen Ereigniß, das uns traf wie ein Blitzstrahl aus heiterem Himmel, meine Gedanken auf Ew. Maj. hinwende: die holde und vertraute Gefährtin seines Lebens, die ihn glücklich machte, wie er in vertrauten Momenten, deren er mich würdigte, mir gesagt hat … Jeder freute sich der Beweise zärtlicher Freundschaft und Liebe, die zwischen Ihren Majestäten gewechselt wurden … Ich hatte das Glück, ihn zu kennen, zu verehren, zu lieben; es wird eine Lücke in meinem Leben sein, ihn zu entbehren … Empfinde ich das so stark, was werden Ew. Maj. empfinden? Von Jenseits wird Sein Segen über Ew. Maj. und

Ihren Söhnen, von denen der Eine nun in das volle schwere Leben tritt, walten ...«[86]

Als Maximilian starb, weilte sein Vater, König Ludwig I., in Algier. Von dort schrieb dieser seinem Sohn Luitpold am 14. März 1864: »... Drücke der unglücklichen Marie meine innig gefühlte Teilnahme aus und daß ich ihr nicht schreibe, aus Erfahrung, wie peinlich es ist, darauf zu antworten ... Arme Marie! aber armer Ludwig auch! Dessen Jugend hin ist, mit 18 Jahren schon auf den Thron kommt, in welchem Alter er keine Erfahrung haben kann, keine Geschäftskenntnis und das in welcher Zeit! ... Mein Sohn, König Maximilian II., ist für seinen Ruhm in günstiger Zeit gestorben.«

Marie, die königliche Bergsteigerin

Als Marie zwei Wochen nach ihrer Hochzeit in München zusammen mit ihrem Gemahl nach Hohenschwangau gefahren war, ergriff sie der Anblick der Berge so sehr, daß sie lange Zeit sprachlos blieb. Ausgerechnet eine Hohenzollernprinzessin aus Berlin sollte Bayerns erste Bergsteigerin werden! Solange die Königin körperlich dazu in der Lage war, bestieg sie Berge am Nordrand der Alpen. Ihr größter Wunsch, einmal die Zugspitze zu besteigen, ging allerdings nicht in Erfüllung. Ihr besorgter Ehemann hatte sich nach mehreren Berichten über die Gefährlichkeit der Besteigung dieses Berges dazu entschlossen, seiner Frau das zu verbieten.

Ihrem Mann, der als Kind gerne in Innsbruck und Salzburg weilte und der selbst ein begeisterter Bergsteiger war, gefiel natürlich die Liebe seiner Frau zu den Bergen. Am Hof dürfte ihre alpinistische Leidenschaft allerdings mit einigem Argwohn betrachtet worden sein, doch Marie setzte sich durch. Die Erschließung der Alpen für touristische Zwecke lag ohnedies schon in der Luft: 1857 wurde in London der Alpine Club gegründet, 1862 der Österreichische Alpenverein und 1869 der Deutsche Alpenverein.

Von Hohenschwangau aus unternahm die Kronprinzessin und spätere Königin viele »Fußreisen« auf den 2047 m hohen Säuling, die westlichste Bastion der Ammergauer Berge und ein Aussichtsberg besonderer Güte. Sie bestieg den Taneller, die Schlicke, Keller- und Gehrenspitze sowie »ihren« Berg, den Achsel bei Musau. Oberammergau besuchte sie ebenso wie Partenkirchen, wo sie in der »Reiserschen Post« abzusteigen pflegte und im Forsthaus ein gerngesehener Gast war.

1854 unternahm die Königin bei einem Aufenthalt in Berchtesgaden einen Aufstieg zum 2713 m hohen Watzmann. Diese Tour begann sie zusammen mit ihrer Begleitung in der Ramsau, wobei auf der Grubenalpe übernachtet wurde. Ihre

Hofdame schreibt darüber: »Meine verehrte Königin und ich sollten auf der Schlafstelle der Sennerin liegen. Diese war jedoch gegen vorne so abschüssig, daß ich, die ich natürlich vorne lag, die ganze Nacht hindurch mich anhalten und anstemmen mußte, da die Königin immer gegen mich herabrutschte und trotzdem herrlich schlief. Um 3 Uhr morgens wurde gefrühstückt, gegen 5 Uhr aufgebrochen, und nach 4stündigem Marsch erreichten wir den Gipfel des Großen Watzmann. Der Raum oben ist sehr klein, und doch lagerten auf jener luftigen Höhe wohl 30 Personen. Die Aussicht war überwältigend, großartig, und da – eine Seltenheit – kein Lüftchen wehte, konnten wir volle drei Stunden diesen herrlichen Anblick genießen.«

Es ist unschwer zu erraten, daß die Hofdamen der Königin nicht sehr begeistert waren, wenn sie selbst mitten in der Nacht aufstehen mußten, um etwa an nächtlichen Spaziergängen durch die winterliche Bergwelt teilzunehmen. Für diese »unhöfische« sportliche Betätigung waren weder die Roben der Königin noch die ihrer Hofdamen geeignet. Doch die junge Königin wußte Abhilfe zu schaffen. Sie ließ sich eine »Bergsteigertracht« anfertigen. Zu einem enganliegenden Oberteil kam ein aus festem schwarzem Loden gefertigter Rock, unter dem sie eine bis zu den Schuhen reichende Hose aus dem gleichen Stoff trug. Als Kopfbedeckung wählte sie den adretten Miesbacher Stöpselhut.

Mag diese Aufmachung zuerst einiges Aufsehen erregt haben, so griff die Kronprinzessin eigentlich auf etwas zurück, was in Bayern einmal Brauch war, aber schon nicht mehr zu den Selbstverständlichkeiten gehörte: das Tragen traditioneller Kleidung. Marie bevorzugte den Loden gegenüber den inzwischen als weitaus modischer geltenden Fabrikstoffen. Ihr Gemahl war der erste Wittelsbacher Regent, der sich in Tracht kleidete. Bis in unsere Zeit gilt nun die Tracht als korrekte Kleidung, auch bei offiziellen Anlässen.[87]

Nicht nur Max und Marie kleideten sich in Tracht, sondern auch die königlichen Prinzen trugen Lodenanzüge und Jägerhut, sooft sie ins Gebirge wanderten oder zum Fischen gingen.

Ging die Königin in Kaltenbach bei Hohenschwangau oder in Trauchgau zum Fischen, nahm sie die beiden Kinder mit. Das zweite Frühstück wurde dann im Freien eingenommen, was den Buben besonders gefiel.

Bei jeder Bergpartie der Königin gehörte neben dem Hofstaat auch ein entsprechendes Küchenpersonal dazu, das für die Verköstigung der Ausflügler zuständig war. Allerdings hielt sich der Aufwand dafür in Grenzen, vergleicht man ihn mit dem des Königs, der auf seinen Fahrten nicht auf den gewohnten Luxus verzichtete und auf einem zehngängigen Menü bestand, das die Köche und Küchenjungen oft in erhebliche Schwierigkeiten stürzte.

Weitaus weniger konventionell ging es im Schweizerhaus in der Blöckenau zu. Dort servierte die Königin oft selbst Kuchen und Kaffee. Sogar auf Matratzen wurde manchmal übernachtet.[88]

Unternahm der König einen Jagdausflug, so folgte die Königin oft nach. »Heute war ein guter Tag für die Jagd ... Die Tafel war in Bartholomä, die Sennerinnen hatten das vom König erlegte Wild auf dem Streckplatz mit Alpenrosen, Edelweiß und mit dunkelgrünem Bärenkraut geziert – die Königin war mit ihren Damen zum Mahl erschienen, ein Schauspiel voll Glanz und Schönheit.«[89]

Romantisch waren die Jagd und das Bergsteigen eigentlich nur für das Königshaus und das Gefolge. Die Bevölkerung in den abgeschiedenen Bergdörfern war meist arm. Kam aber der Hof in eine Gegend zum Jagen oder Bergsteigen, wurden oftmals neue Straßen, sogenannte »Fürstenstraßen«, angelegt, was man heute als Arbeitsbeschaffung bezeichnen würde. Außerdem entlohnte die Hofkasse jede Dienstleistung »königlich«, wie dies aus einem Bericht der Innsbrucker Zeitung von 1851 hervorgeht: Als die Königin damals auf das Kellerjoch des Aschauer Gebirges stieg, hieß man sie als »Retterin in der Noth« willkommen. Nach dem Abstieg begrüßte man sie in Wengle und Reutte mit Musik, und die Bewohner waren nicht nur vom lieblichen Anblick, den die Königin bot, gerührt, sondern vor allem »vom Klang des langentbehrten Silbers«. Für das Gebiet um Elbigenalp und Außerfern brachte die häufige Anwesenheit des Hofes »selbstverständlich auch eine gewisse wirtschaftliche Konjunktur«.[90] Mensch und Tier mußten versorgt werden, weshalb Jäger, Fischer, Holz- und Tierlieferanten und alle, die mit Dienstleistungen für die königlichen Gäste betraut waren, sehr gut verdienten.

Der Alpenrosenorden

Konnte die junge Kronprinzessin ihre Hofdamen nur schwer von der Schönheit der Berge und der Bergblumen überzeugen, so merkte sie auch bald, daß den Frauen der Residenzstadt München zwar der Anblick der Berge gefiel, sie aber nicht bereit waren, mühsame Aufstiegstouren auf sich zu nehmen. Da die damals neunzehnjährige Kronprinzessin sehr wohl um die Wirkung einer Ordensauszeichnung wußte, verfiel sie auf die listige Idee, mit der Stiftung eines Ordens die Bergsteigerei attraktiver zu machen. Die »Gründung« des Alpenrosenordens erfolgte am 18. Juni 1844.[91] Verliehen wurde eine silberne Alpenrose mit rosafarbener, silberdurchwirkter Schleife. Die ersten Orden bekamen nur diejenigen Personen, die mit ihr als der Großmeisterin dieses Ordens dreimal den Berg Achsel bei Musau im Reintal bestiegen hatten. So wurden am Gründungstag folgende Damen in den Orden aufgenommen: Kronprinzessin Marie, Frau von Pillement und Gräfin von Luxburg; dazu die Herren Baron Ludwig von Zoller (als Großprior) und Ludwig Freiherr von der Tann. Wie in den Statuten vermerkt ist, »mußte man für den Orden nichts bezahlen, sondern man erhält ihn als Gnade«. Zum ersten Ehrenmitglied bestimmte Marie ihren Schwiegervater, König Ludwig I., als Ordensritter Baron von Zoller, Freiherr von der Tann, Hauptmann Strunz, Geheimrat Gietl, Leibarzt der königlichen Familie, Generaladjutant La Roche, Graf Rechberg, Baron Leonrod, der spätere Gemahl der Erzieherin der königlichen Prinzen, Sibylle Meilhaus, Graf Ricciardelli, Wilhelm von Dönniges und als Ritterinnen die Großmeisterin, Frau von

Pillement, Gräfin von Luxburg und die Hofdame Friederike von Gumppenberg. Anlaß zu Spekulationen gab immer wieder die Tatsache, daß die Gründung des Alpenrosenordens am 29. Geburtstag des Freiherrn Ludwig von der Tann (1815–1881) stattfand. Kurz vor seiner Ernennung zum Adjutanten des Kronprinzen Maximilian im August 1844 wurde von der Tann schon abkommandiert, die junge Kronprinzessin bei ihren Bergtouren zu begleiten.

Im Todesjahr des Königs Maximilian trafen sich die Mitglieder des Alpenrosenordens im Juli, um mit der Königin und Prinz Otto von Hohenschwangau aus einige Bergtouren zu unternehmen. Ludwig II., der damals in Kissingen weilte, schrieb der Mutter, daß er sich als »Protector des Alpenrosenordens« sehe. Die Königin-Mutter las den Brief den Damen und Herren vor, die sich darüber köstlich amüsierten.

Im Jahre 1869 wurde das 25jährige Bestehen des Alpenrosenordens mit einer Kreuzerrichtung auf dem Achsel bei Musau gefeiert. Über dieses Ereignis berichtete die Königin selbst in einem Brief vom 1. Juni 1869. Das Fest war vom eigentlichen Gründungstag, dem 18. Juni, auf den 29. Mai vorverlegt worden. Vom Schloß Hohenschwangau aus ging die Fahrt mit dem offenen viersitzigen Spazierfahrwagen über Pinswang zum Fuß des Achselberges. In Begleitung der Königin befanden sich die Oberhofmeisterin Gräfin Julie von der Mühle, Gräfin Charlotte Fugger und Medizinalrat Dr. Josef Wolfsteiner. Die inzwischen 43jährige Königin führte als Großmeisterin des Ordens die Bergsteiger an, denen sich noch einige Einheimische anschlossen. Bei dem einstündigen Aufstieg begleitete sie auch der Kurat Alois Neureuter aus Pinswang, den die Königin zusammen mit Dr. Wolfsteiner am Gipfel zum Ordensritter ernannte. Das vom Zimmermann Schlichter aus Pinswang gefertigte 21 Fuß hohe Gipfelkreuz aus Lerchenholz befand sich bereits oben auf dem Berg. Nach der Aufrichtung segnete der Kurat das Kreuz und besprengte es mit Weihwasser. Alle Anwesenden beteten dann kniend auf deutsch das Vaterunser und sprachen das Glaubensbekenntnis. Wie einst ihre Mutter auf dem Falkenstein bei Fischbach in Schlesien ließ auch Marie

233

eine Inschrift am Kreuz anbringen:»Des Kreuzes Segen über Tirol und dieses Thal. 29. Mai 1869«.

In einer nahegelegenen Berghütte fand die Feier statt. Aus dem Tal waren Fleisch und Brot, Kaffee, Münchner Bier, Tiroler Wein und Champagner herauftransportiert worden. Die Königin brachte einen Toast aus auf die Gesundheit des Kaisers von Österreich und auf die ihrer Söhne Ludwig und Otto. Zusammen mit ihrer Hofdame Charlotte Fugger wand die Königin einen Kranz aus Tannenzweigen, den ein Arbeiter an dem Kreuz befestigte. Diese Feier muß so fröhlich gewesen sein, daß die Anwesenden ganz die Zeit vergaßen. Als die Glocken im Tal zur Abendandacht riefen, eilte der Kurat schnell ins Tal hinab! Die übrige Gesellschaft traf gegen neun Uhr am»Schwanenstein« ein.

Die Königin beschloß, General Ludwig Freiherr von der Tann zum Großprior des Ordens zu ernennen und eine Geldsammlung aus Anlaß des Jubiläums anzuregen. Das Geld sollte der Gemeinde Pinswang zugute kommen; 600 Gulden wurden gestiftet.

Mit den Söhnen auf Edelweißsuche

Die Söhne waren bei den Bergtouren der Mutter gerne dabei. Gemeinsam stiegen sie auf den Säuling. Für den Weg von Hohenschwangau bis zur Bergspitze brauchten sie dreieinhalb Stunden. Vom zwölfjährigen Ludwig sind ausführliche Briefe an den Großvater erhalten, in denen die Freude darüber zum Ausdruck kommt. Er erzählt ihm von weiteren Ausflügen mit der Mutter, an denen auch sein um drei Jahre jüngerer Bruder Otto teilnahm, der die Touren gut durchstand,»ohne sich übermüdet zu haben«. Im Berchtesgadener Land unternahmen die jungen Prinzen mit der Mutter Ausflüge an den Obersee, zur Eiskapelle und nach Wimbach. Sie bestiegen mit ihr die Schartzkehl- und die Königsalpe. Der Thronfolger beklagte sich»bitter« beim Großvater, daß er seine Mutter nicht auf den Untersberg begleiten durfte, den diese 1858 bestieg.

Eines Tages nahm Marie Ludwig und Otto mit auf die Edelweißsuche in den Wänden am Obersee. Dieser Ausflug am 10. September 1859 endete dramatisch. Die Königin und die beiden Prinzen in graugrüner Bergsteigertracht mit Gamsbarthut wurden von zwei Hofdamen, dazu Graf La Rosée, Baron Wulffen und zwei Bergführern begleitet. Ziel war die Fischunkel am Obersee. Die Königin ermunterte die beiden »Bergprinzen«, Edelweiß zu pflücken. Baron Wulffen begleitete sie, stürzte aber so unglücklich in der Felswand, daß er sich nicht mehr aufrichten konnte. Die Königin, die schneller zu Fuß war als alle anderen, rannte zum Obersee, um einen Arzt zu holen. Ludwig lief nach einem Priester. Der Schwerverletzte genas wieder. Er kehrte ein Jahr später zur Unglücksstelle zurück und stürzte erneut ab![92]

Als Lieblingsplätze der Königin galten St. Bartholomä, der Hintersee und die Eiskapelle am Fuß der Watzmann-Ostwand. Es kam durchaus vor, daß bei einem Aufenthalt im Schloß von Berchtesgaden es der Königin in einer schönen Sommernacht plötzlich einfiel, die Eiskapelle bei Fackelschein aufzusuchen. Die ganze Hofgesellschaft mußte sich mit Fackeln ausrüsten und ihr folgen! Wer denkt hier nicht an ihren Sohn Ludwig und seine nächtlichen Ausfahrten?

Auch Max II. liebte die Berge. Er trat am 20. Juni 1858 seine wohl bekannteste Reise an[93], eine fünfwöchige Wander-, Fahr- und Reitreise durchs Gebirge, begleitet von General von der Tann, den Grafen Pappenheim und Ricciardelli, Baron Leonrod, Professor Riehl, Franz von Kobell und Friedrich von Bodenstedt. Die Reise begann in Lindau am Bodensee und endete nach fünf Wochen in Berchtesgaden. Neben verschiedenen königlichen Equipagen wurden 42 Pferde mitgeführt, darunter vierzehn kleine Norweger-Pferde, die das Ersteigen hoher Berge erleichtern sollten. Wo immer der König mit seinem Gefolge auftauchte, wurde er von der Bevölkerung freudig begrüßt. Jeder Ort hatte dabei seine eigene Art. So fanden sich in Sonthofen die Namen des Königs und der Königin in Blumen neben dem Weg gepflanzt, den die Gruppe entlangritt. Oder vor der Besteigung des Grünten führte der Pfarrer von Burgberg den König zu einer ausgeschmückten Grotte, in der die Namenszüge des Königspaares prangten und eine Schar weißgekleideter, bekränzter Mädchen einen »vielstimmigen Huldigungsgesang ertönen ließen«. Bodenstedt, der genaue Aufzeichnungen über die königliche Reise machte, erzählt, daß der König oft davon sprach, daß diese Reise bestimmt auch seiner Gemahlin gefallen hätte. Nach der Besteigung des Wendelsteins wurde bei einer Sennhütte auf der Hochalm eine Tafel für den König und sein Gefolge angerichtet, sorgfältig gedeckt mit Kristall und Silber, geschmückt mit Alpenrosen. Die Tafel stand so, daß der König den schönsten Ausblick ins Freie hatte; zwei Mädchen aus Bayrischzell sangen das Wendelsteinlied. Der König bedauerte sehr, daß die Königin nicht dabei war, und wünschte, daß sie das »poetische Gelage« sehen könnte. General von der Tann hatte auch für diesen Wunsch des Königs vorgesorgt und schon in Bayrischzell einem Photographen erlaubt, in großem Abstand der königlichen Bergsteigergruppe zu folgen. So entstand ein hübsches Foto, das der Königin überbracht wurde. Als der König nach Berchtesgaden zurückkehrte, hing das Bild schon über ihrem Schreibtisch.

Der Wendelstein galt in jener Zeit als der meistbestiegene Gipfel in den bayerischen Alpen, der selbstverständlich auch der Königin nicht zu hoch war. Als Leopold von Ranke 1854 Gast der königlichen Familie in Berchtesgaden war, nannte er die Königin »eine leidenschaftliche Bergsteigerin«.

Noch zu Lebzeiten des Königs wurde oft mit den Prinzen St. Anna im Vilstal aufgesucht. Dort im Haus der Familie Hartmann weilten die königlichen Gäste besonders gern. Konnte man sich nicht im Freien aufhalten, begab man sich in ein blau, der Lieblingsfarbe der Königin, gestrichenes Zimmer, das stets reserviert war. Im noch vorhandenen Gästebuch vermerkte sie 1872: »Zum ersten Mal im Leben geackert« und 1878: »Gebuttert und zum ersten Mal Holz gehackt.« Der Aufenthalt hier muß sie stets an ihre Tage in Fischbach erinnert haben, besaß sie doch als Kind ihr eigenes Butterfäßchen.[94]

Nach des Königs Tod unternahm die Witwe eine Fußreise mit ihren Söhnen. Der Aufenthalt in den Bergen sollte ein wenig Trost bringen. So ging es inkognito nach Tirol durch das Trafoier Tal, am Ortler vorbei bis nach Meran, wo der kleinen Wandergruppe schließlich das Geld ausging.

Elbigenalp, das »Residenzdorf der Königin«

Viel Freude erlebte die Königin-Mutter bei ihren Besuchen in Elbigenalp und dem Außerfern[95], ein Gebiet, auf das sie ihr Sohn Ludwig aufmerksam gemacht hatte. Im September 1867 übernachtete Marie mit ihrem Sohn Otto in Elbigenalp im Gasthof »Zum Engel«. Diesem ersten Aufenthalt sollten noch viele folgen, die oft mehrere Wochen dauerten. Marie lernte dort auch den Graveur, Lithographen, Heimatkundler und großen Wohltäter Anton Falger kennen, und es entstand eine so enge Freundschaft, daß der kinderlose Falger 1876 sein geräumiges Haus samt einer Wiese am Kirchweg testamentarisch der Königin-Mutter vermachte. Sie ließ den hinteren Teil des Hauses abreißen und einen Neubau errichten, so daß zwei Häuser entstanden, die allerdings immer noch nicht groß genug waren, um den gesamten Hofstaat unterzubringen. In der Falger-Chronik werden bei Besuchen der Königin zwischen 30 und 35 Personen angegeben, dazu siebzehn Pferde.

In ihrem Testament vermachte die Königin-Mutter die beiden Häuser der Pfarrgemeinde Elbigenalp, die diese verkaufen sollte, um den Erlös zu kapitalisieren und die Zinsen für wohltätige Zwecke zu verwenden. Nur, es erwies sich als sehr schwierig, die »zwei ehemals kgl. Häuser mit 29 Zimmern, Küche und Keller, Balkon und hübscher Aussicht in reiner Luft (Waldnähe) mit sehr gutem Wasser usw.« zu veräußern. Schließlich ersteigerte der Gastwirt Johann Moll das Anwesen und machte daraus den »Gasthof Post«. An dem völlig umgebauten Haus erinnern drei Stuckporträts an die Zeit, in der hier in Elbigenalp das »Residenzdorf der Königin« war; sie zeigen die Königin, den Graveur Anton Falger und den Maler Josef Anton Koch.

Es gab in Elbigenalp außer Anton Falger (1791–1876) noch

weitere berühmte Leute, so zum Beispiel die Porträt- und Blumenmalerin Anna Rosa Stainer-Knittel (1841–1915), die besser bekannt ist unter dem Namen »Geier-Wally«.[96] Da Falger die Malerin stark förderte und sie auch während der Zeit ihres Studiums in München immer wieder nach Elbigenalp zurückkehrte, ist anzunehmen, daß auch die Königin-Mutter einmal mit ihr zusammentraf, zumindest die Arbeiten der Malerin gekannt hat.

Das früher sehr abgeschiedene Gebirgsdorf ist von der Königin mit vielen Wohltaten bedacht worden. Die Kirche von Elbigenalp erhielt allein schon 22000 Gulden.

Den ersten Besuch im September 1867 beschrieb Prinz Otto seiner Cousine Therese sehr ausführlich. Anton Falger zeigte ihm und der Königin-Mutter seine interessante Sammlung von Handschriften, Münzen, Wappen, Steinen, Schmetterlingen, Käfern, Schnitzereien und anderem. Von Elbigenalp aus ging es weiter nach Dorf Bach, der Heimat von Josef Schneller; er war seit 1834 Dekan in Breitenwang bei Reutte, wo sich die königliche Familie auch schon zu Lebzeiten des Königs sehr gerne aufgehalten hatte. Von Bach wanderte man weiter nach Holzgau und übernachtete in Steg. Der folgende Tag brachte den Aufstieg zum Dörfchen Kaisers, wo der Kaplan sein Häuschen als Herberge zur Verfügung stellte; er selbst zog zum Ortsvorsteher. Die Königin-Mutter, ihr Sohn Otto und Baron Schleitheim unternahmen am folgenden Tag mit dem Kaplan eine gefährliche Partie zum Schindelferner. Die wunderbare Aussicht auf das Allgäu und das Engadin entschädigte für die Mühen beim Weg über Schnee- und Eisfelder in Schuhen, deren Sohlen viel zu glatt waren. In Kaisers wurde Otto der Taufpate eines neugeborenen Kindes; mit seiner Mutter zusammen nahm er an der Taufe in der kleinen Kirche teil. Auf dem Rückweg nach Hohenschwangau besuchte man Dekan Schneller in Breitenwang, der durch seine priesterliche Fürsorge nicht unwesentlich die Königin-Mutter in dem Entschluß zur Konversion bestärken sollte.

238

Konversion der Königin-Mutter

So gerne Marie in Hohenschwangau war, so sehr fehlte ihr dort eine evangelische Kirche. Wenn nicht gerade ein evangelischer Pfarrer in der Gegend zu tun hatte, fand in Füssen nur einmal im Jahr ein Gottesdienst statt, bei dem das Abendmahl gereicht wurde. Der damalige Besitzer des säkularisierten Klosters Sankt Mang, Freiherr von Ponickau, war Protestant. Er hatte 1839 diese evangelischen Gottesdienste eingeführt, die nun von der Kronprinzessin gefördert wurden. 1841 kamen 41 Teilnehmer zur Abendmahlsfeier. Mit der Gründung der Füssener Hanfwerke und der Eröffnung der Bahnlinie wuchs dann die Zahl der Evangelischen in Füssen. Sie gründeten 1883 den Evangelischen Verein und bauten schließlich 1905 die Christuskirche. Aber dies war dann schon lange nach dem Tod der Königin, die den Anfang der Gemeinde mitbestimmt hatte.[97]

Im April 1843 fand Marie im »neuen Vaterland« ihren Lieblingsprediger, mit dem sie sich aussprechen konnte. Es war Dr. Christian Friedrich (von) Boeckh. Er stammte aus Polsingen im Rieß, war in Ansbach und Nürnberg Pfarrer und Hauslehrer, bevor er 1829 als Erster Pfarrer nach München kam und auf Wunsch von Maries Schwiegervater Ludwig I. Dekan in München wurde. Ihrem Pastor Siegert in Fischbach versicherte Marie aber, daß nach wie vor er »ihr liebster, theurer Seelsorger« bleibe. »Ganz eigen ist es mir, hier … mein zweites Abendmahl zu feiern, doch ich habe hier eine Mutter, die es mit mir genießt, die mich mit Liebe überfüttert.« Für Marie war es ein großes Glück, daß ihre Schwiegermutter Therese ebenfalls der evangelischen Konfession angehörte. Die Vorbereitung zum Abendmahl nahm Marie gemeinsam mit ihrem Mann vor, und beide »stießen auf gar viel Böses, was noch in uns ist, mir mangelt es noch an allen Orten«. In vielen ihrer Briefe schreibt Marie, daß sie und der Kronprinz viel zusammen beteten und in der Bibel lasen.[98]

Im Dezember 1843 ging sie in München zusammen mit ihrer Schwiegermutter Therese »ganz allein zum Tisch des Herrn, ... es war recht erbaulich und schön, in der Kirche allein zu zwein, ohne Gemeinde, mit meiner lieben Mutter«.[99] Wieder half der Kronprinz seiner jungen Frau bei der Vorbereitung des Abendmahls, das Dekan Boeckh reichte. Bei einem anschließenden Aufenthalt in Bamberg, im Januar 1844, fand Marie in Dekan Bauer einen guten Prediger. In Bamberg gefiel ihr besonders die Aussicht von der Residenz auf die Stadt und auf den Dom, dessen Glockengeläut sie erfreute. Als sie den Dom besichtigte, hörte sie den Gesang eines auch ihr bekannten Liedes und stimmte gleich mit ein. Ihr untrügliches Urteil über die katholische Geistlichkeit: »Auch die katholischen Geistlichen sind gute, aufgeklärte Männer hier.«[100]

Ende 1849 war die Amtszeit des Dekans Boeckh vorüber. Sein Nachfolger als Beichtvater und geistlicher Ratgeber der Königin wurde Dr. Karl Heinrich (von) Burger, der aus Bayreuth stammte. Theologisch war er geprägt von der »Erlanger Erweckungsbewegung«. Von 1855 bis 1894 war er in München Oberkonsistorialrat.[101] Burger wurde jeden Montag in die Residenz befohlen, um dort der Königin noch einmal seine Sonntagspredigt vorzutragen. Ganz regelmäßig war auch der König dabei.

Marie bedauerte immer sehr, daß es auf dem Lande keine evangelischen Kirchen gab, in denen sie eine schöne Predigt hätte hören können. So machte sie das Fehlen evangelischer Pfarrer und Kirchen in altbayerischen Gegenden in ihrer Glaubensausübung sehr einsam. In einem Brief aus Egern am Tegernsee an Pastor Siegert, in dem sie sich für dessen Geburtstagsglückwünsche bedankte, schrieb sie ihm, daß sie am Namenstag des Königs und an ihrem eigenen Geburtstag den König in die katholische Kirche begleitet habe. Andererseits nahm die Königin im November 1865 in München ihren siebenjährigen Sohn Otto mit in die evangelische Kirche zum Heiligen Abendmahl.[102]

Es ist bekannt, daß der Bräutigam Maximilian an seine Braut nie das Ansinnen stellte, sie möge konvertieren. Maximilian

240

war geprägt von großer Toleranz gegenüber dem protestantischen Bekenntnis. Für den damaligen Zeitgeist in Bayern bedeutete das, daß er als heimlicher Protestant angesehen wurde. Strengkirchlich katholische Kreise warfen Maximilian konfessionellen Indifferentismus vor. In seinem sehr offenen Bericht fürchtete der päpstliche Nuntius Viale Prela, daß der Prinz, der an der protestantischen Universität in Berlin studiert hatte, sich ausschließlich mit »areligiösen Personen« umgeben habe und sich durch seine Ehe mit einer preußischen Prinzessin dem Einfluß Preußens und des Protestantismus aussetze.[103]

Es sollte nicht vergessen werden, daß die Berufung zahlreicher evangelischer Dichter, Wissenschaftler und Gelehrter, der sogenannten »Nordlichter«, nach München als Beweis des Einflusses des Protestantismus und Preußens in Bayern galt. In der Tat ist es nicht einfach, das »religiöse Profil des dritten Bayernkönigs«[104] nachzuzeichnen. Ein Mann des konfessionellen Ausgleichs, Johann Michael Sailer, hatte den Kronprinzen erzogen. In erster Linie dürfte das große Verständnis Maximilians für das evangelische Bekenntnis aber wohl daher rühren, daß sowohl seine Großmutter als auch seine Mutter und seine Frau evangelische Christen waren. Alle königlichen Kinder der Wittelsbacher wurden zwar katholisch getauft und erzogen, durch die Mütter jedoch mit evangelischem Gedankengut vertraut gemacht.

Wie kam es nun zum Glaubensübertritt? Die Königin lebte in Altbayern in einer durch und durch katholischen Umgebung und Glaubenswelt. Durch den Religionsunterricht ihrer Söhne, der Prinzen Ludwig und Otto, lernte sie auch den Priester und späteren Abt des Benediktinerklosters St. Bonifaz, Daniel von Haneberg, kennen sowie den Münchener Domprediger Ehrler. Als sich dann die Geisteskrankheit ihres Sohnes Otto herausstellte, waren es katholische Geistliche, »die der unglücklichen Mutter heftig zusetzten, ihr Sohn könne gesund werden, wenn sie katholisch würde«.[105] Man wurde nicht müde, der Königin begreiflich zu machen, daß die Krankheit ihrer Söhne als eine »Strafe« für ihr Evangelischsein gesehen werden könnte.

Nicht unerheblich muß auch der Einfluß der Lieblingsnichte der Königin, Prinzessin Therese, gewesen sein, und der ihrer Schwägerin Adelgunde. Karl Möckl, der wohl beste Kenner der Prinzregentenzeit, zählt Adelgunde, die Witwe des Herzogs Franz von Modena, zu den »starken Kräften« am Königshof. »Diese kaiserliche Hoheit«, sagt er, »war jeglichem priesterlichen Einfluß leider sehr zugänglich.«[106] Prinzessin Therese wurde den katholisch-konservativen Hofkreisen zugerechnet; sie besaß auch einen erheblichen Einfluß, wenn es um die Personalpolitik in hohen Kirchenämtern ging.

Als König Max 1864 so plötzlich verstarb, war aus einer fröhlichen Königin eine tieftrauernde Witwe geworden. Marie, die so oft in den Straßen Münchens, im Hofgarten oder im Englischen Garten zu sehen war, zog sich immer mehr aus der Öffentlichkeit zurück. Sie hielt sich, wie schon berichtet, viel in Elbigenalp auf. Dort schloß sich die Witwe dem Lechtaler Priester Georg Lechleitner an. Er gab ihr Religionsunterricht nach katholischem Verständnis und gewann großen Einfluß auf sie.

Am 25. September 1874 kam Benefiziat Lechleitner, am 8. Oktober 1874 Bischof Dr. Daniel von Haneberg nach Hohenschwangau. Es ist zu vermuten, daß die Gespräche mit den beiden geistlichen Herren mit ausschlaggebend waren für den endgültigen Entschluß der Königin, zum katholischen Glauben überzutreten.

Als Tag ihrer Konversion wählte die Königin ihren 32. Hochzeitstag, den 12. Oktober 1874, der zugleich der Namenstag ihres verstorbenen Gemahls war – möglicherweise ein Hinweis darauf, daß die Königin hoffte, der gemeinsame katholische Glaube werde sie nach dem Tode auch leichter mit ihrem Gemahl wieder zusammenführen. In der Pfarrkirche zu Waltenhofen in der Gemeinde Schwangau legte die Königin vor dem damaligen Bischof von Speyer, Dr. von Haneberg, das tridentinische Glaubensbekenntnis ab. Anwesend waren ihr Sohn Otto, Dekan Schneller und Benefiziat Lechleitner, Karl Lechtaler, der Pfarrer von Waltenhofen sowie Albrecht Graf Dürckheim-Montmartin, der Adjutant des Prinzen Otto, Freiherr von Branca, der frühere Begleiter des Prinzen Otto, die Oberhofmeisterin der Königin, Gräfin von der Mühle, und die Hofdame Gräfin Fugger. »Die Konversion der Königin sollte nicht als eine Kundgebung gegen Preußen verstanden werden; daher nahm König Ludwig II. nicht an der Feier teil«, schrieben die Zeitungen. Und im katholischen Blatt »Wiener Vaterland« wurde immer wieder betont, daß die Königin zu diesem Schritt nicht durch den »Fanatismus des Herrn Benefiziaten« getrieben worden sei. Es handle sich vielmehr um eine heilige Gewissenssache, »tausend und abertausend katholische Herzen würden heiße Gebete zum Himmel emporsteigen lassen und Gottes Segen auf die Hohe Frau herabflehen, die in solcher Zeit mit solchem Glaubensmuth uns voranleuchtet«. Am 28. Oktober stimmte Papst Pius IX. der Konversion zu.

Als Lechleitner am 11. Dezember 1879 starb, weilte die Königin an seinem Totenbett. Den Verstorbenen sah sie als ihren Fürbitter bei Gott an. Zur Erinnerung an den Pfarrer ließ sie auf dem Friedhof von Elbigenalp einen Gedenkstein setzen. Die Familie von Georg Lechleitner ist heute noch im Besitz von schönen Geschenken der Königin, die sie bei ihren Besuchen in dessen Geburtshaus in Häselgehr mitbrachte.[107]

Reaktionen auf den Konfessionswechsel

Wie reagierten die Söhne auf die Konversion ihrer Mutter? Ludwig äußerte sich an einem für eine solche Mitteilung ungewöhnlichen Ort: Während des üblichen großen Empfangs im Königszelt der Festwiese auf dem Oktoberfest teilte Ludwig II. den Prinzen Luitpold und Adalbert und dem Nuntius den Glaubensübertritt seiner Mutter mit und brachte zum Ausdruck, daß er diesen Schritt mißbillige.[108] Ganz anders ihr Sohn Otto, der an seinen Vetter Ludwig Ferdinand am 20. Oktober 1874 schrieb: »... Gewiß hat es dich recht gefreut, daß meine gute Mutter katholisch geworden ist! – Es ist doch eine rechte Gnade von Gott! Die Mutter war gleich nach dem Übertritt heiter, und man sah ihr die innere Zufriedenheit u. Seelenruhe ordentlich an! – Gott segne sie immerdar! Die Zeremonie in der Waltenhofer Kirche (bei Hohenschwangau) war recht erhebend! Die Sonne schien so freundlich herein, die Musik war schön! – Der Bischof v. Haneberg v. Speyer sprach sehr gut! – Der Herr Domdechant von Reindl hat mir einen recht lieben Brief wegen der Sache geschrieben, der mich sehr freut! ...«[109]

Zum Verhalten der Geistlichkeit gegenüber der Konvertitin gab es in Elbigenalp kritische Stimmen. So ist zu lesen: »Solange Hr. Benefiziat Lechleitner lebte, hatte er die Königin stramm in Zucht, war er der Herr, und sie mußte in geistlichen Dingen gehorchen. Sie durfte nicht jeden Tag zur hl. Kommunion gehen, wie es ihr beliebte ... Er (Pfr. Waibl, d. V.) zeigte sich mehr willfährig, non dominans sed potius serviens, ultra quod debitum fuit ex expendivit (nicht herrschend, sondern eher dienend, mehr als es schuldig und förderlich gewesen wäre).«[110] Der anonyme Schreiber beanstandete auch das Zuspätkommen des Klerus und der Hofgesellschaft beim Gottesdienst am Sonntagnachmittag, denn »so kam allmählich unmerklich die Ehrfurcht und der Anstand im Gotteshaus zu Schaden«. Es könne wohl nicht angehen, daß der Klerus mehr der Unterhaltung wegen mit der Königin und dem Hofstaat spazierengehe. In Elbigenalp herrsche eine Art »Byzantinismus«. Für den Klerus stand die Königin absolut im Mittelpunkt, und böse Zungen sprachen offen aus, daß der Klerus am königlichen Tische sehr wohl speise und trinke. Obwohl die Königin für sich das beste Beispiel gab, »bemühte sich der Teufel, reichlich Unkraut zu säen und sich für diese Konversion schadlos zu halten«.[111]

In der Kirche zu Elbigenalp befindet sich im Chor das »Königinfenster«, das von Pfarrer Christian Waibl 1893 zur Erinnerung an Marie gestiftet wurde.

Zehn Tage nach der Konversion, am 22. Oktober, vollzog der Bischof von Augsburg, Pankratius von Dinkel, die Firmung der Königin. Die 49jährige Königin-Witwe kommunizierte zum ersten Mal. Ihre Firmpatin war Ludovika, Gemahlin von Herzog Max in Bayern. Das Pastoralblatt für die Erzdiözese München und Freising veröffentlichte zum Glaubensübertritt der Königin-Mutter einen Hirtenbrief, verfaßt von Erzbischof Gregor von Scherr. Dieser gibt seiner Freude darüber Ausdruck, »daß Ihre Maj. die Königin-Mutter Marie das Tridentinische Glaubensbekenntnis abgelegt und ... in den Schoß der katholischen Kirchen zurückgekehrt« sei. Durch dieses Ereignis sollten sich die »Erzdiözesanen« angetrieben fühlen, die frommen Gebete für seine Majestät König Ludwig II. und seine erhabene Mutter zu verdoppeln. Der »Bayerische Kurier« berichtete am 14. Oktober 1874, eine Anzahl Münchnerinnen habe bei der Bahnhofsinspektion angefragt, ob bei einer geplanten Wallfahrt katholischer Tiroler Vereine nach Hohenschwangau, um der Königin-Mutter für deren Übertritt ihre Huldigung auszusprechen, mit einer Fahrpreisermäßigung zu rechnen sei: Bei einer Teilnahme von mehr als 300 Personen sollte diese gewährt werden!

So groß die Freude bei den Katholiken über die Konversion der Königin-Mutter war, so gedämpft war die Stimmung bei den Protestanten. Allgemein herrschte die Meinung vor: »Königin Marie aber war glücklich in ihrem neuen Glauben.«[112] Doch aus der Chronik der Familie Köberle, den Nachkommen von Dr. Burger, ist zu erfahren, daß die Königin-Mutter nach Jahren ihrem ehemaligen Beichtvater anvertraute, daß sie den Schritt der Konversion wieder rückgängig machen wolle. Dr. Burger mußte ihr allerdings antworten, daß man das »Bekenntnis nicht wechseln könne wie ein Hemd«.[113]

Die Königin-Mutter Marie hatte ihre Absicht, zu konvertieren, einst in einem langen Brief an Dr. Burger wie folgt begründet:

»Mein lieber Herr Oberkonsistorialrat!

Schon lange wollte ich Ihnen schreiben, was mein Herz bewegt. Aber ich fürchtete einerseits, es könnte Ihrer Gesundheit schaden, dann wollte ich es auch erst dem Könige sagen. Nun lassen Sie mich offen sprechen. Sie werden sich vielleicht nicht mehr wundern, wenn ich Ihnen sage, daß ich mit vollster Überzeugung und eigenem Entschluß zur katholischen Kirche – und zwar so bald wie möglich – übertreten möchte ...

Ich habe den Gedanken und den Wunsch oft zurückgewiesen, mich bemüht, treu zu bleiben, dem als Kind und später noch Gelernten. In Schlesien und München war das mein Streben. Allein trotz aller Vorstellungen kam ich immer wieder auf die neu und wunderbar gewonnene, so ungesuchte Überzeugung zurück und bat Gott recht, mich zu erleuchten und mir zu zeigen, ob denn wirklich auch für mich das der vorgezeigte Weg sei ...

Ich denke, wir ersparen uns beiden den Schmerz des nochmaligen darüber mündlichen Redens, und wenn es geschehen ist, sehen wir uns wieder.

Ich bitte herzlich um Verzeihung, daß ich Ihnen durch diese Mitteilung wehe tun muß und hoffe, Sie bieten auch ferner für mich und wollen auch später mich wiedersehen ... Außer meinen Söhnen und Gräfin Dumoulin weiß hier niemand davon ...

So groß der Schmerz für mich ist, aus unserer Gemeinde zu scheiden, so groß erscheint mir die Pflicht, der gewonnenen Überzeugung zu folgen, ich müßte sonst ja falsch sein.

An den Herrn allein halte ich mich, der mich geführt hat. Alles ist so wunderbar, ich habe es nie gesucht, nun Er wirds verstehen! Und vergeben, wenn und wo ich gefehlt habe. Entziehen Sie mir Ihre Liebe, Fürbitte und Freundschaft deswegen bitte nicht! Gott segne Sie für alles, was Sie an mir getan, ich werde es Ihnen ewiglich danken, im Gebet bleiben wir vereint vor dem Herrn.

Ihre (darf ich so sagen?) treue dankbare Marie.«[114]

Wie reagierte die protestantische Verwandtschaft der Königin? Maries Schwester Elisabeth eilte am 8. Oktober 1874 nach Hohenschwangau, um mit ihr über die beabsichtigte Konversion zu sprechen. Als sie im Juni in Hohenschwangau weilte, scheint dies noch kein Thema gewesen zu sein, denn die Schwestern hatten der ehemaligen Kammerfrau Philippine Mebes in Berlin für 1874 eine Reise nach Fischbach angekündigt. Elisabeth schrieb am 23. Juni: »... Aber ohne meine Schwester möchte ich die Reise nach Schlesien nicht unternehmen ... Meine Schwester kann sich bis jetzt noch nicht dazu entschließen, aber ich will nicht daran verzweifeln!«[115] Wie hätte Marie ihren protestantischen Zillertalern die geplante Konversion erklären sollen? Auf Verständnis wäre sie da nicht gestoßen.

Als Elisabeth im Oktober in Hohenschwangau ankam, traf dort gleichzeitig auch der Bischof von Speyer, Dr. Daniel von Haneberg, mit ihr ein! Die Schwestern schieden wohl nicht im Streit, denn Marie begleitete Elisabeth noch ein Stück Weges, wie sie es immer tat.

Ihrem Vetter, Kaiser Wilhelm I., hatte Marie von ihrem Entschluß am 1. Oktober Mitteilung gemacht und ihm dargelegt, daß sie sieben Jahre zu diesem Schritt gebraucht habe. Nach einer so langen Prüfungszeit könne es weder dem kaiserlichen Vetter noch der Schwester gelingen, etwas an dem Entschluß zu ändern. Der Antwortbrief des Kaisers hat zwei Schwerpunkte: Im ersten Teil spricht er die evangelische Familientradition an, in der Marie aufgewachsen, erzogen und konfirmiert worden war, und weist sie darauf hin, daß sie in ihrem Elternhaus »die schönsten und erhabensten Vorbilder gesehen, was der evangelische Glaube für eine Macht geübt, die Schicksale dieser Welt zu tragen«. »... Würdest Du je beim noch Leben Deiner Eltern den Schritt gethan haben? Hast Du auch bedacht, was das preußische Königshaus, aus dem noch nie ein Mitglied zur katholischen Kirche übergetreten ist, was Dein erstes Vaterland, dessen größtes Evangelisches Volk zu diesem Schritt sagen, denken und fühlen wird?« Im zweiten Teil des Briefes geht es um den gewählten Zeitpunkt der Konversion, nämlich mitten im Kulturkampf. Der Kaiser sprach deutlich aus, was sein evangelisches, preußisches Herz so sehr bedrückte: »Wenn auch dieser Kampf in keinerlei Art gegen den katholischen Glauben geht, sondern gegen die ungehorsame Klerisei, die sich den bestehenden Landesgesetzen nicht unterwerfen will und dieserhalb strengere Gesetze haben erlassen werden müssen, so beweist gerade dieser Umstand, daß die Katholische Kirche wiederum einmal den Satz aufstellt, daß ihr Alles unterthan sein soll, also alle Weltliche Macht auch. Der Brief des Papstes an mich spricht es deutlich aus; ich habe ebenso deutlich geantwortet. Die Infallibilität des Papstes ist nur erfunden, um die Suprematie über alles Weltliche unfehlbar zu machen.« Wenn man diesen religionspolitischen Aspekt nicht außer acht läßt, kann die heftige Reaktion des Kaisers wohl verstanden werden. Ansonsten müßte angeführt werden, daß die Gemahlin seines Bruders Friedrich Wilhelm, der 1861 verstarb, eine katholische bayerische Prinzessin, nämlich Elisabeth war, die sich aus eigener Überzeugung zum evangelischen Glauben bekehren ließ.

Der Kaiser wünschte damals keinen Besuch der bayerischen Königin-Witwe in Preußen. Er meinte, ihr Verstand und Takt werde ihr selbst den geeigneten Zeitpunkt für ein Wiedersehen eingeben. Auf ihre Neujahrsglückwünsche 1875 bekam sie vom Kaiser wieder zu hören, daß ihn ihre Konversion immer noch schmerze, er ihr aber die durch die Blutsverwandtschaft bestehenden Gefühle bewahren wolle, allerdings: »Unsere Wege, jenen Frieden zu erlangen, gehen auseinander und ist daher über diesen Punkt ein Verständnis nicht mehr möglich!!«[116]

Trotz dieser harten Worte hörte die gegenseitige Zuneigung zwischen dem Kaiser und der Königin nie auf. Am 23. März 1887 meldeten die Münchner Zeitungen, daß die Königin-Mutter die seltene Kaiserfeier – den 90. Geburtstag des Kaisers – nicht vorübergehen lassen wolle. Sie nahm aus Anlaß des hocherfreulichen Ereignisses mit ihrem Gefolge das Diner in der Residenz in München ein. Im Jahr 1888 verstarb der deutsche Kaiser – Marie und Wilhelm hatten sich nach der Konversion nie mehr gesehen.

Nach ihrer Konversion wurde Marie Mitglied der Rosenkranz-Bruderschaft, des Gebetsapostolates, der Corpus-Christi-Bruderschaft, des Ingolstädter-Meßbundes und des Kindheit-Jesu-Vereins. Sie trug das Skapulier vom Berge Karmel und ließ sich in die Bruderschaft der Sieben Schmerzen Mariä aufnehmen. »Schmerzensmutter« nannte sie das bayerische Volk, als sie nach Altötting pilgerte, um in der Gnadenkapelle und vor der Herzurne ihres geliebten Sohnes zu beten. In ihrem Testament bestimmte sie ausdrücklich, daß sie in dem schmucklosen

Kleide des Dritten Ordens vom Heiligen Franziskus mit dem Rosenkranz in der Hand bestattet werden möchte.[117]

In seiner Gedächtnisrede zum Tod der Königin Marie von Bayern in der St.-Cajetanshofkirche sprach Dekan J. von Türk folgende Worte: »Das religiöse Empfinden des Volkes in den Alpen, mit dem sie (die Königin) so häufig und so gerne persönlichen Umgang hatte, machte auf ihr Gemüt einen tiefen Eindruck. Der Glaube der katholischen Kirche, dessen Autoritäts-Grundlage ihrem Seelenbedürfnisse entsprach, das Leben und der Kultus derselben zog sie mehr und mehr und zuletzt unwiderstehlich an. Dasjenige, wovon sie innerlich durchdrungen war, auch äußerlich zu bekennen, war ihr ein Gebot des Gewissens, welchem gegenüber jede andere Rücksicht zu schweigen hatte.«

Die Königin-Mutter Marie und ihre Söhne

Im Jahr 1864 war aus einer glücklichen Königin über Nacht eine trauernde Witwe geworden. Ihr erst neunzehnjähriger Sohn, der – völlig unvorbereitet – die Regierungsgeschäfte übernehmen mußte, verlieh Marie den Titel »Königin-Mutter«.

Dieses Jahr 1864 sollte zu einem Schicksalsjahr im Hause Wittelsbach werden. »In dieser Zeit von beiläufig sechs Wochen einen Sohn, eine Tochter und eine Schwiegertochter zu verlieren, das ist doch Schlag auf Schlag«, so der trauernde König Ludwig I. Was war geschehen?

Auf der Heimreise von der Beerdigung ihres Bruders Maximilian verstarb Prinzessin Hildegard, die Gemahlin des Erzherzogs Albrechts von Österreich, an Typhus.[118] Die Gemahlin von Maximilians Bruder Luitpold, die schöne Toskanerin Auguste, erlag ihrem Lungenleiden. Ihre einzige Tochter Therese (1850–1925), von der Familie liebevoll Thereschen genannt, damals erst vierzehn Jahre alt, schloß sich ganz eng an ihre Tante Marie, die Königin-Mutter, an. Thereschen hing mit großer Zärtlichkeit an ihrem Cousin Otto.[119] Sie entwickelte sich zu einer außerordentlichen Persönlichkeit. Als Forscherin reiste sie durch alle Länder Europas, nach Kleinasien, Westindien, nach Nord- und Südamerika.[120] Wegen ihrer wissenschaftlichen Verdienste wurde sie Ehrenmitglied der Bayerischen Akademie der Wissenschaften. Die Münchener Universität verlieh ihr die Ehrendoktorwürde. Therese blieb eine sehr bescheidene Frau, half, wo es nötig war, und arbeitete mit ihrer Tante Marie ganz selbstverständlich in den Kriegszeiten auch in Lazaretten.

Zwei Monate nach dem Tod ihres geliebten Mannes fing die Witwe wieder an zu reisen. So konnte sie sich besser von ihrem Kummer ablenken. Im Mai unternahm Marie Ausflüge nach Partenkirchen, Peißenberg und Andechs. Ihr Sohn Ludwig kümmerte sich sehr um sie, schrieb ihr fleißig und sandte ihr Blumenbouquets. Das Leben in München in der Residenz strengte Marie oft an; sie hatte täglich einige Personen zum Tee, mußte Kondolenzbriefe beantworten und war außerdem damit beschäftigt, Andenken an ihren Mann zu verteilen.

Zum ersten Namenstag nach dem Tod des Königs am 9. September 1864 bemühten sich die Söhne sehr um ihre Mutter. Ludwig überhäufte sie förmlich mit Geschenken, unter anderem ließ er seine eigene Büste in Marmor fertigen, schenkte ihr Photographien und ein Armband mit einem Schwan. »Alles stimmte mich wehmütig, aber ich dankte dem lieben Gott, den Onkel doch viel glücklicher oben bei ihm als hier bei uns auf Erden zu wissen«, schrieb Marie an Therese, die ebenfalls der Tante gratuliert hatte. Sie tat dies zeitlebens, selbst wenn sie sich im Ausland aufhielt.

Im Juli 1865 – damals fiel Schnee im Gebirge – ließen es Maries Verpflichtungen endlich zu, nach Hohenschwangau zu reisen. In ihrer Trauer taten der Witwe die Ruhe und die gute Luft sehr wohl, und sie genoß Gottes freie Natur, wo sie sich ihm am nächsten fühlte. »Am liebsten bin ich allein, beschäftige mich, denke an Euch (Ludwig und Otto, d.V.) und den Vater, den ich hier überall zu sehen denke, und das freut mich! Denn jeder Baum erinnert mich an ihn und daß Du (Ludwig, d.V.) gerne hier bist, freut mich doppelt!« Über Hohenschwangau drückte sie ihre Empfindungen auch in einem späteren Brief am 12. September 1866 an ihren Sohn Ludwig aus: »Daß Dir unsere liebe alte Burg immer gleich lieb bleibt, freut mich so, es freute den Vater noch so, als ich es ihm zuletzt sagte, Du hättest sie so gern! Die Marienbrücke wird also erst später fertig. Mein liebster Ort auf Erden ist es auch.«[121]

Marie fand es interessant, das alte Schloßinventar durchzusehen, und notierte, was alles noch gebraucht und was aussortiert werden sollte. Sie stieg auf den Speicher des Schlosses und machte manche Entdeckung, die sie ihrem Sohn Ludwig zeigen wollte. Oft bestätigte Marie ihm, wie sehr seine Anwesenheit in Hohenschwangau sie und seinen Bruder Otto erfreute. »Bei all den Häusern, die der Vater baute, fällt mir ein: Der Eltern Segen baut den Kindern Häuser.«

Mit Bezug auf Hohenschwangau gibt es in jeder Biographie

über Ludwig II. den unerbittlich wiederholten Ausspruch des Königs, die Burg werde »entweiht durch die Prosa meiner Mutter. Sie werden sich rächen, die entweihten Götter, und oben weilen auf steiler Höh', umweht von Himmelsluft«. Mit der steilen Höhe ist das 1868 begonnene Schloß Neuschwanstein gemeint. Hohenschwangau war der offizielle Witwensitz der Königin-Mutter, König Ludwig II. weilte aber auf keinem anderen Schloß länger als dort. Es sollte einmal hinterfragt werden, ob der Sohn nicht auch seine Mutter in ihrem Schloß einengte. Es dürfte ziemlich unruhig zugegangen sein, wenn die Mutter und zwei Söhne mit ihrem jeweiligen Hofstaat dort residierten. Dazu kam das gesamte Bedienungspersonal. In solch räumlicher Enge sind Schwierigkeiten für das Zusammenleben schon vorprogrammiert. Oft logierten bis zu 80 Gäste im Schloß, wie dies aus der Hohenschwangau-Chronik hervorgeht.

Je exzentrischer der König wurde, desto mehr versuchte die Mutter, ihn auf den Boden der Tatsachen zurückzuholen. Das zeigte sich schon bei Ludwigs schwärmerischer Freundschaft zu Richard Wagner. Der Großvater Ludwig I. war sich darin ganz mit Marie einig, daß eine zu große Zuneigung zu Wagner dem König in der Öffentlichkeit schade.

Am 25. August 1865 feierte Ludwig seinen zwanzigsten Geburtstag auf Schloß Hohenschwangau. Zu den Gratulanten zählte natürlich auch Richard Wagner, der von acht Uhr morgens bis knapp drei Uhr nachmittags beim König weilte. Wagner war schon am Tag zuvor aus München angereist, wohnte aber in Füssen, wie dies mit ihm brieflich ausgemacht war; »denn der junge König geniert sich vor seiner Mutter, die von Wagner nichts wissen wollte«. Marie fühlte sehr wohl, daß Wagner nicht nur »hohe Gefühle dem Monarchen entgegenbrachte«, sondern sich handfeste finanzielle Vorteile erhoffte. Am 5. Dezember 1865 drohte der gesamte Ministerrat zurückzutreten, falls der junge König sich nicht von Wagner trennen würde. Nicht nur seine Mutter, sondern auch Ludwigs Großonkel Prinz Karl, dann der Erzbischof von München und Freising, Gregor von Scherr, und Dr. Gietl setzten den König unter

Druck. »Das Prestige des Königs und des ganzen Hauses stand auf dem Spiel, so sehr war die Stimmung angeheizt.«[122] Der König gab schließlich nach. Das Mitwirken seiner Mutter, aus politischen Gründen gegen eine große Neigung ihres Sohnes zu argumentieren, brachte ihr die Bemerkung ein, daß sie »mit Kunst« nichts anfangen konnte.[123]

Ein großer Trost in ihrer Witwenzeit war für Marie die Zuwendung, die sie von ihrer Schwester Elisabeth erhielt. Doch auch diese traf großes Leid. Ihre einzige Tochter Anna, verheiratete Großherzogin von Schwerin, starb bei der Geburt der Tochter Ännchen im April 1865. So reiste die Königin-Mutter Marie zusammen mit ihrem Sohn Otto zur Trauerfeier nach Schwerin. Die Königin-Mutter nahm dann die Gelegenheit wahr, ihren siebzehnjährigen Sohn den königlichen Verwandten in Berlin vorzustellen und ihm ihre Heimatstadt Berlin zu zeigen. Im Sommer 1866 weilte Elisabeth wieder in Hohenschwangau. Über diesen Besuch schrieb sie ihrer Kammerfrau Philippine Mebes nach Berlin: »Bei meiner Schwester war ich auf Ostern! Fand sie merkwürdig gehalten in ihrem Schmerz, habe aber immer noch Angst, daß die Folgen sich noch einstellen werden, wenngleich sie jetzt in Ruhe in ihrem schönen Hohenschwangau ist, so waren doch die Schläge zu viel und zu schwer für ihr Herz.«[124]

Im Juli 1869 trafen sich die Schwestern wieder in Fischbach. Als begeisterte Bergsteigerinnen unternahmen sie einen gemeinsamen Aufstieg zur Schneekoppe. In den kommenden Jahren besuchte Elisabeth die Schwester in den Sommermonaten immer wieder in Hohenschwangau. Die Schwestern sahen sich 1883 zum letzten Mal.

Im Juni 1873 verstarb Maries Bruder Adalbert in Karlsbad. Nach der Beerdigung blieb Marie einige Zeit bei ihrer Schwester in Darmstadt. In diesem Jahr feierte Marie auf Einladung ihres Sohnes Ludwig zusammen mit Otto das Weihnachtsfest zum ersten Mal in Hohenschwangau; üblicherweise wurde dieses Fest in München in der Residenz begangen. Doch diesmal ließ Ludwig das Billardzimmer und den Heldensaal mit jungen Tannen und Tausenden von Lichtern schmücken und beschenkte die Mutter aufs großzügigste. Ein solch strahlendes Weihnachtsfest gab es zu Lebzeiten der Königin-Mutter nie mehr auf Hohenschwangau.

Als im September 1874 König Ludwig ganz fasziniert von einem Aufenthalt in Frankreich zurückkam, bat er die Mutter, mit ihm und seinem Bruder Otto zum Schweizerhaus zu wandern, um ihnen in Ruhe und Ausführlichkeit erzählen zu können.

Das Jahr 1876 nahm für die Königin-Mutter keinen glücklichen Anfang. Im Januar traf sie ein schwerer Schicksalsschlag: Mit 45 Jahren verstarb nach kurzer Krankheit ihre Hofdame Charlotte Fugger, mit der sie 22 Jahre lang Freud und Leid geteilt hatte. Charlotte Fugger war eine Theresien- und Elisabethen-Ordensdame, hatte 1870/71 das königlich-preußische Verdienstkreuz und die Kriegsgedenkmünze erhalten. Sie galt als große Verehrerin von Richard Wagner und war auch Ludwig II. sehr zugetan.[125]

Große Trauer rief bei der Königin-Mutter und ihrem Sohn Ludwig auch der Tod des einzigen Sohnes des Generals Ludwig Freiherr von der Tann Anfang April 1876 hervor. Das Kondolenzschreiben des Königs an von der Tann ist noch erhalten. Dieser war mit 29 Jahren im Jahre 1844 Adjutant des damaligen Kronprinzen und späteren Königs Maximilian geworden.[126] Nach dessen Tod 1864 ernannte König Ludwig II. »den geistreiche(n) aufrechte(n) Mann«[127] Ludwig von der Tann zu seinem Generaladjutanten. Ludwig von der Tann, ein Protestant, machte eine glänzende Karriere und wurde ein volkstümlicher General. Er galt vielen als zu »preußenfreundlich«[128], was sicherlich der Königin gefiel, die mit ihm die ersten Bergwanderungen 1844 unternahm. Die Königin-Mutter war untröstlich, als sie am 26. April 1881 vom Tod des der königlichen Familie so vertraut gewesenen Mannes hörte.

Wie aus einem Brief der Königin-Mutter an ihren Sohn Ludwig hervorgeht, fühlte sie sich bei der Feier ihres Namens- und Geburtstages 1876 recht einsam, denn erstmals waren ihre beiden Söhne nicht anwesend. Ludwig sandte zwar Geschenke, Otto durfte wegen seiner fortschreitenden Geisteskrankheit

254

Schloß Nymphenburg nicht mehr verlassen. Das Jahr 1876 endete dann doch noch mit einer großen Freude für die Königin-Mutter. Das Weihnachtsfest fand in der Residenz in München statt. Um Mitternacht ging der königliche Sohn Ludwig mit seiner Mutter völlig unerwartet und ohne jegliche Begleitung zur Christmette in die Frauenkirche. Sie blieben mitten im Volk und wohnten der Feier bis zum Ende in stiller Andacht bei.

Am 21. März 1885 hatte Marie den Tod ihrer Schwester Elisabeth zu beklagen. Marie bat ihren Sohn, aus diesem Anlaß »Trauer anlegen zu dürfen«. Ludwig kondolierte seiner Mutter nicht nur in drei aufeinanderfolgenden Briefen, sondern er besuchte sie auch, um sie zu trösten; außerdem lud er sie zu einem Gegenbesuch nach Schloß Berg ein. Das letzte Treffen zwischen Mutter Marie und ihrem Sohn Ludwig war am 14. Oktober 1885. Der Burgverwalter von Schloß Hohenschwangau vermerkte in seiner Chronik: »Am 14. 10. Nachts 11 Uhr trafen Seine Majestät der König, von Linderhof kommend, im königl. Schloß zu Hohenschwangau ein, um Ihre Majestät die Königin-Mutter zu Allerhöchst Deren 60. Geburtstag zu beglückwünschen. Am 15. 10. celebrierte Weibel in der Schloßkapelle morgens 9 Uhr Messe, 12 Uhr Dejeuner, um 2 Uhr nahm Ihre Majestät die Glückwünsche nebst sehr wertvollen Geschenken seiner Majestät des Königs entgegen. Um 3 Uhr begaben sich die beiden Königlichen Majestäten in den neuen Burgbau, wo Ihre Majestät die Königin-Mutter zum ersten Mal von den fertig gestellten Gemächern und deren Einrichtung- und Kunstgegenständen Einsicht nahmen; von da begaben sich Allerhöchstdieselben in das Schweizerhaus in der Blöckenau, wohin sich die Herren und Damen schon vom Schloß aus begeben hatten, wo um 4 Uhr das Diner stattfand. Die Rückkehr ins Schloß erfolgte Abends 9½ Uhr. Am 16. 10. abends 5 Uhr verließ Seine Majestät der König das königliche Schloß zu Hohenschwangau und begab sich nach dem Linderhof.«[129] Die 60jährige Königin-Mutter Marie und ihr 40jähriger Sohn Ludwig II. König von Bayern – ein Herz und eine Seele. Die beiden sollten sich nie mehr sehen.

Daß Marie insbesondere zu ihrem Sohn Ludwig ein weit besseres Verhältnis hatte, als in der bisherigen Literatur beschrieben wird, dürfte aus den vorausgegangenen Schilderungen deutlich geworden sein. Es gab kein bedeutendes politisches Ereignis, keine Familienangelegenheit, bei der Ludwig nicht zu seiner Mutter Kontakt aufgenommen hätte. Natürlich kam es auch zu Mißstimmigkeiten und Verärgerungen auf beiden Seiten. Gottfried von Böhm berichtet von einer »peinlichen Szene«, bei der die Königin nach stundenlangem Warten auf ihren Sohn schließlich bei seinem Erscheinen ihm lautstark und unverblümt ihre Meinung sagte.[130] Die Lebensgewohnheit Ludwigs, den Tag zur Nacht zu machen, wirkte sich auf das Zusammenleben negativ aus. Das war vor allem in den letzten Lebensjahren des Königs der Fall. Zwischendurch brach der meist regelmäßige Briefwechsel mit der Mutter auch einmal ab oder beschränkte sich auf Grüße zu den Festtagen.

Eine Distanz zur Mutter ist in den Kriegszeiten sehr wohl zu spüren, die »ausschließlich in unterschiedlicher politischer Auffassung« gründete.[131] Wie erfreulich, daß Marie politisches Denken zugestanden wird!

Es ist müßig nachzuforschen, in welcher Biographie über Ludwig II. der nachfolgende Satz aus einem Brief an die Schauspielerin Dahn-Hausmann nicht zitiert ist: »Meine Mutter, die Königin verehre ich, liebe sie, wie es sein muß. Daß ein intimes Verhältnis absolut unmöglich ist, bei einer solchen Natur, wie die ihrige ist, dafür kann ich nichts.« Je mehr sich der Sohn aus der Wirklichkeit zurückzog und sich in seine Traumwelt der Musik, Geschichte und Schlösser flüchtete, um so mehr kämpfte die Mutter dafür, ihn an seine wahre Berufung als Monarch, als König seines bayerischen Volkes zu erinnern. In die oft nicht mehr realitätsbezogene Welt ihres Sohnes konnte sie sich schwer einfühlen.

*Philipp Jakob Becker,
Caroline Prinzessin von Baden (1776–1841) an der Staffelei
im Jahr ihrer Vermählung mit dem späteren König von Bayern
Max I. Joseph, 1797.*

Lorenz Quaglio, König Max I. Joseph mit den Zwillingstöchtern Sophie Friederike und Maria Anna auf dem Pfliegelhof am Tegernsee, 1824.

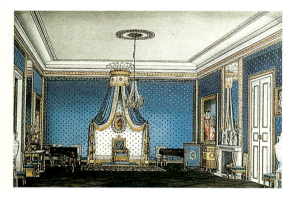

Wilhelm Rehlen, Thronzimmer der Königin Caroline in den Hofgartenzimmern der Münchner Residenz, 1820.

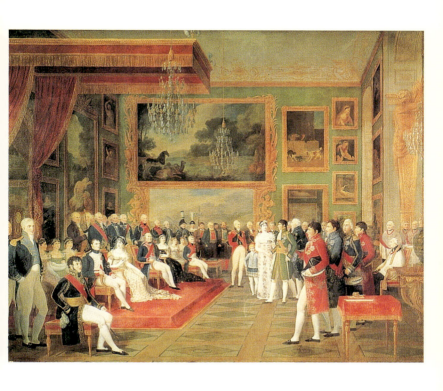

François Guillaume Ménageot, Ziviltrauung von Eugéne de Beauharnais und Auguste Amalie von Bayern, der Stieftochter Carolines, am 13. Januar 1806 in der Grünen Galerie der Münchner Residenz, 1806–1808.
Auf der Estrade sitzen das französische Kaiserpaar Napoleon und Josephine sowie das bayerische Königspaar Max I. Joseph und Caroline.

Julie Gräfin von Egloffstein,
Therese von Sachsen-Hildburghausen (1792–1854),
Gemahlin Ludwigs I., 1836.

*Jubiläumspostkarte zum
100. Oktoberfest 1910.*

*Der vornehmste Damenorden
Bayerns: der Theresienorden,
gestiftet 1827 von Therese Königin von Bayern.*

Tafelaufsatz, bekränzt von Schwänen. Hochzeitsgeschenk der Stadt Augsburg und des schwäbischen Kreises für das Kronprinzenpaar Maximilian von Bayern und Marie von Preußen, 1842.

Erinnerungsteller an Schloß Fischbach und das Schweizer Haus am Fuß der Falkenberge b. Fischbach (Schlesien). Hochzeitsgeschenk aus Berlin für Kronprinzessin Marie, 1842.

Armband der Königin-Mutter Marie. Geschenk Ludwigs II. an seine Mutter zum 40. Geburtstag am 12. Oktober 1865.

*Joseph Stieler,
Marie Kronprinzessin von Bayern (1825–1889),
Gemahlin des späteren Königs Maximilian II., 1843.*

M. von Schoellerer, Hochaltarbild „Christkönig" der Pfarrkirche in Wildenwart/Chiemsee mit dem bayerischen Königspaar Marie Therese (1849–1919) und Ludwig III. in Georgirittertracht, 1934.

Adolf von Hildebrand, Grabmal der Prinzessin Mathilde (1877–1906), Tochter von Marie Therese und Ludwig III., in der Kapelle von Rieden b. Leutstetten am Starnberger See, 1906.

Die Verlobten „König Ludwig II. und seine Allerhöchsteste Braut Sophie Charlotte Herzogin in Bayern", Januar 1867. Neun Monate später löste Ludwig die Verlobung auf.

Etwas verfrüht erschien eine Darstellung von Sophie als Königin von Bayern, die sie bekanntlich nie wurde.

Geburtstagsfeier für König Ludwig II. in der Blöckenau mit der Königin-Mutter Marie und Bruder Prinz Otto sowie dem Hofstaat, 25. August 1867.

Das letzte bayerische Königspaar Marie Therese (1849–1919) und Ludwig III. auf dem Balkon des Augsburger Rathauses am 9. Juni 1914.

Prinzessin Marie Therese von Modena d'Este, die spätere Königin von Bayern, als Verlobte, 1867.

Prinzessin Marie Therese mit ihren Kindern (v. l.) Rupprecht, Adelgunde, Maria, Karl, Franz, Mathilde, Wolfgang, Hildegard, Wiltrud, Helmtrud und Dietlinde, 1888.

Zur Silberhochzeit der Eltern Marie Therese und Ludwig traten die Prinzessinnen Hildegard (Mitte), Wiltrud (rechts) und Helmtrud (links) als die Kardinalstugenden Glaube, Liebe und Hoffnung auf, 1893.

Adolf von Hildebrand, Relief am Brunnen im Park von Schloß Leutstetten zur Erinnerung an die Goldene Hochzeit des Königspaares Marie Therese und Ludwig III., 1918.

Blätter des Bayerischen Frauenvereins
vom Roten Kreuz.

Herausgegeben vom Zentral-Komitee des ✚ **Bayer. Frauenvereins vom Roten Kreuz.**

Erscheint monatlich einmal. Bezugspreis bei postfreier Zustellung für das Jahr M. 2.—, bei Bezug von mind. 5 Exp., vorausgesetzt, daß die Besendung an eine Adresse geschieht, M. 1.85, von 25 Expl. an M. 1.80. Bestellungen sind ausschl. an die Verlagsbuchhandlung Gebr. Reichel, k. B. Hofbuchdruckerei, Augsburg, zu richten. Fernspruch-Nr. 26 und 84.

Anzeigen: Preis für die viergespaltene Petitzeile 25 Pfennig; bei Wiederholungen entsprechender Rabatt. Anzeigen der Zweigvereine werden zum halben Tarifpreise berechnet. Beilagen nach Uebereinkommen. Alleinige Anzeigen-Annahme durch Gebrüder Reichel, Augsburg.

| Nummer 13. | XVII. Jahrgang. | 19. Februar 1918. |

Zur Goldenen Hochzeit Allerhöchst unseres Königspaares
20. Februar.

Kaiserin Auguste Victoria und Prinzessin Marie Therese (rechts) auf dem Weg zur Grundsteinfeier des Deutschen Museums in München am 13. November 1906.

Während des Ersten Weltkrieges wurden auf Initiative der bayerischen Königin Marie Therese die Nibelungensäle in der Münchner Residenz zur „größten Nähstube Deutschlands" umfunktioniert.

Königin Marie Therese stellt Hilfssendungen für die Soldaten des Ersten Weltkrieges zusammen, 1915.

Prinzessin Hildegard als Rotkreuzschwester (oben) und als Kaninchenzüchterin (unten) während des Ersten Weltkrieges.

Hochzeitsfoto der Prinzessin Gundelinde und ihres Gemahls Johann Georg Graf von Preysing-Lichtenegg-Moos, 1919.

Die Gemahlinnen des Kronprinzen Rupprecht aus 1. und 2. Ehe: Marie Gabrielle, Herzogin in Bayern (links) (1878–1912) und Prinzessin Antonia von Luxemburg und von Nassau (1899–1954).

Bayerns Traumpaar: Märchenkönig Ludwig und Herzogin Sophie

Wie jede andere Mutter war auch die Königin-Mutter Marie an der Frage interessiert, wer als mögliche Ehefrau ihres Sohnes in Frage käme.

Der 22jährige König Ludwig sah strahlend aus. Sein Großvater Ludwig I. bemerkte einmal: »Du bist ein glücklicher Mensch, dir kann kein Weib widerstehen.« Der Großvater hatte dafür ja nun wirklich einen Blick. Es war wohl grundsätzlich so, daß der König, stets umschwärmt, sich oft der hysterischen Zuneigung zum Teil auch verheirateter Damen kaum erwehren konnte. Auf die verschiedenen flüchtigen, aber auch länger andauernden, schließlich platonischen Verbindungen zu Künstlerinnen soll hier nicht eingegangen werden, es sei denn, die königliche Mutter hat dabei eine Rolle gespielt. Das traf bei einer Liaison mit einer begabten ungarischen Schauspielerin, Lila von Bulyowsky, zu. Als die Zuneigung des Königs zu dieser zu offensichtlich wurde, warnte ihn seine Mutter vor übler Nachrede. Gottfried von Böhm[132], der Biograph Ludwigs II., besuchte die Schauspielerin als 71jährige Dame. Sie erzählte ihm, daß Königin Marie sie zu einer Audienz auf Schloß Hohenschwangau befohlen und ihr dort eröffnet habe, daß der König niemals heiraten werde, solange sie in Bayern bleibe, und nahm ihr das Wort ab, daß sie ihren Kontakt zum König nach anderthalb Jahren nicht mehr erneuere. Lila von Bulyowsky gab ihr Wort und hielt es auch. Beim Abschied vom König 1872 habe dieser auf die Erde gestampft und gerufen: »... daran ist nur diese dumme Gans schuld!« – seine Mutter. Ludwig belegte hin und wieder allerdings auch die Schauspielerin mit wenig schmeichelhaften Ausdrücken: »das in neuerer Zeit so unverschämt werdende Bulyowsky-Luder«.[133]

Des Königs nahe Seelenverwandtschaft zur österreichischen Kaiserin Elisabeth (Sisi) ist hinlänglich bekannt. So ganz allmählich fühlte sich Ludwig jedoch auch zu deren jüngster Schwester Sophie Charlotte hingezogen. Ihre Eltern, Herzog Max in Bayern und Ludovika, Tochter des bayerischen Königspaares Max I. Joseph und Caroline, lebten auf Schloß Possenhofen am Starnberger See.

Herzogin Sophie teilte mit dem König eine große Leidenschaft, die Verehrung Richard Wagners, von Ludwig als »Gott meines Lebens« apostrophiert. In Anlehnung an Wagners »Lohengrin« nannte Ludwig Herzogin Sophie denn auch »Elsa«. Sich selbst bezeichnete er jedoch nicht als Lohengrin, der um die Hand der Elsa von Brabant freite, sondern als Heinrich, nach dem deutschen König Heinrich dem Vogler, der im »Lohengrin« als gerechter Richter Gerichtstag in Antwerpen hält.[134]

Seit 1864 kamen sich Ludwig und Sophie näher. Die Königin scheint sich im Sommer 1866 nicht gerade begeistert über Sophie geäußert zu haben, denn Ludwig schrieb an Sophie: »Wie eigenthümlich ist es, daß meine Mutter Dich nicht sonderlich liebt.«[135] In den Liebesbriefen an die Braut ergehen immer wieder Einladungen an sie und ihre Mutter zum gemeinsamen Speisen im märchenhaften Wintergarten in der Residenz in München. Der Austausch von kleinen Aufmerksamkeiten in Form von Blumenbouquets, Geschenken und Briefen steigerte sich so sehr, daß die Herzogin-Mutter in Possenhofen sich bemüßigt fühlte, darüber mit der Königin-Mutter in München zu sprechen; sie wollte nicht, daß ihre Tochter Sophie als »des Königs Gespielin« ins Gerede komme. Danach erkundigte sich Marie unmittelbar bei Ludwig nach seinen Wünschen, und dieser entschloß sich unerwartet schnell zur Verlobung mit Sophie. So geschah es nach dem Hofball am 22. Januar 1867 in der Nacht zwischen zwölf und ein Uhr, daß König Ludwig an seine Cousine einen Brief schrieb und sie um ihre Hand bat: »Willst Du meine Gattin werden? Genossin meines Thrones? Königin von Bayern?«[136] Im Morgengrauen stürzte der junge König in das Schlafgemach seiner Mutter, um diese in höchster Erregung von seiner Brautwerbung zu unterrichten. Ludwig bat seine Mutter, sich bei den Eltern der Braut für ihn zu verwenden. Das fiel der Königin-Mutter nicht schwer; denn seitdem sie als junge Prinzessin nach München gekommen war, hatte sie ein sehr herzliches Verhältnis zu der herzoglichen Mutter in

Possenhofen. Das Jawort aus Possenhofen war schon am nächsten Tag gegeben. Am Abend der Verlobung besuchte der König mit seiner Mutter eine Vorstellung im Hoftheater. Da bat die Königin die Herzogin aus der herzoglichen Loge herüber in die Königsloge, wo Sophie unter dem Jubel der Theatergäste neben Ludwig Platz nahm.

König Ludwig teilte seine Verlobung mit Sophie Herzogin in Bayern sofort seinem Großvater mit. Die Königin-Mutter vertraute ihrem Schwiegervater an, daß ihr Sohn »nur in Engelsehe mit Sophie zu leben vorhabe«, doch sie nähme an, daß sich das wohl noch geben werde.[137]

Wir kennen dessen Kommentar: »... glücklich, daß er heiratet. Daß Sophie ihn liebt, las ich in ihren auf ihn gerichteten Blicken ... Ob es dennoch eine glückliche Ehe geben wird? Sie wird nicht den Eigensinn haben, den Schwestern von ihr besitzen?« Gemeint waren die anderen herzoglichen Töchter, blendende Schönheiten, kühne Reiterinnen und vorzügliche Zitherspielerinnen: Helene, seit 1858 Gemahlin des Maximilian Anton Lamoral von Thurn und Taxis, Elisabeth (Sisi), die Kaiserin von Österreich, dann Marie, Gemahlin Franz' II., König beider Sizilien, und schließlich Mathilde, Gemahlin von Ludwig Prinz von Bourbon-Sizilien, Graf von Trani. Sophie, geboren 1847, war die jüngste der herzoglichen Töchter.

Welche Rolle spielten nun die beiden Mütter in der Zeit unmittelbar nach der Verlobung? Aus dem Schreiben Ludwigs vom 27. Januar 1867 an seine Braut ist zu entnehmen, daß ihm seine Mutter nach der Rückkehr aus dem Theater erzählte, sie habe durch die Mutter der Braut erfahren, Sophie solle einer Dame gegenüber geäußert haben, daß Ludwig sie nicht wahrhaft liebe. Darauf der König: »Aber liebe Sophie, zweifelst Du an meiner innigen Liebe zu Dir, das thut mir leid, wirklich von Herzen leid. Ich hoffe, die Sache beruht nur auf einem Mißverständnis von Seiten Deiner Mutter ...« Einen Tag später drängte es Ludwig nochmals zu bestätigen, daß er sich »durch das gegenseitige Getratsch unserer Mütter niemals werde irre machen lassen ... Aber warum auch dieses ewige Einmischen und Schwätzen unserer Mütter? Wie lästig und unange-

259

nehm.«[138] Tauchten Schwierigkeiten auf, dann ging Ludwig aber doch zu seiner Mutter und »weinte schrecklich«.[139]

Als Marie sich vornahm, Anfang April eine Reise nach Rom zu unternehmen, um das Osterfest dort zu erleben, wollte ihr Sohn sie begleiten. Die Absicht, mit der Mutter zu reisen, steht vielleicht auch dafür, daß sein Verhältnis zu ihr weit weniger gespannt war, als es oft dargestellt wird. Wer reist schon gerne mit seiner Mutter, wenn er sie grundsätzlich ablehnt? Die Reise kam übrigens doch nicht zustande. Der Verlobte reiste im Juni zusammen mit seinem Bruder Otto nach Eisenach, um die Wartburg zu besichtigen. Am 20. Juli weilte er dann in Paris auf der Weltausstellung.

Nach der Verlobung sah sich das Brautpaar nur noch selten. Des Königs Heiratsabsichten waren schwankend. Er sprach von der »Sehnsucht nach Vermählung«, dann aber wieder davon, daß er dazu keine Zeit habe. Die dynastischen Angelegenheiten sollte sein Bruder Otto erledigen, dem er in bezug auf Sophie schrieb: »Sollte es überhaupt möglich sein, daß eine Frau mich glücklich machen könnte, so wäre sie die Einzige und keine Andere.« Aus dem Schatz der Münchener Residenz entlieh der König angeblich die Königinnenkrone, um sie in Possenhofen seiner Braut probeweise aufs Haupt zu setzen; sie sollte ja für Sophies Kopfumfang passend gemacht werden.

Aus einem Schreiben der Herzogin Ludovika von Anfang März 1867 geht hervor, daß das Paar nicht allzuoft an Bällen teilnahm, weil Ludwig nicht gerne tanzte. Doch sehe man sich bei Tisch; wenn sie, Ludovika, nicht anwesend sein könnte, dann würde die Braut »unter dem Schutz der Königin«, also ihrer zukünftigen Schwiegermutter Marie, stehen.

Für die Feier der Vermählung war zunächst ein Tag im August 1867 bestimmt. Dann änderte der König dieses Datum auf den 12. Oktober, den Hochzeitstag seiner Großeltern und Eltern, und schließlich auf den 28. November. Die herzoglichen Eltern waren empört. Herzogin Ludovika schrieb an die Königin-Mutter Marie, daß sie ihrer Tochter geraten habe, dem Verlobten sein Jawort zurückzugeben. Schließlich setzte der Brautvater ein Ultimatum: entweder die Vermählung am

3. Oktober oder die Auflösung der Verlobung. Am 5. Oktober 1867 schrieb die Königin-Mutter aus Berchtsgaden an ihren Sohn: »Soeben von Salzburg kommend, finde ich Tante Louisens (Sophies Mutter) Brief und bin begierig, was Du Herzog Max antworten wirst; Gott segne die Antwort.« Es ging um das Ultimatum. Die Antwort ist bekannt. Ludwig entschied sich für die Auflösung!

Die im Regierungsblatt vom 11. Oktober 1867 veröffentlichte Bekanntgabe der Entlobung lautete: »Die Verlobung S. M. des Königs mit der Prinzessin Sophie sei rückgängig gemacht worden und zwar im gegenseitigen Einverständnisse, nachdem man zur Erkenntnis gekommen sei, daß nicht jene wahre Neigung des Herzens bestehe, welche eine glückliche Ehe gewährleiste.«

Und dabei hatte sich das ganze Bayernland und nicht nur dieses auf diese Hochzeit gefreut! Wo immer die Verlobten erschienen, waren die Menschen entzückt. Ein wahrhaftes

sollte die erste Königin Bayerns
nte und nach drei evangelischen
o konnte man es überall lesen.
her im Königreich Dagewesene
h mit »allem bayerischen-barok-
«.[140]

erte seine sehr distanzierte Mei-
em Brief an seine Cousine The-
n die Angelegenheiten zwischen
. So schrecklich es ist, so ist es,
en beizeiten auseinander, als daß
lücklich zusammen leben ...«[141]
hwester, war äußerst ungehalten
t auf den Königsvetter muß aber
3t sich nämlich erkennen, daß sie
rene Tochter Marie Valerie, nicht
udwigs gesehen hätte. Vom Sep-
önigin-Mutter Marie an Ludwig
erhalten, in dem unter anderem steht: »Also Sisi schickte Dir

261

ein Bild von Valerie. Du willst aber noch nichts von ihr hören!!
Das kann ich mir denken.«

Wohin floh nun der König nach diesem Debakel in München? Er zog sich dahin zurück, wo Mutter und Bruder waren, nach Hohenschwangau. Dort fand er beide sehr traurig, und er war es auch; denn die Entlobung fiel ausgerechnet mit dem Tag zusammen, an dem Marie ihre Silberhochzeit hätte feiern können.

Ein kranker und ein toter Sohn: Otto und Ludwig

Um 1867 tauchten nach Berichten des gewöhnlich gut informierten preußischen Gesandten Freiherr von Werthern bereits Gerüchte um eine Geisteskrankheit des bayerischen Königs auf und Überlegungen, daß auch des Königs Bruder Otto von der Thronfolge ausgeschlossen werden müßte. In der königlichen Familie blieb es nicht unbemerkt, daß der damals neunzehnjährige Otto an seltsamen Unruhe- und Angstzuständen litt.

Otto hatte zwei Leidenschaften: die Jagd und das Reisen. Auch gibt es von ihm eine umfangreiche Sammlung von Menükarten, die oft künstlerisch sehr ansprechend gestaltet waren. Seine Jagdleidenschaft war außergewöhnlich. Ob er mit seiner Mutter in Salzburg, in Berchtesgaden oder in Tirol war, er ging auf Gemsenjagd. Marie war mit Ottos Lebensweise nicht immer einverstanden. So klagte sie einmal ihrem Sohn Ludwig gegenüber, daß Otto täglich vor Tisch auf die Jagd ging; »ansonsten thut er fast gar nichts den ganzen Tag«. Zum andern war Otto ausgesprochen reisefreudig. Im Oktober 1866 besuchte er Mailand, Vicenza, Padua und Venedig und schwärmte von diesen Städten. Dann unternahm er mit seinem Bruder Ludwig die Reise nach Thüringen, auf der sie die Wartburg besuchten. Es folgte eine längere Orientreise, die ihm wohl nicht so gut bekam, so daß er anschließend zur Erholung nach Italien fuhr. Im Mai 1868 war Otto in Spanien. Er telegraphierte seiner Mutter seine glückliche Ankunft in Valencia, diese gab die Nachricht telegraphisch an Ludwig weiter. Der preußische Gesandte Werthern berichtet an Bismarck, daß Otto wiederholt »an einem kalten Fieber leide«.

Der Beginn der Erkrankung des Prinzen Otto wird allgemein mit seinem Einsatz im Krieg von 1870/71 in Zusammenhang gebracht. Die Verwirrtheitszustände steigerten sich derart, daß Otto schon im November 1871 von seiner eigenen Familie als nicht mehr sukzessionsfähig erachtet wurde.

Otto, der seiner Mutter sehr ähnlich sah, war der Heiterste in der Familie. Er war ebenso streng erzogen worden wie sein Bruder Ludwig. Als Erzieher fungierte Major Orff, dann Baron von Branca. Den Unterricht in den klassischen Sprachen erteilte Professor Steininger. Ab 1866 hörte Prinz Otto Vorlesungen über Geschichte, Soziallehre und Ästhetik an der Universität München. Das Theater liebte er ebenso wie sein Bruder Ludwig, nur galt seine Vorliebe nicht der Musik Richard Wagners, sondern der von Jacques Offenbach. Und er schwärmte für das Ballett und die Damen des Theaters. Er pflegte, so wurde vermutet, »lebhaften Kontakt zu Frauen«.[142] Auch wenn er auf Reisen war, interessierte ihn die Damenwelt; und er reiste, wie gesagt, sehr gerne.

In der Zeit, als Ottos Leiden zum Durchbruch kam und sein Bruder Ludwig immer weltfremder und zurückgezogener lebte, begann die österreichische Kaiserin Elisabeth ihren »Königsvetter« Ludwig zu verteidigen und sich ausführlich nach der Krankheit ihres Vetters Otto zu erkundigen. Sie fühlte sich förmlich angezogen von Menschen, die »die Grenze zwischen Normalität und Irrsinn überschritten« hatten. Elisabeth interessierte sich für »Narrenhäuser« und wollte wissen, wie dort die »Irren« gepflegt würden. Von Pflege konnte damals allerdings kaum gesprochen werden. Schließlich setzte sie sich in den Kopf, in München eine Irrenanstalt zu besuchen, und bat die Königin-Mutter Marie, sie dorthin zu begleiten. Die Hofdame der Kaiserin schrieb dann über diesen Besuch, der im Jahr 1874 stattfand: »Die Kaiserin war bleich und ernst, die Königin aber – o Gnade Gottes –, die zwei verrückte Söhne hat, sie amüsierte sich und lachte.«[143] Ob hier die Reaktion der

Königin nicht doch mißdeutet wird und ihr »Lachen« wohl eher als Verlegenheit und Hilflosigkeit verstanden werden muß?

Das Weihnachtsfest 1871 war für die Königin-Mutter in der Residenz entsetzlich trostlos. Prinz Otto fühlte sich elend, König Ludwig kam erst am Abend des ersten Feiertages nach München. Ludwig und seine Mutter waren sich darüber einig, daß Otto auf keinen Fall in eine Heilanstalt eingewiesen werden dürfe; er sollte aber möglichst von der Öffentlichkeit ferngehalten werden. Deshalb blieb er meist in Schloß Nymphenburg. Doch bis 1874 war er nach wie vor bei den Aufenthalten der Mutter im Gebirge mit dabei. Liest man Ottos Briefe aus dem Jahr 1874, beispielsweise den über die Konversion seiner Mutter, so fällt es schwer zu glauben, daß er damals schon so krank war, daß man ihn ein Jahr später in Nymphenburg regelrecht internieren mußte. Als konkreter Anlaß galt der Vorfall in der Frauenkirche. Otto hatte sich vor den Altar gedrängt, fiel auf die Knie nieder und bat laut um die Vergebung seiner Sünden. Ab April 1883 sollte dann bis zum 11. Oktober 1916 das Schloß Fürstenried der Aufenthaltsort des geisteskranken Prinzen sein. Seine Mutter wurde nie müde, ihren Sohn dort zu besuchen. Auch gibt es keinen Brief an ihren Sohn Ludwig, in dem nicht Otto erwähnt wird. Bei Besuchen in Fürstenried konnte es geschehen, daß Otto gerade schlief und die Mutter nach stundenlangem Warten wieder nach München zurückfahren mußte, ohne ihren Sohn gesprochen zu haben. Sie erlaubte es nicht, daß er geweckt wurde. Oft erkannte Otto die Mutter nicht mehr.

1885 begannen die Auseinandersetzungen zwischen Prinz Luitpold, den Ministern Lutz und Crailsheim mit König Ludwig um die königlichen Bauschulden. Ludwig weihte seine Mutter erst sehr spät, im März 1886, in das Dilemma ein. Sofort war sie bereit, ihrem Sohn ihren gesamten Schmuck im Wert von mehreren Millionen Mark zu schenken, damit er mit dem erzielten Erlös seine Schulden bezahlen könnte. Ludwig war sehr gerührt, sagte ihr seinen »wärmsten Dank«. »… aber ich bitte Dich, doch lieber alles zu behalten. Durch irgendwelche Manipulationen muß es dem Leiter des Sekretariats gelingen, die Sache allmählich wieder in das richtige Geleise zu bringen.« Schuld an der Finanzmisere, meinte Ludwig, sei der Hofsekretär Gresser. Am 21. April klagte er seiner Mutter seine Melancholie; er sei tief unglücklich, da die Sache (der Schulden, d.V.) immer schlimmer und trauriger werde. Die Königin-Mutter schrieb am 25. April 1886 ihrem Sohn einen liebevollen Trostbrief aus Elbigenalp: »... aber wie traurig, daß Alles schlimmer ist, wie Du schreibst! In München hörte ich sagen, wie man das alles bedauert, wie lieb Dich dort die guten Münchener haben, wie gerne Alle helfen möchten. Dich dort wiedersehen ... danach sehnen sie sich! Wie leicht abzuhelfen sei ... wenn einige Zeit das Bauen unterbliebe ... Es freut mich zu hören, wie sie Dich im Herzen tragen, ich glaubte es nicht in dem Maße von den Leuten! ... Alle sehen, daß man Dich anführte und nicht gleich früher sagte, wie die Sache verfahren wurde!«

Im folgenden Brief gab die Königin-Mutter dann ihrer Freude darüber Ausdruck, daß der König an Ostern auf dem Kalvarienberg bei Füssen gewesen sei, dankte für die herrlichen Geschenke und rief aus: »O könntest Du doch frohere Tage haben, als bisher! Ich bitte täglich Gott darum und ließ schon Messen lesen! Morgen ist Ottos Geburtstag, wie lange feierten wir ihn nicht mehr zu dreien! ...« Die Königin-Mutter äußerte sich auch noch lobend über den Sekretär Ludwig von Klug, der sich viel Mühe gäbe, alles zu ordnen, und der Ludwig so treu ergeben sei.

Marie war der Meinung, daß das Land Bayern für die Schulden des Königs eintreten müßte. Das sah sie wohl nicht ganz richtig, denn die Ausgaben für das Bauen der herrlichen Schlösser Neuschwanstein, Linderhof und das noch unvollendete Herrenchiemsee waren aus der Privatkasse des Königs bestritten worden. Ludwig hatte ein Budget von jährlich viereinhalb Millionen. 1886 betrugen seine Schulden vierzehn Millionen, also das Dreifache seiner Jahreseinnahmen.

Mit einem sofortigen Baustopp und guten Finanzberatern wären die Schulden sicher in den Griff zu bekommen gewesen. Doch was passierte damals? Minister, königliche Prinzen und

Psychiater sahen »in einem solchen Verschulden ein Symptom für Geisteskrankheit« und haben »ein Drama heraufbeschworen, das den König schließlich in den Tod getrieben hat«.[144]

Die Korrespondenz der Königin-Mutter mit ihrem Sohn von Ostern 1886 bis zu dessen Ableben am 13. Juni 1886 ist nicht mehr vorhanden. Es könnte sein, daß die beiden nur noch Telegramme wechselten.

Immer wieder ist zu lesen, daß die seelischen Leiden der Söhne auf das Erbgut der preußischen Mutter zurückzuführen seien. Wie eingangs beschrieben, mußte für die Ehe zwischen dem bayerischen Wittelsbacher Kronprinzen und der preußischen Hohenzollern-Prinzessin beim päpstlichen Stuhl Dispens eingeholt werden. Dabei war zu prüfen, ob nicht eine Verwandtschaft vierten Grades ein Hinderungsgrund für diese Ehe wäre. Damals wurden Verwandtschaftsehen nur in begründeten Ausnahmen zugelassen, für die Ehe von Max und Marie wurde Dispens erteilt!

»Degeneration« war für die Psychiater des 19. Jahrhunderts das Schlagwort. So wäre die »familiäre Genese« der Grund dafür, daß Otto geistesgestört und Ludwig »seelengestört« war. Nach neuesten Erkenntnissen der Psychiatrie werden derartige Erkrankungen nicht mehr durch Degeneration oder Erbgut erklärt. Hier muß der in München als Psychiater und Neurologe praktizierende Arzt Johannes Kemper zu Wort kommen. Er sagt, der im Gutachten von Dr. Bernhard von Gudden erscheinende Hinweis »auf die biologische Belastung aus der mütterlichen Linie Ludwigs und die Erkrankung des Bruders beeindruckt heute noch die Laien«.[145]

Es ist bekannt, daß Ludwig von den vier prominenten Psychiatern Dr. von Gudden, Dr. Hagen, Dr. Grashey und Dr. Hubrich für verrückt erklärt wurde, ohne auch nur von einem der Genannten untersucht worden zu sein. »Das Gutachten stellt eine Auflistung nur negativer Aussagen unter Auslassung aller positiven Aussagen dar. Die Darstellung auch nur eines Restes an Gesundheit beim König sollte wohl aus politischen Gründen unterbleiben«, so der Münchener Psychoanalytiker Wolfgang Schmidbauer.[146]

Am 13. Juni 1886 endete zwar das Leben eines Königs, des bayerischen Märchenkönigs, aber der »Mythos Ludwig II.« war geboren![147]

Die Verbreitung der Unglücksbotschaft erfolgte durch Telegramme. Am 14. Juni 1886 um 5.30 Uhr wurde durch Carl Freiherr von Washington (Telegramm Nr. 68) jedoch nicht die Königin, sondern deren Oberhofmeisterin in Elbigenalp unterrichtet.[148]

Wie erfuhr die verwitwete Königin selbst vom Tod ihres Sohnes? Zur Zeit des Unglücks weilte Marie krank in Elbigenalp. Die Person, die ihr außer ihrem Beichtvater am nächsten stand, wurde mit der schwierigen Aufgabe betraut, die Königin zu informieren; dies war Prinzessin Therese. Sie ging zusammen mit dem Beichtvater zu ihr. Der Pfarrer las zunächst eine bestimmte Stelle aus der Bibel vor und wiederholte sie dreimal. Da wollte die Königin von ihrer Hofdame Julie von der Mühle wissen, ob ihrem Sohn etwas zugestoßen sei. Als diese schwieg, richtete sie die Frage direkt an Prinzessin Therese, ob ihr Sohn tot sei. Diese nickte stumm. Da weinte die königliche Mutter bitterlich.

Einen Tag nach dem Tod des Königs meldeten die Zeitungen auch den plötzlichen Tod der Königin-Mutter, doch am darauffolgenden Tag erfolgte das Dementi. Die zutiefst erschütterte Königin-Mutter war so schwach, daß sie vier Wochen lang das Bett hütete. So sah sie ihren toten Sohn nicht mehr. Ein ganz rührender Brief kam von Kronprinz Friedrich Wilhelm von Preußen an die Königin Marie: »Heute sah ich Deinen geliebten Sohn zum letzten Mal, nachdem 15 Jahre verstrichen waren, seit ich ihn erblickte. Friede und Ruhe lagen auf seinen Zügen, denen der Tod die Schönheit nicht rauben konnte. Der Zudrang aller Schichten des Volkes zu seiner Aufbahrung war großartig und dauert ununterbrochen fort.«[149] Vom toten Sohn war der Mutter nach Elbigenalp eine Haarlocke überbracht worden. Das Kuvert, in dem sich die Locke befand, beschriftete Marie selbst mit den Worten: »Ludwigs Haare. Juni 1886«.[150]

Trauer um König Ludwig II.

Zum Tod König Ludwigs ist ein Brief an Marie von ihrer geliebten Nichte Therese erhalten: »Wie ich aus tiefster Seele und mit wahrhaft kindlicher Liebe an Dir hänge, und so wirst Du auch ermessen können, wie sehr ich mit Dir fühle und leide in all dem Schweren, das Du jetzt zu erdulden hast!« Therese betonte, wie sehr sie seit Monaten der Gedanke quälte, daß da »etwas« auf die Familie zukomme. Sie dachte auch an ihren Vater Luitpold, dem der getane Schritt so furchtbar schwer wurde und der sich, solange es nur immer ging, gegen die Entmündigung des Königs gesträubt habe. »Aber während Papa die unsagbar traurige Angelegenheit (die Entmündigung des Königs, d. V.) tief berührt, weil er, abgesehen von allen Anderen, ein großes, tief in sein Leben einschneidendes Opfer zu bringen gezwungen war, so berührt es Dich weit näher, davon Dein Mutterherz auf das Schmerzlichste getroffen wird; und so bin ich denn mit meinem Denken und Fühlen am meisten bei Dir!« Therese schrieb dann den gleichen Satz, den Marie 40 Jahre vorher bei ihrer erlittenen Fehlgeburt an Pastor Siegert geschrieben hatte: »Wenn der Herr solches Leiden auferlegt, verleiht er auch Kraft es zu tragen.« Wenn sie der Tante auch nicht räumlich nahe sein könne, so sei sie es doch im Gebet. »Das Ganze ist mir noch wie ein böser, böser Traum, an dessen Wirklichkeit ich nicht glauben möchte.«

Bei ihrer Rückkehr von Elbigenalp nach München hatte Therese ihren Vater »noch aufgeregter und angegriffener« gefunden als beim Tod des Königs. »Gott hebe, daß er nicht zusammenbricht!« Sie besuchte mit ihm zusammen am 16. Juni die Hofkapelle, um dort zu beten, und fand es erschütternd. In München erschien alles noch furchtbarer als in Elbigenalp; überall verweinte Gesichter, zutiefst betrübte Menschen. In Elbigenalp war sich Therese wie versteinert vorgekommen. »Und ich fürchte, daß es Dir, arme theure Tante, ebenso gehen wird, und der Schmerz mit jedem Tag klarer und tiefer sich gestaltet. Zuerst ist man ja zu erschüttert, um einen richtigen Gedanken zu fassen.«

Die Königin-Mutter hatte Therese gebeten, ihren Sohn Otto zu besuchen. Otto, der nunmehrige König von Bayern, zeigte keine erkennbare Reaktion auf die Mitteilung vom Tode seines Bruders. Therese sandte der Königin-Mutter einen Zeitungsartikel über Otto, der ausgesprochen »hübsch und wohltuend« war. Die Königin-Mutter bedankte sich bei Thereschen sehr für deren Beistand in der unermeßlichen Trauer um ihren Sohn Ludwig. Sie teilte ihr auch mit, daß sie am 11. Juli 1886 von ihrem Arzt die Erlaubnis erhalten habe, in die Kirche und zur heiligen Kommunion zu gehen. Sie hatte sich sehr danach gesehnt.

Für den 25. August 1886, den Namens- und Geburtstag ihres verstorbenen Sohnes Ludwig, ordnete Marie eine Seelenmesse in der St.-Michaels-Kirche in München an. Sie selbst entschloß sich erst im September, nach München zu reisen. Unter dem Jubel des Volkes und Hochrufen kam sie am 22. September in der Residenz an. In Begleitung ihrer Hofdame Gräfin von der Mühle begab sie sich in die Fürstengruft der Michaels-Kirche. Am Kirchenportal war sie von der Geistlichkeit empfangen worden, die eine stille Trauermesse für den toten König zelebrierte. Marie legte einen großen aus Edelweiß und weißen Rosen geflochtenen Kranz am Sarge ihres Sohnes nieder. Als die tief erschütterte, fassungslos wirkende Königin die Kirche verließ, neigten sich die anwesenden Gläubigen still vor ihr. Dann begab sich Marie nach Schloß Fürstenried zu ihrem Sohn Otto, dem nunmehrigen, aber regierungsunfähigen König.

Am 24. September hatte die Königin-Mutter endlich die Kraft, nach Schloß Berg zu reisen. Sie nahm die Räume in Augenschein und ging an die Unglücksstätte am See. Dort pflanzte sie Efeu und kehrte noch am gleichen Tag nach Hohenschwangau zurück. Ihr 61. Geburtstag, am 18. Oktober 1886, dürfte der traurigste ihres Lebens gewesen sein.

In seinen Erinnerungen vermerkte Prinz Leopold von Bayern, ein Neffe der Königin und Sohn des Prinzregenten Luitpold: »Für die arme, ohnehin schon so schwergeprüfte Königin-Mutter Marie war es entsetzlich. Doch diese edle, hochgesinnte Frau hat dies (die Entmündigung Ludwigs und

Übernahme der Regentschaft durch Luitpold, d.V.) weder Papa noch irgendeinem von uns je nachgetragen und zeigte uns, besonders meiner Schwester, die gleiche verwandtschaftliche Liebe und Fürsorge. Schwer empfand diesen Verlust auch meine liebe Schwiegermutter (Kaiserin Elisabeth, d.V.), die gerade zum Besuch ihrer Mutter (Herzogin Ludovika, d.V.) in Feldafing weilte.«[151]

Einer der ersten Briefe, den Marie nach dem Tod ihres Sohnes schrieb, war an Prinzessin Marie Therese gerichtet, die 1913 in der Nachfolge der Königin-Mutter die vierte und letzte der bayerischen Königinnen werden sollte. Marie bedankte sich für die Anteilnahme an ihrem großen Schmerz. Im Oktober 1886 kam dann Prinzessin Marie Therese zu einem Besuch, wobei sie mehrere ihrer Töchter begleiteten. Darüber war die Königin-Mutter nach all den traurigen Zeiten sehr erfreut. Sie versicherte der Prinzessin, daß sie immer besonders liebevoll zu ihr gewesen sei; immer habe sie auch ihre Kinder angehalten, für die Königin-Mutter Bildchen zu malen, Blumen zu trocknen und Briefe zu schreiben. Nach Elbigenalp brachte Marie Therese von ihr selbst bemalte Tassen mit, um die Trauernde etwas aufzumuntern.

Zum ersten Todestag ihres Sohnes 1887 ließ Marie von Hohenschwangau aus einen Kranz mit einer Widmung auf schwarzer Samtschleife nach München überbringen. Diesen Kranz legten Oberhofmeister Graf Castell und Hofstiftsdekan von Türk am Sarge nieder. Marie selbst konnte wieder nicht dabei sein, da sie krank darniederlag. Außerdem weihte man am Uferhang des Starnberger Sees unweit der Unglücksstelle eine Totenleuchte ein, die die trauernde Königin-Mutter gestiftet hatte und die es immer noch gibt.

Am Ende eines langen Trauerjahres bedankte sich die Königin im Juni 1887 bei all denjenigen, die ihr so hilfreich und mit Trost zur Seite gestanden hatten; so auch bei Maria de la Paz, der Infantin von Spanien und Gemahlin des großartigen Arztes Prinz Ludwig Ferdinand: »Laß Dir ganz besonders danken für Deine Liebe und Treue zu meinem armen Ludwig; wie sehr hat er es zu schätzen gewußt und Dich geliebt. Gott segne Dich tausendmal dafür. Wie froh war ich, in aller Stille das Trauer-jahr zu beschließen ... Eure alte Tante Marie.«

Zum Namens- und Geburtstag ihres verstorbenen Sohnes, am 25. August 1887, ordnete sie wiederum eine stille Messe in der Michaels-Kirche in München an. Sie selbst kam im September wieder nach München, um den Herzog von Genua zu einer Abschiedsaudienz und den Apostolischen Nuntius zu seinem Amtsantritt zu empfangen. Auch unternahm sie einen Ausflug nach Herrenchiemsee, um das großartige Schloß ihres Sohnes zu besichtigen. Marie ließ es sich nicht nehmen, zu-sammen mit dem Prinzregenten, der lieben Marie Therese und deren Gemahl Ludwig (III.) am Zentralbahnhof in Mün-chen die durchreisende Königin Victoria von England bei ih-rem viertelstündigen Aufenthalt in deren Salonwagen zu be-suchen. Einer königlichen Hofsängerin überreichte sie ein wertvolles Armband zu deren 50jährigen Bühnenjubiläum. Die Königin-Mutter versuchte immer wieder, am Leben in München teilzunehmen, doch sie fühlte sich in Hohenschwan-gau viel wohler.

Ein Brief der einsamen Königin-Mutter vom Juni 1888 an Marie Therese zeigt noch einmal, wie Marie durch ihren Glau-ben das schwere Los ertrug:»Herzlichen Dank Dir und Euch allen, wie Gisela und Therese für Eure treue Teilnahme und Erinnerung an den gestrigen schweren Trauertag; schon zwei Jahre ist es her, ich danke Gott, daß mein Ludwig selig im Him-mel ist. Wir hielten gestern zwei Ämter und fünf Heilige Mes-sen für ihn zu meinem Trost und Freude. So viele Geistliche kamen, und ich empfing die heilige Communion.« Dieser Brief ist mit einem vierblättrigen Kleeblatt verziert.

Der letzte von der Königin-Mutter geschriebene Brief, da-tiert am 31. Dezember 1888, war an die geliebte Prinzessin The-rese gerichtet; unter anderem enthielt er den Satz:»Es freut mich, daß Ihr Otto besucht.« Als ihr das Schreiben zu schwer fiel, war ihre letzte Nachricht an Therese ein Telegramm vom 12. April 1889. Auch darin findet sich wieder der Ausdruck der Freude darüber, daß Therese mit ihrem Vater, dem Prinzregen-ten Luitpold, ihren Sohn Otto in Fürstenried besucht hatte. Sie dankte außerdem noch für die »guten Nachrichten über Otto und die Schneeglöckchen«.

Im Nachlaß der Prinzessin Therese befindet sich ein Schreibkalender, den die Königin-Mutter vom Pfarrer aus Elbigenalp am 31. Dezember 1888 erhalten hatte. Darin ist am Vorabend des Geburtstags von Otto, also am 26. April 1889, vermerkt: »Gott segne und erhalte ihn uns … Champagner, mit welchem wir auf das Wohl seiner Majestät des Königs tranken.« Am Geburtstag Ottos selbst lautet der Eintrag: »Heil unserm König, Heil! Gott segne seine Majestät den König!« König Otto sollte seine Mutter überleben. Er verstarb erst 1916, im Alter von 69 Jahren, an einer Blinddarmentzündung. Als er am 11. Oktober 1916 starb, war es der Tag, an dem 74 Jahre zuvor seine Mutter Marie in München als Braut eingezogen war.

Königin Marie, Gründerin des bayerischen Frauenvereins vom Roten Kreuz – Kriegsjahre 1866 und 1870/71

Über die segensreiche Tätigkeit des unter dem Protektorat und der tätigen Mithilfe der bayerischen Königin Caroline gegrüneten »Vereins bayerischer Frauen und Jungfrauen« wurde schon berichtet. Nach 1815 hatte sich der Verein teilweise wieder aufgelöst.

Im Sommer des Kriegsjahres 1859 – Frankreich und Sardinien kämpften gegen Österreich – wurde in München auf Veranlassung der Königin Marie zur »Linderung der Kriegswunden« der Frauenverein wieder ins Leben gerufen.[152]

In den bayerischen Zeitungen erschien am 6. Juni 1859 der von Freifrau von Fraunhofen, geb. Freiin von Aretin, Palastdame Ihrer Majestät der Königin von Bayern, unterzeichnete Aufruf an die bayerischen Frauen und Jungfrauen zur Bildung eines Gesamtvereins. Die Königin hatte schon am 4. Juni das Protektorat über einen solchen Verein zugesagt. Dessen Aufgabe sollte es sein, für das bayerische Heer das benötigte Verbandsmaterial zu beschaffen. Im Vereinslokal in der königlichen Residenz (Brunnenhof, Aufgang an der breiten Stiege) konnten sich Interessierte in den Verein aufnehmen lassen. Nach kurzer Zeit zählte dieser schon 700 Mitglieder. Die Königin erschien fast täglich im Vereinslokal, oft in Begleitung von Prinzessin Auguste, Gemahlin des späteren Prinzregenten. Sechs Wochen nach der Vereinsgründung war der Krieg zu Ende, und die Königin erklärte in einem Erlaß vom 22. Juli 1859 die Tätigkeit des Frauenvereins für beendet. Das Vereinslokal wurde geschlossen, die Vorräte sollten aufbewahrt, das Stiftungsvermögen gut angelegt und bei »dauerndem Frieden« an Krankenanstalten in Bayern vermacht werden. Die Königin ließ allen Beteiligten auf das herzlichste danken.

Doch einen dauerhaften Frieden gab es nicht. Bereits im Jahr der Genfer Konvention, 1864, sandten bayerische Frauen große Mengen an Kleidungsstücken, Verbandsmitteln und

Erfrischungen auf den Kriegsschauplatz nach Dänemark, wo Österreich und Preußen gegen Dänemark kämpften. Dann kam das Kriegsjahr 1866, das als »das Epochejahr in der deutschen Geschichte« gilt.[153]

Im Krieg zwischen Preußen und Österreich war Bayern Österreichs Verbündeter und verlor den Krieg. Es ist bekannt, daß der bayerische König Ludwig II. diesen Krieg nicht führen wollte. Um die Wunden der »Landesvertheidiger« zu lindern und zu heilen, erging ein erneuter Aufruf der Königin-Mutter, die Frauenvereine wieder ins Leben zu rufen. Sie stellte als Vereinslokal für München die Trierzimmer in der Residenz zur Verfügung. Die Leitung des Frauenvereins hatten: Oberhofmeisterin Gräfin von der Mühle als 1.Vorsteherin, Generalin Freifrau von der Tann als 2. Vorsteherin sowie die Beisitzerinnen, die Palastdame Generalin Gräfin Rechberg, Staatsrätin Walburga von Schilcher, Bürgermeisterin Therese von Steinsdorf, Ministerin Freifrau von Schrenk, Geheimrätin von Dietl, Generalin Freifrau von La Roche, Freiin Elisa von La Roche, Hofdame Gräfin Charlotte Fugger, Gräfin von Pocci, Generalintendantengattin, und Gräfin Marie von Pocci. Als Sekretär wurde Generalintendant Graf von Pocci aufgestellt. Vierhundert Frauen und Mädchen arbeiteten im Wechsel täglich im Vereinslokal.

Auch aus den Kreisausschüssen und Zweigvereinen in ganz Bayern kamen Meldungen über die große Opferbereitschaft der Bevölkerung. Es gingen Gaben an die Bundestruppen nach Hanau, Kufstein und Mainz, an das bayerische Hauptquartier und die bayerischen Feldspitäler. Die Königin-Mutter gab eine Geldspende in Höhe von 2000 Gulden, andere königliche Familienmitglieder folgten ihrem Beispiel. Außerdem ließ die Königin-Mutter im Schulhaus am Lehel ein Spital für 20 Verwundete einrichten, das von den Hofdamen Charlotte Gräfin Fugger und Marie Gräfin Pocci geleitet wurde. Die Pflege übernahmen Niederbronner Schwestern. Auf Veranlassung Maries reiste der berühmte Professor für Chirurgie, Johann Nepomuk von Nußbaum, auf die Schlachtfelder und brachte Schwerverwundete zur Pflege nach München. Ebenfalls auf

Wunsch der Königin-Mutter holte ihr Leibarzt Dr. Joseph Wolfsteiner 27 Unteroffiziere und Soldaten aus den Spitälern vom Kriegsschauplatz in Unterfranken nach Fürstenried, wo sie in extra eingerichteten Krankenzimmern gepflegt wurden. Wenn es möglich war, stellte die Königin die Kontakte zu den Familien der Verwundeten her. Maries eigener Sohn Otto war auf dem Schlachtfeld, und sie kannte die Ängste der Mütter. König Ludwig I. nannte Marie für ihre aufopferungsvolle Tätigkeit eine »wahre Landesmutter«.

Bayern verlor, wie gesagt, den Krieg und mußte sich zum Frieden mit Preußen bereit erklären. Beim Friedensschluß hatte Bayern zwei unterfränkische Bezirksämter abzugeben, die beträchtliche Summe von 30 Millionen Gulden Kriegsentschädigung zu zahlen, mit dem preußischen König ein Schutz- und Trutzbündnis zu schließen und sich zu verpflichten, im Kriegsfall das bayerische Heer dem Kommando des preußischen Königs zu unterstellen. König Ludwig II. fühlte sich in seinem Souveränitätsgefühl sehr verletzt. Bei den Friedensverhandlungen bat er seine aus Preußen stammende Mutter, bei ihrem Vetter, König Wilhelm I., der einst neben ihr am Hochzeitsaltar kniete, zu intervenieren und um Milde und Schonung für Bayern zu bitten. Und es gab noch eine Königin-Witwe, die um Gnade für Bayern bitten wollte, wie sie dies den bayerischen Unterhändlern in Sanssouci sagte, nämlich Elisabeth, geborene Prinzessin von Bayern und Schwägerin des regierenden Königs. Obwohl sich diese seit dem Tode ihres Mannes, König Friedrich Wilhelm IV., von aller Politik fernhielt, galt ihr Wort viel in der königlichen preußischen Familie. Eine gängige Frage in der Familie lautete: »Was sagte die Königin Elisabeth?« Sie empfing ihre Landsleute mit »größter Güte und sprach tränenden Auges von der bevorstehenden Neugestaltung der Dinge in Deutschland«.

Die bayerische Königin-Mutter bat tatsächlich ihren Cousin, den preußischen König, die Reparationszahlungen und Gebietsabtretungen nicht zu hoch anzusetzen. Die Antwort fiel wenig schmeichelhaft für das Verhalten der bayerischen Regierung im verlorenen Krieg aus. Wilhelm versicherte seiner Cousine, daß er Bayern mit so viel Nachsicht behandelt habe, daß sein Volk und seine Armee es ihm übelnehmen könnten. Außerdem hätte er den beiden Unterhändlern aus Bayern gesagt, »... wäre Bayern neutral geblieben, wie es sich bis in den letzten Wochen vor Ausbruch des Krieges den Schein gab, so hätte ganz Deutschland sich diesem Beispiel angeschlossen ... Nachdem Bayern aber dem übrigen Deutschland das Zeichen der Kriegsrüstung gegen uns gab, war der Krieg unvermeidlich, und wurde es nun erst ein Bruderkrieg! ... Wir werden hoffentlich nun Freundes-Staaten werden und nur noch den gemeinschaftlichen äußeren Feind kennen. Dein treuer Vetter Wilhelm.«[154]

Verglichen mit den von Bismarck angestrebten Reparationszahlungen und Gebietsansprüchen war der königliche preußische Cousin wirklich modest. Dieser Meinung war dann auch der bayerische König, der seiner Mutter mitteilte: »Glücklicher Weise sind die Bedingungen besser, als zu erwarten stand.« Am 23. August 1866 schrieb er aus München an seine Mutter nach Hohenschwangau, daß er nach all den Aufregungen endlich aus der Stadt heraus möchte, um einen langen Reitausflug ins Gebirge zu unternehmen. Er würde sehr betrübt sein, wenn es der Mutter unangenehm wäre, daß er nicht nach Hohenschwangau kommen wollte, sondern eine einsame Berghütte aufsuchen werde.

Am 2. August 1866 bat Bayern um Waffenstillstand. Die Königin-Mutter wollte ihren Sohn dazu beglückwünschen. Doch niemand wußte, wo sich der König aufhielt, und dies schmerzte sie sehr. »In diesen schweren Jahren macht mir alles doppelt Kummer. Um Gottes Segen beten kann ich für Dich, das erleichtert es mir. Gottlob, daß Frieden ist.«

Die Zahl der Kriegsverwundeten und der krank aus dem Feld Zurückgekehrten wurde immer größer. Die Königin-Mutter und ihr Sohn Ludwig nahmen Anteil an deren Los. Marie berichtete ihm, welch große Freude in den Spitälern herrsche, wenn er dort erschien, und im Lehel hinge nun auch bei jedem Bett seine Photographie. Für die bei dem Besuch Ludwigs im

Lehel nicht anwesenden Schwestern wünschte Marie noch weitere Photographien des Königs.

Um eilige Antwort bat die Königin-Mutter ihren in Berg weilenden Sohn auf ihren Brief vom 13. September 1866. Sie plante eine Reise zum Besuch der Verwundeten in den Spitälern in Zirndorf, Würzburg, Schweinfurt, Kissingen und Bamberg und wollte vom König wissen, ob sie Graf Gustav zu Castell, den Oberhofmeister des Königs, mitnehmen dürfe, da er aus der Gegend stamme und ihr nützliche Dienste erweisen könnte. Außerdem stellte sie die Frage, ob sie in Würzburg im Schloß wohnen dürfe, und zwar in ihren früheren Zimmern. Als Begleitung würde sie nur Gräfin Charlotte Fugger mitnehmen. Auf dieser Reise traf die Königin-Mutter in Bamberg ihre Schwägerin Königin Amalie von Griechenland, mit der sie die von dieser betreuten Spitäler besuchte.

Wohl unter dem Eindruck der Folgen des Bruderkrieges von 1866 gründete König Ludwig II. den »Bayerischen Invaliden-Unterstützungsverein«. Dieser Verein wiederum schloß sich im August 1869 der »Gesamtorganisation der Deutschen Landeshilfsvereine« an. Als die Königin-Mutter am 19. Dezember zur Gründung eines »Bayerischen Frauenvereins« im Anschluß an den schon bestehenden, von ihrem Sohn gegründeten Verein aufrief, war damit bereits eine klare Zielsetzung gegeben:

»... entschlossen, einen BAYERISCHEN FRAUENVEREIN zu solchem Zwecke und im Anschluße an den schon bestehenden Verein zur Pflege und Unterstützung der im Felde verwundeten und erkrankten Krieger zu gründen, wende Ich Mich auch heute wieder vertrauensvoll an die milden Herzen und an die oft bewährte Opferfreudigkeit der Frauen und Jungfrauen Bayerns mit dem Rufe zahlreicher und werkthätiger Betheiligung an dem Vereine, dessen heilige und segensvolle Aufgabe, des Krieges schwere Leiden zu lindern, nur durch liebevolles und einmütiges Zusammenwirken, der Gottes Segen nicht fehlen wird, erfüllt werden kann.

München, den 18. Dezember 1869. gez. Marie«

Dieses Datum ist das offizielle Gründungsdatum des »bayerischen Frauenvereins vom Rothen Kreuz«.

Die oberste Leitung des Vereins übernahm die Königin-Mutter Marie. Ordentliche Mitglieder konnten nur Frauen und Jungfrauen werden, die mindestens einen Gulden jährlich oder einen einmaligen Betrag von zehn Gulden zahlten, außerordentliche Mitglieder waren die Männer des »Bureau- und Kassageschäfts«, die Ärzte und Kinder, die ebenfalls mindestens einen Gulden jährlich zahlten. Der Verein gliederte sich in Zweigvereine, acht Kreisausschüsse und ein Zentralkomitee, dem wiederum die Königin-Mutter vorstand.

Am 19. Juli 1870 erfolgte die französische Kriegserklärung an Preußen. Durch den 1866 geschlossenen Bündnisvertrag mit Preußen mußte Bayern mit in den Krieg gegen Frankreich ziehen. Bereits am 16. Juli hatte König Ludwig II. die Mobilmachung von 55000 Soldaten befohlen, die in die III. preußische Armee eingegliedert wurden. Zur Übernahme des Oberbefehls reiste der preußische Kronprinz Friedrich Wilhelm am 27. Juli nach München. Diesen Befehlshaber seiner bayerischen Truppen freundlich zu empfangen, muß dem bayerischen König schwergefallen sein, denn er wußte sehr wohl, daß der Bündnisvertrag unabsehbare Folgen für Bayern haben könnte. Um fünf Uhr war große Familientafel im Königsbau, dann eine Festvorstellung im Hoftheater. Zur Aufführung kam Schillers »Wallensteins Lager«. Das Theater war mit 2000 Menschen erdrückend voll. Als in der Königsloge der bayerische König und der preußische Kronprinz erschienen, brach stürmischer, kaum endenwollender Jubel aus. Die Königin-Mutter konnte vor Rührung ihre Tränen nicht zurückhalten. Der Theaterleiter Ernst von Possart berichtete über das Ereignis: »Als die beiden märchenhaften Gestalten, der hochgewachsene, hellbärtige, nordische Königssohn mit den leuchtenden Augen und der ihn um Haupteslänge noch überragende, dunkelgelockte Bayernherrscher sich umarmten, toste der Beifall, immer wieder erneuernd, daß ich minutenlang nicht wieder zum Worte kommen konnte.« [155]

Nach der Theateraufführung traf man sich zum Tee bei der Königin-Mutter.

Schon kurz vor Beginn des Krieges von 1870 hatte Marie erneut einen Aufruf erlassen, um die Frauen Bayerns für die zu erwartende Hilfsarbeit für den Verein zu motivieren. Das Zentralkomitee und die Kreisausschüsse nahmen unverzüglich ihre Tätigkeit auf. Neben den Sammlungen von Geldmitteln ging es um die Beschaffung von Verbandszeug, Wäsche und Medikamenten. Die Ausstattung der Lazarettzüge und Sanitätskorps sollte ebenfalls vom Verein übernommen werden. Für die Arbeit des Frauenvereins stellte die Königin Räume im königlichen Odeon zur Verfügung. Der große Konzertsaal glich einer Lagerhalle und Werkstatt, in der geschäftiges Treiben herrschte.

Obwohl die Königin-Mutter lieber in den Bergen weilte, war sie in Kriegszeiten täglich bei den ehrenamtlich arbeitenden Frauen, und ihr Erscheinen und ihre tätige Mithilfe motivierten zweifellos. Auch die ständige Würdigung der Arbeit des Frauenvereins in der Presse wirkte sich positiv aus. Zu den Spenden, die aus Bayern kamen, erreichten den Verein vielfältige Sendungen aus Holland, Belgien und Amerika. Die Königin ließ auf ihre Kosten in Fürstenried und im »Paradiesgarten« ein Lazarett einrichten. In Haidhausen war unter der Leitung des Frauenvereins und dem Protektorat der Prinzessin Alexandra ein Spital für verwundete Soldaten eröffnet worden. Nicht nur die Königin-Mutter, sondern auch ihr Sohn Ludwig und viele Mitglieder der königlichen Familie besuchten die Kranken. Der König unterhielt aus eigenen Mitteln 240 Betten für Verwundete. Seine Mutter nahm sich aber auch noch die Zeit, sich intensiv um Verwundete zu kümmern. Sie tröstete die Kranken und betete mit ihnen oder blieb am Bett von Sterbenden. Zum Weihnachtsfest 1870 bemühten sich die Pflegerinnen, eine schöne Feier zu gestalten, und die Königin-Mutter beschenkte die Verwundeten und deren Angehörige.

Als nach der Schlacht von Sedan am 1. September 1870 die Nachricht von der Kapitulation der französischen Armee MacMahons und der Gefangennahme Napoleons III. durchdrang, brach in ganz Deutschland ein Freudentaumel aus. In München wurde am 4. September ein Festzug mit über 5000 Menschen veranstaltet. Doch der König, dem eigentlich gehuldigt werden sollte, kam nicht nach München, was zu großer Verärgerung führte. Alle Fenster seiner Privaträume in der Residenz waren verhängt. Wie immer treu besorgt um ihren Sohn, sprang die Mutter ein und stellte sich allein an ein Fenster in der Residenz. Ihr wurde zugejubelt, als der Festzug vorbeikam.

Am 9. September 1870 schrieb die Königin an ihre Nichte Therese: »Trotz Krieg konnte ich zu meiner Freude gestern still mit Ludwig im Schweizerhaus sein. Otto war nicht bei den letzten Soldaten, sogar noch nicht im Feuer. Gott schütze alle! In meinem Spital verlor ich leider schon 7 Mann, 6 Preußen und 1 Bayer. In München war große, freudige Aufregung in den letzten Tagen, am 6. fuhr ich hierher. Ich bin immer auf dem Sprung nach München zurück. Gottlob für Otto bin ich gar nicht ängstlich. Gott sorgt für ihn und schützt ihn und Alle Lieben.«

Bei Kriegsende dankte die Königin allen Frauen für ihre wichtige Tätigkeit im Frauenverein des Roten Kreuzes. Sie wünschte sich aber auch, daß der Verein in Friedenszeiten weiterbestehen möge. Im Januar 1873 wurden vom bayerischen Kriegsministerium die Grundbestimmungen über die freiwillige Hilfstätigkeit im Kriege sanktioniert. Am 9. Februar 1875 verlieh König Ludwig II. dem unter dem Protektorat seiner Mutter in Kriegs- und Friedensaufgaben bewährten Verein Korporationsrechte. Die Königin-Mutter ernannte Oberhofmarschall Freiherr von Malsen zum Schatzmeister, sie selbst wollte von nun an nur noch das Protektorat über den Verein übernehmen. Erste Vorsitzende war Oberhofmeisterin Gräfin von der Mühle, zweite Vorsitzende Frau Generalin und Palastdame Freifrau von der Tann. Für die Hauptversammlungen des Vereins stellte Marie ihre eigenen Räume in der Residenz zur Verfügung. Die Hauptversammlung eröffnete die Königin-Mutter mit einer Ansprache.

Wie wirkte sich die Tatsache der Reichsgründung 1871 unter preußischer Vorherrschaft, zu der Ludwig dem Kaiser Wilhelm I. durch den bekannten »Kaiserbrief« verhalf, auf das Verhältnis des bayerischen Königs zu seiner aus Preußen stammenden Mutter aus? Wie aus einem Brief des Königs an Freifrau von Gasser vom 26. März 1871 hervorgeht, kam es zu größten Schwierigkeiten. Ludwigs Herz blutete, daß er im bayerischen Interesse solche Opfer bringen mußte. Er bedauerte, in dieser Zeit König zu sein. »Mit meiner Mutter, welche ganz preußisch-deutsch gesinnt ist, zu sprechen, ist, wie Sie sich denken können, verletzend für mich, wir harmonieren weniger denn je.«[156] Es ist leicht verständlich, daß der König nach Abschluß der Versailler Verträge ständig Betrachtungen darüber anstellte, ob er denn noch Vollsouverän sei oder nicht. Er fürchtete ein weiteres Beschneiden der bayerischen Hoheitsrechte durch den preußischen König und deutschen Kaiser. Seine Abneigung gegen Preußen bekam durchaus auch seine Mutter zu spüren, von der er nun als der »preußischen Prinzessin« sprach.[157]

Ludwig II., der zum Inbegriff eines bayrischen Königs werden sollte, war allerdings selbst ein »halber Preuße«. Er war sich oft unsicher, ob das preußische Herz seiner Mutter nicht wärmer für Kaiser und Reich als für ein vollsouveränes Bayern schlug. Als sich der deutsche Kaiser im August 1871 auf seinem Weg zur Kur nach Bad Gastein zu einem Besuch in Bayern ansagte, ließ sich König Ludwig nur herbei, diesen in Schwandorf zu begrüßen und bis Regensburg zu begleiten. Auf der Heimreise des Kaisers ließ König Ludwig den Preußen von Prinz Luitpold in Rosenheim abholen und nach München geleiten. Und dann wagte es die Königin-Mutter, ohne ihren Sohn informiert zu haben, den preußischen Verwandten nach Hohenschwangau einzuladen! Wie nicht anders zu erwarten, verhielt sich König Ludwig bei Tisch äußerst gespreizt. Mit dem Kaiser wechselte er kaum ein Wort, sondern unterhielt sich mit der Oberhofmeisterin seiner Mutter – über Geisteskranke.[158] Vielleicht wollte der König durch sein Schweigen auch besser verfolgen, worüber seine Mutter mit dem Kaiser sprach.

Ludwig hatte ja angeblich seiner Mutter verbieten lassen, in seiner Anwesenheit über Politik und über Preußen zu reden. Plauderte die Mutter aber nun nur Belangloses mit den Gästen, so äußerte er, »die Mutter tötet mich mit ihrer Langeweile und Geistlosigkeit«.[159]

Nach dem Besuch des Kaisers in Hohenschwangau sah sich die Königin-Mutter veranlaßt, bei ihrem Sohn die Zweifel an der Echtheit ihrer Gefühle für Bayern, das sie so liebte, auszuräumen. Sie faßte ihre Gedanken in einem Brief zusammen, auf den ihr Sohn folgendermaßen antwortete: »Es drängt mich, Dir für Deinen liebevollen Brief, der mich sehr erfreute und mir große Beruhigung gewährte, aus ganzem Herzen meinen innigsten Dank auszusprechen. Gewiß ist ein festes inniges Zusammenhalten der deutschen Fürsten und Stämme bis zu einem gewissen Grade auch im Interesse der einzelnen Königreiche und Länder. Die Opfer aber, die von Preußen gefordert und aufgedrungen wurden, sind viel zu bedeutend. Gerade Bayern, welches vermöge seiner Größe auch mehr zu leisten und dem Gesamtdeutschland zu nützen imstande war, hätte besser behandelt werden sollen. Doch daß Du, wie Du mir schreibst, es nicht so meintest, wie ich es aus manchen Deiner Äußerungen glaubte entnehmen zu müssen, erfüllt mich mit Freude, und sehr dankbar bin ich daher für Deine Mitteilungen.«[160]

Königin Maries Tod

Die Königin-Mutter verstarb am 17. Mai 1889 auf Schloß Hohenschwangau. In den letzten Jahren ihres Lebens war Marie von schmerzhaftem Gelenkrheumatismus geplagt. Sie hatte sich zu Kuren nach Karlsbad und Bad Ragaz begeben, war im März 1889 in Lugano gewesen, kehrte dann jedoch nach Hohenschwangau zurück. Im April 1889 wollte sie noch einmal nach Elbigenalp, war aber bereits zu schwach, um diese Reise zu unternehmen. Medizinalrat Brattler und Dr. Brand überwachten den Krankheitsverlauf. Gepflegt wurde die Kranke von Barmherzigen Schwestern. Da sie selbst keine Briefe mehr schreiben konnte, oblag es der Ersten Hofdame der Königin, Maria Helene Blanche Freiin von Kreusser, die königliche Familie über das Befinden der Kranken zu informieren. Am 8. Mai ließ die Königin telegraphisch Prinzessin Therese bitten, nach Hohenschwangau zu kommen. Auch der Lieblingsneffe der Königin, Prinz Wilhelm von Hessen, eilte an ihr Sterbebett. In den letzten Tagen ihres Lebens nahm die Königin täglich ein paar Tropfen Lourdes-Wasser zu sich. Die letzte Lebensstunde der ihr zur Mutter gewordenen Königin hat Prinzessin Therese in ihrem Tagebuch aufgezeichnet:

»... nach und nach versammelte sich alles um das Sterbelager; doch ehe alle in ihr Gemach hereinkamen, nahm die Sterbende nochmals Abschied von mir und segnete mich mit zitternder Hand. Ich blieb an der rechten Seite ihres Ruhebettes, ihr zunächst knieend, zuweilen ihre Rechte in meinen Händen haltend, ... Ganz laut und vernehmlich sprach sie einmal: ›Ich bitte um Vergebung alle, denen ich wehe getan, und ich danke allen, die mir Liebes erwiesen.‹ Pfarrer Waibl las zwei Messen und die Sterbende kommunizierte.«

Beisetzung des Herzens der Königin-Mutter in Altötting

Nach der Einbalsamierung wurde die tote Königin-Mutter im Schwanenrittersaal von Hohenschwangau aufgebahrt, um der Gebirgsbevölkerung Gelegenheit zu geben, sich von der Vielgeliebten zu verabschieden. Auf der erst einen Monat später offiziell eröffneten Bahnlinie Füssen-Biesenhofen trat die tote Königin ihre letzte Fahrt nach München an. Sie ruht in der Theatinerkirche an der Seite ihres Gemahls Maximilian II. Noch zu Lebzeiten hatte dieser bestimmt, daß seine – damals noch protestantische – Ehefrau dereinst an seiner Seite bestattet werden sollte. Da aber die Beisetzung einer evangelischen Königin in der Kirche selbst nicht hätte stattfinden können, verfügte der König den allerdings nicht mehr zur Ausführung gekommenen Anbau einer gesonderten Grabkapelle, in welcher der Sarkophag der Königin durch Ausbrechen eines Teiles der trennenden Kirchenwand seinem eigenen möglichst nahe gerückt worden wäre.

Die Aufbahrung in München geschah nicht, wie bisher üblich, in der alten Hofkapelle, sondern wegen des großen Andrangs der Trauernden in der Allerheiligen-Hofkirche.

Am 21. September 1889 berichteten die Zeitungen ausführlich von der Überführung des Herzens der Königin-Mutter Marie von Bayern nach Altötting, die Prinzregent Luitpold angeordnet hatte.[161]

In der Residenzkapelle war auf einer Estrade im Kirchenschiff die Urne aufgestellt, zu beiden Seiten hielten Hartschiere Wacht. Der stillen Messe, die um halb sechs Uhr Stiftsdekan von Türk zelebrierte, wohnten als Hofkommissionäre bei: der königliche Kämmerer, Generalmajor, Secondlieutenant der Leibgarde der Hartschiere, Freiherr von Hertling, Minister Freiherr von Crailsheim, die beiden kgl. Kämmerer Freiherr von Cramer-Klett und von Kobell, der ehemalige Oberhofmeister der verstorbenen Königin, Graf Max von Pappenheim, General der Infanterie Keller Baron von Schleitheim, weitere Herren sowie die ehemalige Oberhofmeisterin der Königin, Gräfin von der Mühle, die Hofdamen Freiin von Kreusser und

Gräfin Olga Dürckheim-Montmartin und viele andere. Um sechs Uhr morgens war die Messe beendet, und nach der Aussegnung bestiegen die beim Gottesdienst anwesenden Herrschaften die bereitstehenden Wagen. Stiftsdekan von Türk trug, mit einem schwarzen Velum verhüllt, die Urne mit dem Herzen der »höchstseligen Majestät«. Vor und hinter diesem Wagen, in dem ein Geistlicher zur Assistenz und der kgl. Hofkommissär Platz genommen hatten, ritt je eine halbe Eskadron des 1. Leichte Reiter-Regiments (Chevaulegers); zu beiden Seiten begleitete eine Abteilung Hartschiere den Wagen zum Ostbahnhof, wo ein Sonderzug zur Fahrt nach Neuötting bereit stand. Als der Trauerkonvoi die Residenz verließ, begann von allen Türmen der Stadt das Trauergeläut, das bis Viertel nach sieben Uhr dauerte, dem Zeitpunkt der Abfahrt des Zuges nach Neuötting. Eine Abteilung des Infanterie-Leibregiments stand in Neuötting bei Ankunft des Sonderzuges bereit. In Neuötting und Altötting wehten von allen Häusern Trauerflaggen inmitten von mit Flor umhüllten Girlanden. Während der Durchfahrt durch Neuötting läuteten alle Glocken. Am Ortseingang von Altötting war ein Trauerbogen errichtet. Dort wurde der Zug von einem Teil der Geistlichen, von den königlichen Beamten und den Gemeindebehörden von Neu- und Altötting empfangen. Das Gefäß mit dem königlichen Herzen wurde sofort in der Stiftskirche abgesetzt, auf einem mit Krone und Zepter und königlichem Wappen geschmückten und mit brennenden Kerzen umgebenen Katafalk. Das feierliche Requiem zelebrierte der Bischof von Passau. Nach dem Requiem wurde das Gefäß in feierlicher Prozession in die Muttergotteskapelle überführt. Unter den Klängen des »De profundis« wurde die Urne in eine Nische neben das Gefäß mit dem Herzen König Max' II. gestellt. Der Hofkommissär Generalmajor Freiherr von Hertling verschloß den Aufbewahrungsort. Der Schlüssel wurde in München im königlichen Hausarchiv deponiert. Während der Beisetzung des Herzens der ehemaligen Königin brach ein heftiges Gewitter los, das für etwas Unruhe unter den vielen Wartenden außerhalb der Kapelle sorgte. Nach der Beisetzung durfte das »Publikum« in Gruppen von 20

285

bis 25 »Mann« in die Kapelle. Leider ereignete sich während der Feier ein schweres Unglück. Dem fünfzehnjährigen Taglöhnerssohn Thaddäus Ortner ging ein Böllerschuß gerade ins Gesicht, so daß er lebensgefährlich verletzt vom Platz getragen werden mußte. Nach der Beisetzung des Herzens der Königin-Mutter Marie fand in Altötting im Gasthaus »Zur Post« für die Hofkommission die »Tafel« statt – heute würde man es Leichenschmaus nennen –, wozu auch der Bischof von Passau und die Mitglieder des ehemaligen Hofstaats geladen waren.

Die Silberurne trägt die Wappen Bayerns und Preußens, überragt von der Königskrone und ist mit einem Kranz von Alpenrosen und Edelweiß geziert.

Am ersten Todestag der Königin-Mutter Marie wurde auf Anordnung des Prinzregenten Luitpold ein feierliches Seelenamt in der St.-Cajetanshofkirche abgehalten. Im Oratorium der Kirche, deren Hochaltar und Presbyterium schwarz ausgeschlagen waren, erschienen der Prinzregent und sämtliche in München anwesenden Prinzen und Prinzessinnen. Der Hofstaat, die Damen und Herren der Aristokratie und die Barmherzigen Schwestern, dazu zahlreiche Andächtige aus allen Gesellschaftsschichten nahmen in dem schwarz drapierten Chorgestühl des Kirchenschiffs Platz. Selbst der Erzbischof von München und Freising nahm an dem Seelenamt für die ehemals protestantische, konvertierte verstorbene Königin teil. Beim »Libera« begab sich die Geistlichkeit in die Allerseelenkapelle, um am Sarge der Königin-Mutter die Trauergebete zu verrichten. Der reich mit Blumen geschmückte Sarkophag war von brennenden Kerzen umgeben. Vor dem Gitter, an dem die Widmungsbänder aller Kränze, die nach dem Heimgang der Königin pietätvoll gespendet worden waren, angebracht waren, brannten gleichfalls Wachskerzen auf großen silbernen Leuchtern, und exotische Gewächse schmückten den stillen Raum. Dort legten unter anderen Prinzessin Therese, die der Königin im Leben so nahestand, und die Einwohner von Hohenschwangau »der unvergeßlichen Königin-Mutter Marie« prächtige Kränze nieder.[162]

Marie Therese von Österreich-Este

Gemahlin von König Ludwig III.

* 2. Juli 1849 Brünn
† 3. Februar 1919 Schloß Wildenwart/Chiemgau

∞ 20. Februar 1868 Wien

HAUS HABSBURG-LOTHRINGEN
Die Herzöge von Modena

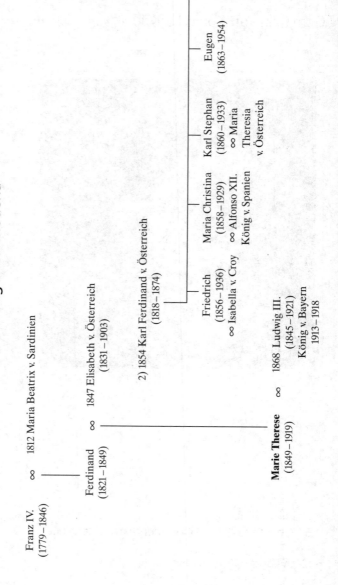

Die Habsburgerprinzessin

Marie Therese Henriette Dorothea, Erzherzogin von Österreich-Este und Prinzessin von Modena, war das einzige Kind
der Elisabeth, Erzherzogin von Österreich, aus deren am 4.
Oktober 1847 geschlossenen Ehe mit Ferdinand, Erzherzog
von Österreich-Este, Prinz von Modena. Die am 2. Juli 1849 in
Brünn geborene Marie Therese verlor ihren Vater im November des gleichen Jahres; er fiel einer Typhusepidemie zum Opfer. Durch die zweite Vermählung ihrer verwitweten Mutter
mit Erzherzog Karl Ferdinand bekam Marie Therese die Halb-
geschwister Christine, die spätere Königin von Spanien, und
die Erzherzöge Friedrich, Karl Stephan und Eugen.

Bayerns letzte Königin, ihrer Abstammung nach gleich
mehrfache Habsburgerin, sollte die erste und einzige katholische Königin auf dem bayerischen Thron werden, den sie allerdings erst im Alter von 64 Jahren bestieg. Ihre Regentschaft
dauerte nur fünf Jahre, von denen vier Kriegsjahre waren.

In den Jahren 1888 bis 1914 sammelte die Prinzessin und spätere Königin die verschiedensten Zeitungsartikel, die sich mit
dem Hause Wittelsbach, aber auch mit den Habsburgern und
anverwandten Häusern befaßten, dazu vieles aus Politik und
Wirtschaft, selbst Kurioses und Lustiges. Die gesammelten
Zeitungsausschnitte sind in 50 gebundene Ordner eingeklebt
und von der Königin selbst Seite für Seite beschriftet – eine
einzigartige zeitgeschichtliche Dokumentation. Kritische Be-
richte über das Königshaus finden sich nicht allzu oft.

Wer war nun die Frau, die einmal Bayerns Königin werden
sollte? Es war ihr an der Wiege nicht gesungen worden, daß sie
zu solch hohen Ehren aufsteigen würde. Ebensowenig war bei
ihrem späteren Gemahl damit zu rechnen, daß er einmal Bayerns König werden sollte.[1]

Als Mädchen nannte man Marie Therese »Erzherzogin
Dada«. Sie wollte von hemmender Hofetikette nicht viel wis-

sen, hatte das Herz auf dem rechten Fleck und wurde in Wien zum Liebling des Hofes. Ludwig I. bezeichnete die zwölfjährige Marie Therese als »schelmisch und lebhaft wie Quecksilber«.

Die neunzehnjährige Prinzessin Marie Therese war von Franz V., ihrem Vormund, dem letzten kinderlosen Herzog von Modena, Gemahl der bayerischen Prinzessin Adelgunde, längst dazu bestimmt, die Frau des vierzehn Jahre älteren Witwers Ferdinand IV., Großherzog von Toskana (1835–1908), zu werden. Doch die sprichwörtliche Liebe auf den ersten Blick veränderte alle Heiratspläne. Und das kam so: Zu Pfingsten 1867 reiste der 22jährige Prinz Ludwig, Sohn des späteren Prinzregenten Luitpold, in Vertretung König Ludwigs II. zur Leichenfeier seiner Cousine Erzherzogin Mathilde[2] nach Wien. Bei dieser Gelegenheit begegnete er Marie Therese, der Freundin der Verstorbenen. Mathilde war auf tragische Weise ums Leben gekommen: sie hatte sich schwerste Verbrennungen zugezogen, die zum Tode führten. Es gab zwei Versionen über die Todesursache. Die junge Frau habe beim Siegeln eines Briefes brennendes Wachs auf ihr Seidenkleid geträufelt, das dadurch hellauf brannte; oder die Prinzessin habe beim Ondulieren ihrer Haare ihr Seidenkleid in Brand gesetzt. Mathilde starb nach fünf Tagen schrecklicher Qualen.

Liebe auf den ersten Blick

Nun lernte also der bayerische Prinz Ludwig die junge Prinzessin kennen und lieben. Sofort unterrichtete diese ihren Onkel und Vormund, daß der Wittelsbacher mit den strahlend blauen Augen ihr Herz im Sturm gewonnen habe. Der Onkel war darüber derart aufgebracht, daß Prinz Luitpold, Marie Thereses zukünftiger Schwiegervater, Ende August 1867 zu einem Gespräch mit diesem nach Salzburg reiste. Gegen alle Widerstände, die letztlich allerdings nicht sehr groß gewesen sein dürften, verlobten sich die jungen Fürstenkinder bereits am 22. Oktober 1867 auf Schloß Seelowitz in Mähren. Dieses Schloß und auch das Schloß Sárvár in Westungarn zwischen Neusiedler- und Plattensee brachte Marie Therese neben Geldmitteln als Heiratsgut mit ein, dazu noch eine Mühle in Pornopat. Später kaufte sie von König Alfons XII. von Spanien das Schloß Wildenwart im Chiemgau. Das war im übrigen alles, was von dem einst unermeßlichen Besitz des rund tausendjährigen Hauses Este an die Erzherzogin überkam.

Nach der Verlobung des überglücklichen Paares blieb der Bräutigam bis zum 20. November noch mit seiner Braut in Wien und wohnte im Palais Modena, ehe er nach München zurückkehrte. Die »verlassene« Braut war untröstlich. Alles schien ihr so traurig, und sie hoffte, daß Ludwigs Abreise nur ein böser Traum sei. »Mein lieber, guter Ludwig, ich glaube Ihnen noch zu wenig gesagt zu haben, wie innig ich Sie liebe und achte, wie sehr ich Ihnen für Ihre Liebe dankbar bin und wie fest ich mir vornehme, Ihnen stets nur Freude zu bereiten!«

Marie Therese, die ihre Briefe nur mit Therese unterzeichnete und von Ludwig zeitlebens auch nur so angeredet wurde, nahm sich vor, ihrem Bräutigam täglich zu schreiben, was sie dann auch in die Tat umsetzte: genauso wie ihr Bräutigam dies tat. Über Prinz Ludwig hört man immer wieder, daß ihm Briefe schreiben zuwider gewesen sei, doch an seine Braut schrieb er ausführlichst, oft bis zu acht Seiten. Selbst als Marie Therese Ende November 1867 mit ihrer Mutter eine Reise nach Prag und Brünn unternahm, erhielt sie täglich einen Brief von ihrem Verlobten. In Brünn waren so viele Menschen zu ihrer Begrüßung am Bahnhof erschienen, daß sie sich am liebsten verkrochen hätte. Die Sehnsucht nach ihrem »Herzens-Ludwig« – so Therese – überfiel sie.

Auf dieser Reise besuchte Marie Therese auch die Großeltern mütterlicherseits ihres künftigen Mannes, den Großherzog Leopold II. von Toskana (1797–1870) und dessen zweite Frau Maria Antonia (1814–1898). Als sie zur Begrüßung vor die Herrschaften treten wollte, übersah sie eine Stufe und fiel diesen buchstäblich zu Füßen. »Sie können sich meine Verlegenheit und das Gelächter der lieben Verwandten vorstellen«, schrieb Marie Therese an Ludwig. Die Großeltern empfingen sie noch viel herzlicher, als sie es je gehofft hatte und obwohl sie ihnen »so kühn ins Haus gefallen« war. Der Großvater sei voller Späße gewesen; er lachte viel mit ihr und rührte sie fast zu Tränen mit seiner Freundlichkeit. Sie sollte an ihren Bräutigam »von beiden viel Liebes« ausrichten. Der Großvater, dessen besonderer Liebling Ludwig war, erzählte viel von »Thereschen«, Ludwigs lieber, später so gelehrten Schwester. Der Grund dafür, daß Marie Therese einen weitaus weniger freundlichen Empfang erwartet hatte, war natürlich die gelöste Verlobung mit dem nominellen Herzog von Toskana aus dem Hause Habsburg-Lothringen, Ferdinand IV.

Prinz Ludwig beschrieb seiner Braut in seinen Briefen, wie er seine Abende in München verbrachte. Er ging gerne ins Residenz-Theater, von dem er berichtete, daß es »wie gewöhnlich leer« war. Öfters besuchte er auch den Herrenclub oder machte Besuche bei Verwandten. Beim Lesen seiner Briefe fällt auf, daß der junge Prinz Ludwig oft bei seinem Vetter Otto, dem Bruder König Ludwigs II., zu Besuch war oder mit ihm zusammen etwas unternahm. Auch teilte der Bräutigam seiner Braut nach Wien mit, sehr viel mit der »nötigen Einrichtung für unseren künftigen Haushalt« zu tun zu haben.

Den 28. November 1867 nannte Ludwig seiner Braut gegenüber als einen besonders schweren Tag, der ihm bevorstehe. An diesem Tage hatte er über die ministeriellen Rechnungsnachweisungen der Jahre 1861/62 und 1862/63 im Reichsrat zu referieren. Seinen Vortrag bezeichnete er als seine Jungfern-Rede. Doch da »das Reden weder meine besondere Liebhaberei noch meine Stärke ist, so werden Sie begreifen, daß ich mich nicht sonderlich darauf freue. Indessen mit Gottes Hilfe und wenn ich mich in der kurzen, mir noch übrigen Zeit gehörig darauf vorbereite, wird es hoffentlich nicht zu schlecht gehen.« Als die Rede ohne »Steckenbleiben« vorüber war, teilte Prinz Ludwig dies seiner Braut sogleich telegraphisch mit; und sie war ganz stolz auf ihn!

Vom ersten bis zum 50. Brief in den acht Monaten des Brautstandes zieht sich das Wort »Skrupel« durch. Marie Therese wünschte sich in diesen Briefen ständig, daß Ludwig von seinen Skrupeln befreit werden möge: »Es tut mir leid, daß Sie sich wieder mit S. plagen, deren Grund nur in einer zu großen Selbstquälerei liegt. Sie sollten hier in Wien (als Beichtvater) den Abt Othmar Helfersdorfer, den Schotten, nehmen ... Er unterrichtete mich und Mathilde ... Er würde Ihnen gewiß auch alle Ihre S. vertreiben.«

In München hatte auch Ludwig Freiherr von Malsen, Zeremonienmeister und Obersthofmarschall, dem Prinzen eine Vorlesung darüber gehalten, daß er seine Unentschlossenheit bekämpfen müsse. Ludwig hoffte, durch die gütige Hilfe seiner zukünftigen Frau von seinen Skrupeln befreit zu werden.

Der Schluß des letzten Briefes der Braut an den Bräutigam ist besonders hübsch: »Bald bin ich mit Ihnen vereint, und dieser Gedanke macht mich bald lachend aus Glück, bald weinend aus – ja aus was denn? ›Ich weiß nicht‹ diese drei Worte kennen Sie schon; bald werden Sie sie aber nicht mehr hören. Denn ich werde Ihnen alles sagen und Sie mir auch, nicht wahr?! Nun, adieu. Es umarmt Sie mit innigster Liebe Ihre glückliche dumme Therese – Ich schicke Ihnen 1000 Küsse entgegen, auf jeder Station harren Ihrer ebensoviele. Wien, den 14. Februar 1868.«

Vermählung am Wiener Hof und Ankunft in München

Prinz Ludwig und Prinzessin Marie Therese wurden am 20. Februar 1868 in der Wiener Hofburg mit gebührendem Glanz vermählt. Graf Schaffgotsch, der Bischof von Brünn, der schon der Braut die Taufe, die erste Kommunion und die Firmung gespendet hatte, segnete auch ihre Ehe. Die Festlichkeiten begannen bereits acht Tage vor der Vermählungsfeier. Ganz Wien pilgerte zum Palais des Erzherzogs Albrecht auf der Augustinerbastei, wo im Roten Saal zwischen der Bildergalerie und dem Empfangsraum der Brautstaat öffentlich ausgestellt war. Mit dem Bräutigam waren auch der Vater, Prinz Luitpold, sowie der Bruder, Prinz Leopold[3], nach Wien gekommen. Kaiserin Elisabeth, eine enge Verwandte des Bräutigams, erschien nicht zur Hochzeit; sie stand kurz vor der Niederkunft ihrer Tochter Marie Valérie. Anwesend aber war Kaiser Franz Joseph in der Uniform eines Feldmarschalls mit österreichischen und bayerischen Orden an der Brust. Prinz Ludwig trug an seinem Hochzeitstag die Uniform eines Obersten seines österreichischen Regiments, des 62. Infanterieregiments. Prinzessin Marie Therese muß entzückend ausgesehen haben in ihrem weißen, mit Silberrosen bestickten Brautkleid.

Der Einzug des neuvermählten Prinzenpaares in die Residenzstadt München vollzog sich am 22. Februar 1868 »unter keinem Glücksstern« – so meldete die Presse. König Ludwig II. galt als krank, die Königin-Mutter Marie war tatsächlich erkrankt, und aus Nizza liefen täglich Nachrichten ein, die deutlich erkennen ließen, daß mit dem Ableben des 81jährigen früheren Königs Ludwig I. zu rechnen war. Die vom Hof vorgesehenen Feierlichkeiten waren daher schon vor Ankunft des jungen Paares gestrichen worden.

Die Prinzen und Prinzessinnen des königlichen Hauses begrüßten das neue Familienmitglied, die fröhliche, glückliche und unkomplizierte Ehefrau des beliebten bayerischen Prinzen Ludwig. In der Residenz begaben sich die Neuvermählten an das Krankenbett der Königin-Mutter Marie. Sie hatte Marie Therese schon bei ihrer Verlobung schriftlich versichert, daß sie sich bald in ihrer neuen bayerischen Heimat wohl fühlen werde.

Das junge Paar zog in das Leuchtenberg-Palais am Odeonsplatz, in den von Leo von Klenze errichteten, schönen klassizistischen Bau.

Da sich nach sechs Monaten Ehe noch keine Schwangerschaft einstellte, unterzog sich die Prinzessin einer gynäkologischen Untersuchung. Der behandelnde Arzt Dr. Buhl, erster Ordinarius des neubegründeten Lehrstuhls für pathologische Anatomie an der Universität München, versicherte ihr, daß sie bestimmt Kinder haben werde. Allerdings schlug er eine Kur in einem Seebad vor, damit sich der Kindersegen rascher einstelle. Dr. Buhl teilte seine Verordnung dem Prinzen Ludwig mit, der sich zur Jagd in Hinterstein aufhielt und dem diese

Idee überhaupt nicht behagte. Besonders ärgerte ihn der ärztliche Rat, während der Kur nicht zu oft zärtlich zu seiner Frau zu sein. Doch Marie Therese mußte die Kur gar nicht erst antreten, denn es kündigte sich Nachwuchs an. Am 18. Mai 1869 erblickte das erste Kind Rupprecht, der spätere Kronprinz, das Licht der Welt. Prinzessin Marie Therese sollte noch zwölf weiteren Kindern das Leben schenken.

Leutstetten: Kinder, Blumen und Staffelei

Wann immer möglich, verließ Marie Therese die Residenzstadt München, um mit ihrer Familie nach Lindau zu fahren. Dort an der »bayerischen Riviera« in der Villa »Amsee« verbrachte sie regelmäßig das Sommerhalbjahr. Nachdem Prinz Ludwig im Jahre 1875 das Schloß und Gut Leutstetten am Starnberger See von Freiherrn von Welden erworben hatte, wurde dieses die zweite Heimat der immer zahlreicher werdenden Familie. Durch Zukauf von Ackerland und Wiesen erweiterte Prinz Ludwig das Gut Leutstetten mit über 3000 Tagwerk landwirtschaftlich genutzter Fläche zu einem der größten Güter in Bayern und zum vorbildlichen Musterbetrieb.

Bei einem Besuch in Leutstetten im Jahre 1896 fand Marie Freiin von Redwitz das Schloß ganz hübsch, aber viel zu klein für die große Familie. Wahrscheinlich hatte Prinz Ludwig es aus Sparsamkeit nicht erweitern lassen. Statt dessen erwarb er zwei kleine Häuser gegenüber dem Schloß und ließ diese als Wohnung für die Prinzessinnen herrichten. Der sogenannte Neubau wurde später von Prinzessin Gundelinde bewohnt, das daneben befindliche Haus, »Hildenhaus« genannt, stand für die Prinzessinnen Adelgunde, Mathilde und Hildegard zur Verfügung. Die Mahlzeiten nahm die Familie gemeinsam im Schloß ein. Bei Dunkelheit wurden die Prinzessinnen von Dienern mit der Laterne in ihre kleinen Häuser heimbegleitet.

Im Sommer gab es ein besonders beliebtes Vergnügen: Rudern und Baden im »Leutstetter See«, einer beckenartigen Erweiterung der träge hinfließenden Würm. Dort stand eine

Bade- und Bootshütte. Die Kinder bekamen sehr früh Schwimmunterricht, da es durchaus vorkam, daß bei einem Streit unter den zahlreichen Geschwistern eines ins Wasser fiel.

Obwohl in der ländlichen Umgebung manche Hofetikette ein wenig gelockert wurde, herrschte Prinz Ludwig doch als strenger Patriarch. Er verkörperte die unbedingte Autorität für die Kinder. Natürlich gab es auch auf Schloß Leutstetten ein Lernzimmer und täglichen Unterricht.

Aufgrund des reichen Kindersegens herrschte in Leutstetten stets ein Gewimmel von Kindern, Erzieherinnen und Kinderfrauen. Überall im Garten traf man spielende Kindergruppen. Während viele der Kinder aus den verwandten Familien elegant gekleidet waren, wirkten jene der Marie Therese sehr einfach angezogen. Selbst noch die erwachsenen Prinzessinnen mußten immer wieder umgearbeitete und gestopfte Kleidung tragen, was besonders Prinzessin Wiltrud sehr mißfiel.

Der Arzt war häufig Gast im Schloß, da sich die Geschwister bei den Kinderkrankheiten gegenseitig ansteckten. Masern, Scharlach, Keuchhusten, Windpocken und Blinddarmentzündung mußten durchgestanden werden. Marie Therese war dabei oft allein mit ihren Kindern, da Ludwig nicht selten wochenlang auf die Jagd ging.

Im Garten von Schloß Leutstetten befanden sich vor den Gemächern der Prinzessin und späteren Königin Marie Therese große Rosenrabatten. Die Rose war neben dem Veilchen ihre Lieblingsblume. Im Sommer blühten um die 35000 Rosen im Garten – ein regelrechtes Rosenmeer! Ihre Liebe zur Natur gab Marie Therese auch an ihre Kinder weiter. Im Laufe der Jahre legte Marie Therese ein »Alpinum« mit einer ziemlich vollständigen Zusammenstellung der alpinen Flora an. Den Alpengarten pflegte sie mit großer Leidenschaft. Schon von klein auf hegte sie eine große Liebe zur Botanik und ließ sich darin Unterricht erteilen. Ihre ersten Lehrer in München waren Professor Dr. Engler und der spätere Professor Dr. Johann Evangelist Weiß. Wöchentlich erhielt sie zwei Unterrichtsstunden. Die Studien dienten nicht reinem Zeitvertreib. Marie Therese wurde 1886 »Mitarbeiterin« des Magazins »Illustrier-

tes Monatsheft für die Gesamt-Interessen des Gartenbaus«.
Im Heft des Jahrgangs 1886 wurde ein Gemälde veröffentlicht:
»Begonia gogoensis, nach der Natur gemalt von Ihrer Königlichen Hoheit, der Frau Prinzessin Ludwig von Bayern«.
Außerdem erschienen von ihr im Jahrgangsheft 1887 und auch
1888 jeweils wissenschaftlich sehr genau gezeichnete und kolo-
rierte Pflanzen. Die Blumenzeichnungen im Jahrgangsheft
1888 gestaltete neben der Prinzessin auch Baron von Branca.
Marie Therese wurde »die hohe Frau« genannt, »welche dem
Reigen der Kunst und Wissenschaft liebenden Wittelsbacher
eine neue und zwar botanische Kraft zufügt ... So hat denn die
amabilis scientia auf einmal, wie man sieht, eine gleich liebenswürdige Vertreterin am Throne gefunden«.

Bei aller Begabung gelangen ihr Porträts selten, und das Malen von Tieren fand sie schwierig. Wie ihr Enkel Prinz Ludwig
(* 1913) auf Schloß Leutstetten zu berichten weiß, skizzierte
Franz von Lenbach der Königin immer wieder Tiere und be-
gutachtete ihre Arbeiten.

Marie Therese hörte auch Vorlesungen an der königlichen
Universität bei Professor Dr. Dingler. Thema eines solchen
Vortrags war z. B.: »Unsere Hochgebirgsregionen und die
Pflanzencultur«. Die Ausführungen gingen dahin, daß im
Menschen der alleinige Grund des Rückgangs der Wälder zu
sehen sei. Dingler entwarf ein düsteres Bild von der Zukunft
und ermahnte jeden zu seiner Pflicht, für die Erhaltung des
Pflanzenlebens zu sorgen!

Im Laufe der Jahre legte die Prinzessin mit ihren Kindern
ein aus 40 Folianten bestehendes Herbarium mit selbst gesammelten und getrockneten Kräutern an, dazu mehrere Alben
mit selbstgemalten Pflanzen in naturgetreuer Wiedergabe. Marie Therese hatte in ihrem Salon immer eine Staffelei stehen.
Sie malte zauberhafte Blumenbilder in Öl und beherrschte
auch die Porzellanmalerei. Aus Briefen der Königin-Mutter
Marie geht hervor, daß sie von Marie Therese oft selbst bemal-
tes Porzellan geschenkt erhielt. Für den Zeichen- und Malunterricht gewann sie in ihrer Münchener Zeit den alten Meister
des Zeichnens, Professor Adolf Zimmermann, den Marine-

Maler Hans von Bartels und den Maler Hans Ritter von Petersen, den langjährigen Leiter der Münchner Künstlergenossenschaft und Veranstalter der Glaspalast-Ausstellung. Wiederholt stiftete sie eigene Kunstwerke für Wohltätigkeitszwecke.

Die zeichnerische und malerische Begabung der Prinzessin schlug sich auch in einem Panorama vom Gipfel des »Drei-Schwestern-Berges« bei Feldkirch nieder, das von ihr auf der Spitze des Berges skizziert und dann in vergrößertem Maßstab zu Hause gemalt wurde. Das Bild war so detailgenau, daß die über hundert erfaßten Berggipfel namentlich bestimmt werden konnten. Marie Therese schenkte das Panorama dem Alpenverein, bei dem sie selbst Mitglied war. Das Geschenk wurde »als bleibendes Denkmal der Begeisterung einer königlichen Prinzessin für die Alpenwelt und deren wohlwollende Teilnahme am Wirken des deutschen und österreichischen Alpenvereins« bezeichnet. Die Begeisterung für die Berge blieb der Prinzessin bis zu ihrem 62. Lebensjahr erhalten; sie hatte begonnen, als sie mit ihren Kindern als junge Mutter auf den Pfänder gewandert war. Neben ihren botanischen Studien, an denen sie ihre Kinder beteiligte, hat Marie Therese gerne gesungen und musiziert.

Es ist nicht viel über Marie Therese geschrieben worden; in Zeitungsartikeln hat man sie »allzeit als das Muster einer deutschen Ehefrau und Hausfrau« hingestellt, die ganz in ihrer Familie aufging. Auch wurde sie als etwas hausbacken geschildert, als wenig modisch und ohne Anspruch auf Luxus. Sie dürfte allerdings wenig Möglichkeiten gehabt haben, sich elegant und teuer zu kleiden, denn ihr Mann galt als die Sparsamkeit in Person! Die Töchter wurden in hauswirtschaftlichen Dingen unterwiesen. Sie hatten beim Einmachen von Obst und Gemüse zu helfen, mußten Schwammerl (Pilze) und Waldbeeren sammeln. Bezeichnete das Volk den späteren König Ludwig III. als »Millibauern« (Milchbauern), so bekam Marie Therese den wenig schmeichelhaften Spottnamen »Topfenreserl« (Quark-Therese).

Innerhalb der königlichen Familie war Marie Therese sehr beliebt. Ihr Schwiegervater, Prinzregent Luitpold, liebte sie wie seine eigene Tochter. Prinz Adalbert von Bayern empfand Marie Therese als eine ganz italienisch aussehende Frau mit dunklem Haar und dunklem Teint; er nannte sie eine sehr warmherzige und sympathische Frau.[4]

Da Marie Therese als junge Frau wenig Repräsentationsaufgaben auf sich nehmen mußte, wurde ihr die Familie zur Lebensaufgabe, die sie glücklich machte. Aus den Hunderten von erhaltenen Briefen, die das Ehepaar bis zum Verlassen der Residenz im Jahre 1918 wechselte, geht ein großes Verständnis füreinander hervor. Marie Thereses Briefe weisen keine Unterwürfigkeit auf, des Königs Briefe keine autoritären Züge, wie oft behauptet wird. Der Grundtenor der Korrespondenz ist liebevoll und familiär. Politisches wurde jedoch selten erwähnt oder erörtert, Jagderfolge dafür recht ausführlich. Selbst seine Briefe, die er von Kriegsschauplätzen des Ersten Weltkriegs an seine Frau schrieb, handeln wenig vom Kriegsgeschehen; sie stellen eher Reisebeschreibungen mit Wetterberichten und Angaben über die Unterbringung oder Treffen mit den Söhnen dar.

Marie Therese unternahm wiederholt größere Reisen im rechtsrheinischen Bayern, in der Pfalz und in der preußischen Rheinprovinz, auch in Italien, Österreich, Bosnien, Dalmatien und in der Schweiz. Vor allem reiste sie öfter zu ihren Besitzungen in der k.u.k. österreichisch-ungarischen Monarchie; Sárvár bei Steinamanger in Ungarn und Eiwanowitz in Mähren waren bei den Kindern besonders beliebt. Ein wenig Ungarisch hatte sie ihren Kindern beigebracht, denen es viel Spaß machte, in Sárvár ihre Sprachkenntnisse auszuprobieren. Marie Therese beherrschte neben Ungarisch auch Tschechisch, Französisch und Italienisch.

Reicher Kindersegen für das Prinzenpaar

Dreizehn königliche Kinder

Als sich bei dem jungen Paar nach seiner Hochzeit nicht sofort Kindersegen ankündigte, war es – wie wir gehört haben – zunächst ziemlich bekümmert. Doch das sollte sich bald ändern.

Rupprecht, der spätere Kronprinz[5], wurde am 18. Mai 1869 kurz vor neun Uhr geboren. Die knappen Mitteilungen in der Presse über die Geburt sagen aus, daß das Ereignis erfreute. Niemand konnte zu diesem Zeitpunkt ahnen, daß ein künftiger Thronerbe geboren worden war. Der regierende König Ludwig II. war gerade 23, dessen Bruder Otto 21 Jahre alt. Zur Taufe des Kindes, die der Münchener Erzbischof Gregor von Scherr am 20. Mai mit Jordanwasser vollzog, erschienen König Ludwig II. samt der Königin-Mutter Marie und den Prinzen und Prinzessinnen. Der Großvater, Prinz Luitpold, nahm die Patenstelle ein.

Im Alter von 31 Jahren wählte Prinz Rupprecht die 22jährige Prinzessin Marie Gabrielle zur Gemahlin[6], Tochter des Augenarztes Dr. Karl Theodor, Herzog in Bayern, und der Marie Josefa, Prinzessin von Bragança, Infantin von Portugal. Zu diesem Ereignis soll Baronin von Redwitz, Hofdame bei der herzoglichen Familie, gehört werden[7]: Der Prinz hatte zwar die Zustimmung seiner Eltern eingeholt, doch war der Vater von dieser Überraschung wenig erbaut. Die Mutter suchte zu besänftigen mit dem Hinweis, daß sie beide es auch nicht anders gemacht und nicht einmal vorher die Eltern gefragt hätten. Dann wurde die Frage erörtert, wer es dem Großvater, dem Prinzregenten Luitpold, mitteilen sollte. Man nahm zu Recht an, daß er für den Enkel ganz andere Pläne hegte. Es dauerte entsprechend lange, bis der Prinzregent der Verbindung endlich zustimmte; Rupprechts Tante Therese und die Großtante Adelgunde, Herzogin von Modena, traten als Vermittlerinnen aktiv auf. Marie Therese ertrug alle »Ärgerausfälle« ihres Schwiegervaters und ihres Mannes, die sich eine bessere Partie für Rupprecht gewünscht hätten, mit Gleichmut und versuchte ebenfalls mit allen Mitteln zu erreichen, daß ihr Sohn nach seinem Herzen wählen durfte. Die Besprechungen zogen sich hin, von Mitte März bis Ostermontag. Dann kamen die Eltern des Prinzen ins Palais, und endlich erteilte der Prinzregent seine Zustimmung zur Hochzeit am 10. Juli 1900. Baronin von Redwitz berichtete übermütig: »In der Hofkirche verbreitete sich die Neuigkeit schnell, und man wünschte herzlich Glück, das heißt, alle Österreicherinnen, deren so viele in Bayern verheiratet waren, taten es mit süßsaurer Miene, denn sie hatten gehofft, Erzherzogin Elisabeth, die Tochter der Kronprinzessin Stephanie, würde diese Heirat machen.«[8]

Das Jahr 1912 sollte für die königliche Familie zu einem Trauerjahr werden. Rupprechts Frau, Marie Gabrielle, verlor Ende Mai ihre älteste Schwester, die Herzogin Amalie von Urach. Sie war nach der Geburt ihres neunten Kindes gestorben. Schon am 26. Juni traf das Prinzenpaar ein weiterer Schicksalsschlag. Ihr jüngster Sohn Rudolf, der an Zuckerkrankheit litt, mußte, knapp dreijährig, sterben. Marie Therese, Großmutter des kleinen Prinzen, erhielt von ihrer Schwiegertochter, Marie Gabrielle, zu ihrem 63. Geburtstag einen Brief, der eine in ihrem Innersten getroffene Frau offenbart: »Mit einem ganz besonderen großen Gefühl der Liebe und Dankbarkeit komme ich heute zu Dir. Du warst so rührend gut gegen mich an dem schweren Tag, und da habe ich ohne viele Worte erst so ganz gefühlt, was Du mir bist. Möge Gott Dir reichlich lohnen, was Du uns Güte und Liebe erweisest. Unser kleiner Engel wird morgen für Dich beten, und das wird das reinste und schönste Flehen um Glück für Dich sein. Wie innig ich es tun werde – aus diesem trüben Erdental, das mußt Du wissen. In all meine trauernde Sehnsucht nach dem geliebten Kinde mischt sich eine Freude. Er hat es so gut. Und wie ein goldener Faden geht ein großes Glücksgefühl durch die Erinnerung der letzten Tage und noch immer weiter: Rupprechts rührende selbstlose Liebe und Güte für mich. Wie er war, könnte ich in Worten nie beschreiben – ich kann es ihm nur durchs ganze Leben danken und zu erwidern trachten, so gut ich es eben kann. Wie gerne käme ich morgen zu Dir – es war alles schon so geplant – aber nun geht es nicht; innig danke ich Dir noch für Deinen lieben guten Brief. Rupprecht bringt Dir eine Geburtstagskleinigkeit mit. Die Obstschale soll Dich beim Gebrauche erinnern, daß sie Dir aus dankbaren alten Kinderherzen gewidmet ist. Die zwei Buben sollen Dich erheitern, liebe Mama, und wenn Du morgen an die Tränen der letzten Tage denkst – stelle Dir unseren Kleinen nur als lichten Fürbitter unser aller vor.«

Rupprecht und seine Gemahlin waren nach dem Tod des geliebten Kindes nach Berchtesgaden übersiedelt. Dort ereilte die spätere Kronprinzessin eine erneute Trauerbotschaft: der jüngere ihrer beiden Brüder, Herzog Franz Joseph, nur 25 Jahre alt, war am 23. September 1912 verstorben.

Um seine Frau aus der Traueratmosphäre herauszuholen, reiste Prinz Rupprecht mit ihr nach Italien. Die Prinzessin sollte längere Zeit in Sorrent bleiben, ihr Mann fuhr allein nach München zurück. Nur fünf Tage nach seiner Rückkehr erhielt Rupprecht am 24. Oktober 1912 aus Sorrent ein Telegramm mit der Nachricht des Ablebens seiner 34 Jahre alten Gemahlin. Sie war einem Nierenleiden erlegen. Die vom bayerischen Volk sehr verehrte »Märchenkönigin« Marie Gabrielle wurde am 31. Oktober in der Gruft der Theatinerkirche beigesetzt – an der Seite ihrer drei, ihr im Tode vorausgegangenen Kinder. Es waren die am 21. September 1902 geborene Tochter Irmingard, die mit nur sieben Monaten an Diphterie starb, das am 6. Dezember 1906 totgeborene namenlose Töchterlein und der Sohn Rudolf. Am Sarg der Mutter trauerten die beiden Söhne – der elfjährige Luitpold und der sieben Jahre alte Albrecht, das spätere Oberhaupt des ehemals königlichen Hauses Wittelsbach, der 1996 verstarb.

Nach diesen schweren Schicksalsschlägen ging im Jahre 1912 auch ein langes, erfülltes Leben zu Ende, das des Prinzregenten Luitpold. Er war 91 Jahre alt geworden und seine Regentschaft hatte 26 Jahre gedauert. Als Kronprinz Rupprecht seinem Sohn Albrecht den erneuten Todesfall in der Familie eröffnete, fragte der kleine Bub in kindlicher Art: »Wird denn bei uns nur gestorben?« Leider hatte Albrechts Familie schon 1914 wieder zu trauern, als der junge Prinz am 27. August seinen 1901 geborenen Bruder Luitpold verlor.

Der Dreizehnjährige war an Kinderlähmung erkrankt und schon nach wenigen Tagen verstorben. Der Tod des Erbprinzen ging der bayerischen Bevölkerung besonders nahe. Er lebte wie seine Mutter Marie Gabrielle noch jahrelang verklärt in den Herzen der Menschen fort. Der verstorbene Prinz wurde von Berchtesgaden nach München überführt. Vom Hauptbahnhof bewegte sich der Leichenzug, dem die nächsten Leidtragenden in geschlossenen Wagen voranfuhren, nach der Cajetans-Hofkirche bei der Residenz, wo die Aufbahrung erfolgte. Der Zeremonie wohnten das Königspaar Marie Therese und Ludwig III., die nicht im Felde stehenden Prinzen sowie die Prinzessinnen des königlichen Hauses bei. Eine große Menschenmenge umsäumte die Straßen, die der Trauerzug passierte. Der Vater Luitpolds, Kronprinz Rupprecht, »stand im Feindesland«. Er ließ am Sarg seines Sohnes einen »prächtigen Kranz mit einer Widmung niederlegen«. Durch alle Zeitungen ging das Wort des Vaters zum Tod seines Sohnes Luitpold: »Die Pflicht heischt jetzt handeln, nicht trauern.« Ein schwer verständlicher Satz, es sei denn, man erkennt dahinter die große Selbstverleugnung der Leiden dieses Mannes, der seine Frau und vier seiner Kinder hatte verlieren müssen.

Die Wiederverheiratung ihres Sohnes Rupprecht im Jahre 1921 erlebte Marie Therese nicht mehr, wohl aber dessen Verlobung mit Antonia Prinzessin von Luxemburg und Nassau am Ludwigstag, dem 25. August 1918. Der Kronprinz hatte eine sehr enge Bindung an seine Mutter, so daß seine Schwester Wiltrud in ihrem Tagebuch beim Tode der Mutter schrieb: »Er verliert in Mama alles!« Damals war die Meinung unter den Geschwistern, Rupprecht sollte die Verlobung wieder lösen. Einer der Gründe dafür waren die völlig ungeklärten Vermögensverhältnisse, ein anderer, wohl schwerwiegenderer, der Altersunterschied: Antonia war blühende neunzehn Jahre,

Rupprecht reife 50 Jahre alt. Sohn Albrecht aus erster Ehe war nur sechs Jahre jünger als die Braut des Vaters. Aus Albrechts Ehe mit Maria Gräfin Draskovich von Trakostjan stammen die Prinzessinnen Marie Gabrielle, Marie Charlotte und die Prinzen Franz und Max. Prinz Franz ist seit 1996 als Herzog der Chef des Hauses Wittelsbach.

Das Heiratsversprechen des Kronprinzen Rupprecht sollte tatsächlich vorübergehend aufgehoben werden, allerdings aus politischen Gründen. Nach dem Waffenstillstand vom 11. November 1918 wurde von den Alliierten und in Luxemburg selbst der Großherzogin Marie Adelheid, der älteren Schwester der Braut, nicht nur Deutschenfreundlichkeit, sondern auch die Genehmigung dieser Verlobung zum Vorwurf gemacht, so daß diese zurücktreten mußte.[9]

Die Vermählung des Paares fand schließlich am 7. April 1921 auf Schloß Hohenburg bei Lenggries statt. Ihr Lebensbund wurde von Nuntius Eugenio Pacelli, dem späteren Papst Pius XII., eingesegnet. Antonia, Bayerns präsumptive Königin, wurde Mutter von sechs Kindern: Heinrich Franz, Irmingard Marie, Edith Gabrielle, Hilda Hildegard, Gabriele Adelgunde und Sophie Marie Therese. Im Alter von 55 Jahren erlag Antonia am 31. Juli 1954 ihren Leiden, die auf die zusammen mit ihren Kindern verbrachte Zeit in den Konzentrationslagern Flossenbürg und Dachau zurückzuführen sind. Es war ihr Wunsch, nicht in Bayern, sondern in Rom in der Kirche Santa Maria in Navicella zur letzten Ruhe gebettet zu werden. Ihr Herz ruht in Altötting.

Adelgunde Marie Auguste Therese (1870–1958), wie ihr Bruder Rupprecht in München geboren, blieb bis zu ihrem 45. Lebensjahr unverheiratet. Dann hielt der verwitwete Fürst Wilhelm von Hohenzollern (1864–1927) um die Hand der vornehmen und bescheidenen Prinzessin bei König Ludwig III. auf Schloß Leutstetten an. Das ganze bayerische Volk freute sich auf den Tag, »der den Scheitel der edlen und erlauchten Königstochter mit der bräutlichen Myrthe schmückt«. Im ganzen deutschen Reich wurde die Verbindung des Hauses Wittelsbach mit den Hohenzollern mit besonderer Genugtuung begrüßt. Im Juli 1914 hatte der König dem deutschen Kaiser Wilhelm II., Chef des Hauses Hohenzollern, und den befreundeten Fürstenhäusern die Verlobung seiner Tochter mitgeteilt. Die Vermählung fand am 20. Januar 1915 statt, ein erfreuliches Ereignis in jenen Kriegszeiten. Die Ehe der Königstochter wurde sehr glücklich.

Maria Ludwiga, in der Villa »Amsee« bei Lindau am Bodensee geboren, wurde am 31. Mai 1897 die Gemahlin von Ferdinand, Herzog von Calabrien, Prinz von Bourbon-Sizilien, des ältesten Sohnes des Prinzen Alfons von Bourbon, Grafen von Caserta. Die Prinzessin galt als sehr sanftmütig; sie übernahm auch die Pflege ihrer sterbenden Mutter.

Karl Maria Luitpold (1874–1927), wie seine Schwester in der Villa »Amsee« geboren, blieb unverheiratet. Nach kurzer Militärzeit zog er ein Studium diesem Dienst vor und lebte sehr zurückgezogen. Er wurde »im Rahmen seiner Möglichkeiten ein Wohltäter der Armen«.[10]

Franz (1875–1957), in Schloß Leutstetten geboren, vermählte sich am 8. Juli 1912 mit Prinzessin Isabella von Croy auf Schloß Weilburg, Baden bei Wien. Die sehr glückliche Ehe war mit den Kindern Ludwig (geb. 1913), Maria Elisabeth, Adelgunde Maria, Eleonore Therese, Dorothea Therese und Rasso gesegnet. Prinz Ludwig verheiratete sich mit seiner Cousine Prinzessin Irmingard, der ältesten Tochter des Kronprinzen Rupprecht. Ihr Wohnsitz ist der ihrer gemeinsamen Großeltern Ludwig III. und Marie Therese, Schloß Leutstetten.[11]

Mathilde Maria Therese, am 17. August 1877 in der Villa »Amsee« geboren, starb im blühenden Alter von 29 Jahren an einem Lungenleiden in einem Sanatorium in Davos. Ihrem Wunsch gemäß hat sie ihre letzte Ruhestätte in dem St.-Peters-Kirchlein von Rieden (bei Leutstetten) in der Gruft vor dem Hochaltar gefunden. Der Bildhauer Adolf von Hildebrand schuf die

Gestalt der verstorbenen Prinzessin in Marmor. Die Inschrift lautet:»Mathilde Prinzessin Sachsen-Koburg und Gotha, geborene Prinzessin von Bayern, 17. August 1877 bis 6. August 1906«. Mathilde war die Lieblingstochter ihres Vaters und Lieblingsenkelin des Prinzregenten Luitpold. Sie war der schönen toskanischen Großmutter Auguste sehr ähnlich. Mathilde galt als besonders elegant und geistvoll. Es mag sein, daß sie sich in der doch äußerst sparsamen und kinderreichen Familie nicht immer wohl fühlte. Schon als Vierzehnjährige schwärmte sie vom Heiraten. Ihre Mutter schrieb am 22. Januar 1891 in einem Brief an ihren Mann u. a.: »... Mathilde? Scheint (ihr) wieder dummes Zeug vorgeschwätzt zu haben vom ›Heiraten‹«. Ende November 1898 sprach man in München davon, Prinzessin Mathilde wolle sich mit Don Jaime, dem Sohn von Don Carlos, Haupt der Karlisten, also der Gegenpartei der regierenden Familie in Spanien, verloben. Die beiden jungen Leute empfanden große Zuneigung füreinander, doch aus politischen Gründen war die ganze Verwandtschaft dagegen, und Don Jaime reiste verstimmt ab.[12] Diese Vorgänge verschlechterten das ohnehin nicht sehr gute Verhältnis zwischen Mutter und Tochter.

Am 29. November 1899 steht in einem Brief Marie Thereses an ihren Mann: »... ob M. den Koburg nimmt und nicht auch im letzten Moment (auch später noch!) ›nein‹ sagt?!« In diesem Briefwechsel geht es weiter mit dem Vermerk: »Besten Dank ... sowie für den Brief des armen! Koburgs, den ich hierbei zurücksende. Ich habe Mathilde nichts davon gesagt.« Hier versuchten die königlichen Eltern vergeblich ihren Wunsch nach einem anderen Schwiegersohn durchzusetzen. Die herzoglichen Verwandten erfuhren Anfang Dezember von der Verlobung der Prinzessin Mathilde mit Ludwig, Prinz von Sachsen-Coburg-Gotha. Marie Thereses Nichte meldete sich am 14. Dezember 1899 aus Seefeld und meinte, da Mathildens Verlobung bereits in verschiedenen Zeitungen wiederholt erwähnt worden sei, nähme sie an, daß »dieselbe wahr ist«.

Am 1. Mai fand dann, vom Prinzregenten ausgerichtet, die Hochzeit der bayerischen Prinzessin mit Prinz Ludwig von

Sachsen-Coburg-Gotha (1870–1942) statt. Baronin von Redwitz sah die Hochzeit so: »Alles war schön und feierlich und sehr ermüdend. Prinzessin Mathilde war eine sehr schöne, aber auffallend blasse Braut, und niemand hatte das Gefühl, es werde hier ein dauerndes Glück geschmiedet. Der Regent, dessen Lieblingsenkelin sie war, war sehr unbefriedigt von der Heirat, die sie aber gewollt, wohl um von zu Hause fortzukommen.«[13]

Im Jahre 1903 entwarf der behandelnde Arzt Dr. Schmidt ein trauriges Bild vom Gesundheitszustand der Prinzessin, deren Lunge stark angegriffen war. Dennoch hatte Prinzessin Mathilde einem Sohn, Anton Maria, am 17. Juni 1901 und einer Tochter, Immaculata, am 10. September 1903 in Innsbruck das Leben geschenkt.

Im Nachlaß der Königin Marie Therese sind u. a. zwei Karten mit gepreßten Blumen erhalten. Die erste Blumenkarte ist von Prinzessin Mathilde beschriftet. »Andenken an meine erste hl. Kommunion am 17. November 1890, Leutstetten«, die zweite Blumenkarte trägt die von unbekannter Hand verfaßte Aufschrift: »Erhalten von Ihrer Kg. H. Prinzess Ludwig. Andenken von Prinzessin Mathilde, welche diese Blumen mit anderen wenige Stunden vor ihrem Tod ihrer Mutter gegeben hat. 23. August 1906, Davos, Schweiz«. Dies läßt den Schluß zu, daß Bayerns schönste Königstochter in den Armen ihrer Mutter diese Erde verließ.

Die Prinzessin war eine seelenvolle, religiöse und literarisch begabte junge Frau. Ihr Gedichtband »Traum und Leben« wurde nach ihrem frühen Tod von ihrem literarischen Berater Ludwig Ganghofer herausgegeben.[14] Hier ein Gedicht der »Frühvollendeten«:

Jugend

Mit dem Strohhut in der Hand,
war es mir, als trügen Flügel
durch den Wald mich, übers Land,
über bunte Frühlingshügel.

Auf den heißen Wangen glühten
mir die Rosen maienwahr,
und die weißen Kirschenblüten
flocht ich mir ins dunkle Haar – – –

Meine Jugend ist vergangen
wie ein lindes Frühlingswehn.
Habe mir kein Glück erfangen,
hab's im Traume nur gesehn!

Am 2. Juli 1879 wurde dem Prinzenpaar Ludwig und Marie
Therese ein weiterer Sohn geboren. Das Knäblein erhielt den
Namen Wolfgang Maria Leopold. Die Taufe fand am 5. Juli in
der Villa »Amsee« statt. Neben der Mutter nahmen deren
Stiefgeschwister, die Erzherzoginnen Elisabeth und Christina
und Erzherzog Karl Stephan von Österreich, teil, Prinz Leopold als Taufpate, dessen Gemahlin Erzherzogin Gisela, Prinzessin Therese sowie der auf Besuch weilende Großherzog von
Toskana und seine Gemahlin, Prinzessin Alice von Parma.
Dem Prinzen war nur ein kurzes Erdendasein beschieden. Er
starb im Alter von fünfzehneinhalb Jahren an einer Nierener-
krankung. Der Lieblingsbruder der jüngeren Schwester Hildegard, der besonders aufgeweckt und schön war, wurde vom
»Malerfürsten« Franz Seraph von Lenbach porträtiert.

Als achtes Kind kam Hildegard Maria Christina Theresia am
5. März 1881 in München zur Welt. Taufpatin war ihre Tante
Königin Marie Christine von Spanien, die Stiefschwester ihrer
Mutter. Nach dem Taufakt gab es ein Dejeuner, zu dem auch
Marie, die Königin-Mutter, erschien.
    Über diese Prinzessin schreibt Hans Rall[15]: »… Hildegard
war mit ihrer ältesten Schwester Mathilde (gest. 1906) und ihrem Bruder Wolfgang (1879–1895) besonders verbunden.
Beide wurden ihr früh durch den Tod entrissen. Geistig und
vor allem künstlerisch sehr begabt und interessiert, verkehrte
sie gern auch in bürgerlichen Kreisen Münchens und in der
Schweiz. In der Jugend wurde sie von dem Tiermaler Heinrich

Zügel unterrichtet, der seit 1895 an der Münchener Kunstakademie wirkte. Den Besuch der Akademie selbst aber erlaubten die Eltern nicht; deshalb studierte Hildegard dort erst in den zwanziger Jahren unseres Jahrhunderts. In späterer Zeit lebte sie häufig mit ihrer Schwester Helmtrud auf Schloß Wildenwart bei Prien. Echt religiös interessiert lernte sie den später bekanntgewordenen Münchener Erzbischof Kardinal Faulhaber schon kennen, als er noch Bischof von Speyer war. Den Benediktinerpater Ludger Rid von St. Bonifaz in München schätzte sie besonders.« Die unverheiratet gebliebene Prinzessin Hildegard starb am 2. Februar 1948 auf Schloß Wildenwart.

In der Reihe der Geschwister folgten noch fünf Schwestern: Notburga Karolina Maria Therese, die nur fünf Tage alt wurde (19. März 1883 in der Villa Amsee – 24. März 1883 in München), Wiltrud, Helmtrud, Dietlinde Maria Theresia und Gundelinde.

Als Marie Therese im Jahre 1884 zum zehnten Mal schwanger war, wünschte sich Prinz Ludwig sehnlichst ein Mädchen; denn wäre das zehnte Kind ein Bub geworden, hätte er Kaiser Wilhelm als Gevatter bitten müssen: »Ein protestantischer Taufpate und noch dazu dieser Wilhelm! Undenkbar.«[16] Als dann tatsächlich ein Mädchen zur Welt kam, wurde es Wiltrud genannt, um wenigstens mit der ersten Namenssilbe an Wilhelm zu erinnern. Der nächsten Tochter wurde dann die zweite Silbe von Wilhelm zugedacht, und daraus wurde Helmtrud. Nicht nur die Münchener nannten die Mädchen daher die »Trudeln«, sondern auch die Königin selbst. So schrieb sie am 3. November 1899 an ihren Mann: »Die Trudeln waren sehr übermütig.«

Prinzessin Wiltrud Maria Alix (10. November 1884 in München bis 28. März 1975 in Oberstdorf) und Prinzessin Helmtrud (22. März 1886 in München – 22. Juni 1977 in Wildenwart) waren sich stets eng verbunden. Beide waren die ganze Kriegszeit als Pflegerinnen für das Rote Kreuz im Einsatz. Wiltrud schrieb zeitlebens Tagebücher, die wertvolle zeitgeschichtliche Quellen darstellen.

Bei der Verlobung ihrer jüngsten Schwester Gundelinde im

Jahre 1918 wünschte sich die inzwischen 34jährige Prinzessin Wiltrud, daß ihr Gott nach so vielen Jahren des Wartens doch noch zu einem Ehemann verhelfe. Ihr Ehrgeiz sei nie nach einem Thron gegangen, ein nachgeborener Prinz wäre ihr am liebsten gewesen, und nur bei größter Liebe hätte sie einen regierenden Prinzen geheiratet. Ihre Ideale waren Ruhe und Einsamkeit, ein Haus in Süddalmatien, in der Puszta oder ein Bauernhof (»mit großen Fenstern«) im Alpenvorland. Stille Häuslichkeit, durch Musik verschönt, das ersehnte sie. Wiltrud hätte gerne studiert und wollte Schriftstellerin werden. Elf Tage nach ihrem vierzigsten Geburtstag ging ihr Wunsch nach einer Eheschließung in Erfüllung: Sie wurde die Gemahlin des 60jährigen Witwers Wilhelm, Herzog von Urach, Graf von Württemberg. Er war in erster Ehe mit Prinzessin Amalie aus der bayerischen herzoglichen Familie verheiratet gewesen. Möglicherweise war Prinzessin Wiltrud, 1892 bei der ersten Hochzeit in Tegernsee damals acht Jahre alt, schon dabei. Das Eheglück der Prinzessin dauerte nur vier Jahre. Ihr Mann verschied 1928, sie selbst erreichte das gesegnete Alter von 91 Jahren.

Prinzeßchen Dietlinde Maria Josepha war nur ein kurzes Erdendasein beschieden. Das am 2. Januar 1888 in München geborene Mädchen verstarb am 15. Februar nach »mehrtägigem schweren Leiden nach Auftreten von Zahnfraisen«. Die Prinzessin wurde im Salon des Wittelsbacher Palastes aufgebahrt, umgeben von prachtvollen Blumen. Brennende Kerzen umstanden die kleine Bahre. Die ganze königliche Familie wohnte der Aussegnung bei. Eine allgemeine Besichtigung der aufgebahrten Prinzessin war nicht gestattet; Hoftrauer wurde nicht angeordnet.

Der Tod dieses Kindes war für Marie Therese besonders tragisch, da sie selbst damals noch an den Folgen einer Diphtherie-Erkrankung litt, die sie an den Rand des Todes brachte. Das Münchner Tagblatt veröffentlichte am Sonntag, dem 7. Oktober 1888, auf dem Titelblatt das Porträt von Marie Therese und einen ausführlichen Bericht über den Verlauf der Krankheit.

Als man schon von einer Besserung sprach, hatte Marie Therese einen erneuten Rückfall. Dazu kam ein sehr schmerzhafter Gelenkrheumatismus, der »als fataler Bruder der Gicht … Schmerzen mit sich bringt, die in wenigen Stunden den stärksten Mann derartig zermürben, daß er … sich der Gefahr einer Herzlähmung aussetzt«. Da sich in München die Kunde verbreitete, daß die Ärzte den Zustand der Prinzessin als unheilbar ansahen, wurden Prinz Ludwig und der älteste Sohn Rupprecht an das Krankenbett gerufen, zusammen mit Professor Karl Josef von Bauer. Ferner ließ man Pater Odilo aus der Benediktinerabtei St. Bonifaz holen, damit er der Schwerkranken die hl. Sterbesakramente reiche. Nach einigen Tagen voll Bangen und Hoffen trat dann eine Besserung im Zustand der 39jährigen Prinzessin ein. Zur Rekonvaleszenz war ein längerer Italienaufenthalt geplant, den sie aber dann wegen des kränkelnden Prinzeßchens nicht antreten konnte. Solange Marie Therese in Amsee zu Bett lag, begaben sich ihre kleinen, in München gebliebenen Söhne täglich morgens um acht Uhr in die Hofkirche, um dort für die erkrankte Mutter zu beten. »Das Gebet der Kinder für die Eltern ist Gott besonders angenehm. Die Zeitungen melden, daß die Gesundheit der Prinzessin sich wieder gebessert hat« – in einem Zeitungsartikel hat Marie Therese diese Sätze rot angestrichen.

Ende Februar 1889 reiste dann Marie Therese mit ihrem Gemahl und den Töchtern Adelgunde und Marie zu einem längeren Aufenthalt nach Viareggio. Sie waren dort Gäste von Don Carlos, Herzog von Madrid, und seiner Gemahlin, einer geborenen Prinzessin von Parma, in der Villa dei Borboni.

Die jüngste Prinzessin, Gundelinde, durfte 92 Jahre alt werden. Über das am 26. August 1891 geborene Kind schrieb die Mutter an den Vater: »Die Kleine gedeiht herrlich, wird täglich runder und hübscher.« Das Mädchen, zwei Jahre nach dem Tode der einjährigen Dietlinde geboren, entwickelte sich zum Sonnenschein im Haus. Die großen Geschwister fühlten sich alle für es verantwortlich, vor allem wiederum Schwester Wiltrud.

Als 28jährige vermählte sich Gundelinde mit dem 1916 verwitweten Johann Georg, Graf von Preysing-Lichtenegg-Moos (1887–1924), Sohn des Johann Konrad, Graf von Preysing-Lichtenegg-Moos, und Christiane, Gräfin von und zu Arco-Zinneberg, genannt Bogen. Die Vermählung fand am 23. Februar auf Schloß Wildenwart unter traurigsten Umständen statt – zwanzig Tage nach dem Tode der Königin Marie Therese.

Soziales Engagement in Friedens- und besonders in Kriegszeiten durch die Übernahme von Protektionen und den Vorsitz in Vereinen läßt sich bei allen Prinzessinnen und Prinzen dieser Familie nachweisen. Prinzessin Gundelinde lag vor allem der Verein »Lasset die Kleinen zu mir kommen« am Herzen. In Friedenszeiten kannte man in München die kleinen, grau gekleideten Mädchen mit ihren Häubchen und Lodenkragen, die jeweils mittwochs und samstags paarweise in den »Verein« gingen. Dort machten die Schützlinge Handarbeiten, die Geübteren unter ihnen lernten das Weißnähen. Nach der Arbeit gab es Kaffee, dann wurde gespielt und gesungen. Die Betreuerinnen waren Töchter aus bestem Hause, die lernen sollten, anderen zu helfen und einen Blick für die Not und Armut zu bekommen. Der Verein kümmerte sich auch um die Bekleidung seiner Schützlinge, die von den aktiven Mitgliedern, den Vereinsschwestern, gefertigt wurde. Außerdem gab es für die Kinder, die nicht zu Hause wohnen konnten, sei es, daß die Mutter krank war, sei es, daß sie zu Hause gefährdet waren, ein eigenes Heim, in dem ständig zwölf Plätze zur Verfügung standen. Als 1914 der Krieg begann, eröffnete der Verein ein Kriegszufluchtsheim, in dem für 22 Kinder Betten vorhanden waren, weitere 28 Kinder konnten tagsüber im Heim betreut werden. Von Kriegsbeginn bis 1916 wurden über 100 Kinder, deren Väter im Felde standen und deren Mütter erkrankt oder gar gestorben waren, aufgenommen. Auch Kinder, deren Mütter untertags zur Arbeit mußten, fanden Aufnahme und Betreuung. 1916 eröffnete der Verein eine Suppenküche, in der für zehn Pfennige eine reichliche warme Mahlzeit verabreicht wurde. An den Kosten beteiligte sich Prinzessin Gundelinde wiederholt durch Spenden.

In 22 Ehejahren hatte Prinzessin Marie Therese dreizehn Kindern das Leben geschenkt. Nach der Geburt des letzten Kindes war die Silberhochzeit nicht mehr weit. Zu diesem Fest 1893 bekam sie von ihrem Mann ein besonders sinniges Geschenk: einen kunstvoll gearbeiteten Armreif, der auf goldgefaßten Bergkristallen die Namen ihrer Kinder trägt. An den aus den Symbolen von Glaube, Liebe und Hoffnung bestehenden Anhängern zeigt das Herz die Initialen ihres Gemahls. Die älteren Kinder schenkten der Mutter eine silberne Jardiniere, die jüngeren Kinder führten ein von Dr. Bever aus Lindau gedichtetes Festspielchen auf und setzten dann der Mutter eine silberne Myrthenkrone aufs Haupt. Die beiden Söhne Franz und Wolfgang hatten zusammen mit dem Drechslermeister Abstreiter in der Schreinerei ein geschnitztes Büchergestell mit den Ansichten von Leutstetten und Wildenwart gefertigt.[17]

Isabella Braun, Karl May und das bayerische Königshaus

Prinzessin Marie Therese und ihren Kindern wurden nicht nur Bücher gewidmet, sondern auch eigens welche für sie verfaßt. So erhielt beispielsweise die Jugendschriftstellerin Auguste Meixner ein Dank- und Anerkennungsschreiben des Prinzregenten Luitpold für das der Prinzessin Marie Therese gewidmete Werk »Frisches Grün«. Im November 1912 wurde am Hof des 75. Geburtstags der Kinderbuchautorin Emmy Giehrl gedacht. Der 1815 in Jettingen bei Burgau geborenen Schriftstellerin Isabella Braun war die königliche Familie besonders zugetan; die Kinder nannten sie »Tante Isabella«. Bei den Englischen Fräulein in Augsburg zur Schule gegangen, kam sie mit 21 Jahren als Lehrerin nach Neuburg/Donau, von wo sie 1848 mit einem kärglichen Gehalt in Pension geschickt wurde. Ermutigt durch den Priester und Schriftsteller Christoph von Schmid, begann Isabella Braun für die Jugend zu schreiben. Sie wurde Herausgeberin der »Jugendblätter für christliche Unterhaltung und Belehrung« und der »Grünen Hefte« in München (ab 1854). Einer der Mitarbeiter war der Obersthofkämmerer und Dichter Graf Pocci, der anfangs nicht mit einem »Blaustrumpf« zusammenarbeiten wollte. Isabella Braun verfaßte unter anderem die »Lebensbilder«, die »Wahren Geschichten«, auch »Die Stiefmutter«, wobei die Dichterin in diesem Werk dem weitverbreiteten Vorurteil von der bösen Stiefmutter entgegenarbeitete. Von ihr stammt die Geschichte »Heinrich Findelkind« über den Gründer des Hospiz auf dem Arlberg. Das harmlose Büchlein wurde, wie die Presse meldete, »wunderlicher- und unbegreiflicherweise im Jahre 1884 von einem österreichischen Schulrathe beanstandet und auf den Index jugendgefährdenter Bücher gesetzt«.

Protektor der »Jugendblätter« wurde König Ludwig II., der Isabella Braun als eine der ersten Personen mit der Ludwigsmedaille für Kunst und Wissenschaft auszeichnete und sie auch durch eine Schriftsteller-Pension ehrte. Zu ihrem 70. Geburtstag am 12. Dezember 1885 erhielt sie aus dem Kabinett des Königs aus Hohenschwangau ein Glückwunschtelegramm mit dem aufrichtigen Wunsch, daß ihr noch viele Jahre froher und ungetrübter Schaffenskraft beschieden sein mögen, um jährlich mit »jugendfrischem Gemüthe ein neues Blatt in den Kranz Ihrer der Jugend gewidmeten Gaben einzuflechten«. Herzogin Adelgunde von Modena und Prinzessin Therese von Bayern fanden sich bei der Jubilarin ein, Prinzessin Marie Therese hatte aus Leutstetten schriftlich gratuliert.[18]

Doch nicht nur Erbauliches und Religiöses war die Lektüre der jungen Wittelsbacher Prinzessinnen und Prinzen, sondern auch die Abenteuerromane des bis heute vielgelesenen Karl May.[19] Dieser war stolz darauf, die Schwestern Helmtrud, Wiltrud und Gundelinde zu seinen Lesern rechnen zu dürfen. Die freundschaftlichen Beziehungen zu Karl May kommen insbesondere in dem erhaltenen Briefwechsel zwischen ihm und Prinzessin Wiltrud deutlich zum Ausdruck.[20] Auf Wunsch der dreizehnjährigen Wiltrud verfaßte Freiherr von Laßberg am 15. April 1897 und am 27. Februar 1898 einen Brief an Karl May, Villa »Shatterhand«, Radebeul bei Dresden. Wiltrud ließ viele Fragen stellen, die Karl May umgehend beantwortete. Seinem Antwortschreiben vom Februar 1898 fügte er an, daß er Anfang März nach München komme, dort im Hotel Treffler absteigen werde und gerne zu einem ausführlichen Gespräch bereit wäre. Von der späteren Königin und ihren Kindern wurde Karl May dann tatsächlich in München empfangen. Er schwelgte danach: »So will ich heute in diesem Brief wie eine Blüthe vor meiner gütigen Leserin stehen ... Ich sehe uns noch an der Voliere stehen, – damals im Münchener Palais. Ich werde das nie vergessen! Wie lagen Ihre Herzen da so lieb und gut, so offen vor mir ausgebreitet – wie Rosen, mit dufterschlossenen Kelchen. ›Gott segne Sie‹, so betete ich im Stillen. Es war für mich ein Tag des Sonnenscheines, der letzte schöne Tag, den mir die Erde gab. Ich habe mit ihr abgerechnet.«

Ende September 1906 erhielt Marie Therese noch einen

nicht enden wollenden Brief. Hatte Karl May kurz vorher der zwanzigjährigen Wiltrud seine Zuneigung versichert, so ließ er nun sein Loblied auf die Mutter erschallen. Er spricht von der Gnade, in dem »Hohen Familienkreis« in München empfangen worden zu sein, er, der »einfache und vollständig verdienstlose Sohn sehr armer Bürgersleute«. Er habe sich damals von dem schönen und reinen Familienglück ergriffen gefühlt, »dessen tiefste Quelle wohl im Herzen der Mutter liegt. Einer solchen Mutter ist es auch gegeben, die Mutter eines ganzen Volkes zu sein!« Eine Antwort der späteren Königin ist nicht bekannt. Sie hat den Brief an ihre Karl-May-begeisterte Tochter Wiltrud weitergegeben, wie aus einer Bleistiftnotiz auf dem letzten Blatt hervorgeht.

In späteren Briefen nannte Karl May Wiltrud »seinen psychologischen Liebling« und beteuerte, ihm, dem Sachsen, sei durch das liebenswürdige Königshaus Bayern zum eigentlichen Vaterland geworden. Auf einen zehnseitigen Brief Wiltruds und ihrer Schwester Helmtrud hin äußerte sich Karl May sehr zufrieden darüber, daß die nunmehr 23jährige Prinzessin »Winnetou nicht äußerlich, sondern innerlich zu finden suche« und sich somit ihre Seele zur Persönlichkeit entwickelte. Karl May wünschte sich, daß »sein Königstöchterlein« Wiltrud die ganz für Königskinder geschriebene Erzählung »Der Mir von Dschinnistan« im Deutschen Hausschatz lesen möge. Die Prinzessin hatte sich bei ihm erkundigt, ob er ein »Indianisches Wörterbuch« verfaßt habe. Da Karl May dies verneinte, begann sie selbst mit großer Akribie eine »Wörtersammlung« anzulegen und ein Sioux-Gebetbuch zu übersetzen. Ihr Traum war eine Amerikareise zu den Indianern, auch noch, als Karl May 1912 gestorben war; der Erste Weltkrieg vereitelte alle Pläne. Wiltrud hielt jedoch weiterhin Kontakt zur Witwe Klara May. 1936 unternahm sie mit ihrem Stiefsohn Eberhard von Urach einen Besuch in Radebeul. Sie kam unangemeldet und fand ihr eigenes Foto, das sie Karl May verehrt hatte, auf dessen Schreibtisch stehen. Noch im hohen Alter erzählte sie gerne überschwenglich von Karl May, seine Bücher fanden sich, wo immer sie wohnte.

Königin Marie Therese – die langersehnte katholische Landesmutter

»Habemus regem! Wir haben wieder einen König, einen wirklichen. So geht die frohe Kunde heute ins Land und wird überall freudigen Widerhall erwecken. 27 Jahre war das Königtum in Bayern nur mehr ein Schatten!« stand es in großen Lettern in der München-Augsburger Abendzeitung vom 4. November 1913. Der König war 68, die Königin 64 Jahre alt! Glaubt man den Zeitungsberichten, so schien Bayern in einen einzigen Jubel darüber auszubrechen, daß nun wieder ein König mit einer Königin regieren werde. Moritz Julius Bonn dagegen, der Gründer und Leiter der Münchener Handelshochschule, tat sich als Frankfurter etwas schwer, die Begeisterung zu verstehen. Er nahm an einem Fackelzug aller Münchener Studenten zu Ehren des Königspaares teil und vermerkte danach in seinem Tagebuch: »Die Freude des königlichen Paares, besonders der Königin, war rührend. Beide erinnerten an Kinder, denen St. Nikolaus ein unerwartet schönes Geschenk gebracht hat.«

Nachdem Prinzregent Luitpold im Dezember 1912 das Zeitliche gesegnet hatte, war sein Sohn, Prinz Ludwig, zunächst ebenfalls als Prinzregent vereidigt worden, da der eigentliche, aber regierungsunfähige König Otto noch lebte. Trotz großer Widerstände wurde jedoch die bayerische Verfassung mit Landtagsmehrheit gegen die Stimmen der SPD geändert, um den Weg freizumachen für Ludwig III., in die ihm »nach Gottes Gnaden zukommenden königlichen Rechte« einzutreten. Wie Prinz Adalbert in seinen »Erinnerungen« [21] zu berichten weiß, habe vor allem Marie Therese ihren Mann angefleht, dem Drängen der Minister und aller anderen nicht nachzugeben. Sie dachte mit Schrecken an die Absetzung König Ludwigs II., die Amtsübernahme durch den Prinzregenten Luitpold und die Reaktionen des bayerischen Volkes darauf. Sie spürte sehr deutlich, wie sich das Volk gegen eine Änderung des Thronfolgegesetzes sträubte. Sie hätte sich eine Übernahme der Königswürde erst nach dem Ableben König Ottos gewünscht.

So beliebt Ludwig als Wittelsbacher Prinz war, so wenig freundlich sprach das Volk bald über den neuen König. Bereits seit der Zeit Max' II. hatte die Monarchie an Hochschätzung eingebüßt. König Ludwig II. wurde zur Kultfigur, dem Prinzregenten Luitpold warf man ein unpolitisches Wesen vor; laut Verfassung mußte der König regieren und nicht nur repräsentieren. Auch König Ludwig III. konnte den Autoritätsverfall der Monarchie nicht aufhalten. Die mit der Thronbesteigung verbundene Aufbesserung der Zivilliste und die Verweigerung einer Besoldungserhöhung für Lehrer haben ihm besonders geschadet.[22]

War die Thronbesteigung auch noch so glanzvoll gewesen, so gab es doch Bürger, die einen schulfreien Tag aus diesem Anlaß ablehnten. Ein Ehrenspalier der Münchener Studentenschaft für die Rückfahrt des Königspaares vom Dom zur Residenz mußte mangels Beteiligung der Korporationen ausfallen. Die satirische Zeitschrift »Ratschkathl« wünschte sich, daß nun andere Zeiten anbrechen möchten und alle so viel verdienten, daß man den König auch bezahlen könne. Das Blatt sah neue Steuern und Abgaben voraus. Ludwig III. war als Privatmann »der Mann mit dem viertgrößten Privat- und Familienvermögen im Deutschen Reich, nach dem Kaiser, dem Großherzog von Mecklenburg-Strelitz und Frau Berta Krupp in Essen, knapp vor den Fürsten von Henckel-Donnersmarck und von Thurn und Taxis«.[23]

Anfang Dezember 1913 fand ein Ball zur Feier der Thronbesteigung in der Residenz statt. Kaiser Wilhelm II. erschien in der Uniform des ihm verliehenen 1. bayerischen Ulanenregiments. Nach dem von der Königin mit besonderer Liebe gestalteten Weihnachtsfest folgte im Januar 1914 der obligatorische Hofball, der nach 50 Jahren wieder ein Königspaar sah. Deshalb wurde dieses Ereignis mit besonderem Gepränge, erhöhtem Glanz und einer außergewöhnlich großen Zahl von Fürstlichkeiten gefeiert. Welcher der Gäste ahnte wohl, daß der bayerische Hof zum letzten Mal glänzte? Acht Monate später begann der Erste Weltkrieg.

In den zur Thronbesteigung erschienenen unzähligen Berichten und vielen Lebensbildern in Extrablättern wurde auch die neue Königin ausführlich vorgestellt. Die »Lindauer Volkszeitung« schrieb am 17. November 1913: »... Die Gemahlin des Königs Ludwig III. von Bayern wird die erste katholische Königin sein ... Wie das bayerische Volk den neuen König als das Muster eines christlichen Monarchen, eines deutschen Fürsten begrüßt, so begrüßt es neben ihm auf dem Throne sie mit den gleichen herzlichen Gefühlen als das Vorbild einer echten christlichen Königin. Die hohe Frau, die weithin als das Ideal einer christlichen Frau und Mutter schon lange erschien, verdient es wahrhaftig, eine Landesmutter zu sein, verehrt und geliebt von allen treuen Bayern. Prinz Ludwig und Prinzessin Maria Therese waren ein vorbildliches Ehepaar und Fürstenpaar von jeher, und sie werden nunmehr sein ein ideales Herrscherpaar, ein Vorbild christlicher und darum auch königlicher und bürgerlicher Tugend ...«

In der »Bayerischen Staatszeitung« erschien ein Artikel über »die zukünftige Königin und die englischen Legitimisten«. Darin wurde angekündigt, daß zur Thronbesteigung der Marie Therese in Bayern auch in England ein feierliches Zeremoniell stattfinden werde, da sie für die englischen Legitimisten die rechtmäßige Königin von England sei. Marie Therese stammte nämlich in direkter Linie von der Tochter Karls I. ab, der mit Henriette Maria von Bourbon, einer Katholikin, verheiratet war. Durch die englische Thronfolgeakte wurden sowohl die Nachkommen Jakobs II. wie auch die Karls I. vom Thron Englands ausgeschlossen. Und nachdem die Nachkommenschaft Jakobs II. ausgestorben war, wandten sich die englischen Legitimisten den katholischen Nachkommen Karls I. zu und nahmen die Prinzessin Marie Therese von Bayern in Anspruch als rechtmäßige Königin von England. Für sie trug Marie Therese den Titel »Mary III., Queen of Scotland, Her Majesty Mary IV., Queen of England, France and Ireland« mit dem Beinamen »The White Rose Queen«. Angeblich schickten die »romantischen« Schotten Jahr für Jahr Marie Therese zum Geburtstag ein Blumenbouquet, natürlich aus weißen Rosen, zur Erinnerung an den Krieg der »Weißen Rose« Mary Stuart gegen die »Rote Rose« Elisabeth Tudor. Rosen erhielt Marie Therese auch alljährlich zu ihrem Geburtstag vom Verein der pfälzischen Rosenfreunde, dessen Protektorin sie war.[24]

Im Januar 1914 veröffentlichte das »Fremdenblatt« einen Artikel über das ungarische Staatsbürgerrecht der bayerischen Königin. Aus Ödenburg wurde berichtet, daß man der Gemahlin des bayerischen Königs, der Erzherzogin Maria Theresia, in Ungarn und speziell im Eisenburger Komitat »geradezu schwärmerische Verehrung entgegenbringe«, da die ehemalige Erzherzogin auf ihrem ungarischen Staatsbürgerrecht beharrt habe. Die Königin von Bayern sei ungarische Staatsbürgerin, die ihr Virilrecht auch als Königin im Eisenburger Komitat ausübe. Um die ungarische Staatsbürgerschaft behalten zu können, mußte die Prinzessin Prozesse führen. Nach ungarischem Recht stand ihr diese nach ihrer Vermählung im Ausland nicht mehr zu, so entschied das ungarische Innenministerium. Daraufhin legte die bayerische Kabinettskanzlei dort Beschwerde ein. Marie Therese hatte erklärt, sie wolle Ungarin bleiben und »klammere« sich an diese Staatsbürgerschaft. Der Prozeß wurde in dritter Instanz zugunsten von Marie Therese entschieden.

Beim ersten Besuch (8. Mai 1914) als bayerische Königin in Ungarn wurde sie mit ihrem Mann und den fünf begleitenden Töchtern stürmisch gefeiert. Bei einem Volksfest zugunsten der Tuberkulosefürsorge wurden Nationaltänze aufgeführt, ein Kinderreigen und turnerische Aufführungen geboten. Ferner stand ein Festzug in Nationaltracht auf dem Programm. Die königliche Familie unternahm täglich Autofahrten durch ihre Besitzungen, immer wieder gefeiert durch Ovationen der Bevölkerung. Das Frühstück wurde in der Regel im Wald eingenommen. Die Königin und ihre Töchter begaben sich auch nach Szombathely, um dem Bischof Graf Mikes einen Besuch abzustatten.

Neue Aufgaben: Reisen und Repräsentieren

Marie Therese war Vorsitzende und Protektorin unzähliger Vereine und Gesellschaften. Es ist nicht möglich, auf alle ihre Aktivitäten einzugehen, doch ist zu erkennen, daß sich die Königin sehr für die Belange von Frauen und Kindern engagierte. So gab es unter anderen einen »Verein Prinzessin Ludwig-Heim« für pflegebedürftige Kinder, der im Würmtal bei Stockdorf ein Heim für seine Schutzbefohlenen gebaut hatte. Dieser Verein veranstaltete beispielsweise am 9. Dezember 1913 im Hotel »Vier Jahreszeiten« in München einen Festabend, zu dem auch die Königin zusammen mit den Prinzessinnen Adelgunde und Hildegard kam. Um die Fürsorge für Mutter und Kind zu verbessern, engagierte sie sich für den Neubau einer Frauenklinik und Errichtung einer Hebammenschule, die 1916 eingeweiht wurde. Marie Therese schätzte insbesondere Dr. Albert Döderlein, der 1907 Ordinarius für Geburtshilfe und Gynäkologie an der Universität in München und Direktor der königlichen Frauenklinik wurde.

Im März 1914 fanden in München an einem Tag drei Veranstaltungen zum Thema »Schutz und Wehr für Frauenehr« im Rahmen des zweiten Bayerischen Frauentages statt, an dem die Königin und die Prinzessinnen regen Anteil nahmen. Drei Festredner erläuterten den anwesenden Frauen die »Werte ihres Lebens«. Nach den Vorträgen folgte die Vorführung eines »lebenden Bildes«, gestellt von dem als Bildhauer und Krippenschnitzer bekannten Sebastian Osterrieder: »St. Ludwig und St. Therese erflehen den Schutz der Himmelskönigin für unser Königspaar«!

Große Freude herrschte in Bayern bei den 156 Vereinen mit über 10000 Mitgliedern der katholischen weiblichen Jugend, als sich Königin Marie Therese zur Übernahme des Protektorats bereit erklärte. Zu ihrer Ehre fand am 9. Juni 1914 im großen Saal des Odeons ein Fest statt, an dem 4000 Mädchen aus allen Gauen Bayerns teilnahmen.

Besonderen Gefallen fand die Königin am Protektorat des 1881 gegründeten Münchener Künstlerinnen-Vereins. Entstanden ist dieser unter anderem, um das Berufsbild der Künstlerinnen aufzuwerten, genauer, erst einmal ein solches entstehen zu lassen. Den Widerstand eines Akademiedirektors wie Ferdinand von Miller im Jahre 1912 gegen eine Angliederung der Damenakademie an die Akademie der bildenden Künste konnte allerdings auch die Königin nicht brechen.[25] Da sie sich für die Arbeit der Künstlerinnen stets interessierte und selbst Malerin war, fand ihr zu Ehren am 22. April 1914 in den Räumen des Künstlerhauses ein Damenfest statt. Zu diesem Anlaß trug die Königin ein blaugraues seidenes Schleppenkleid mit Silberbrokat, um den Hals einen in vielfachen Reihen über die Brust fallenden Perlenschmuck; die Prinzessinnen Helmtrud und Gundelinde waren in Weiß mit schlichter roter Gürtelschärpe erschienen. Das Fest lief folgendermaßen ab: Nach einem feierlichen Prolog, einer Dichtung Maria Haushofers, von Bettina Seipp unter Harmoniumklängen »bewegt vorgetragen«, wurden auch hier die in dieser Zeit äußerst beliebten »lebenden Bilder« gezeigt: »Die Madonna nach Luca della Robbia« und »Die Begrüßung der beiden Heiligen San Francesco und San Domenico nach Andrea della Robbia«, das Ganze von einem Harfensolo untermalt. Die Künstlerinnen hatten Graf Hochberg gebeten, drei Lieder vorzutragen: Beethovens »Opferlied«, »Lust der Sturmnacht« von Schumann und »Der Sieg« von Schubert. Freiherr Alexander von Gleichen-Rußwurm trug die Dichtung »Zeitgenossen« vor, gefolgt von einem Kunsttanz der Damen und einem altdeutschen Frühlingsliedchen. Der Erlös dieses Festes kam der Stipendienstiftung der Künstlerinnen zugute.

Die Königin nahm auch sonst alle Gelegenheiten wahr, auf Kunstausstellungen zugegen zu sein, so etwa bei der Ausstellung der Dachauer Künstler in der Galerie Heinemann am Lenbachplatz oder in der Modernen Galerie Thannhauser bei der Ausstellung »Erde und Eisen« (1914). Durch ihren Besuch in Begleitung ihrer Töchter Hildegard und Helmtrud ehrte die Königin die Bildhauerin Jenny von Bary (geb. von Doussin, 1874–1922), die Ehefrau des Nervenarztes, Heldentenors und Wagnersängers Alfred von Bary. Die Malerin und Graphikerin

Paula Wimmer (1886–1971), eine Schülerin von Karl Becker-Gundahl und Max Feldbauer, erhielt ebenfalls den Besuch der königlichen Damen und erntete besonderes Lob für ihre Porzellanmalerei. Das Urteil der Königin galt in Künstlerkreisen als äußerst kompetent. Sie hatte an allen ihren Wohnorten stets eine Staffelei in ihrem Zimmer und malte auch noch nach der Flucht aus München auf Schloß Wildenwart. Es versteht sich von selbst, daß Marie Therese am Hof die großen Maler Münchens wie Karl Theodor und Ferdinand Piloty, Franz von Stuck, Max Slevogt empfing sowie den Malerfürsten mit glänzendem gesellschaftlichen Ansehen, Franz Seraph von Lenbach, der 1894 u. a. das königliche Paar mit seinen elf Kindern porträtierte.

Nicht unerwähnt soll bleiben, daß Schulen in Bayern nach der Königin benannt wurden. Als die 1892 gegründete Städtische Töchterschule in Augsburg am 24. April 1914 ein neues Gebäude bezog, hieß sie von da an »Städtische Maria-Theresia-Schule«. Die Königin telegraphierte dazu: »Herzlichen Dank für die bei der Eröffnung der Maria-Theresia-Schule dem König und mir dargebrachte Huldigung. Marie Therese.« Auch die 1899 gegründete dritte Realschule Münchens auf der Isarhöhe im Stadtteil Au erhielt den Namen der Königin. Der Rektor dieser Schule wurde 1919 von den Revolutionären vorübergehend seines Dienstes enthoben, weil er des Todes der Namenspatronin seiner Schule gedacht hatte, als diese am 3. Februar 1919 in Wildenwart gestorben war.[26] In Erlangen wurde die 1887 gegründete »Städtische Höhere Töchterschule« und spätere »Höhere Weibliche Bildungsanstalt« im Juli 1914 in »Maria-Therese-Schule« umbenannt.

Selbstverständlich gab es unter der Herrschaft von Königin Marie Therese zahlreiche Ordensverleihungen der bayerischen Damenorden. Am Elisabethentag 1913 wurde das Ordensfest in ganz besonderer und feierlicher Weise begangen, denn zum ersten Mal seit dem im Jahre 1794 erfolgten Tod der Stifterin und ersten Großmeisterin, der Kurfürstin Elisabeth Auguste von Pfalz-Bayern, sah jetzt der St.-Elisabethen-Orden »eine regierende Bundesfürstin als Großmeisterin an seiner

Spitze«. Marie Therese war schon seit dem 19. Oktober 1872 Großmeisterin des Ordens. In der St.-Cajetan-Hofkirche war zum feierlichen Pontifikalamt für die Königin im Presbyterium ein Thron errichtet worden, an dem zwei Hartschiere die Ehrenwache hielten. Die Königin wurde bei ihrer Ankunft von der Geistlichkeit und dem Ordenssekretär Archivrat Ernst von Destouches empfangen. Sie begab sich zum Thron, begleitet von dem diensthabenden Kammerherrn Generalmajor Freiherr von Keßling und ihrer Obersthofmeisterin Gräfin von Dürckheim sowie von Edelknaben. Im Schiff der Kirche hatten die Prinzessinnen, die Ordensdamen waren, mit ihrem Hofstaat sowie die zum Fest gekommenen weiteren Ordensdamen Platz genommen. Die Feier wurde durch das stimmungsvolle Elisabethenlied eingeleitet. Danach hielt Hofstiftspropst Dr. von Hecher das Pontifikalamt. Der Ertrag in den Opferstöcken war zur Verteilung an die Armen der Stadt an Weihnachten bestimmt.

Zur 800-Jahr-Feier der Burg Wittelsbach am 25. Mai 1914 reiste das Königspaar zusammen mit den Prinzessinnen Adelgunde, Hildegard und Helmtrud bei Kälte und strömendem Regen nach Aichach. Dort wurden zahlreiche Auszeichnungen verliehen, an den Bischof von Augsburg, Dr. von Lingg, ebenso wie an einen Tagelöhner. Immerhin haben es damals auch schon drei Frauen aus dem Volk geschafft, mit Ehrungen bedacht zu werden: die Bronzene Medaille des Verdienstordens vom heiligen Michael erhielt die Köchin Marie Herzner aus Pöttmes, die bei Magistratsrat Schmid in Stellung war, dann die Köchin Therese Haug in Aichach, tätig bei Frau Brauereibesitzerswitwe Weinmiller, und die Köchin Walpurga Breitsameth in Diensten der Frau Privatiere Weinmiller. Der hohe Stellenwert einer Köchin schien offensichtlich auch den königlichen Herrschaften bekannt zu sein! Die Königin besuchte in Aichach zudem das Waisenhaus, die Kinderbewahranstalt, das neue Krankenhaus und das Kriegsdepot des Frauenvereins vom Roten Kreuz.

Der erste offizielle Besuch des bayerischen Königspaares in Augsburg fand am 9. Juni 1914 statt. Dazu wurde alles aufgeboten, was Rang und Namen hatte. Um neun Uhr rollte der Sonderzug unter den Klängen der Nationalhymne in den festlich geschmückten Bahnhof ein. Kanonendonner der Artillerie ließ von der Holzbachstraße den Salut von 101 Schüssen ertönen, und dazu läuteten die Glocken sämtlicher Kirchen beider Konfessionen. Das Rathaus und der Perlachturm waren bis zum ersten Stock hinauf mit Fichten- und frischem Birkengrün behängt, die Fenster mit Draperien und Teppichen geschmückt. Für die Entgegennahme der Huldigung war für das Königspaar ein bekrönter Baldachin auf dem Rathausbalkon errichtet worden.

Das Königspaar wurde bei diesem Besuch mit Geschenken überhäuft. So erhielt es von einem unbekannt bleiben wollenden Spender aus der Werkstatt des Augsburger Juweliers und Hofgoldschmieds Schmedding einen prachtvollen Tafelaufsatz, der die drei Augsburger Renaissance-Prachtbrunnen zeigte.

In der Augsburger Postzeitung erschien am 24. Juli 1914 unter der Überschrift »Welt und Wissen – Die Kinder und der König« folgender Artikel: In einer Schule sollten die Schüler einen Aufsatz über den Besuch des Königspaares in Augsburg schreiben. Einer dieser Aufsätze lautete: »Gestern kam der König mit seiner Königin nach Augsburg auf Besuch. Seine 5 Prinzessinnen hatte er auch dabei. Die Augsburger freuten sich sehr. Auch regnete es den ganzen Vormittag. Der König und seine Königin und seine 5 Prinzessinnen durften Auto und Kutschen fahren. Ich und meine Großmama waren auf der Hauptstraße, weil ich alles sehen wollte. Da kamen sie mit 4 Pferden bespannt. Der König und die Königin waren recht alt. Sie lachten immer. Der König und die Königin nickten mit dem Kopf. Sie hatte ein blauseidenes Kleid an und einen Büschel auf dem Haupte. Mit dem Auto fuhren sie ins Rathaus. Der König und seine Königin und seine 5 Prinzessinnen schauten zum Balkon heraus. Sie schrieen: Hoch, hoch! Sie aßen dann im Hotel 3 Mohren von 2 bis 4 Uhr ein großes Gastmahl. Abends war es noch schöner. Da fuhren der König mit seiner Königin und seinen 5 Prinzessinnen um die Stadt herum. Darauf fuhren sie in den Spiegel (gemeint ist der Stadtteil »Spikkel«) und Atlas (»Hochablaß« am Lech). Da kam ein Ballon. Da waren lauter Postkarten darin. Die warf man aus. Die Karten flogen alle in den Lech. Nun war es nacht geworden. Aber der König wollte nicht gehen. Nun kamen 10 Autos. In diese setzten sich der König und seine Frau. Die 5 Prinzessinnen setzten sich auch. Jetzt war es aber ganz nacht. Mich hat es so gefreut, weil ich jetzt auch den König einmal gesehen habe.«

Im Juni 1914 reiste das königliche Paar mit den Prinzessinnen nach Regensburg. Auch hier überschlugen sich die Zeitungen mit Lobpreisungen auf das königliche Paar. Die dritte Strophe eines Gedichts von Joseph Altendorfer lautete: »Auf Marie Therese schauen / Ratibonas Kinder hin. / Auf die Königin vertrauen / Wir mit treuem Bürgersinn. / Königin und Königskinder / Preisen Regensburgs Geschlechter: / Seid gegrüßt mit Herz und Hand / An dem blauen Donaustrand.« Zum Empfang des Königspaares waren der Regierungspräsident Freiherr Anton von Aretin und die Honoratioren der Stadt erschienen, unter ihnen an erster Stelle Fürst Albert von Thurn und Taxis mit Gemahlin Margarethe Klementine Maria von Österreich. Die beiden Ehepaare begrüßten sich auf das herzlichste.

Von Regensburg führte ein Abstecher die Königin zusammen mit den Prinzessinnen Adelgunde, Hildegard, Wiltrud, Helmtrud und Gundelinde mit dem Auto nach Kelheim zur Besichtigung der Befreiungshalle. Anschließend besuchte die königliche Familie Neuburg am Inn, Straubing, Deggendorf, Pocking, Eggenfelden, Neumarkt und Vilsbiburg. Dann kam die obligatorische Donaufahrt. Aus Passau wurde berichtet, daß das Schiff sofort in einem Lichtermeer erstrahlte und Musik erklang, als die Majestäten an Bord kamen. Während der Fahrt donauaufwärts jubelten an beiden Ufern Tausende von Menschen den königlichen Gästen zu, Kanonen- und Böllerschüsse ertönten, und Tausende von Raketen stiegen in die Luft. Daß derartige pyrotechnische Veranstaltungen nicht ganz ungefährlich waren, sollte sich zeigen: Ein Holzsplitter traf die Königin an der rechten Kopfseite und verletzte sie leicht. Sie brach darauf die Reise ab und fuhr mit dem Zug nach München zurück.

Die letzte gemeinsame offizielle Reise des Königspaares vor Kriegsbeginn sollte die obligatorische Frankenreise werden. Auf dem Besuchsplan standen die Städte Erlangen, Kulmbach, Hof, Bayreuth, Bamberg, Forchheim, Aschaffenburg, Schweinfurt, Kitzingen, Ochsenfurt und Würzburg. Doch diese Reise war jäh zu Ende, als die Kunde von dem Anschlag auf den österreichischen Thronfolger und seine Gemahlin in Sarajewo nach Würzburg drang. Das Königspaar und seine Töchter reisten am 28. Juni 1914 nach München zurück. Am 28. Juli erklärte Österreich-Ungarn Serbien den Krieg. Am 1. August folgte die Kriegserklärung des Deutschen Reiches an Rußland, am 3. August die an Frankreich, am 4. August kam dann die Kriegserklärung Englands an das Deutsche Reich. Der Erste Weltkrieg begann.

»Patrona Bavariae«

Die persönliche Frömmigkeit aller Wittelsbacher Königspaare des 19. Jahrhunderts ist unbestritten. Besonders ausgeprägt war sie beim letzten Königspaar.

Die in der kurzen Regierungszeit König Ludwigs III. und seiner Gemahlin Marie Therese spürbare kirchliche Ausrichtung wird besonders deutlich durch des Königs Bitte an Papst Benedikt XV., daß »die allerseligste Jungfrau Maria als Patronin der Bayern durch den Heiligen Stuhl erklärt werde und daß ein besonderes Fest dieser Jungfrau Maria unter dem Titel Patrona Bavariae alljährlich im Marienmonat am 14. Mai in ganz Bayern gefeiert werden dürfe unter einem entsprechenden Ritus und mit einem besonderen Offizium«.[27] Es war sicher eine große Geste gegenüber dem Königshaus, als der Papst tatsächlich die Erhebung der Gottesmutter zur »Schutzfrau Bayerns« im April 1916 vornahm.

Der König, die Königin und die Prinzessinnen, zusammen mit den bei Hof angestellten Damen und Herren, nahmen am

Sonntag, dem 13. Mai 1917, am feierlichen Gottesdienst anläßlich der erstmaligen Begehung des Festes Patrona Bavariae in der Metropolitankirche zu Unserer Lieben Frau teil. Die neue Stadtpfarrkirche von Pasing erhielt den Namen »Maria Schutzfrau Bayerns« und ein großes Wandbild mit Patronin, Papst und Königspaar, Kronprinz und Feldsoldaten.[28] Die Marienverehrung hatte in München ja schon eine lange, auf Kurfürst Maximilian I. zurückgehende Tradition. Aus Dankbarkeit für den 1620 errungenen Sieg am Weißen Berg bei Prag und zum ewigen Gedächtnis der Erhaltung der Hauptstädte München und Landshut beim Einfall der Schweden 1632 hatte Kurfürst Maximilian 1638 die Mariensäule auf dem Marienplatz errichten lassen. Auf der elf Meter hohen korinthischen Säule, die auf einem Marmorsockel steht, thront Maria als Himmelskönigin mit Zepter, Krone und segnendem Jesuskind, ein um 1590 geschaffenes Bronzebildwerk des Bildhauers Hubert Gerhart (1550–1625), das ursprünglich in der Frauenkirche aufgestellt war. Wenn schwere Zeiten das Bayernland trafen, war es Maria, zu der man um Schutz flehte.

Die große Freude des Königshauses über das Fest der Patrona Bavariae wurde aber nicht von allen geteilt. Ludwig Thoma urteilte: »Die neu investierte Feier der Heiligen Maria muß uns erheben. Nichts ist echt an dieser schwulstig angesagten Errungenschaft. Stil Louis trois, der noch öfter zum Vorschein kommen wird.«[29]

Die Königin war im übrigen Vorsteherin der Marianischen Kongregation hochadeliger Damen an der Theatinerhofkirche.

Goldene Hochzeit

Unter den vier bayerischen Königspaaren auf dem Wittelsbacher Thron wurde nur Marie Therese und Ludwig III. das seltene Glück zuteil, die goldene Hochzeit begehen zu können. Es ist anzunehmen, daß es der größte Wunsch des Königspaares war, dieses Fest unter dem Geläute der Friedensglocken zu erleben; er ging jedoch nicht in Erfüllung. Der Ehebund wurde am 20. Februar 1918 durch Erzbischof Dr. Michael von Faulhaber in Gegenwart des Päpstlichen Nuntius Eugenio Pacelli, des späteren Papstes Pius XII., im Dom neu eingesegnet. Der Münchener Maler Professor Otto Hierl-Deronco hielt dieses Ereignis in einem klassischen Historienbild fest.[30]

Um dem bayerischen Königspaar seine Glückwünsche persönlich zu übermitteln, hatte sich der deutsche Kaiser Wilhelm II. am 19. Februar 1918 selbst nach München bemüht. Als Geschenk überreichte er eine Porzellan-Standuhr aus der königlichen Manufaktur Berlin.

Bei der Feier im Münchener Rathaus hielt Oberbürgermeister Wilhelm Ritter von Borscht die Festrede. Die städtischen Kollegien Münchens errichteten aus Anlaß der goldenen Hochzeit eine Stiftung von über eine Million Mark, »deren Mittel zur Fürsorge für arme, dem Säuglingsalter entwachsene, aber noch nicht schulpflichtige Kinder, vor allem für Kinder von Gefallenen, von Invaliden und Kriegsveteranen, sowie zur Unterstützung kinderreicher Familien durch Gewährung von Mietzuschüssen verwendet werden soll«. Die Stiftung erhielt den Namen »Das Kind«.

Zur Feier der goldenen Hochzeit verfaßte Erzbischof Dr. Faulhaber im Wochenblatt für die katholischen Pfarrgemeinden Münchens einen Hirtenbrief. Er wies darin vor allem auf das veränderte Verhalten der Eheleute sowie auf die veränderte Situation in den Familien hin, bedingt durch den nun schon ins vierte Jahr gehenden Krieg. Es erschien dem Erzbischof als eine besondere Gnade des Himmels, daß »in unserem treugeliebten Königshause ein Familienfest gefeiert wird, das den Familiengedanken überhaupt mit einem hochzeitlich feierlichen Lichte verklärt«. Die Haustür zur christlichen Familie sei das Heilige Sakrament der Ehe und die damit geschaffene eheliche Ordnung.

Die Landeshuldigung zur goldenen Hochzeit fand im Herkulessaal der Residenz statt. Unter Fanfarenklängen betrat das Jubelpaar die Feierstätte. In seiner Ansprache wünschte Fürst Carl Ernst Fugger von Glött den Majestäten, daß sie sich »nach siegreich und ruhmvoll zu Ende geführtem Kampfe der Segnungen eines gesicherten Friedens« erfreuen könnten. Die Bayern wüßten es zu würdigen, daß das »angestammte Herrscherhaus in einer Reihe edler Sprosse neuen Bestand und neue Blüte gesichert und dadurch die Verbindung zwischen Dynastie und Volk weiterhin gefestigt hat«. Ob er wohl wirklich nicht wußte, wie brüchig diese Verbindung schon damals war?

Das Königspaar spendete aus Anlaß seiner goldenen Hochzeit fast zehn Millionen Mark für soziale Zwecke. Ein Teil des Geldes sollte der Errichtung einer städtischen Hochschule in Nürnberg zugute kommen. An drei bayerische Ehepaare, die am 20. Februar ebenfalls das Fest der goldenen Hochzeit feierten, sandte das königliche Paar sein Porträt mit eigenhändiger Unterschrift. Die Beschenkten waren: der Steuereinnehmer Lorenz Lützel und Katharina geb. Krebs, Neustadt a. d. Haardt; der Eisenbahnsekretär Matthäus Philipp und Katharina geb. Gulgas, München, und die Friedhoftaglöhnersleute Johann Heinrich Ehrhardt in Ludwigshafen am Rhein. Das letztere Ehepaar erhielt zusätzlich noch ein Geschenk von 100 Mark.

Unter den zahlreichen Ehrungen hatte sich die Königin über die »Huldigung der Arbeitsstätten in den Nibelungensälen« besonders gefreut. Am 16. Februar 1918 versammelten sich alle Damen, die seit Kriegsbeginn in den Nibelungensälen freiwillig mitarbeiteten, alle Werkstattarbeiterinnen und das Dienstpersonal. Die beiden Vorsitzenden, Frau General Maria von Zwehl und Frau Straub, hießen die Königin im Nibelungensaal herzlich willkommen, überreichten einen Blumenstrauß und führten die Majestät durch das Spalier der Mitarbeiterinnen in den sogenannten Hochzeitssaal. Dort waren auf langen Tischen, die mit Buxbaum- und golddurchwirkten Tannengirlanden geschmückt waren, die Gaben ausgelegt. Alle hatten sich durch Spenden von Lebensmitteln und Stoffen oder durch ihre Mitarbeit an den Geschenken beteiligt, die für die Verwundeten und Kinder bestimmt waren.

Getragen von so vielen Huldigungen muß besonders der König den Blick für den Krieg und das Elend seines Volkes verloren haben. Kronprinz Rupprecht, der zum Fest der Eltern vom Kriegsschauplatz nach München gekommen war, zeigte sich jedenfalls entsetzt über die optimistischen Zukunftsaussichten seines Vaters.[31]

Aus allen Landesteilen gingen herzliche Glückwunschschreiben und Lobpreisungen ein. Als Beispiel soll ein von der Königin selbst aufbewahrtes Gedicht aus der Augsburger Postzeitung vom 20. Februar 1918 stehen:

s'Bayernland zum Königsjubiläum
(Niederbayrisch)

Unsa Kini und sei Frau
San in hohen Ehren grau
Und betagt auf heuer worn;
D'Frischn hab'ns no net verlorn.

Er, der Küni, wie mirs lest,
Sorgt si um sei Land no fest,
Fahrt'a a, denn er laßt net aus,
Oft zu sinö Baiern naus,
Dö für Deutschland voller Schneid
Drauß'n kämpfn in seim Kleid.

Und er nimmt si no net gring
Um a jeglös wichti Ding
In sein schöna Baiernland
Hot a Gschick und an Vostand,
Wias net jeder Hohe ko,
Aa fürn kloan und g'ringa Ma;
Zoagt für all's Bekümmerung,
Ja, do kennt man'n no wia jung.

Aa sei Frau, d'Frau Künigin,
Tuat no grad wia jung dahin,
Bal's a christlis Werk wo geldt,
's gibt ja Load gnua in da Welt.

In dö Lazarett'n drin
Tröst's net bloß als Künigin
Wia a Muatta, guat und nett,
Tritt's an manch's Verwund'tabett.

Und da Hergott hot sein Seg'n
Ehana geba allertwegn,
Macht dö edle Kinderschar
Dös not offensichtlö klar?

Unser Rupprecht draußt im Feld
Mag'n net a jeder Held,
Der in Feldgrau unter eahm
D'Tommies mi verhaut hat heahm?
Und wia köstli schauds grad drauf,
Blüaht da kloanö Erbprinz auf!

Drum, o Himmö, weiß und blau,
Schütz an Küni und sei Frau.
Schütz dös schöne Baiernland
Unter eahna mild'n Hand;
Schenk, o Hergott, dö zwa Leut,
Lauter Guats, wo's herlö freut

Dös bringt heut dem hohen Paar
Alles als sein Glückwunsch dar,
Hoch und nieder, groß und kloa –
Moanis, da waarn mir bloß aloa?

Karl Muth, Klingenbrunn

Der Hofstaat der Königin

Das Hof- und Staats-Handbuch des Königreiches Bayern
für das Jahr 1914 nennt für die Königin folgenden Hofstaat:
Oberhofmeister Seine Exc. Hans Frhr. von Laßberg, Kämmerer, Oberstkämmerer, Generalmajor à la suite der Armee;
Obersthofmeisterin Ihre Exc. Therese Gräfin Eckbrecht von

Dürckheim-Montmartin; Leibarzt Dr. Gustav von Hößlin, Obermedizinalrat, Hofstabsarzt; Kammerdienerin Fanny Scheidl und Garderoberin Monika Schreyer.

Die genannte Oberhofmeisterin Gräfin Dürckheim feierte im Juni 1914 ihren 90. Geburtstag. Die Königsfamilie beging dieses seltene Fest mit liebevoller Freude. Der noch im Amt stehenden Gräfin wurde über die Hofgesellschaft hinaus viel herzliche Aufmerksamkeit zuteil. Am Münchener Hof war sie eine der prominentesten Erscheinungen und auch in der Wiener Hofburg seit 60 Jahren keine Fremde und Kaiser Franz Joseph und Kaiserin Elisabeth von Jugend auf eine Wohlvertraute. Als 1868 mit Erzherzogin Marie Therese sich eine österreichische Prinzessin nach München verheiratete, kam als Hofdame keine andere in Frage als Gräfin Therese Dürckheim-Montmartin, und in dieser Position blieb sie dann 46 Jahre lang. Sie galt als ein psychisches und physisches Wunder an Regsamkeit und Pflichttreue.

Die betagte Gräfin hat im Jahr 1913 alle Antrittsbesuche des königlichen Paares mitgemacht; u. a. auch in Wien. Dabei ging ihr Herzenswunsch in Erfüllung: sie durfte den von ihr so sehr verehrten Kaiser Franz Joseph wiedersehen, der sie mit großer Ritterlichkeit begrüßte.

Die schlanke, zierliche Dame kleidete sich zwar nicht nach der neuesten Mode, doch ihre Toiletten waren ihrem Alter und ihrer Stellung angepaßt. Zu ihren dezenten Roben trug sie immer ein kleines federgeschmücktes »Schloßhütchen«, bei festlichem Anlaß mit dem »Manteau de cour« und dem Diadem geschmückt. Alle hohen Frauenorden, die Souveräne zu vergeben hatten, sind ihr verliehen worden: Sie war eine Königliche Theresien-Ordens-Dame, Ehren- und Elisabeth-Ordens-Dame, eine k.k. österreichische Sternkreuz- und Königliche Spanische Maria-Luisen-Ordens-Dame; sie besaß den österreichischen Elisabethenorden 1. Klasse, den Verdienstorden der Bayerischen Krone, das Verdienstkreuz für die Jahre 1870/71 und das Verdienstkreuz für freiwillige Krankenpflege sowie die Königlich-Preußische Rote-Kreuz-Medaille 2. Klasse.

Den Audienzen, die die Königin gab, wohnte die Gräfin meist bei. Sie war bekannt für ihre humorvolle, schlagfertige Art. Neben ihrer Tätigkeit als Hofdame hatte sich Gräfin Dürckheim vor allem der Arbeit für den bayerischen Frauenverein vom Roten Kreuz gewidmet. Sie wurde am 27. Dezember 1889 zur ersten Vorsteherin anstelle der verstorbenen Gräfin von der Mühle ernannt. Wie Königin Marie Therese interessierte sie sich für Malerei und Musik. Auch mit 90 Jahren spielte sie noch gut und »ungemein taktfest« Klavier.

Wie Max Brunner in seiner Arbeit über »Die Hofgesellschaft«[32] festgestellt hat, stammten die Damen der Königinnen und Prinzessinnen aus den in der Residenzstadt anwesenden altbayerischen Häusern wie Arco, Aretin, Berchem, Deroy, Freyberg, Gumppenberg und Lerchenfeld oder waren Angehörige ehemaliger reichsritterschaftlicher Geschlechter wie der Freiherren von Hutten, Redwitz und von der Tann. Der Hofstaat der »regierenden« Königin Marie war der größte von allen weiblichen Mitgliedern des königlichen Hauses gewesen. Er umfaßte im Jahr 1852 einen Obersthofmeister, eine Obersthofmeisterin, siebzehn Palastdamen und zwei Hofdamen. Zu den zur ersten Gesellschaft zählenden Damen kam noch das Bedienungspersonal wie etwa Kammerfrauen und Garderobierinnen. Die Prinzessinnen am bayerischen Hof hatten 1914 folgende Hofdamen: Prinzessin Hildegard – Helene von Zwehl; Prinzessin Gundelinde – Antonie Freiin Tänzl von Tratzberg; die Prinzessinnen Wiltrud und Helmtrud mußten sich – sicher aus Sparsamkeitsgründen – zusammen eine Hofdame teilen, nämlich Berta Freiin von Wulffen.

In ihrer »Hofchronik«[33] gibt Baronin Marie von Redwitz an, daß Hofdamen monatlich zwischen 160 und 200 Mark verdienten, bei einer Beförderung zur Oberhofmeisterin erhöhte sich das Gehalt auf 300 Mark. Eine Pension stand Hofdamen nicht zu, wurde aber oft gewährt. Sehr häufig bekamen sie einen Zuschuß für die kostspielige Garderobe bei besonderen Empfängen oder Ballbesuchen. Die Obersthofmeisterin der »nichtregierenden« Königin Therese, Gräfin von Eltz, erhielt 2000 Gulden Jahresgehalt und »dürfte damit unter den Inhabern weiblicher Hofchargen die Spitzenverdienerin gewesen sein.«[34] Das Jahresgehalt des Obersthofmeisters des Königs Max II. belief sich, zum Vergleich, auf ca. 6000 Gulden.

Die anstrengendsten Feste im Leben einer Hofdame scheinen der Neujahrstag, der Hofball und der Karneval gewesen zu sein. Baronin Marie von Redwitz erzählte immer wieder, wie froh man war, wenn das Fest am Neujahrstag ausfiel, sei es aus Hoftrauer oder wegen einer ansteckenden Krankheit unter den königlichen und herzoglichen Kindern.

Audienzen konnten sowohl für die empfangenden Herrschaften als auch für die Hofdamen langweilig und anstrengend sein; da nur wenig Zeit zur Verfügung stand, entwickelte sich kaum einmal ein tiefer gehendes Gespräch. Marie Therese hatte schon, als sie noch Prinzessin war, eingeführt, die ihr näher bekannten und zur Audienz aufgeforderten Damen zu bestimmten Vormittagsstunden zu empfangen. Sie konnten dann ohne Zwang kommen und gehen. Meist waren dabei nur die Töchter und keine der Hofdamen anwesend, und in dieser eher privaten Atmosphäre war Gelegenheit zu mehr als nur zu den üblichen Routinefragen. Diplomaten und »fremde« Damen wurden der Königin am Abend mit großer »Toilette« vorgestellt.

Auf Bällen im Wittelsbacher Palais bemerkte man oft Persönlichkeiten, die nicht dem offiziellen Hofkreis angehörten. Schon Prinz Ludwig und Prinzessin Marie Therese bedachten Offiziersfamilien mit Einladungen, »deren Haupt nicht die Kammerwürde« besaßen, auch solche, die die Kosten des Ausführens der Töchter bei Hofe nicht aufzubringen in der Lage waren, ebenso befreundete Künstler oder alle Lehrer der Kinder des königlichen Hauses. Die kleinen Prinzessinnen mußten auf Hofbällen erscheinen, was die meisten allerdings nicht leiden konnten. Es hieß dann: »Il faut que les princesses apprennent s'ennuyer avec grâce« (= Die Prinzessinnen müssen lernen, sich mit Anmut zu langweilen).[35]

Eine der aufregendsten Belastungen für Hofdamen war die Verheiratung einer ihr anvertrauten Prinzessin. Die Hofdame hatte mit dem Brautpaar in die verschiedenen Fotoateliers zu gehen, mit den Lieferanten wegen der Aussteuer zu verhandeln und mit Schneiderinnen, Putzmacherinnen usw. zusammen mit der Braut die Festkleidung zu besprechen. Die Hofdame Marie von Redwitz schildert, daß ihr bei der Verheiratung der Prinzessin Marie Gabrielle mit Kronprinz Rupprecht nach einer endlosen und fruchtlosen Besprechung einmal der Geduldsfaden gerissen sei. Sie ging in ihr Zimmer und schleuderte einen ganzen Packen Stoffmuster an die Wand und brach in Tränen aus. Bald sah sie freilich ein, daß dadurch nichts gebessert würde, und beruhigte sich wieder.

Die Königin und die Frauen Bayerns im Ersten Weltkrieg

Am frühen Abend des 1. August 1914 gab König Ludwig III. an der Seite seiner Frau vom Balkon des Wittelsbacher Palais aus die Mobilmachung bekannt. Bereits am 2. August erließ Königin Marie Therese den folgenden Aufruf:

»An die Frauen und Jungfrauen Bayerns.

Die eisernen Würfel sind gefallen; es sollte dem Deutschen Volke nicht gegönnt sein, noch weiter die Segnungen des Friedens zu genießen.

Nun gilt es, Deutsches Land und Deutsche Art zu schützen gegen den Feind.

Begeistert schart sich das Bayerische Volk um seinen vielgeliebten Landesherren, Seine Majestät König Ludwig III. Schulter an Schulter stehen unsere Bayern in der geschlossenen Reihe aller Deutschen unter der Führung Seiner Majestät des Deutschen Kaisers. In festem Gottvertrauen blicken wir voll Zuversicht und Stolz auf unsere brave, tapfere Armee. Niemand kann ihren Angehörigen vergelten, was sie in selbstloser Hingabe für uns zu opfern bereit sind.

Euch aber, denen es nicht vergönnt ist, mit Blut und Leben für des Vaterlandes Ehre einzutreten, bitte Ich innigst, nach Kräften mitzuwirken zur Linderung der Not jener Braven, welche das feindliche Geschoß oder die Beschwerden des Krieges verwunden oder sich zu Boden werfen. So stellt Euch denn, die Ihr wohl alle liebe Angehörige bei der Armee wißt, in den Dienst des Roten Kreuzes, gleich meinen Töchtern Hildegard, Helmtrude und Gundelinde.

Draußen fließt Blut, herinnen fließen Tränen, am bittersten da, wo zur Sorge der Seele die Not des Leibes kommt. Auch hier muß und wird geholfen werden. Das Notwendige bereiten wir eben vor im Anschluß und im Zeichen des Roten Kreuzes. Meine Töchter Adelgunde und Wiltrude arbeiten auf diesem Fürsorgegebiet mit.

Soldaten, die Ihr ins Feld zieht, Ich, die Königin, sage Euch, Eure tapferen Frauen und Eure lieben Kinder sollen nicht Not leiden; schaut voraus gegen den Feind, Euren Lieben gehört nun unsere Sorge.

Alle Kreisausschüsse und Zweigvereine des Bayerischen Frauenvereins vom Roten Kreuz ersuche Ich, unverzüglich auf der Grundlage der bisherigen Vorarbeiten an die weitere Ausbildung von Pflegekräften, Beschaffung von Leib- und Bettwäsche, Verband- und Lebensmitteln heranzutreten, um die Bestände unserer Lazarette, Pflegestätten, Genesungsheime und Sammelstellen auf möglichste Höhe zu bringen. Bayerns Frauen und Jungfrauen werden wie im Feldzuge 1870/71 ihre vaterländische Pflicht erfüllen, das weiß Ich, denn solcher Frauendienst ist gottgefällig.

Schart Euch um eure Königin! König, Vaterland und Armee werden es euch danken!

München, den 2. August 1914

Marie Therese Königin von Bayern

Auffallend in dem Aufruf sind die stark nationalistischen, ja fatal erscheinenden Sätze, daß es den Frauen »nicht vergönnt« sei, mit Blut und Leben für des Vaterlandes Ehre bzw. die Heimat einzustehen.

Die Kriegsvorbereitungen in München liefen auf Hochtouren. Das bayerische Heer zog mit 417 500 Soldaten ins Feld. Im Dom nahm das Königspaar an einem Hochamt teil, in dem in Gebeten der Segen des »allmächtigen Schlachtenlenkers für Bayerns brave Söhne« erfleht wurde. In der protestantischen Matthäus-Kirche war in der Ansprache des Dekans Veit zu hören, daß »das Ungewitter, das schon lange gedroht hat, jetzt über alle hereingebrochen« sei. »Jeder wird seine vollste Schuldigkeit tun!«

Am 21. Dezember 1914 veröffentlichten alle Zeitungen Bayerns eine handgeschriebene Grußbotschaft der Königin an die im Feld stehenden Soldaten.

Sorge um Soldaten und Verwundete

Nach dem Ableben der Königin-Mutter Marie war Prinzessin Marie Therese von ihrem Schwiegervater, Prinzregent Luitpold, im Jahre 1890 gebeten worden, das Protektorat über den Bayerischen Frauenverein vom Roten Kreuz zu übernehmen.[36]

Dieser Aufgabe stellte sich die Königin nun zu Kriegsbeginn mit ganzer Kraft. Bereits in den ersten Kriegstagen richtete sie die Kriegsarbeitsstelle dieses Vereins in den Nibelungensälen der Residenz ein, die zur größten Nähstube Deutschlands wurde. Die Leitung hatte Frau Maria von Zwehl. Die »Kriegsnähstube« machte es möglich, abgehende Truppen, Lazarette usw. mit Wäsche zu versorgen, ohne daß der oft lange Instanzenweg eingehalten werden mußte. Von Anfang an erhielten die Lazarette draußen im Feld Wäsche und Stärkungsmittel wie »Kognak, Schinken, Schokolade, Gemüsekonserven und Fruchtsäfte.« Auch unter einem anderen Aspekt war die Einrichtung der großen Nähstube bedeutsam: 600 bis 800 Heimarbeiterinnen konnten mit Nähen und Stricken beschäftigt und dafür entlohnt werden. Der Königin lag die Arbeit in den Nibelungensälen sehr am Herzen, auch die Prinzessinnen stellten ihre Arbeitskraft zur Verfügung.

Der Verein für Fraueninteressen und der Kinderfürsorgeverein erließen am 1. August 1914 einen Aufruf an die Auslandsdeutschen, »die weder eine Wehrsteuer bezahlten noch mit ihrem Blut Anteil an dem Kampf um Deutschlands Größe nahmen«. Sie sollten nun ihren Tribut in Form von Geldbeträgen leisten für diejenigen, die auch für sie, die Auslandsdeutschen, ihr Leben zu Felde trügen. »Gebt rasch, so gebt Ihr doppelt.«

Im Aufruf der bayerischen Frauenvereine, sich zur Krankenpflege zu melden, wurde ausdrücklich darauf hingewiesen, daß nur Damen mit deutscher Reichsangehörigkeit willkommen seien. Zu Kriegsbeginn wurden die deutschen Frauen und Mädchen davor gewarnt, in Anbetracht des Ernstes der Lage auffällige Kleidung, insbesondere auffallende Hüte zu tragen. Da Aufregung einen Teil der Bevölkerung ergriffen habe, wären solcherart gekleidete Damen vor Angriffen nicht sicher. Die Polizeibehörden würden zwar ihr Bestes tun, warnten aber vor Personen, die »mit Recht oder Unrecht für Angehörige fremder Nationen« zu gelten haben.

Obwohl in den Nibelungensälen durch Heimarbeit und Sammlungen große Mengen Kleidungsstücke für die Soldaten zusammenkamen, ging schon im September 1914 ein »Notschrei« durch viele Zeitungen: »Einige Millionen Paare warmer Socken werden für unsere braven Soldaten im Feld gesucht!« Man war sicher, daß, wenn die Soldaten nur die kalte Jahreszeit überstehen würden, auch der Krieg bald gewonnen wäre! Das große Ziel hieß: »Jeder Soldat soll mit mindestens 2 bis 3 Paar Socken ausgerüstet werden!«

Freude herrschte bei der Königin, als sie 1915 eine größere Sendung von »Liebesgaben« des Amerikanischen Roten Kreuzes aus Washington entgegennehmen konnte, die vor allem aus Verbandswatte, -binden und -gaze sowie aus Kleidungsstücken bestand.

Einkäufe für ihre Weihnachtsgeschenke machte die Königin in kleineren Geschäften und solchen, die Frauen führten, deren Männer im Krieg waren. Bei der Verteilung der Weihnachtsgaben berücksichtigte sie in erster Linie »im Felde stehende Leute«, die in Friedenszeiten im Dienst des Hofes standen, dann aber auch viele andere, von denen die Königin erfahren hatte, daß sie von zu Hause wenig oder nichts erhielten. Kriegsgefangene, Kranke in Feldlazaretten und Pflegerinnen wurden mit Geschenken und dringend benötigten Nahrungsmitteln bedacht. Jedem Paket, das die Residenz verließ, lag eine Weihnachtskarte bei mit der Aufschrift: »Sendung Ihrer Majestät der Königin mit den besten Wünschen«.

Die Königin entschloß sich, Verwundete in Lazaretten und Hospitälern im bayerischen Lande zu besuchen. So reiste sie am 26. Juni 1915 mit dem Sonderzug nach Bayreuth und Bamberg und in die Pfalz, begleitet von ihren Töchtern.

Die Besuche bei den Verwundeten liefen in etwa immer gleich ab. Soldaten, die ihre Betten verlassen konnten, standen zur Begrüßung der Königin bereit. Die Königin und die Prinzessinnen unterhielten sich in den Krankensälen »leutselig« mit den Verwundeten, fragten nach der Regimentszugehörigkeit, nach dem Befinden und wo sie verwundet worden waren. Die Königin ließ sich auch von den jeweiligen Ärzten den Heilungsprozeß erklären. Manchmal ließ sie sich im Kreis der Verwundeten fotografieren. Jeder verwundete und kranke Soldat bekam ein Geschenk, üblicherweise zwei Ansichtskarten mit Bildnissen des Kaisers, des Königs Ludwig, des Kronprinzen Rupprecht oder anderer Heerführer. Außerdem erhielten die Soldaten ein Büchlein mit alten und neuen Soldatenliedern und immer Zigaretten oder zwei Zigarren!

Zum ersten Namenstag der Königin in der Kriegszeit, im Oktober 1914, gedachten die Zeitungen »der höchsten Frau im Lande«, die zwei Söhne ins Feld geschickt habe. Das Volk teile den »Stolz der hohen Frau auf den ruhmgekrönten Führer der Vogesenschlacht«, den Kronprinzen Rupprecht, und »den tapferen Prinzen Franz«. Man freue sich mit ihr, daß er, »der fürs Vaterland geblutet hat«, der Genesung entgegengehe. »Möge Gottes Schutz unsere Königin Marie Therese geleiten immerdar! Darum bittet die Liebe des Volkes den Allmächtigen.« Prinz Franz war bei St. Quentin durch einen Granatsplitter am Oberschenkel verwundet worden, als er sich während einer Ruhepause beim Frühstück mit seinem Adjutanten unterhielt. Im Lazarettzug brachte man ihn über Köln nach München. Im Fürstensalon des Bahnhofs begrüßten ihn seine Eltern, ehe er von der Rettungsgesellschaft nach Schloß Nymphenburg gefahren wurde.

Die Königin bangte um zwei Söhne, die Krämerin Dietl in Landshut um acht Söhne im Feld. Sie erhielt von der Königin ein Paket mit Lebensmitteln und Geschenke zum Verteilen an »die acht Feldgrauen« zugesandt mit einem Begleitschreiben »an die Heldenmutter«.

Ob die »Heldenmütter« wirklich daran glaubten, daß der »Heldentod unserer Soldaten« auch eine ihrer größten »Heldentaten« sei? So hatte es jedenfalls Bischof Dr. von Keppler bei der Gedenkfeier für die Gefallenen behauptet, die der Katholische Caritasverband München am 16. März 1917 im großen

341

vollbesetzten Saal der Tonhalle in München veranstaltete. Die großen Zeitungen brachten ausführliche Besprechungen der Feier, bei der das Königspaar mit seinen Töchtern zugegen war. Unter den Gästen befanden sich weitere Mitglieder des Königshauses, Kardinal Bettinger, fast alle Mitglieder des Diplomatischen Corps, selbstverständlich auch der Kriegsminister Philipp von Hellingrath. Die kriegsverherrlichende Rede Bischof Kepplers gipfelte in Sätzen wie:»Sterben ist des Lebens größte Tat. Das wird bei unseren Helden zur vollen Wahrheit. Nicht altersschwache Geschöpfe werden hier des Todes Beute, in des Lebens Vollkraft sehen unsere Helden dem Tode ins Auge ... Unsere Helden zerbrechen den Stachel des Todes durch freiwilligen Verzicht auf das Leben, diese Menschenleben enden nicht mit Lebensverneinung, sondern mit heldenhafter Todesbejahung ... Das Sterben unserer Krieger ist ein heiliges Sterben ... Wir dürfen nicht zögernd und klagend fragen: Was hätten sie noch alles leisten können? Damit werden wir ihrem Heldentode nicht gerecht. Sie haben das Höchste geleistet, das Menschenmögliche; ihr Lebenswerk ist kein Torso, sie sind Frühvollendete, aber Vollendete, mehr kann niemand leisten. Die Massentode sind der kostbare Lösepreis, um den Sieg und Frieden erkauft werden müssen ...« Was mögen die Zuhörer wohl bei solchen Worten empfunden haben? Der Bischof regte an, aus den letzten Grüßen und Erklärungen der Sterbenden auf dem Feld der Ehre ein »köstliches« Buch, »Das Buch vom seligen Sterben unserer Helden«, zusammenzustellen. Er muß von der Kritik an solcher Verbrämung des grauenvollen Sterbens auf den Schlachtfeldern gewußt haben, wenn er sich gegen jene verwahrt, die Soldaten »wie Schlachttiere« fallen sähen.

Den Müttern empfahl der Bischof, den Kindern von dem Heldentum des Vaters, von seiner Liebe, die »ihn in den Kampf getrieben«, zu erzählen. Den Zuhörern riet er, in der weitestgehenden Fürsorge für die Witwen und Waisen einen Teil des Dankes und der Verehrung abzutragen, den sie ihnen schulden. Ein französischer Geistlicher habe zu einem Deutschen über die bayerischen Soldaten gesagt:»Ich beneide Sie um Ihre Soldaten, sie kämpfen wie die Löwen und sterben wie die Heiligen.« So üben die toten Helden besonders auf die Jugend einen mächtigen Einfluß aus. Die Schulen seien anzuweisen, der Jugend nicht mehr die griechischen und römischen Helden, sondern die bayerischen als Vorbilder vorzustellen. Es galt immer noch der Vers von Horaz: »Dulce et decorum est pro patria mori« als ein Leitwort für den Heldentod.[37]

In einem Schulaufsatz im Juni 1916 wehrte sich ein junger Augsburger Gymnasiast, Bertolt Brecht, entschieden gegen das Horaz-Wort. Er formulierte seine ablehnende Haltung gegenüber dem Krieg und der Verklärung des Soldatentodes und schrieb: »Der Ausspruch, daß es süß und ehrenvoll sei, für das Vaterland zu sterben, kann nur als Zweckpropaganda gewertet werden. Der Abschied vom Leben fällt immer schwer, im Bett wie auf dem Schlachtfeld, am meisten gewiß jungen Leuten in der Blüte ihrer Jahre ...« Der junge Mann erkannte nach anfänglicher Kriegsbegeisterung sehr schnell das den Müttern zugefügte Leid. Im Jahr 1917/18 entstand sein Gedicht: »Mütter Vermißter«, und das Gedicht »Moderne Legende« schließt mit den Worten: »Nur die Mütter weinten / Hüben wie drüben.«[38]
Marie Therese blieben die Tränen um ihre Söhne erspart. Es gab aber am Königshof eine Mutter, der das »größte Kriegsleid« widerfuhr: Prinzessin Therese (1850–1938), die verwitwete Gemahlin des Prinzen Arnulf, des Königs Bruder. Sie verlor ihr einziges Kind, ihren Sohn Heinrich, am 8. November 1916 am Monte Sule bei Hermannstadt in Siebenbürgen. Die völlig gebrochene Mutter holte ihren toten Sohn in Kronstadt ab und begleitete den Sarg nach St. Cajetan in München.

Für die Tätigkeit beim Roten Kreuz ließ der österreichische Kaiser Auszeichnungen verteilen. So erhielt die Königin durch den österreichisch-ungarischen Gesandten Dr. von Velics den Verdienstorden mit der Kriegsdekoration. Der deutsche Kaiser zeichnete am 8. Dezember 1915 die Prinzessinnen Hildegard und Helmtrud mit der Rote-Kreuz-Medaille III. Klasse aus »in Würdigung und Anerkennung ihrer Verdienste um die

Pflege der verwundeten und erkrankten Krieger«. Seit Ausbruch des Krieges waren sie und andere Angehörige des Königshauses als Helferinnen des Bayerischen Frauenvereins vom Roten Kreuz tätig und versahen in verschiedenen Lazaretten in München »als leuchtendes Beispiel treuester vaterländischer Pflichterfüllung« Krankenpflegedienste.

Auch Prinzessin Maria de Pilar, eine Cousine der Prinzessinnen, erhielt die Auszeichnung. Ihr Bruder Adalbert, der sie sehr liebte, schrieb über sie, daß sie sich »seit der Mobilmachung täglich im Roten Kreuz abrackerte, bei jedem Wetter und jeder Jahreszeit mit dem Rad frühmorgens hin und spätabends zurückfuhr«.[39]

Armut, Hunger, Rebellion

Während in den Nibelungensälen von den Damen der Oberschicht mit Hingabe weiterhin Päckchen gepackt wurden, sah die Welt für die Frauen außerhalb der königlichen Residenz furchtbar aus. Alle beherrschte nur ein Gedanke: »Wann ist der Krieg zu Ende?« In der Rüstungsindustrie[40] waren vor allem Mütter beschäftigt. Die Kinder mußten von Großeltern oder Nachbarn betreut oder einfach in den Wohnungen eingeschlossen werden. Während der Nachtschichten brachen oft Frauen an den Maschinen aus Erschöpfung, Hunger oder Krankheit zusammen. In den Kantinen gab es mittags und mitternachts Kohlrüben, manchmal mit Kartoffeln. Die Frauen mußten körperliche Schwerstarbeit leisten, dazu gehörte u. a. auch das Kranziehen. An den Maschinen mußten Geschosse im Gewicht von 20 bis 75 Pfund vom Fußboden bis in Brusthöhe angehoben und in die Maschinen eingespannt, dann wieder ausgespannt und heruntergesetzt werden. Um täglich drei Mark zu verdienen, hatte eine Frau 75 bis 100mal diese anstrengende Arbeit zu verrichten. Die Frauen klagten über Unterleibsschmerzen, die durch das Heben der 26 kg schweren Schrapnells ohne Hilfsmittel hervorgerufen wurden. Sowohl in der Gießerei mit den mächtigen Gießkannen als auch an den

Dampfhämmern waren Frauen beschäftigt. Sie hatten die glühend gemachten Minen von etwa 80 Pfund Gewicht zum Hammer zu tragen. Diese tägliche körperliche Höchstbelastung machte sich in einem hohen Krankenstand unter den Frauen bemerkbar.

Die Frauen fingen an, sich zu wehren. Eine erste Frauendemonstration hatte am 18. März 1915 vor dem Berliner Reichstag stattgefunden. In Bayern wurden zu Weihnachten 1915 in den Münchener Stadtteilen Au und Giesing anonyme Flugblätter verteilt: »Von Frauen zu Frauen! Wir wollen nicht mehr länger zusehen, wie man unsere Männer und Söhne hinschlachtet. Wir wollen Frieden! Frieden! Frieden für alle!« Die erste Frauendemonstration in München fand dann im August 1917 auf dem Marienplatz statt. Die »Rädelsführerin« konnte von der Polizei nicht festgenommen werden, da sie ein Baby auf dem Arm trug. In den Betrieben schlossen sich Frauen den Streikenden an. Zu einer Hungerrevolte kam es am 18. Juni 1918. Die Führerinnen der radikalen Pazifistinnen waren in Bayern Linda Gustava Heymann und Anita Augspurg.[41]

Zu Angst und Trauer der Frauen um ihre im Feld stehenden oder gefallenen Männer und Söhne kam die Sorge um die Ernährung ihrer Kinder. Die Versorgung mit Lebensmitteln wurde immer schlechter. Nach der Kartoffelmißernte von 1916 hieß es Futterrüben essen (»Dotschenwinter«). Im Jahre 1918 gab es nicht einmal mehr auf Bezugskarten Nahrungsmittel.

Für alle, die in den Nibelungensälen tätig waren, und für das gesamte Hofpersonal ließ die Königin in den Räumen, die früher der Hofhaltung der Königin-Mutter Marie dienten, eine große Kriegsküche für Mittagsmahlzeiten einrichten. Das Essen kostete für Erwachsene 60 Pfennige, für Angestellte unter achtzehn Jahren nur 40 Pfennige. Wie in den vom König eingerichteten Volksküchen mußten Fleisch-, Zucker- und Mehlmarken abgegeben werden. Der niedrige Preis für die Mahlzeiten war nur durch Zuschüsse der Kabinettskasse möglich.

Wie an diesem Beispiel zu sehen ist, hatte das regierende Paar zwar Verständnis für die Notlage des Volkes, es fragt sich nur, inwieweit das ganze Ausmaß der Leiden der bayerischen Bevölkerung am Hof tatsächlich bekannt war. Eine der Prinzessinnen unternahm immerhin einen Versuch, vor allem den hungernden Stadtbewohnern im Kampf gegen den Hunger zu helfen. Sie propagierte und betrieb selbst die Kaninchenzucht. Im dritten Kriegsjahr bekam die »Kaninchenzucht neue Gönner bis aus den höchsten Gesellschaftskreisen«.[42] Prinzessin Hildegard hielt in einer Anlage beim königlichen Marstall etwa 100 Kaninchen aus sieben verschiedenen Rassen. Die Anlage war jeden Sonntagvormittag zugänglich und konnte als Vorbild besichtigt werden. Die Prinzessin ließ sich auch »im Kreis ihrer Lieblinge« fotografieren. Diese Fotos konnten als Postkarten erworben werden; der Erlös sollte Kriegsinvaliden zugute kommen, die eine Kaninchenzucht einrichten oder eine bereits vorhandene ausbauen wollten.

Mit der sich steigernden Not verschärften sich die sozialen Auseinandersetzungen über die Ernährungspolitik und den Nahrungsmittelwucher.[43]

Im Dezember 1916 hatten die »Neuesten Nachrichten« noch das soziale Denken des Königshauses hervorgehoben. Der König stelle außer Geldspenden auch Naturalverpflegung für Bedürftige zur Verfügung. Der Hofgarten sei angewiesen, größere Mengen Gemüse anzupflanzen. Das Wild, das bei den Hofjagden beispielsweise in Berchtesgaden geschossen werde, sollte zu niedrigen Preisen an die arme Bevölkerung abgegeben werden. Vom Gut Leutstetten aus werde, wie schon in Friedenszeiten, den Münchener Säuglingsheimen die beste Vollmilch unentgeltlich geliefert, »ein Geschenk, das im Monat einen Wert von etwa 200 Mark darstellt.«

Als dann verbreitet wurde, daß der König angeblich Milch aus seinem Gut in Leutstetten für teures Geld nach Berlin verkaufte, beschimpfte ihn die hungernde Münchener Bevölkerung als »Halsabschneider« und »größten Schieber«.[44] Die Milch ging in Wirklichkeit an Kinderheime in Nürnberg – allerdings nicht kostenlos. Die Königin hat sich aus der Bayerischen Staatszeitung vom Mai 1917 einen Artikel ausgeschnitten

346

»Über die Milcherzeugung auf dem Kgl. Gute Leutstetten-Rieden«, in dem alle Gerüchte über eine Lieferung der Milch nach außerhalb Bayerns zurückgewiesen werden.

Am Ende des Krieges lebte die königliche Familie angeblich auch nur von Lebensmittelkarten.[45] Das kann aber nicht ganz so gewesen sein: Am Abend der Revolution, bevor die königliche Familie die Residenz für immer verließ, gab es zu Erbsen und Kartoffelnudeln immerhin Hirschkalbsbraten.[46]

Im Exil

Die letzten Tage der bayerischen Monarchie

Die politischen Ereignisse um das Kriegsende, die Revolutionstage und die Flucht der königlichen Familie 1918 sind bekannt. Es ist sicher aber auch einmal interessant, über diesen Zeitabschnitt der bayerischen Geschichte ein Mitglied der königlichen Familie zu hören, nämlich die damals 34jährige Prinzessin Wiltrud, die das Geschehen in ihren Tagebüchern festhielt und kommentierte.[47]

Sie schrieb unter dem 17. Oktober 1918: »Die politische und militärische Lage ist seit einigen Wochen sehr beunruhigend für uns. Man möchte haufenweise darüber schreiben, aber die Zeitungen bringen es ja schon. Unsere Truppen sollen nicht mehr recht kämpfen mögen. Wenn der Geist von 1914 noch in ihnen wäre, würden sie dem Feind besser standhalten können. Die 18jährigen halten eben viel weniger aus als die Männer von dazumal. Die Tankangriffe rufen bei der Jugend Panik hervor. Cambrai ist durchbrochen, – das heißt sehr, sehr viel! Wilson ist unverschämt über die Maßen. Er weist vorerst den Waffenstillstand zurück, bis wir die erniedrigenden Bedingungen eingegangen sind. Leider lese ich in der Zeitung, daß (Staatsminister) Dandls Rede nicht befriedigt habe; ist doch er der Mann, auf den wir alle Hoffnung setzten, weil er sehr gescheit, sehr ruhig, sehr überlegt ist und Papa unbedingt ergeben. Ob er noch der Zeit gewachsen ist? Man muß jetzt mit allem rechnen, daß der Kaiser und der Kronprinz abdanken müssen, daß vielleicht Papa und der Kaiser Karl abdanken müssen, daß es Revolution gibt, daß die gekrönten Häupter nur eine Rolle der Repräsentation spielen dürfen wie König Georg von England. Mama würde alles leichter verwinden als Papa. Ob Papa diese Kränkungen überleben wird? Mamas Leben ist sowieso stets in Gefahr, man spricht ja, daß das Leiden vielleicht nur noch mehrere Monate dauern kann. So gibt es Sorgen über Sorgen, und dabei scheint die Sonne und der Herbst schmückt sich mit den schönsten Farben, und man möchte Ruhe im Land ... Ich als Frau kann wenig tun, ich muß doch alles über mich ergehen lassen, wie es eben kommt. Die Ungerechtigkeit wird diesmal wohl siegen ... Deutschland wird sich demokratisieren, Österreich im besten Falle Staatenbund werden ... Ludendorff, der unvergleichliche Stratege, hat sich in den letzten Jahren in die Politik allzuviel eingemischt, von seinem Willen hing der ganze Viererbund ab, er war militärischer und politischer Diktator. Hindenburg wollte schon 1915 Frieden, aber Ludendorff hat ihn überstimmt, und hinter ihm standen die Alldeutschen und preußisch Conservativen und die Vaterlandsparteien, die bis zum Schluß Annexionsgedanken unterhielten. Vielleicht ist die Demütigung Deutschlands zum Heil des Volkes, und wenn sich dies in dieser ernsten Zeit fängt, dann kann aus der Rückkehr zur Einfachheit viel Gutes entstehen.« An der absoluten Treue des damaligen Staatsministers des Königlichen Hauses und des Äußeren sowie Vorsitzenden des Ministerrates Otto von Dandl sollte der König bald zweifeln. Ludendorff dankte am 26. Oktober 1918 ab.

Groß waren die Sorgen der königlichen Familie um Marie Therese. Der König und die Töchter wußten längst, daß sowohl der Leibarzt der Königin, Obermedizinalrat Gustav von Hößlin, als auch Professor Dr. Albert Döderlein, Direktor der Königlichen Universitätsfrauenklinik, sie aufgegeben hatten. Sie litt an einer Geschwulst im Bauch, die inoperabel war. Ob es eine Krebsgeschwulst war, konnte keiner der Ärzte mit Bestimmtheit sagen. Durch das schnelle Wachstum des Tumors wurde die Königin von heftigen Leibschmerzen geplagt. Verordnete Cadmiumauflagen brachten keine Besserung. Die Königin sprach oft mit ihrer Tochter Wiltrud über das ihr auferlegte Leiden, das sie selbst als Darmkrebs diagnostizierte. Sie fühlte sich elend und bedauerte so sehr, daß sie im letzten Kriegsjahr nicht mehr in die Spitäler konnte, um die Verwundeten zu besuchen. Wiltrud nannte es »herzzerbrechend«, die Mutter mit gelbem, manchmal graugelbem Teint im Bett liegen zu sehen. Die Augen

349

der Mutter waren immer noch schön und ihre Züge durch eine milde innere Abgeklärtheit zusätzlich verschönt.

Als Prinzessin Wiltrud mit dem König an einem düsteren Oktoberabend 1918 durch die Maximilianstraße fuhr, rief ein Arbeiter vom Trottoir aus: »Dank ab«; eine neben ihm stehende Frau hielt ihm den Mund zu, um weitere Ausbrüche zu verhindern. Der König hatte dies nicht gehört. Prinzessin Wiltrud verstimmte dieser Ausruf sehr. Am folgenden Tag brachte Frau Wäschle, eine alte Dienerin, aus der Hofkonditorei einen vermeintlichen Bettelbrief an die »Prinzessin Wiltrud oder Prinzessin Trudl« mit. Der Brief entpuppte sich als Drohbrief, über den sich die Prinzessin sehr ärgerte. Eine Person wollte ihr einmal die Wahrheit sagen über ihren Papa, »den alten Wucherer, nicht das Land lebt von Euch, sondern ihr lebt vom Land, gehängt gehört die alte Bande, geht zu den Preißn, weil mans hier so gern hat, da gehört ihr hin oder nach Ungarn, Mäusefallen verkaufen«. Auch auf Leutstetten und die dortige Milchwirtschaft wurde geschimpft. Leutstetten sollte in vierzehn Tagen in die Luft gesprengt werden, »dann könnt ihr betteln gehen, ihr Weibsbilder«.

Am 21. Oktober nannte die Prinzessin die Lage in München in den Kasernen noch ruhig, die Stimmung in den Fabriken sehr gespannt, außerdem sei auf die Garnisontruppen kein Verlaß mehr, und die Kurt-Eisner-Gesellschaft mache sehr viel Propaganda. In der Residenz wurden Fluchtpläne geschmiedet. Sollte München beschossen oder von Feinden besetzt werden, so wollte die königliche Familie nach Würzburg fliehen. In der Schatzkammer und in der Reichen-Kapelle wurden alle beweglichen Kostbarkeiten zum Abtransport verpackt. Prinzessin Wiltrud schloß nicht aus, bei einer Revolution »alles zu verlieren«. Bei einer Umwälzung im Lande »ist die Civilliste und Apanage futsch und die Privatgüter zerstört und verteilt. So sind wir sehr, sehr arm, denn Barvermögen ist sehr wenig da«. Völlig resigniert meint sie, daß man froh sein könne, mit dem Leben davonzukommen, und manchmal sei sie froh, daß viele diese schwere Zeit nicht mehr miterleben müßten, wie ihr Cousin Heinrich, der 1916 gefallen war.

350

Am 5. November befand sich die königliche Familie wegen eines Fliegeralarms im Keller der Residenz. Die Königin lag auf einer rosa Chaiselongue, der König saß in einem grünen Lehnstuhl, daneben die Hofdame Gräfin Dürckheim. Alle im Haus Bediensteten, außer den Schutzleuten, waren in den Keller geflüchtet. Auch die Damen und Heimarbeiterinnen, die im Nibelungensaal waren, kamen in den Keller, sogar Prinzessin Helmtruds Foxl war da. Der Alarm war schnell vorbei. Es hieß, österreichische Flieger seien mit einer besonderen Sendung in Sendling gelandet. In der Stadt liefen viele österreichische Soldaten mit der rot-weiß-goldenen Kokarde herum. Der nächste Fliegeralarm war am 6. November, und die königliche Familie begab sich wieder in den Keller. Dieses Mal kamen feindliche Flieger in Richtung Landshut an München vorbei.

In dieser schweren Zeit hatten die Königin und die Prinzessinnen häufig unter anonymen Belästigungen am Telefon zu leiden, wobei sich der Anrufer mit dem Namen eines Mitglieds des königlichen Hauses meldete und eine der Damen zu einem Treffen an einen bestimmten Ort einlud, an dem sich dann aber niemand einfand.

Der 7. November 1918 sollte der Schicksalstag für die bayerische Monarchie werden. Um zehn Uhr gingen die vier Schwestern Hildegard, Helmtrud, Gundelinde und Wiltrud zur heiligen Messe. Der König hielt Audienz, und die Königin hatte zu schreiben. Prinzessin Gundelindes Hilfe lehnte sie ab. Es herrschte eine seltsame Hektik in der königlichen Familie. Helene von Zwehl, eine Hofdame, versuchte die erregten Gemüter zu beruhigen.

Die Prinzessinnen Helmtrud und Wiltrud verließen zusammen mit der Hofdame Bertha von Wulffen die Residenz zu einem Spaziergang. Die Königin hatte einen sehr willkommenen Besuch zu empfangen, nämlich ihren zukünftigen Schwiegersohn, Georg Graf Preysing, der die jüngste Königstochter Gundelinde zur Frau begehrte. Bei ihrem Spaziergang im Englischen Garten trafen die genannten Damen den König mit seinem Hund Bimbl und Baron Bodmann, der »ziemlich steif, aber sehr elegant aussah«. Als sie den Englischen Garten ver-

351

lassen wollten, fuhr ein Radler an ihnen vorbei, dessen Gesicht ihnen bekannt vorkam. Er hielt an und bat die Damen, wegen der Demonstranten schnell nach Hause zu gehen; außerdem wollte er wissen, wo der König sei. Die Prinzessinnen wiesen dem, wie sich herausstellte, verkleideten Schutzmann die Richtung; kurz darauf kam der Radler zurück und bestätigte, daß er den König gefunden und zur Rückkehr in die Residenz aufgefordert habe; die Damen sollten beim Hofgarten warten.

Aus dem Stimmengewirr um sie herum aber konnte Prinzessin Wiltrud sehr wohl folgende Rufe hören: »Der Kaiser soll abdanken! Nieder mit Wilhelm! Nieder mit dem Haus Wittelsbach! Nieder mit der Dynastie! Nieder mit dem Haus Habsburg!« Dazwischen tönte: »Kronprinz Rupprecht soll leben! Nieder mit Ludwig!« Dann wieder: »Die Republik soll leben! – Vom Millibauer, Papas Spitzname, schrien sie auch etwas.«

Nach einem gemeinsamen Abendessen in sehr gedrückter Stimmung ging die Königin in ihr Zimmer, da sie starke Leibschmerzen hatte, der König in sein Appartement. Die Prinzessinnen blieben im Speisesaal, als plötzlich der Ministerpräsident von Dandl und Friedrich von Brettreich, der Minister des Inneren, hereinkamen, die bleich und verstört wirkten. Nach einer kurzen Begrüßung eilten die Herren zum König. Die Prinzessinnen Helmtrud und Wiltrud begaben sich in das Zimmer ihrer Mutter, die auf dem Frisierstuhl saß und sich ihr Haar für das Bett auskämmen ließ. Danach wollte Prinzessin Wiltrud in ihr eigenes Zimmer gehen, doch dann überstürzten sich die Ereignisse. Wiltrud konnte sich später nicht mehr erinnern, ob sie im Teesalon, wo das Bild des deutschen Kaisers hing, von ihrer Schwester Hildegard oder von Elisabeth von Keßling erfuhr, daß sie fort müßten. Alle Anwesenden sollten zum König und zur Königin kommen. Im kleinen Salon mahnte der König zur Eile. Doch Minister von Dandl erklärte dem König, daß es besser sei, wenn nur er sofort weggehen würde, die königliche Familie, die »Damen und Jungfrauen« sollten zurückbleiben. Unter keinen Umständen durften die Anwesenden erfahren, wohin der König gebracht werden sollte. Doch Prinzessin Wiltrud hatte zwei Ausrufe von Mini-

352

ster von Dandl aufgeschnappt: »Das Standrecht ist erklärt« und »nach Wildenwart!«

Der Königin half die Kammerfrau Franziska Scheidl, seit 51 Jahren in ihrem Dienst, sich reisefertig zu machen. Sie packte auch die Tasche der Königin mit der Schmuckkassette, einigen Schriftstücken, Briefen, Geld, dem Arzneikästchen und einigen Toilettenartikeln. Die Garderobiere packte eine japanische Binsentasche mit der nötigsten Wäsche und den Stiefeln. In ihren Aufzeichnungen nennt es die Kammerfrau eine Eingebung, die sie tags zuvor hatte, daß sie den großen Schmuckkoffer mit Diademen und Halsbändern ins Wittelsbacher Palais an das »Amt« zurückgeschickt hatte. Auf dem Weg durch die Zimmer begegnete Franziska Scheidl dem König, der ihr aus einem Schreibtisch einige Briefe und Dokumente aushändigte. Sie sah, daß der König nichts anderes bei sich hatte als eine Zigarrenschachtel und nahm an, daß seine Leute ihn mit dem Nötigsten versorgt hätten. Doch, räsonierte die Kammerfrau: »Gott bewahre! Nicht ein übriges Taschentuch, gar nichts, rein gar nichts hatte er bei sich … Der Leibjäger hatte von Mittags bis andern Tags früh frei, und der zweite Diener sagte mir: … es sei ihm nichts angeschafft worden. Aber selbst denken solche Leute nichts!« Im Zusammenhang mit dem Zigarrenkistl als einzigem Gepäck des Königs wurde dieser später oft karikiert. Die ganze königliche Familie, und vor allem der König selbst, sahen in diesem Sich-in-Sicherheit-Bringen keine Flucht ohne Rückkehr, sondern nur eine vorübergehende Abwesenheit. Prinzessin Wiltrud war allerdings tief erschüttert, als sie ihre alten Eltern, sich gegenseitig stützend, langsam die Thronsaaltreppe hinuntergehen sah. Ihr Gefühl sollte sie nicht trügen, es war ein Abschied von der Residenz für immer.

Durch Nacht und Nebel

Als Fluchtziel war zuerst Leutstetten erwogen worden, doch dann hielt man Wildenwart für besser geeignet. Eine Fahrt mit der »Königlich Bayerischen Eisenbahn« war nicht mehr möglich, deshalb entschied man sich für die Automobile, die sich allerdings in einem absolut fahruntauglichen Zustand befanden. Die Räder waren mit Eisen versehen – noch aus der Zeit, als der König die bayerischen Truppen im Feld besuchte. Außerdem hatte der König es abgelehnt, sich in Kriegszeiten in München mit dem Automobil herumfahren zu lassen. Auch die geringen Karbid- und Benzinvorräte konnten im Marstallgebäude nicht sofort gefunden werden, und, noch viel unangenehmer, der Oberchauffeur war verschwunden und mußte zu den Umstürzlern gezählt werden. Nicht weit von der Residenz entfernt wohnte Herr Tiefenthaler, der Besitzer eines Mietwagengeschäfts. Er war schon früher für das Königshaus tätig gewesen und fand sich auch jetzt bereit, Benzin zu beschaffen und das königliche Paar zu chauffieren. Gegen halb zehn Uhr waren die drei Wagen schließlich zur Abfahrt bereit. Mit Wagenschmiere wurden die auf den Automobilen aufgemalten Kronen überstrichen, und Prinzessin Hildegard opferte ihre grauen Handschuhe, um sie über die goldenen Kronen am Wagen der Königspaares zu ziehen. Im großen Wagen fuhren des Königspaar, Prinzessin Helmtrud, Flügeladjutant Graf Holnstein und ein Kriminalwachtmeister. Seltsamerweise rollte das Automobil aber nur wenige Meter, dann mußte der Chauffeur halten. In der Eile war vergessen worden, die Reifen aufzupumpen. Es hieß also aussteigen und ein anderes, kleineres Auto benützen, in das die Notsitze nicht eingefügt werden konnten. Der König und die sichtlich erschöpfte Königin setzten sich in den Fond, Prinzessin Helmtrud hockte auf dem Boden zu Füßen der Mutter, Graf Holnstein zu Füßen des Königs. Im zweiten bereitgestellten Auto folgten sodann die königlichen Töchter Hildegard, Wiltrud und Gundelinde, der Enkel des Königs, Erbprinz Albrecht, und dessen militärischer Erzieher, Baron von Redwitz. Baronin Elisabeth Keßling, der dienstälteste Flügeladjutant Bodmann und Franziska Scheidl, die Kammerfrau der Königin, folgten in dem reparierten großen Königsautomobil. Sie fuhren als letzte ab, sollten aber als erste in Wildenwart ankommen, sehr in Sorge um das Ausbleiben der königlichen Familie.

So fuhren also erst einmal zwei Autos los und verließen München in Richtung Trudering. Albrecht im zweiten Auto mußte sich ständig ducken und seine Mütze tief herunterziehen, daß ihn niemand erkennen konnte. Er glaubte, auch einen Soldaten gesehen zu haben, der dem Wagen einen Stein nachwarf. Jeder Insasse war voll Angst vor einer Begegnung mit Demonstranten, doch die Stadt schien nach Osten hin menschenleer. Nach kurzer Fahrt hielt das erste Auto an, weil der Chauffeur sich verfahren hatte, und das zweite Auto mit dem Hofchauffeur Kagerer übernahm die Führung nach Trudering. Baron Redwitz drehte sich oft um und vergewisserte sich, daß das zweite Auto nachkäme, um im Falle einer Panne halten und helfen zu können. Als die Vorstadt durchfahren war, wagten es die Fliehenden, ihre Köpfe wieder zu erheben. Vor Ostermünchen kamen die Autos auf eine enge, von Wiesen umgebene Straße. Der Chauffeur Kagerer geriet von der Straße ab und landete in einem sumpfigen Gebiet. Alles Hupen und Rufen war umsonst, das Auto mit dem Königspaar fuhr weiter; die Prinzessinnen saßen fest. Doch wenig später passierte Ähnliches dem von Tiefenthaler gesteuerten Wagen. Er versuchte, um sicherer fahren zu können, die Laternen am Wagen in Gang zu bringen, doch die Stahlflaschen enthielten kein Gas. Durch aufkommenden Bodennebel verschlechterte sich die Sicht, und das Fahrzeug landete in einer morastigen Wiese. Nur mit Hilfe eines herbeigeholten königstreuen Bauern und dessen Knecht konnte der Wagen mit zwei Rossen auf die Straße zurückgezogen werden. Gegen 4.30 Uhr erreichte dann das Königspaar mit den Begleitern endlich Schloß Wildenwart, wo bereits drei Stunden früher das in München zuletzt abgefahrene Auto angekommen war.

Bis zum Eintreffen des Königspaares war genügend Zeit geblieben für Baronin Keßling, die Kammerfrau Scheidl und Baron Bodmann, zusammen mit dem Schloßverwalter das Haus vorzubereiten. Alle waren aber in größter Angst gewesen, daß das Auto der »Roten Bande« in die Hände gefallen sei. Und dazu kam der Kummer um die Königin, die sich ohnehin krank fühlte und das Autofahren nicht vertrug. Als dann nach Stunden bangen Wartens das Herrschaftsauto in Wildenwart eintraf, lief die Kammerfrau Scheidl ihrer Herrin, die sie halbtot vorzufinden glaubte, entgegen und fiel ihr zu Füßen. »Aber hoch aufgerichtet stand sie in ihrem Pelzmantel vor mir und sagte lächelnd: ›Mir geht's ganz gut, ich habe keine Schmerzen mehr. Wir hatten eine Panne und mußten eine Stunde auf der Wiese stehen.‹ Der König sagte: ›Es ist merkwürdig, wie sie alles aushält. Ja, ja, ich wußte es, so war sie. Über Kleines schwer hinauskommend, war sie im Großen stets erhaben‹.«

Die Königin war glücklich, wieder in der ihr wohlvertrauten Umgebung in Wildenwart zu sein, wo größte Ruhe herrschte. Die Kammerfrau Scheidl ließ Tee machen, Zucker und Zwieback hatte sie selbst aus München mitgebracht.

Doch wo waren die »Königsmadln«?

Nachdem alle Versuche des Chauffeurs Kagerer, den Wagen aus dem Morast herauszufahren, mißlungen waren, mußte er bis zum Morgengrauen warten, um Hilfe holen zu können. Ein Ochsengespann zog schließlich den Wagen auf die Straße. Allein traf Kagerer am frühen Morgen in Wildenwart ein, denn seine Insassen hatten ihr Schicksal inzwischen selbst in die Hand genommen.

Die Prinzessinnen Gundelinde, Wiltrud, Hildegard, Baron Redwitz und der kleine Erbprinz Albrecht kletterten aus dem festgefahrenen Auto und marschierten zu Fuß bei Nacht und Nebel nach Schloß Maxlrain. Da der Schloßherr, der die späten »Wanderer« gekannt hätte, nicht anwesend war, gestaltete es sich sehr mühsam, ins Schloß zu gelangen. Endlich um drei Uhr in der Frühe hatten alle einen Ruheplatz im Schloß. Am folgenden Tag wurde die fünfköpfige Schar nach Wildenwart geholt, wo das Königspaar sie schon sehnsüchtig erwartete.

Während nun die königliche Familie mit ihren Getreuen in Wildenwart vereint war, erfuhren die Münchner am 8. November aus der Zeitung und von Plakaten Parolen wie: »Die bayerische Revolution hat gesiegt. Sie hat den alten Plunder der wittelsbachischen Könige hinweggefegt. Wir haben die Republik, den freien Volksstaat Bayern.«

Trennung der Familie

Da in Wildenwart Nachrichten eintrafen, daß die Soldatenräte von München aus nach Rosenheim, Prien und Traunstein unterwegs waren, empfahlen die Adjutanten der königlichen Familie, sich zu trennen. Baron Redwitz »entführte« den jungen Prinzen Albrecht. Der getreue Knecht Wastl brachte beide nach Hüttenkirchen zu Graf Rudi Marogna-Redwitz; nach ein paar Tagen ging es weiter in ein anderes Versteck zu Maler Bohnenberger, mit dessen Buben Prinz Albrecht befreundet war.

Das Königspaar plante, Hintersee als ersten Aufenthaltsort anzusteuern, dann weiter nach Innsbruck zu fahren, dem Divisionsquartier ihres Sohnes Prinz Franz. Prinzessin Wiltrud hatte mit ihren Schwestern auch schon Fluchtpläne entwickelt, obgleich Baron Leonrod meinte, sie sollten als Hilfsschwestern ins Lazarett von Cramer-Klett gehen. Prinzessin Helmtrud, die als die besonnenste der Königstöchter galt, sollte bei den Eltern bleiben, da die Königin keinen Arzt bei sich hatte und die Kammerfrau Scheidl als einzige Pflegerin und Bedienung überfordert war. Die Königin hatte die schreckliche Flucht und die Aufregungen besser überstanden, als die ganze Familie annahm.

Die drei Schwestern Hildegard, Wiltrud und Gundelinde entschlossen sich, zu den »Bauern« zu flüchten. Sie packten ihre Habseligkeiten wieder zusammen und verabschiedeten sich von ihrer Mutter, die in krampfartiges Weinen ausbrach. Die Töchter versuchten zu trösten, konnten aber selbst kaum die Tränen zurückhalten. Der Vater segnete die Töchter zum Abschied. Seiner Tochter Gundelinde gab er die Erlaubnis, sich zu verloben und zu heiraten, falls sie die Eltern längere Zeit nicht mehr sehen würde. Er schloß die Möglichkeit nicht aus, mit der Königin in die Schweiz zu fliehen.

Die Prinzessinnen begaben sich in die Ökonomiegebäude zur Hausmeisterin Frau Baumeister, die ihnen Milch, Kaffee und Bauernbrot anbot. Dann machten sie »Toilette«, d. h. sie ließen die eleganten Hüte, Pelzmäntel, Jacketts und Reisetaschen dort zurück und zogen über ihre »Stadtkleider« die von Frau Baumeister zur Verfügung gestellten Bauernkleider. Als Kopfbedeckung bekamen sie Schals übergeschlagen nach »Bauernart«. Herr Baumeister brachte die Prinzessinnen nach einem abenteuerlichen Fußmarsch in Geschwend am Fuße der Kampenwand im Gasthof bei den Hausleuten Meier unter.

Während ihres Aufenthaltes in Gschwend war es für die königlichen Schwestern der größte Kummer, nicht zu wissen, wo sich die Eltern befanden. Auch drangen Gerüchte nach Gschwend, daß die Königin an einem Herzschlag gestorben sei. Prinzessin Wiltrud konnte diese Ungewißheit nicht mehr ertragen und machte sich auf den Weg, sie zu suchen. Sie konnte sich noch erinnern, daß vor ihrer Abreise am 8. November von Wildenwart die Flucht für die Eltern in das Jagdhaus in Hintersee geplant war. Das war auch geschehen. Während sich Forstrat Hauber von Berchtesgaden und Forstmeister Schizlein von Ramsau um das Königspaar annahmen, wurde es von den Soldaten des Grenzschutzes mit »Der Millibauer is da mit seiner Dopfaresl« verspottet.

Im stillen Dorf Hintersee liefen schlimme Nachrichten ein. Berchtesgaden sollte durch Rotgardisten besetzt werden. Die »Staatskommission« suchte intensiv nach dem König, um ihn zur Abdankung zu zwingen. Es wurden mehrere Fluchtpläne für das Königspaar erwogen. Letztlich entschied man sich für die Fahrt ins Salzburgische, nach Anif, zum Schloß des bayerischen Edelmanns und Königlichen Kammerherrn Ernst Graf von Moy.

Es war Sonntagmorgen, der 11. November 1918, an dem die Automobile in Anif ankamen und vor dem Schloß hielten. Da Graf Moy nicht im Schloß weilte, ließ der Kastellan niemanden ein. Auf die Bitte des Königs, die im Auto sitzende kranke »Dame« doch wenigstens aufzunehmen, bekam er die Antwort, er solle sie doch ins Spital bringen. Der Kastellan ließ sich dann aber doch herab, zu sagen, daß der zuständige Gutsverwalter gerade am Gottesdienst teilnehme. Baron Bodmann ging zur Kirche und fand unter den Kirchenbesuchern den Verwalter heraus, der dem heimatlosen Königspaar mit Prinzessin Helmtrud endlich im Schloß Obdach gewährte.

In der Residenz in München residierten die »Umstürzler«. Das Kriegsministerium hatte ohne Wissen des Königs die Eidesentbindung verkündet. Als in München dessen Aufenthaltsort bekannt wurde, reiste Staatsminister von Dandl am 12. November nach Anif. Die dreistündige Besprechung, bei der »der Martyrerkönig auf gut Bayerisch dem verflossenen Regierungskünstler die Meinung gründlich gesagt«[48] hatte, gipfelte nicht in der von Otto von Dandl gewünschten Thronverzichtserklärung. Der König unterschrieb lediglich eine Erklärung, daß er durch äußere Verhältnisse an der Weiterführung der Regierung gehindert sei, und entband alle Beamten und Soldaten vom Treueid. Die Unterschrift leistete der König am 13. November um vier Uhr morgens. Am gleichen Tag wurde die Anifer Erklärung als »Thronverzicht Ludwigs III.« in München angeschlagen. Die Antwort des seit dem 8. November amtierenden Ministerpräsidenten und Minister des Auswärtigen Kurt Eisner auf diese Erklärung lautete: »Der Ministerrat des Volksstaates Bayern nimmt den Thronverzicht Ludwigs zur Kenntnis. Es steht dem ehemaligen König und seiner Familie nichts im Wege, sich wie jeder andere Staatsbürger frei und unangetastet in Bayern zu bewegen, sofern er und seine Angehörigen sich verbürgen, nichts gegen den Bestand des Volksstaates Bayern zu unternehmen.«

Es war ein längerer Aufenthalt des Königspaares in dem 1848 fertiggestellten neugotischen Schloß des Grafen Moy geplant. Da aber die Beschaffung von Lebensmitteln in Österreich noch schwieriger war als in Bayern, entschloß man sich nach St. Bartholomä am Königssee, also wieder nach Bayern, zu fahren. Es mangelte dem Königspaar inzwischen auch an Leib- und Bettwäsche und an Kleidung. Seit sechs Tagen waren sie nun auf der Flucht. Der treue Chauffeur Tiefenthaler übernahm die Fahrt an den Königssee, dann aber war er so erschöpft, daß er aus dem Königsdienst ausschied.

Als das Königspaar längst in St. Bartholomä war, machte sich nun die Prinzessin Wiltrud auf, ihre Eltern heimlich in Hintersee zu besuchen beziehungsweise herauszufinden, ob ihre Mutter tatsächlich in der Zwischenzeit verstorben sei.

Nach einem »Kassensturz« blieb nur noch Geld für eine Bahnfahrt vierter Klasse, bzw. ging es ein Stück mit dem Bus, dann zu Fuß nach Hintersee und Berchtesgaden und weiter schließlich nach St. Bartholomä zum ersehnten Wiedersehen mit den Eltern und der Schwester. Eine Nacht blieb Prinzessin Wiltrud dort. Um für sie eine sichere Rückreise zu bewerkstelligen, wurde der königstreue Förster Hans Hohenadl vom König gebeten, sie bis nach Bernau zu begleiten. Als König Ludwig diese »Spritztour« seiner Tochter 1921 dem Autor Artur Achleitner erzählte, war er immer noch gerührt von dem Beweis der innigen Liebe seiner Tochter zu den Eltern.

Nach einigen Tagen kehrte das Königspaar mit Prinzessin Helmtrud zusammen zurück nach Schloß Wildenwart. Dort trafen dann auch am 19. November die königlichen »Bauernmädln« wieder ein.

Freude und Trauer auf Schloß Wildenwart

Die erste große Freude nach der Flucht aus München war die Verlobung der 28jährigen Prinzessin Gundelinde mit dem 31jährigen Johann Georg, Graf von Preysing-Lichtenegg-Moos, die am 24. November 1918 stattfand. Die Schilderung dieser Verlobung und die Beschreibung des Grafen hört sich bei Prinzessin Wiltrud folgendermaßen an: »Graf Georg Preysing, der langersehnte, kam hier an. Gunzi stand mit glücklichem Lächeln neben dem riesigen Grafen, der 190 groß sein wird, und sie hat weniger als 160 cm. Gunzi ging fast immer mit Preysing. War dann vom Gouter bis zum Souper und dann noch stundenlang Abends bis ½ 11 Uhr mit ihm zusammen. Ich hätte das nie gekonnt. Von ½ 9 bis ½ 11 Uhr abends fast immer redend oder zuhörend. Bei der größten Liebe würde mich der kaputtmachen! So war denn mein Gefühl ein ganz wahres, daß ich nicht zu Georg Preysing passe. Ich brauche einen Mann, der weniger redet, weniger in Gesellschaft geht, weniger lebhaft ist

– aber Gunzi ist auch sehr mitteilsam. Preysing hatte eine längere Aussprache mit Mama. ›Nun, da von beiden Seiten das Einverständnis erlangt ist, steht nichts mehr im Wege.‹ Und er nahm Gunzis Kopf in seine Hände und gab ihr auf beide Wangen einen Kuß, so natürlich, so ungekünstelt und selbstverständlich.«

Am Sonntag, dem 2. Februar 1919, wurden Graf Preysing, Erzbischof Michael von Faulhaber, ein ihn begleitender Geistlicher (vielleicht Konrad Preysing), Baron Richard Malsen und Geheimrat von Döderlein in Wildenwart erwartet. Außerdem sollte an diesem Tag das Hochzeitskleid für Prinzessin Gundelinde gebracht werden. Sie hoffte sehr auf eine schnelle Vermählung, da aus München keine guten Nachrichten kamen. Von der Königin war immer wieder zu hören, daß sie sich so sehr wünschte, die Hochzeit noch erleben zu dürfen.

Alle Hoffnungen richteten sich nun auf die Hochzeit von Prinzessin Gundelinde mit Graf Georg von Preysing. Die Braut wurde am Nachmittag des 2. Februar für die auf den nächsten Tag angesetzte Hochzeit onduliert und frisiert. Sie beichtete und kommunizierte bei Pater Rupert. Für den Fall, daß der Bräutigam keine Eheringe aus München mitbringen konnte, war geplant, die Ringe von Marie oder Franz zu benützen. Vom Schmücken des Brauthauses war keine Rede mehr; eigentlich sollte ursprünglich ein Gärtner vom Hofgarten den Schmuck übernehmen. Franz und Rupprecht als Trauzeugen mußten sich erst ihre Überröcke kommen lassen. Die Prinzessinnen Adelgunde und Marie hatten keine Kleider für die Hochzeit und mußten auf ihre Reisekleidung zurückgreifen. Es lag ein dunkler Schatten auf Gundelindes Glück, denn der Gesundheitszustand der Königin hatte sich dramatisch verschlechtert, und man rechnete ständig mit ihrem Ableben.

Geplant war auf jeden Fall eine Hochzeit im engsten Familienkreis mit der königlichen Familie, der Mutter Preysing, dem Ehepaar Ernst Harrach und Graf Warmut Preysing. Prinzessin Gundelinde hoffte so sehr, daß die Mutter bis zum nächsten Tag durchhalten möge. Die Braut hatte ein »Heidenkind versprochen«, das heißt den Betrag für die Taufe eines Heidenkindes zu stiften, wenn die Hochzeit noch stattfinden würde, und sie hatte ihre Schwester Wiltrud gebeten, das gleiche zu tun.

Doch das Befinden der Königin verschlechterte sich schlagartig. Gegen Abend traf endlich Graf Preysing ein. Er war gegen eine Hochzeit am Sterbebett der Mutter und hielt an seinem Standpunkt fest, unterstützt von Rupprecht, Franz und Adelgunde. Man fürchtete auch das »böse Gerede« der Leute bei einer so überstürzten Eheschließung. Die traurige Braut schloß sich der Ansicht ihres Bräutigams an.

Der Tagebucheintrag von Prinzessin Wiltrud für den folgenden Tag, Montag, den 3. Februar 1919, lautet: »Vollendet zwischen 6 Uhr 35 und 40! Gott war gnädig mit dieser Seele. Er gab alle Gnaden und einen sanften Tod!« Die Kammerfrau Franziska Scheidl setzte ihrer Herrin ein schönes Denkmal, als sie in ihr Tagebuch schrieb: »Mit ihr starb die Seele des Hauses, nicht nur die Mutter ihrer Kinder, sondern auch unsere sorgende Landesmutter.«

Der König küßte seine hingeschiedene Ehefrau, mit der er über 50 Jahre vereint war. So taten dies auch die Kinder. Kronprinz Rupprecht umarmte seinen Vater, und die anderen Familienangehörigen küßten seine Hand. Der große Salon der Königin wurde für die Aufbahrung hergerichtet. »Friedlich lag Mama da, die Hände mit dem Rosenkranz umwickelt und das Sterbekreuz haltend«, in einem schwarzen Samtkleid und mit einem goldenen Spitzenhäubchen. Der König hatte in der Schloßkapelle unter dem Altarantritt den Begräbnisplatz für seine Frau bestimmt. Bis ruhigere Zeiten kämen, sollte sie in Wildenwart ruhen, dann nach München überführt werden. Der »Volksstaat Bayern« nahm keine Notiz vom Ableben der Königin.

Aus München drangen aufregende Nachrichten nach Wildenwart. Prinzessin Wiltrud ärgerte sich, daß dort immer noch »Eisner mit seinen Gesinnungsgenossen« regierte, der die königliche Familie völlig ignorierte. Nur in einer in Prien gehaltenen Rede erwähnte er, daß, falls die Prinzessinnen nicht genügend versorgt seien, sie ja Anspruch auf die Arbeitslosenunterstützung hätten! Wiltruds ohnmächtige Wut darüber drückt sich im Tagebuch so aus: »Ich verliere alle Achtung vor diesem Deutschland und Bayern.«

Um dem wie versteinert wirkenden Vater weitere Aufregungen zu ersparen, bereiteten die Prinzessinnen heimlich die Vermählung ihrer Schwester Gundelinde mit Graf Preysing vor, die nun am 23. Februar stattfinden sollte, damit bei einer erneuten Flucht das Paar gemeinsam Wildenwart verlassen könne. Der König wurde erst in letzter Minute von der Trauung unterrichtet. Die Ziviltrauung wurde im Salon der verstorbenen Königin durch den Bürgermeister von Wildenwart vorgenommen. Der Geistliche, Pfarrer Frischhut, wurde gebeten, sich bei der Trauungsansprache in der Schloßkapelle kurz zu fassen. Der Grund für diese wenig feierliche Trauung war eine erneute Schreckensnachricht. Graf von Holnstein hatte einen Anruf aus München vom Oberstkämmerer Freiherr von Laßberg erhalten, der mitteilte, daß die Spartakisten unterwegs seien nach Wildenwart, um den König zu verhaften und nach Stadelheim ins Gefängnis zu bringen. So wurde der Hochzeitstag, an dem wahrlich keine Hochzeitsstimmung aufkommen wollte, zum Fluchttag des Königs aus Wildenwart.

Wie schon am 7. November 1918 in München gab es auch bei dieser Flucht, obwohl sie schon vorbereitet war, Schwierigkeiten mit den Chauffeuren. So mußte der König mit dem für die Neuvermählten bereitgestellten Zweispänner fliehen. Während der königliche Vater am Hochzeitstag seiner jüngsten Tochter erst einmal einige Stunden im Wald versteckt wurde, bis seine Getreuen ein Nachtquartier für ihn fanden, machte sich das junge Paar auf die Hochzeitsreise, zu Fuß und mit dem Rucksack auf dem Rücken. Lange vorher war ein Aufenthalt auf Schloß Stein bei Trostberg geplant, den Graf Arco-Zinneberg, Schloßherr auf Maxlrain, für die Jungvermählten arrangieren sollte. Als sich der Bräutigam am Hochzeitstag bei Graf Arco telefonisch rückversichern wollte, meldete sich in Maxlrain die Schloßwache der Roten Garde. Am 21. Februar 1919 hatte ein »Arco Bayern von Kurt Eisner befreit, was dazu führte, daß Arcosche Güter besetzt wurden«. So wanderte das junge Paar, beide als Touristen »verkleidet«, nach Schloß Stein, in eine Gegend, in der »verhetzte Fabrikler wenig monarchisch« gesinnt waren und für den folgenden Tag eine Besetzung des Schlosses geplant hatten. Das Ehepaar fand für die Nacht wohl ein Dach über dem Kopf, am nächsten Morgen um fünf Uhr jedoch ging es zu Fuß weiter auf das Stammschloß der Familie Preysing nach Moos. Hin und wieder wurden die beiden mit einem »Kaibiwagerl« mitgenommen. Insgesamt waren sie vier Tage unterwegs. Die Eisenbahnstrecke von Schloß Stein bis Passau ist 144 km lang, aber sie konnten es nicht wagen, mit dem Zug zu fahren, denn Mühldorf durfte auf keinen Fall passiert werden, wo es oft schlimmer zuging als in München. Darf man die vielen netten Geschichtchen, die sich um die wenig romantische Hochzeitsreise ranken, glauben, scheint die königliche Tochter alle Strapazen gut überstanden und auch ihren Humor nicht verloren zu haben. So soll Gundel oder Gunzi, wie sie die Schwestern nannten, ihren »Schorschi« bei der Ankunft in Moos als erstes Hochzeitsgeschenk um neue Wollstrümpfe gebeten haben. Das junge Paar war übrigens vor den »Roten« als Kunstmalerehepaar getarnt auf der Flucht.

Die Heimkehr des toten Königspaares nach München

Am 18. Oktober 1921 starb Bayerns letzter König Ludwig III. auf Schloß Sárvár in Ungarn an Herzversagen und einer Magenblutung. Wie schon bei der Mutter waren auch bei seinem Hinscheiden die Kinder am Totenbett versammelt. Der König hatte der Familie gegenüber den Wunsch geäußert, in der Wittelsbacher Fürstengruft im Dom zu Unserer Lieben Frau in München zusammen mit seiner 1919 verstorbenen Gemahlin Marie Therese zur letzten Ruhe gebettet zu werden. Dieser Wunsch sollte in Erfüllung gehen, wenngleich die letzte Fahrt des toten Königs unter schwierigen Umständen erfolgte, verursacht durch politische Ereignisse und antimonarchische Gesinnung. Erst am 30. Oktober traf der Zug mit der sterblichen Hülle des Königs auf Schloß Wildenwart ein. In der Schloßkapelle, wo man seinen Sarg neben den seiner Gemahlin gestellt hatte, wurden dem König liebevolle Ehrungen durch das Landvolk zuteil. Am 4. November wurden die Särge des toten Königspaares nach München überführt. Für die Nacht erfolgte die Doppelaufbahrung in der Ludwigskirche und am folgenden Tag der Trauerzug zum Dom.

Die Organisation der königlichen Trauerfeier hatte Regierungspräsident Dr. von Kahr übernommen. Den Särgen der Eltern folgte der älteste Sohn, Kronprinz Rupprecht, in der Uniform eines bayerischen Feldmarschalls, dann die übrigen Mitglieder des königlichen Hauses, die Verwandten und viele andere Fürstlichkeiten.

Die Gedenkrede für das königliche Paar hielt Kardinal Michael von Faulhaber im Dom, umgeben von allen Bischöfen Bayerns. Er stellte seine Rede unter das Wort von Papst Gregor VII.: »Ich habe die Gerechtigkeit geliebt und das Unrecht gehaßt, darum sterbe ich in der Verbannung«.

Der Kardinal zeichnete in seiner Ansprache der Trauergemeinde das Charakterbild des verstorbenen Königs, der »seiner Familie das Bild eines arbeitsseligen Mannes hinterlassen hat, seinem Volke das Bild eines leutseligen Königs, seiner Kirche das eines gottseligen Bekenners … Im Februar 1868 fuhr ein Hochzeitszug von Wien über Salzburg nach München, und ein Hosianna des bayerischen Volkes begrüßte den neuvermählten Prinzen Ludwig von Bayern und die Erzherzogin Marie Theresia von Österreich-Este. In den letzten Tagen des Oktober 1921 fuhr ein Leichenwagen die gleiche Strecke von Salzburg nach München, und überall grüßte das bayerische Volk den Leichenzug mit weinender Seele und mit gesenkten Fahnen. Am 20. Februar 1918 haben wir vor dem Hochaltar dieser Kirche die goldene Hochzeit des Königspaares neu gesegnet. Ein Jahr darauf, am 6. Februar 1919, haben wir die Königin auf Schloß Wildenwart vorläufig beigesetzt. Vor wenigen Wochen erst ist König Ludwig zum letzten Mal nach Altötting gepilgert, um dort in der Gnadenkapelle die Urne mit dem Herzen der Königin niederzulegen. Und heute ruhen sie beide im Totenschrein nach einem 51jährigen Treubund vor diesem Altare, um nach dem Seelengottesdienst in der Gruft unter dem Hochaltar ihre letzte Ruhestätte zu finden – im Leben und im Tode nicht getrennt«.

Die Volksstimmung in München schien völlig umgeschlagen zu sein. Der rote Stadtrat hatte für diesen 5. November 1921 die Schließung der Schulen und Betriebe angeordnet. Dem toten Königspaar wurden alle königlichen Ehren erwiesen. Die gesamte Staatsregierung schritt mit im Trauerzug. Allein 150 Vereine mit etwa 25 000 Teilnehmern waren anwesend, darunter schwäbische und fränkische Bauern und Bürger, Oberpfälzer Land- und Stadtvolk, die Oberländer, alle in ihrer kleidsamen Tracht, die Knappen vom Salzbergwerk Berchtesgaden in ihrer alten malerischen Uniform in Weiß und Blau, desgleichen die Wackersberger Schützen in grünem Wams mit Büchsen und Fahnen. Die acht Kreise hatten große Abordnungen geschickt. Am Königsplatz durchbebten Fanfarenstöße die Luft, und 700 Sänger erhoben ihre Stimmen zu einem Hymnus.

Baronin von Redwitz formulierte in ihrer Hofchronik: »Man hatte in München noch nicht verlernt, solchen Veranstaltungen eine hohe künstlerische Weihe zu geben: so hat der neue Volksstaat das angestammte Königspaar, das er unter Führung landfremder Elemente vom Throne gestoßen, unter pomphafter Feier in die Gruft der alten ehrwürdigen Frauenkirche gesenkt. Das Geschlecht der Wittelsbacher hat achthundert Jahre das Bayernland regiert.«

Kronprinz Rupprecht, der »in die Rechte« seines Vaters Eingetretene, hat die Ehrerbietung für seine toten Eltern, die in die frühere Residenzstadt heimgekehrt waren, wie folgt niedergeschrieben: »... Diese Kundgebungen haben heute einen ergreifenden Höhepunkt erreicht anläßlich der Beisetzung meiner in den letzten drei traurigen Jahren heimgegangenen Eltern. Sie sind ein rührender Beweis, daß Treue kein leerer Wahn ist und daß die innigen Beziehungen, die seit dreiviertel Jahrtausenden das bayerische Volk mit dem aus ihm hervorgegangenen Geschlechte der Wittelsbacher verbinden, sich nicht durch einen Federstrich lösen lassen. Ich werde diese Zeichen der Treue nicht vergessen.«

Rupprecht als neuen König und Antonia als neue Königin sollte es nicht geben. Die Monarchie hatte aufgehört zu existieren. Viele Bayern, die am 5. November 1921 die Straßen säumten, um dem Königspaar die letzte Ehre zu erweisen, dürften sich wohl daran erinnert haben, daß es auf den Tag genau erst acht Jahre her war, daß sie landauf, landab gejubelt hatten: Wir haben einen neuen König, wir haben eine neue Königin – bei der Königsproklamation am 5. November 1913.

Erstes Königspaar von Bayern und seine Nachkommen

Maximilian I. (Joseph)
König von Bayern 1806–1825
(27. 5. 1756–13. 10. 1825)

I 30. 9. 1785 Auguste Wilhelmine Maria,
Ldgfn. v. Hessen-Darmstadt
(14. 4. 1765–30. 3. 1796)

II 9. 3. 1797
Caroline Friederike Wilhelmine,
Mgfn. v. Baden (13. 7. 1776–13. 11. 1841)

∞

I ∞

Ludwig I.
Kg. v. Bayern 1825–1848
(25. 8. 1786–29. 2. 1868)
∞ 12. 10. 1810 Therese,
Prn. v. Sachsen-Hildburghausen
(8. 7. 1792–26. 10. 1854)

Auguste Amalie
(21. 6. 1788–13. 5. 1851)
∞ 14. 1. 1806 Eugène Beauharnais,
Vizekönig von Italien
Hg. v. Leuchtenberg und Ft. v. Eichstätt

Amalie Maria Auguste
(9. 10. 1790–24. 1. 1794)

Charlotte Auguste (Karoline)
(8. 2. 1792–9. 2. 1873)
∞ I 8. 6. 1808 Wilhelm v. Württemberg,
gesch. 1814
∞ II 10. 11. 1816 Franz I. v. Österreich, Kaiser

Karl Theodor
(7. 7. 1795–19. 8. 1875)
∞ I 1. 1. 1823 Marie Anna Sophie Pétin,
∞ II 7. 5. 1859 Henriette Hölken,
geb. Schoeller

II ∞

Prinz tot geboren 5. 9. 1799

Maximilian Joseph (28. 10. 1800–12. 2. 1803)

Elisabeth Ludovika
(13. 11. 1801–14. 12. 1873)
∞ 29. 11. 1823
Friedrich Wilhelm IV, Kg. v. Preußen

Amalie Auguste
(13. 11. 1801–8. 11. 1877) ∞ 21. 11. 1822
Johann I, Kg. v. Sachsen

Sophie Friederike
(27. 1. 1805–28. 5. 1872) ∞ 4. 11. 1824
Franz Karl Johann, Ezhg. v. Österreich

Maria Anna Leopoldine
(27. 1. 1805–13. 9. 1877) ∞ 24. 4. 1833
Friedrich August II, Kg. v. Sachsen

Ludovika Wilhelmine
(30. 8. 1808–26. 1. 1892) ∞ 9. 9. 1828
Maximilian, Hg. in Bayern

Maximiliane Josepha Caroline
(21. 7. 1810–4. 2. 1821)

Zweites Königspaar von Bayern und seine Nachkommen

Ludwig I. ∞ 12. 10. 1810 Therese,
König von Bayern 1825–1848   Prn. v. Sachsen-Hildburghausen
(25. 8. 1786–29. 2. 1868)   (8. 7. 1792–26. 10. 1854)

Maximilian II. (Joseph),
Kg. v. Bayern 1848–1864
(28. 11. 1811–10. 3. 1864)
∞ 12. 10. 1842 Marie Friederike,
Prn. v. Preußen
(15. 10. 1825–17. 5. 1889)

Mathilde Karoline Friederike
(30. 8. 1813–25. 5. 1862)
∞ 26. 12. 1833 Großhg.
Ludwig III. v. Hessen und bei Rhein

Otto Friedrich Ludwig
Kg. v. Griechenland
(1. 6. 1815–26. 7. 1867)
∞ 22. 11. 1836 Amalie,
Prn. v. Oldenburg

Theodolinde
(7. 10. 1816–12. 4. 1817)

Adelgunde Auguste Charlotte
(19. 3. 1823–28. 10. 1914)
∞ 30. 3. 1842 Franz V. Ferdinand,
Hg. v. Modena,
Ezhg. v. Österreich-Este

Hildegard Louise Charlotte
(10. 6. 1825–2. 4. 1864)
∞ 1. 5. 1844 Albrecht Friedrich Rudolf,
Ezhg. v. Österreich,
Hoch- u. Deutschmeister

Alexandra Amalie
(26. 8. 1826–8. 5. 1875)

Adalbert Wilhelm
(19. 7. 1828–21. 9. 1875)
∞ 25. 8. 1856 Amalia Felipe Pilar,
Infantin v. Spanien

Luitpold
Prinzregent v. Bayern 1886–1912
(12. 3. 1821–12. 12. 1912)
∞ 15. 4. 1844 Auguste Ferdinande,
Ezhgn. v. Österreich,
Prn. v. Toskana
(1. 4. 1825–26. 4. 1864)

Ludwig III.
Kg. v. Bayern 1913–1918
(7. 1. 1845–18. 10. 1921)
∞ 20. 2. 1868 Marie Therese,
Ezhgn. v. Österreich-Este,
Prn. v. Modena
(2. 7. 1849–3. 2. 1919)

Leopold
(9. 2. 1846–28. 9. 1930)
∞ 20. 4. 1873
Gisela,
Ezhgn. v. Österreich

Therese
(12. 11. 1850–19. 9. 1925)

Arnulf
(6. 7. 1852–12. 11. 1907)
∞ 12. 4. 1882
Therese, Prn. v. Liechtenstein

Drittes Königspaar von Bayern und seine Nachkommen

Maximilian II. (Joseph),　　∞　　12. 10. 1842 Marie Friederike,
König von Bayern 1848–1864　　　　Prinzessin von Preußen
(28. 11. 1811–10. 3. 1864)　　　　　(15. 10. 1825–17. 5. 1889)

Ludwig II.
König von Bayern
1864–1886
(25. 8. 1845–13. 6. 1886)

Otto Wilhelm Ludwig
(27. 4. 1848–11. 10. 1916)

Viertes Königspaar von Bayern und seine Nachkommen

Ludwig III.
König von Bayern 1913–1918
(7. 1. 1845–18. 10. 1921)

∞

20. 2. 1868 Marie Therese,
Ezhgn. v. Österreich-Este,
Prn. v. Modena
(2. 7. 1849–3. 2. 1919)

Rupprecht, Kronprinz
(18. 5. 1869–2. 8. 1955)
∞ I 10. 7. 1900 Marie Gabrielle,
Hzgn. in Bayern
(8. 10. 1878–24. 10. 1912)
∞ II 7. 4. 1921 Antonia,
Prn. v. Luxemburg u. Nassau
(7. 10. 1899–31. 7. 1954)

Adelgunde
(17. 10. 1870–4. 1. 1958)
∞ 20. 1. 1915 Wilhelm,
Fürst v. Hohenzollern

Maria
(6. 7. 1872–10. 6. 1954)
∞ 31. 5. 1897 Ferdinand,
Hg. v. Calabrien,
Pr. v. Bourbon-Sizilien

Karl
(1. 4. 1874–9. 5. 1927)

Franz
(10. 10. 1875–25. 1. 1957)
∞ 8. 7. 1912 Isabella,
Prn. v. Croy

Mathilde
(17. 8. 1877–6. 8. 1906)
∞ 1. 5. 1900 Ludwig,
Pr. v. Sachsen-Coburg-Gotha

Wolfgang
(2. 7. 1879–31. 1. 1895)

Hildegard
(5. 3. 1881–2. 2. 1948)

Notburga
(19. 3. 1883–24. 3. 1883)

Wiltrud
(10. 11. 1884–28. 3. 1975)
∞ 26. 11. 1924 Wilhelm,
Gf. v. Urach u. Württemberg

Helmtrud
(22. 3. 1886–22. 6. 1977)

Dietlinde
(2. 1. 1888–15. 2. 1889)

Gundelinde
(26. 8. 1891–16. 8. 1983)
∞ 23. 2. 1919 Johann Georg,
Gf. Preysing-Lichtenegg-Moos

Quellen- und Literaturverzeichnis

Archive

Bayerisches Hauptstaatsarchiv München Abteilung III – Geheimes Hausarchiv (GHA):
a) Hausurkunden
b) Autographen
c) Nachlässe:
König Maximilian I. Joseph; König Ludwig I.; König Maximilian II.; König Ludwig II.;
König Ludwig III.; König Otto von Griechenland; Prinzessin Therese; Prinzessin Adelgunde; Tagebücher der Prinzessin Wiltrud

Hessisches Staatsarchiv Darmstadt Großherzogliches Archiv/Fischbacher Archiv (GAD):
a) D 22 No. 8/1–5, 17/8, 17/16, 22/13, 10/50
b) Nachlaß Großherzog Ludwig III. D 4 Nr. 764/9
c) Familienkorrespondenz Landgraf Ferdinand von Hessen-Homburg D 11 Nr. 179/10

Stadtarchive
Bad Aibling; Bamberg; Hildburghausen; Würzburg

Auswahlbibliographie

ADALBERT VON BAYERN, Als die Residenz noch Residenz war, München 1967
DERS., Die Herzen der Leuchtenberg, München 1963
DERS., Die Wittelsbacher. Geschichte unserer Familie, München 1979
DERS., Erinnerungen 1900–1956, München 1991
DERS., Eugen Beauharnais, Berlin 1940
DERS., Maximilian I. Joseph von Bayern, München 1957
DERS., Königin Caroline von Bayern und Kaspar Hauser, in: Der Zwiebelturm 1951, S. 102–107 u. 121–128
AK = AUSSTELLUNGSKATALOGE:
AK Biedermeiers Glück und Ende. Hrsg. v. Ottomeyer, H. u. Laufer, Ul. München 1987 (zitiert: Biedermeier)
AK Die letzte Reise – Sterben, Tod und Trauersitten in Oberbayern, hrsg. v. S. Metken, München 1984 (zitiert: Die letzte Reise)
AK Das Oktoberfest, Einhundertfünfundsiebzig Jahre Bayerischer National-Rausch, hrsg. v. Florian Dering u. a., München 1985
AK Glanz und Ende der alten Klöster, Säkularisation im bayeri-

schen Oberland 1803, hrsg. v. Kirmeier, J. u. Treml, M. = Veröffentlichung zur Bayerischen Geschichte und Kultur Nr. 21/91, hrsg. v. Haus der Bayerischen Geschichte. München 1991

AK König Ludwig II. – Museum Herrenchiemsee, hrsg. v. Hojer, G., München 1986

AK Münchner Biedermeier, Aquarelle aus der Sammlung der Königin Elisabeth von Preußen, hrsg. v. der Bayerischen Vereinsbank und der Stiftung Schlösser und Gärten, Potsdam-Sanssouci, München 1991

AK Die Prinzregentenzeit, hrsg. v. Götz, N. u. Schack-Simitris, C., München 1986

AK »Vorwärts, vorwärts sollst du schauen ...«, hrsg. v. Erichsen, J. u. Puschner, U., Regensburg 1986 – Aufsätze und Katalog. Veröffentlichungen zur Bayerischen Geschichte und Kultur Nr. 9/86, hrsg. v. Grimm, C.

AK Wittelsbach und Bayern, Krone und Verfassung, König Max I. Joseph und der neue Staat, Bde. III/1 u. 2. Hrsg. v. H. Glaser, München-Zürich, 1980 (zitiert: Wittelsbach)

AMMERICH, H., Jugend und Erziehung Max I. Joseph, in: Wittelsbach Bd. III/1, 1980 S. 65–71

ANDICS, H., Die Frauen der Habsburger, Wien-München 1985

ATTINGER, –, Eine königliche Prinzessin als Kaninchenzüchter, in: Der Deutsche Kaninchenzüchter, Schwarzenbach 1917

BASTGEN, B., Bayern und der Heilige Stuhl in der ersten Hälfte des 19. Jahrhunderts, München 1940

DERS., Der Heilige Stuhl und die Heirat der Prinzessin Elisabeth von Bayern, Freiburg 1930

BAUER, H., Geschichtstaler. Münzen und Geschichtsbewußtsein unter Ludwig I. von Bayern (Sonderkatalog Münzen-Revue) 1983

BAUR, W., Prinzeß Wilhelm von Preußen, geb. Prinzeß Marianne von Hessen-Homburg, Homburg 1886

BECK, B., Großherzogin Mathilde von Hessen und bei Rhein. Eine Biographie. Darmstadt 1994

BECKENBAUER, A., Ludwig III., ein König auf der Suche nach seinem Volk, Regensburg 1987

BENDER, F., Elisabeth, Prinzessin Carl von Hessen und bei Rhein, geb. Prinzessin von Preußen. Ein Lebensbild, Darmstadt 1886

BÖHM, G. v., Ludwig II., König von Bayern, Berlin [2]1924

BOSL, K., Bosls Bayerische Biographie. 8000 Persönlichkeiten aus 15 Jahrhunderten, Regensburg 1983, und Ergänzungsband 1988

DERS., Die Wittelsbacher und Europa, München 1980

BRAUNGART, M., Stadtführer Hildburghausen, Hildburghausen 1991

BÜHLER, A. L., Karoline, Königin von Bayern. Beiträge zu ihrem Leben und zu ihrer Zeit, München 1941

CORTI, E. C. Conte, Leopold I. von Belgien, Wien 1922

DERS., Ludwig I. von Bayern, München 1979

DINGELSTEDT, F. v., Münchener Bilderbogen, 1879

DÖLLINGER, J., Trauerrede auf das Hinscheiden Ihrer Majestät der allerdurchlauchtigsten Königin Charlotte Louise Friederike Amalie Therese von Bayern gehalten den 3. November 1854 in der königl. Hof- und Stiftskirche zum heil. Cajetan in München, München 1854

DOTTERWEICH, H., Das Erbe der Wittelsbacher, Vermächtnis einer europäischen Dynastie, München ²1983

ESCHERICH, E., Die Escherichs, Lebenserinnerungen aus dem Königreich Bayern, Mchn 1985

FAULHABER, M. Kardinal, Trauerrede bei der Beisetzung Ihrer Majestäten des Königs Ludwig III. von Bayern und der Königin Maria Theresia im Liebfrauendom zu München, München 1921

FORSTER, J. M., Prinz Ludwig von Bayern, Biographie und Reden Sr. Kgl. Hoheit des Prinzen Ludwig von Bayern, München 1897

FREYBERG, P. v., Maria Electrine Freifrau von Freyberg, geb. Stuntz (1797–1847), Eine Münchner Malerin. Lithographin und Radiererin, in: Oberbayerisches Archiv, 110. Bd., München 1985

FREYSTEDT, K. v., Erinnerungen aus dem Hofleben, hrsg. v. K. Obser, Heidelberg 1902

FRIED, P., Die Anfänge des Hauses Wittelsbach, 1980

GEBHARDT, H., König Ludwig II. und seine verbrannte Braut. Unveröffentlichte Liebesbriefe Prinzessin Sophie's an Edgar Hanfstängl, Pfaffenhofen 1986

GLOWASZ, P., Wurde Ludwig II. erschossen?, Berlin 1991

GOLLWITZER, H., Ludwig I. von Bayern. Königtum im Vormärz. Eine politische Biographie, München 1986

HALLER, E. M., Königin Elisabeth, eine bayerische Prinzessin auf dem preußischen Königsthron, S. 58–75; Königin Marie, eine preußische Prinzessin auf dem bayerischen Königsthron, S. 76–93. Beide Aufsätze in: Bayern-Preußen/Preußen-Bayern, hrsg. v. der Bayerischen Vereinsbank München 1982

DIES., König Ludwig I. und Prinzessin Therese von Sachsen-Hildburghausen, in: Ludwig und Therese, hrsg. v. der Bayerischen Vereinsbank, Mchn 1982, S. 7–28

DIES., u. LEHMBRUCK, H., Palais Leuchtenberg, München 1986

HAMANN, B., Die Habsburger – Ein biographisches Lexikon, Wien 1988

DIES., Elisabeth – Kaiserin wider Willen, Wien-München 1985

HANDKE, E., Marianne zu Ehren. Zum 200. Geburtstag der Prinzessin Wilhelm von Preußen geb. Prinzessin Marianne von Hessen-Homburg, hrsg. v. Magistrat der Stadt Homburg v. d. H., 1985

HANSLIK, E. u. WAGNER, J., Ludwig II., König von Bayern

1845–1886, Internationale Bibliographie zu Leben und Wirkung, Frankfurt a. M. 1986

HARTMANN, P. C., Bayerns Weg in die Gegenwart. Vom Stammesherzogtum zum Freistaat heute, Regensburg 1989

HASE, U. v., Joseph Stieler 1781–1858. Sein Leben und sein Werk, München 1971

HAUSER, S. E., Carolina Augusta, Diss. masch. Wien 1991

HEIGEL, C. TH., Ludwig I. König von Bayern, Leipzig 1872

HEINDL, H., Marie, Königin von Bayern, München 1989

HERRE, F., Ludwig II., Stuttgart 1986

HILDEBRANDT, J., Bin halt ein zähes Luder, München 1991

HOJER, G., Die Schönheitsgalerie König Ludwigs I., München-Zürich 1979

HORN, E., Bayern tafelt, München 1980

HUBENSTEINER, B., Bayerische Geschichte, München 1977

HUBER, E., Marie Gabrielle, Dießen 1913

HÜTTL, L., Das Haus Wittelsbach, München 1980

DERS., Ludwig II., München 1986

DERS., Ludwig I., König und Bauherr, München 1986

JUNKELMANN, M., Napoleon und Bayern. Von den Anfängen des Königreiches, Regensburg 1985

KAHR, G. v., Vor zehn Jahren. Wie König Ludwig III. und Königin Maria Therese zu Grabe gebracht wurden, in: Süddeutsche Monatshefte, Jg. 1931

KIRCHNER, H. M., Friedrich Thiersch. Seine geistige Welt und seine kulturpolitischen Bestrebungen, München 1955

KITZMANN, A. R., Das offene Tor. Protestanten in München, München 1990

KOBELL, L. v., Unter den vier ersten Königen Bayerns, 2 Bde., München 1894

KÖNIG MAXIMILIAN II. VON BAYERN (1848–1864), hrsg. v. Haus der Bayerischen Geschichte, Claus Grimm, München 1988 (zitiert: Max II.)

KONSTANTIN VON BAYERN, Des Königs schönste Damen, München 1980

KÖRNER, H.-M. und I., Leopold von Bayern, Aus den Lebenserinnerungen 1846–1930, Regensburg 1983

KRAUS, A., Bayerische Geschichte, München 1983

KRISTL, W. L., Lola, Ludwig und der General, Pfaffenhofen/Ilm 1979

LIEBHART, W., Königtum und Politik in Bayern, Frankfurt a. M. 1994

LOHMEIER, G., Die Ahnen des Hauses Bayern. Die Geschichte der Wittelsbacher, München 1980

LUDWIG DER ERSTE VON BAYERN, Walhallas Genossen, geschildert durch König Ludwig den Ersten von Bayern, den Gründer Walhallas, München 1842

DERS., Gedichte des Königs Ludwig [I.] von Bayern, München 1829

LUPIN AUF ILLERFELD, F. v., Königin Karoline Friederike Wilhelmine von Baiern, Weimar 1843

MARSCHNER, K., Zum Gedenken der 1837 von Tirol eingewanderten evangelischen Zillerthaler und die Ursache ihrer Auswanderung, Schmiedeberg im Riesengebirge 1937

MERTA, F., König Ludwig II. im Spiegel der Neuerscheinungen zum 100. Todestag, S. 719–743, in: ZBLG Nr. 49, 1986

MOLITOR, L., König Ludwig des I. von Bayern erste Königsreise in die Rheinpfalz in Gemeinschaft mit seiner Gemahlin Königin Therese, Zweibrücken 1888

MÜNSTER, R., König Ludwig II. und die Musik, München 1980

OERTZEN, A. v., Die Schönheitengalerie Ludwigs I. in der Münchener Residenz, München 1927

OTTOMEYER, H., Die Kroninsignien des Königreichs Bayern, München-Zürich 1979

PETZET, M. u. NEUMEISTER, W., Die Welt des Bayerischen Märchenkönigs. Ludwig II. und seine Schlösser, München ²1984

PRAGER, E., Gedenkbuch der Festlichkeiten Bayerns bei der Vermählung Maximilians von Bayern und der Prinzessin Marie von Preußen im Oktober 1842, 1842

RACOWITZA; H. v., Von Anderen und mir, Berlin 1909

RALL, H., Königin Mutter Marie und das Rote Kreuz, in: 1869–1954 Frauenarbeit im Bayerischen Roten Kreuz, hrsg.

v. Koschuda, K., u. Jokziel, R., München 1954, S. 23–26

DERS., Führer durch die Fürstengrüfte. Wittelsbacher Lebensbilder von Kaiser Ludwig bis zur Gegenwart, München o. J.

DERS. u. RALL, Marga, Die Wittelsbacher in Lebensbildern, Graz-Regensburg 1986

DERS. u. PETZET, M., König Ludwig II., Wirklichkeit und Rätsel, München-Zürich 1968

RAUH, R. u. SEYMOUR, B., Ludwig I. u. Lola Montez. Der Briefwechsel. München 1995

REDWITZ, M. v., Hofchronik 1888–1921, München 1924

REGER, K.-H., Bayerns verkaufte Prinzessinnen, Pfaffenhofen 1988

REICHERT, H., Die Geierwally, Leben und Werk der Malerin Anna Stainer-Knittel, Innsbruck 1991

ROEPKE, K.-J., Die Protestanten in Bayern, München 1972

ROLLE, TH., Die Reise König Ludwigs I. von Bayern durch den Oberdonaukreis und nach Augsburg im Jahre 1829, in: Zeitschrift des Historischen Vereins für Augsburg und Schwaben, Augsburg 1986/87, S. 9–65

DERS., Augsburg und Umgebung in der Ära Ludwigs I. von Bayern, in: Jahresbericht 1987/88 des Heimatvereins für den Landkreis Augsburg 1987/88, S. 192–218

ROTENHAN, H. v. (Hrsg.), Geschichte des Frauenvereins vom Roten Kreuz, München 1894 und 1904

RUPPRECHT VON BAYERN, Mein Kriegstagebuch, 3 Bde., hrsg. v. Eugen von Frauenholz, Berlin 1929

FRIEDRICH ERNST V. SACHSEN-ALTENBURG, Das Rätsel der Madame Royal, hrsg. v. M. Eichhorn, Hildburghausen 1991

SAUER, P., Heiraten aus Staatsräson, Napoleon und seine Beziehungen in den Regentenhäusern Badens, Württembergs und Hohenzollerns, in: Baden und Württemberg im Zeitalter Napoleons, Bd. 2, Stuttgart 1987, S. 55–80

SCHAD, M., Bayerns Königshaus, Regensburg 1992

DIES., Ludwig Thoma und die Frauen, Regensburg 1994

DIES., Frauen, die die Welt bewegten, Augsburg 1997

DIES., Kaiserin Elisabeth und ihre Töchter, München 1997

DIES. u. DALLMEIER, M., Das Fürstliche Haus Thurn u. Taxis, 300 Jahre Geschichte in Bildern, Regensburg 1995

SCHLIM, J. L., Der vergessene König auf Bayerns Thron Otto I., in: Charivari, Die Zeitschrift für Kunst, Kultur und das Leben in Bayern, München, Nr. 10, Okt. 1991

SCHLOSSCHRONIK VON HOHENSCHWANGAU zum Schwanenstein, zur Erinnerung gesammelt von Johann Baptist Findel, Castellan seiner Königl. Hoheit des Kronprinzen Maximilian, Juli 1836

SCHMID, U., Karl May, Briefe an das bayerische Königshaus und

»Mein höheres und eigentliches Vaterland ist Bayern«. Zu den Briefen Karl Mays an das bayerische Königshaus, in: Jahrbuch der Karl-May-Gesellschaft 1983, S. 77–145

SCHMIDBAUER, W. u. KEMPER, J., Ein ewig Rätsel will ich bleiben mir und anderen. Wie krank war Ludwig II. wirklich?, München 1986

SCHMIDT, F. v., Lebenserinnerungen des ehemaligen bayerischen Kabinets-Predigers und Ministerialrats Ludwig Friedrich von Schmidt, in: Blätter für bayerische Kirchengeschichte, Nr. 5 u. 6, 1887/88, S. 55 ff., 81 ff., 104 ff. u. 119 ff.

SCHOEPPL, H. F., Die Herzöge von Sachsen-Altenburg ehem. von Hildburghausen, 1890

SCHROTT, L., Der Prinzregent. Ein Lebensbild aus Stimmen seiner Zeit, München 1962

SCHULTZE, M., Marie, Königin von Bayern, München 1894

SCHWEIGGERT, A., Schattenkönig – Otto, der Bruder König Ludwig II. von Bayern, München 1992

DERS., Der Kronprinz. Kindheit und Jugend Ludwig II. von Bayern, München 1995

SEIDL, W., Bayern in Griechenland. Die Geschichte eines Abenteuers, München 1965

SEXAU, R., Fürst und Arzt, Dr. med. Herzog Carl Theodor in Bayern, Graz, Wien, Köln 1963

SENDTNER, K., Rupprecht von Wittelsbach, Kronprinz von Bayern, München 1954

SPENGLER, K., Es geschah in München, München 1971

DERS., Die Wittelsbacher in Tegernsee, München 1969

SPINDLER, M., Erbe und Verpflichtung. Aufsätze und Vorträge zur bayerischen Geschichte, hrsg. v. Andreas Kraus, München 1966

DERS., Kronprinz Ludwig von Bayern und Napoleon, München 1942

STERNDORF-HAUCK, CH., Brotmarken und rote Fahnen. Frauen in der bayerischen Revolution und Räterepublik 1918/1919, Frankfurt/M. 1989

THERESE VON BAYERN, Reiseeindrücke und Skizzen aus Rußland. Ihrer Majestät der Königinmutter Marie von Bayern in dankbarer Liebe und Verehrung gewidmet, Stuttgart 1885

TÜMMLER, H. (Hrsg.), König Ludwig I. von Bayern und Caroline von Heygendorf in ihren Briefen 1830 bis 1848, Köln/Wien 1981

TURTUR, L. u. BÜHLER, A. L., Geschichte des Protestantischen Dekanats und Pfarramts München, München 1969

TRÄGER, J. (Hrsg.), Die Walhalla. Idee, Architektur, Landschaft, Regensburg 1979

TROST, L., König Maximilian von Bayern und Schelling, Stuttgart 1890

DERS., König Ludwig I. von Bayern in seinen Briefen an seinen Sohn

Otto von Griechenland, Bamberg 1891

URSEL, E., Die bayerischen Herrscher von Ludwig I. bis Ludwig III. im Urteil der Presse nach ihrem Tode, in: Beiträge zu einer historischen Strukturanalyse Bayerns im Industriezeitalter, hrsg. von K. Bosl, Bd. II, Berlin 1974

VEHSE, E., Bayerische Hofgeschichten, hrsg. v. J. Dellbrück, München 1922

VOSS, S. M. v., Neunundsechzig Jahre am Preußischen Hofe, Leipzig 1876

WEIS, E., Montgelas 1759–1799. Zwischen Revolution und Reform, München 1971

WITZLEBEN, H. v. u. VIGNAU, I. v., Die Herzöge in Bayern. Von der Pfalz zum Tegernsee, München 1976

WÖBKING, W., Der Tod König Ludwigs II. von Bayern, Rosenheim 1986

WOLF, G. J., Die Münchnerin, München 1924

DERS. (Hrsg.), Ein Jahrhundert in München 1800–1900, München [2]1922

DERS., Ludwig II. und seine Welt, München 1922

WOLFSGRUBER, C., Karolina Auguste, die »Kaiserinmutter«, Wien 1893

ZORN, W., Bayerns Geschichte im 20. Jahrhundert, München 1986

Bildnachweis

Bayerische Verwaltung der staatlichen Schlösser, Gärten und Seen, Schloß Nymphenburg, München: 12 oben links, 22 oben rechts, 23 (und Textteil Seite 175)

Bayerisches Hauptstaatsarchiv – Geheimes Hausarchiv, München: 1, 8 unten rechts, 15 unten, 16 oben, 25, 27, 28 oben, 29, 30, 31, 32 oben und unten links

Bayerisches Nationalmuseum, München: 2 oben

Reinhold Böhm, Füssen. Foto: Max Kurth, Füssen (1889): 16 unten

Deutsches Tapetenmuseum, Kassel: 9 unten

Franz Häußler, Augsburg: 26

Hannes Heindl, München: 15 oben

Huttig-Foto, Starnberg: 28 unten

Foto M. Ilse, Prien: 24 oben

Interfoto: Textteil Seite 15

Felix Mebes, Berlin: 14 unten rechts

Heinrich Meilhaus, München: 12 oben rechts

Münchner Stadtmuseum: 4 oben (Inv.-Nr. 67/509), 8 oben (Inv.-Nr. MI/1826), 13 (Inv.-Nr. MIII/649), 14 oben, 18 oben (Inv.-Nr. IIa/30)

Musées Nationaux, Versailles. Foto: Giraudon/Interfoto: 19

Museum der Stadt Regensburg. Foto: Foto-Studio Zink, Regensburg: 9 oben rechts

Max Prugger, München. Mit Genehmigung des Landesbauamts München: 4 unten links

Manfred Sailer, Füssen: 14 unten links

Stadtarchiv München: 21 oben

Stiftung Schlösser und Gärten, Potsdam-Sanssouci: 11

Fürst Thurn und Taxis Kunstsammlungen, Regensburg: 5, 9 oben links; Zentralarchiv. Hofbibliothek. Fotos: Wagmüller, Regensburg: 2 unten, 4 unten rechts

Verwaltung der Staatlichen Schlösser und Gärten, Schloß Charlottenburg, Berlin. Fotos: Jörg P. Anders, Berlin: 10

Wittelsbacher Ausgleichsfonds, Schloß Nymphenburg, München: 3, 6 (und Textteil Seite 99), 7, 18 unten, 20, 22 oben links

Aus Privatbesitz: 17 (Foto: Fotohaus Brenner, Ettlingen); 21 unten (Foto: H. Schad, Augsburg); 32 unten rechts (Foto: Huttig-Foto, Starnberg); Textteil Seite 287 (Walther Firle, Privatarchiv)

Von der Autorin: 12 unten, 24 unten

Entnommen aus: H. Heindl, Marie, Königin von Bayern, München 1989: 22 unten; H. Reidelbach, Ludwig, Prinz von Bayern. Ein Charakterbild, München 1905: 8 unten links

Wenn nicht anders angegeben, beziehen sich die Seitenzahlen auf den unpaginierten Bildteil.

Anmerkungen

Die hier aufgeführten Titel werden nur in Kurzform genannt. Zitate aus Briefen, die im Geheimen Hausarchiv sind, wurden NICHT in die Anmerkungen aufgenommen.

Caroline Friederike Wilhelmine von Baden, S. 15–98

1 WEIS, Bayern, S. 49.
2 RALL, Lebensbilder, S. 326; vgl. dazu JUNKELMANN, Napoleon.
3 WEIS, Bayern, S. 50; vgl. AMMERICH, Jugend Max I., S. 65–71.
4 AK WITTELSBACH III/2, S. 102. Das Bild gehört zu einer Serie von Pastellen, die Becker zwischen 1795 bis 1797 malte.
5 Carolines Mutter nannte Napoleon einen standeslosen Emporkömmling, dessen Kriege ihre badische Heimat stören!
6 BÜHLER, Karoline, S. 6.
7 EBD.
8 EBD.
9 ADALBERT, Max I., S. 300.
10 EBD., S. 302.
11 EBD.
12 EBD., S. 303.
13 EBD., S. 304.
14 Ehevertrag GHA Ludwig I.: Nr. 46-1-2 a.
15 ADALBERT, Max I., S. 317.
16 ADALBERT, Max I., S. 434 ff.

17 Siehe Kapitel »Caroline und Napoleon«.
18 Vgl. dazu GÖTZ / HALLER, Prinz-Carl-Palais.
19 ADALBERT, Max I., S. 394.
20 EBD., S. 397
21 EBD., S. 404; Caroline war kurze Zeit nach Bayreuth gebracht worden.
22 Zittel, Ehen, S. 172; vgl. dazu HALLER, Elisabeth; BASTGEN; Der heilige Stuhl; WINTER; Wrede.
23 BÜHLER, Karoline, S. 129.
24 ZITTEL, Ehen, S. 172.
25 SCHOBER, Könige, S. 162 ff.
26 ADALBERT, Max I., S. 818 ff.
27 EBD., S. 469.
28 EBD.
29 WEISSENSTEINER, »Schmach … vom Kaiserreich genommen« S. 8–11.
30 Vgl. dazu WITZLEBEN u. VIGNAU, Herzöge; SEXAU, Fürst.
31 BÜHLER, Karoline, S. 127.
32 REDWITZ, Hofchronik, S. 29.
33 BÜHLER, Karoline, S. 82.
34 EBD.
35 ADALBERT, Max I., S. 799.
36 ZISCHKA, Christlicher Trost, S. 343.

37 AK WITTELSBACH III/2. S. 621 f..

38 Vgl. dazu STEINER, Grabmäler, S. 284.

39 ADALBERT, Max I., S. 798.

40 BÜHLER, Karoline, S. 83.

41 THIERSCH, Leben, S. 76 ff.

42 AK WITTELSBACH III/2, S. 646.

43 Vgl. dazu SPENGLER, München; AK DIE LETZTE REISE Nr. 396; AK WITTELSBACH III/2, S. 558 ff.

44 ADALBERT, Max I., S. 796.

45 SPENGLER, München, S. 50.

46 AK DIE LETZTE REISE, Nr. 396.

47 SPENGLER, München, S. 50.

48 AK DIE LETZTE REISE, Nr. 396.

49 WEIS, Bayern, S. 61.

50 EBD., S. 50.

51 ADALBERT, Max I., S. 561.

52 EBD., S. 564.

53 EBD., S. 575.

54 Zum Politischen vgl. HARTMANN, Bayern, S. 366 ff.

55 ADALBERT, Max I., S. 646.

56 EBD., S. 661.

57 ROTENHAN, Frauenverein.

58 EBD., S. 9.

59 Siehe dazu »Königin Marie gründet den Frauenverein vom Rothen Kreuz«.

60 ADALBERT, Max I., S. 779.

61 FECHNER, Berchtesgaden.

62 SPENGLER, Tegernsee.

63 BÜHLER, Karoline, S. 19.

64 ADALBERT, Max I., S. 850.

65 Vgl. dazu OTTOMEYER, Ausstattung der Residenzen, in: AK WITTELSBACH

III/1, S. 371–394. DERS., AK WITTELSBACH III/2, S. 632 ff; DERS., (Hg.), Wittelsbacher Album; DERS. von Stilen und Ständen in der Biedermeierzeit, in: AK BIEDERMEIER, S. 91–128.

66 ADALBERT, Max I., S. 607.

67 HASE, Joseph Stieler; AK MÜNCHNER BIEDERMEIER.

68 BÖRSCH/SUPRAN, Malerei, S. 307.

69 AK »VORWÄRTS ...« S. 153 (He).

70 OTTOMEYER, Biedermeier, S. 725 (U. L.).

71 Vgl. dazu FREYBERG, in OA. 110 Bd., München 1985.

72 EBD., S. 62 u. 225.

73 ADALBERT, Max I., S. 301.

74 Vgl. dazu BOSL, Die Frau in Bayern, in: Bayern, Modell und Struktur, S. 322.

75 Vgl. dazu WEIS, Bayern, S. 51 u. 59; vgl. dazu GEORG SCHWAIGER, Die kirchlich-religiöse Entwicklung in Bayern zwischen Aufklärung und katholischer Erneuerung, S. 121–145.

76 Vgl. zu diesem Kapitel grundlegend: BÜHLER, Karoline; TURTUR-BÜHLER, Dekanat München; ROEPKE, Protestanten; KITZMANN, Offene Tor; SCHMIDT, Lebenserinnerungen, S. 67.

77 SCHMIDT, Lebenserinnerungen, S. 70.

78 vgl. dazu ROEPKE, Protestanten, S. 329: »Dieses Bet-

haus – später ohne Skrupel – Hofkirche genannt ...«

79 KITZMANN, Offene Tor, S. 83.

80 ROEPKE, Protestanten, S. 329.

81 SCHMIDT, Lebenserinnerungen, S. 82.

82 Der Gesandte fand seine letzte Ruhestätte in der St. Anna-Kirche in Augsburg.

83 TURTUR / BÜHLER, Dekanat, S. 36.

84 EBD.

85 DIRRIGL, Ludwig I., S. 1058.

86 SCHMIDT, Lebenserinnerungen, S. 106.

87 BÜHLER, Karoline, S. 89.

88 Siehe dazu Kapitel »Marie von Preußen«; Caroline versorgte die Zillertaler mit Bibeln.

89 BÜHLER, Karoline S. 133.

90 HAMANN, Elisabeth, S. 27.

91 ADALBERT, Max I., S. 216; RALL, Fürstengrüfte, S. 115; ADALBERT, Beauharnais, S. 62 f.

92 CORTI, Ludwig I., S. 43.

93 ADALBERT, Max I., S. 455.

94 Die Schlacht bei Hohenlinden am 3. 12. 1800 kostete die Alliierten etwa 12 000 Tote. Vgl. dazu JUNKELMANN, Napoleon.

95 SPINDLER, Napoleon, S. 28.

96 ADALBERT, Max I., S. 503; vgl. dazu PROBST, Familienpolitik.

97 ADALBERT, ebd. S. 507.

98 EBD.

99 BÜHLER, Karoline, S. 52.

100 EBD.

101 Vgl. dazu ADALBERT, Beauharnais, der Stiefsohn Napoleons: DERS., Die Herzen der Leuchtenberg.

102 ADALBERT, Max I., S. 545 f.

103 EBD., S. 732 ff.

104 ANDICS, Frauen, S. 183 u. 373.

105 ADALBERT, Max I., S. 737; vgl. dazu REGER, Bayerns Prinzessinnen.

106 SPINDLER, Napoleon, S. 42.

107 AK WITTELSBACH III/2, S. 673. Teile des Service und Teile der Geschenke sind im Residenz-Museum in München zu sehen.

108 Hier folge ich den Aufzeichnungen des ADALBERT VON BAYERN »Königin Caroline von Bayern und Kaspar Hauser«.

109 Vgl. dazu VON SACHSEN-ALTENBURG, Rätsel der Madame Royal; STRIEDINGER, Neues Schrifttum über Kaspar Hauser.

110 BÖCK, von Wrede, S. 19.

111 BÜHLER, Karoline, S. 107.

112 Folgende 3 Zitate: ADALBERT, Max I., S. 843.

113 BÜHLER, Karoline, S. 107 ff.

114 GÜNTHER, Würzburg-Chronik, S. 458.

115 BÜHLER, Karoline, S. 110.

116 EBD., S. 116.

117 EBD., S. 114.

118 EBD.

119 Vgl. dazu GOLLWITZER, Ludwig I., S. 406.

120 BÜHLER, Karoline, S. 134.

121 TURTUR / BÜHLER, Dekanat München, S. 256.

122 BÜHLER, Karoline, S. 137.

123 EBD.

124 DIRRIGL, Ludwig I., S. 459.

125 VGL: dazu TURTUR / BÜH-LER, Dekanat München S. 257

126 KITZMANN, Offene Tor, S. 126.

127 EBD.

128 GOLLWITZER, Ludwig I., S. 533.

129 EBD.

130 BÜHLER, Karoline, S. 137.

131 GOLLWITZER, Ludwig I., S. 534.

**Therese von
Sachsen-Hildburghausen,
Seite 99–174**

1 Allgemein: SCHOEPPL, Herzöge v. Sachsen-Altenburg; HUMANN, Chronik; KÜHNER, Dichter.

2 RALL, Fürstengrüfte, S. 133; vgl. dazu BRAUNGART / ROSS, Therese, in: Festschrift Hildburghausen.

3 KÜHNER, Dichter, S. 21 ff.

4 Vgl. dazu STEINER, Theater.

5 ADALBERT, Max I., S. 594.

6 EBD., S. 602.

7 Zitiert in BRAUNGART / ROSS, Festschrift Hildburghausen S. 16; Zehn Wochen nach der Abfassung des Briefes starb die Königin am 19. Juli 1810; der königlichen Kinder nahm sich Prinzessin Marianne an, die Mutter der dritten bayerischen Königin Marie von Preußen.

8 KÜHNER, Dichter, S. 21 ff. Zur Silberhochzeit gratulierte Rückert dem Königspaar im Auftrag der Universität Erlangen. Er schloß sein Gedicht mit den Worten: »Vor 25 Jahren weihte / Mein erstes Lied sich Eurem Bund. / Und heut' im Silberklang das zweite / Tut Eure Silberhochzeit kund.«

9 Vgl. dazu REISER, Mathilde von Thurn und Taxis, S. 739.

10 EBD.

11 Zum Kleid siehe AK WITTELSBACH III/2, S. 626 f.

12 Vgl. dazu AK DAS OKTOBERFEST.

13 EBD., S. 33.

14 Vgl. dazu HETZER, »Auf daß Bayern …«

15 FESTSCHRIFT HILDBURGHAUSEN, S. 4.

16 ADALBERT, Max I., S. 606.

17 BÜHLER, Karoline, S. 124.

18 Vgl. dazu ZAISBERGER Salzburg.

19 EBD., S. 518.

20 KÜHNER, Dichter, S. 22.

21 AK WITTELSBACH III/2, S. 318.

22 ADALBERT, Max I., S. 801; BÜHLER, Karoline, S. 126.

23 WÜRZBURGER CHRONIK I., S. 436 f.

24 GOLLWITZER, Ludwig I., S. 242.

25 ADALBERT, Max I., S. 802 f.

26 GOLLWITZER, Ludwig I., S. 584.

27 Vgl. dazu AK »VORWÄRTS …«, S. 258

28 Vgl. dazu DIRRIGL, Ludwig I.; GOLLWITZER, Ludwig I.

29 Der Arzt hatte ihr wegen ihrer Sehschwäche das Schreiben verboten. Max war auf dem Weg nach Griechenland.

30 Zu Mathilde siehe die Diss. von BARBARA BECK.

31 ROLLE, Reise, S. 82.

32 GOLLWITZER, Ludwig I., S. 178 f.

33 CORTI, Ludwig I., S. 111 f.

34 Ludwig war von einem Stier zu Boden geworfen worden und hatte sich dabei einen Arm ausgekugelt.

35 REISER, Wittelsbacher, S. 245; vgl. zum Prinzregenten Luitpold: DU MOULIN, Luitpold; SCHROTT, Prinzregent, MÖCKL, Prinzregent; AK PRINZREGENTENZEIT.

36 Hildegards Tochter Mathilde verbrannte 1867 in Wien. Bei ihrer Beerdigung lernte Hildegards Neffe seine spätere Frau Marie Therese kennen.

37 GESANDTE ÖSTERREICH, BD. II, S. 86 f.

38 RALL, Fürstengrüfte, S. 108 f.

39 REISER, Wittelsbacher, S. 228.

40 CORTI, Ludwig I., S. 297.

41 GOLLWITZER, Ludwig I., S. 472 ff.; vgl. dazu RALL, Anfänge, S. 181–215.

42 ADALBERT, Max I., S. 718.

43 SEIDL, Griechenland, S. 119.

44 SCHROTT, Biedermeier, S. 180.

45 GILLMEIER, Abschied.

46 LECHNER, Bad Aibling, S. 34.

47 GESANDTE ÖSTERREICH, BD. II, S. 614.

48 SEIDL, Griechenland, S. 216; vgl. dazu ABONT, Le Grèce.

49 Vgl. dazu SCHUSTER, Bamberg.

50 GOLLWITZER, Ludwig I. und der bayerische Staat S. 597.

51 Dazu: HALLER, König Ludwig I. und Prinzessin Therese von Sachsen-Hildburghausen.

52 RALL, Fürstengrüfte, S. 134.

53 DIRRIGL, Ludwig I., S. 1041; vgl. dazu MOLITOR, König Ludwig I. und Therese.

54 siehe dazu: ROLLE, Augsburg; DERS., Reise.

55 OSTERMAIER, Wittelsbacher.

56 MÖSENEDER, Regensburg, S. 445.

57 EBD., S. 474, s. auch Anm. 12.

58 OSTERMAIER, Ingolstadt.

59 ESCHERICH, Lebenserinnerungen, S. 108 ff.

60 ROSH, Queen, S. 101.

61 KÖRNER, Leopold, S. 128.

62 LOHMEIER, Ahnen, S. 206.

63 BÖHM, Ludwig II., S. 480.

64 BÜHLER, Karoline, S. 125.

65 GOLLWITZER, Ludwig I., S. 253.

66 GREIPL, Ludwig I., S. 572.

67 GOLLWITZER, Ludwig I., S. 252.

68 AK OKTOBERFEST, S. 47; vgl. dazu BUSLEY, Oktoberfestzug 1835.

69 KÖRNER, Leopold, S. 44.

70 EBD.

71 ROLAND, Ludwigshöhe.

72 SCHROTT, Biedermeier,
S. 408.

73 GREIPL, Ludwig I., S. 585.

74 KONSTANTIN VON BAY-
ERN, Damen, S. 93.

75 HOJER, Schönheitsgalerie,
S. 20.

76 GESANDTE PREUSSEN,
BD. II, S. 217.

77 SPINDLER, Erbe, S. 310.

78 LIEBHART, »Gerecht ...«,
S. 28.

79 SPINDLER, Erbe, S. 317 f.;
siehe dazu auch AK BIE-
DERMEIER, S. 717 (U. L.).

80 GESANDTE PREUSSEN,
BD. IV, S 204.

81 Vgl. dazu SCHWAIGER, Persönlichkeit, S. 392.

82 GESANDTE ÖSTER-
REICH, BD. III, S. 435.

87 AK BIEDERMEIER, S. 734.

88 Vgl. zu diesem Kapitel
OTTOMEYER, Kroninsi-
gnien; zur Beschreibung der
Königinnenkrone und des
Diadems von Therese s. eben-
da, S. 15 f.

89 Vgl. dazu allgemein das Kapitel »Orden« in BRUNNER,
Hofgesellschaft, S. 308, sowie
LESER, Ritter- und Ver-
dienstorden, S. 117 ff.

90 AK GLANZ UND ENDE
DER ALTEN KLÖSTER,
S. 336 f.; Burkhardt, St. Boni-
faz, S. 445 – 467.

91 KITZMANN; Offene Tor,
S. 167.

Marie von Preußen, Seite 175 – 286

1 HANDKE, Marianne zu Eh-
ren: BAUR, Prinzeß Wilhelm.

2 Vgl. zu Marie allgemein:
SCHULTZE, Marie; HAL-
LER, Königin Marie;
HEINDL, Marie.

3 HANDKE, Marianne, S. 10.

4 KÄSS, Bayersdorfer, S. 18.

5 HANDKE, Marianne, S. 18.

6 EBD.

7 BENDER, Prinzessin Carl.

8 Der Ururenkel der Erzieherin, FELIX MEBES, Berlin,
stellte mir sein umfängliches
Privatarchiv zur Verfügung.

9 BAUR, Prinzeß Wilhelm,
S. 243.

10 RALL, Fürstengrüfte, S. 126.

11 MARSCHNER, Zillerthaler.

12 Frdl. Hinweis von E. G.
FRANZ, Hessisches Staatsar-
chiv Darmstadt (Großherzog-
liches Archiv – Fischbacher
Archiv) D22 Nr. 8/3: vgl. dazu
GESANDTE PREUSSEN,
BD. II., S. 43 f. und 129.

13 HÜTTL, Maximilian II., S. 38.

14 BAUR, Prinzeß Wilhelm,
S. 275.

15 ZITTEL, Gemischte Ehen,
S. 165.

16 V. MÜLLER, Maximilian II.,
S. 119.

17 EBD., S. 120.

18 BAUR, Prinzeß Wilhelm,
S. 253 f., 275.

19 TROST, König Maximilian –
Schelling an Kronprinz Maximilian, Berlin, 14. 8. 1842.

20 Kronprinz Maximilian an

386

Schelling, Fischbach, 23. 8. 1842.

21 GOLLWITZER, Ludwig I., S. 406.

22 ADALBERT, Residenz, S. 273.

23 V. MÜLLER, Maximilian II., S. 124 ff.

24 HAMANN, Elisabeth, S. 69.

25 DIRRIGL, Maximilian II., Bd. I, S. 485.

26 EBD., S. 486.

27 Kronprinz Maximilian an Schelling, München, 31. Dez. 1841.

28 ADALBERT, Residenz, S. 285 u. 302.

29 GREIPL, Religion, S. 143.

30 GOLLWITZER, Ludwig I., S. 406.

31 GAD, Nr. 10/50.

32 HOJER, Schönheitsgalerie, S. 100 ff.

33 Nachlaß König Maximilian II.

34 GESANDTE PREUSSEN, Bd. II, S. 304 u. 310.

35 Nachlaß König Maximilian II.

36 GAD, Juli 1843.

37 Vgl. dazu MARSCHNER, Zillerthaler; Zwei Briefe der Kronprinzessin Marie sind dort vollständig abgedruckt auf S. 74–79.

38 GAD, 16. 9. 1844.

39 GAD, Januar 1845.

40 EBD., 14. 9. 1845.

41 von BÖHM, Ludwig II., S. 1.

42 HOHENSCHWANGAU-CHRONIK.

43 SCHMIDBAUER / KEMPER, Ewig Rätsel, S. 26.

44 EBD., S. 27.

45 Frdl. Hinweis von Heinrich Meilhaus, München, Brief vom 16. 12. 1991.

46 GAD, 5. 2. 1847; vgl. dazu GESANDTE PREUSSEN, Bd. 4, S. 202. Die evangelischen Zillertaler waren vor die Alternative gestellt, katholisch zu werden oder auszuwandern. Rund 400 Personen verließen Tirol und nahmen das Landangebot des preußischen Königs Friedrich Wilhelm III. in Schlesien an.

47 EBD., 1848.

48 EBD., 26. 6. 1848.

49 LIEBHART, Volksmeinung, S. 79.

50 EBD.

51 GAD, 24. 6. 1848.

52 HOHENSCHWANGAU-CHRONIK, September 1850.

53 GAD, 27. 12. 1852.

54 VON MÜLLER, Maximilian II., S. 181.

55 GAD, 17. 10. 1854.

56 EBD., Oktober 1855.

57 Marie Josephine Helene von Dönniges, Schauspielerin und Schriftstellerin (1843–1911, Freitod). Ihr Vater wurde 1864 aus dem bayerischen Dienst entlassen wegen der unglücklichen Verbindung seiner Tochter zu Ferdinand Lasalle. Sie schrieb ihre Lebenserinnerungen unter dem Namen Racowitz. Von Anderen und mir.

58 Vgl. dazu KÖRNER, Leopold, S. 44 f.

59 G. MÜLLER, Soziale Frage;

Fassl, Industrialisierung und soziale Frage.

60 KITZMANN, Offene Tor, S. 192.

61 Die Briefe sind abgedruckt bei BÖHM, Ludwig II., S. 440 ff.

62 Vgl. dazu HÜTTL, Maximilian II., Persönlichkeit, S. 29 ff.

63 HALLER, Königin Marie, S. 87.

64 DIRRIGL, Maximilian II., Bd. I., S. 17.

65 BRUNNER, Hofgesellschaft, S. 127; THIERSCH, Leben, S. 510.

66 EBD.

67 BROCKHOFF, Bayern, S. 211 ff.

68 zitiert bei DIRRIGL, Maximilian II, Bd. II., S. 1280.

69 zitiert bei WOLF, Jahrhundert, S. 248.

70 DIRRIGL, Maximilian II., Bd. II, S. 2036.

71 DICKERHOF, Ära, S. 271 ff.; BÖHM, Geschichte; HEYDENREUTHER, Nationalmuseum.

72 BRUNNER, Hofgesellschaft, S. 112.

73 DINGELSTEDT, Bilderbogen, S. 36.

74 HÜTTL, Ludwig I., S. 140.

75 DIRRIGL, Maximilian II., Bd. I, S. 784.

76 EBD.

77 VON BÖHM, Ludwig II., S. 441.

78 MÜNSTER, Musik, S. 10.

79 VON BÖHM, Ludwig II., S. 24.

80 RALL, Wittelsbacher, S. 359.

81 Maximilian an Marie am 5. 4. 1860 aus Genf; bei dem »so peinlichen Leiden« handelte es sich um Syphilis.

82 VON MÜLLER, Max II., S. 220.

83 Vgl. dazu DIRRIGL, Maximilian II., Bd. II, S. 1281 f.

84 Schelling an Kronprinz Maximilian am 13. 3. 1842.

85 VON MÜLLER, Maximilian II., S. 134.

86 VON BÖHM, Ludwig II., S. 442.

87 Vgl. dazu HARTINGER, Volkskultur.

88 Marie an Therese.

89 DIRRIGL, Maximilian II., Bd. II, S. 2035.

90 R. BÖHM, Schwaben und Tirol, S. 500; DERS., Königshaus.

91 Die Statuten des Alpenrosenordens sind abgedruckt bei HEINDL, Marie, o. S.

92 FEULNER, Berchtesgaden, S. 59 ff.

93 BODENSTEDT, Königsreise, S. 43 ff.

94 R. BÖHM, Schwaben und Tirol, S. 496.

95 EBD.

96 REICHERT, Geierwally.

97 Füssener Zeitung November 1991.

98 GAD, April 1843.

99 EBD., Dezember 1843.

100 EBD., Bamberg.

101 Vgl. dazu KITZMANN, Offene Tor; ROEPKE, Protestanten; TURTUR / BÜHLER, Protestantisches München.

102 GAD, 28. 11. 1865.

103 GREIPL, Religion, S. 142 ff.

104 Vgl. dazu RALL, Altarsakrament.

105 KITZMANN, Offene Tor, S. 153.

106 MÖCKL, Prinzregent, S. 305.

107 R. BÖHM, Schwaben und Tirol, S. 499.

108 V. BÖHM, Ludwig II., S. 447.

109 ADALBERT, Erinnerungen, S. 30.

110 R. BÖHM, Schwaben und Tirol, S. 500.

111 EBD.

112 EBD.

113 KITZMANN, Offene Tor, S. 153.

114 GAD.

115 MEBES, Berlin, 23. 6. 1874.

116 VON BÖHM, Ludwig II., S. 448 f.

117 Vgl. dazu BAUDENBACHER, Marienverehrung.

118 Sie waren die Eltern der 1867 in Wien verbrannten Prinzessin Mathilde, der Jugendfreundin der späteren Königin Marie Therese von Bayern.

119 Über Prinzessin Therese erscheint demnächst eine Dissertation von Brigitte MAURER an der Universität München.

120 Therese widmete ihr Buch über ihre Rußlandreise der Königinmutter Marie.

121 Die Brücke über die Pöllat ließ Kronprinz Maximilian 1842 erbauen. Einweihung war mit dem Kronprinzenpaar am

17. 12. 1842. Die Brücke wurde Marienbrücke genannt. Sie stürzte 1850 ein und wurde in konventioneller Holzbauweise wiedererrichtet. Unter König Ludwig II. ersetzte man sie dann durch eine filigrane Eisenkonstruktion. Vgl. dazu LOUIS / WOHMUTH, Ingenieurkunst, S. 62 f.

122 HÜTTL, Ludwig II., S. 69.

123 SCHMIDBAUER, Ewig Rätsel, S. 27.

124 MEBES, Berlin, 20. 6. 1866.

125 FUGGER-ARCHIV. Über die Hofdame ist in den Archivalien dort nur die Trauerrede vorhanden.

126 Nachlaß König Ludwig I. 88/5/II.

127 DIRRIGL, Maximilian II., Bd. II, S. 1654.

128 GOLLWITZER, Ludwig I., S. 739.

129 HOHENSCHWANGAU-CHRONIK S. 277.

130 VON BÖHM, Ludwig II, S. 444 ff..

131 HÜTTL, Ludwig II., in: Max II., S. 34

132 v. BÖHM, Ludwig II., S. 430.

133 EBD., S. 429.

134 HÜTTL, Ludwig II., S. 104; HAMANN, Elisabeth, S. 416 ff.

135 HÜTTL, Ludwig II., S. 95.

136 VON BÖHM, Ludwig II., S. 393 ff.

137 ADALBERT, Residenz, S. 305.

138 VON BÖHM, Ludwig II., S. 397.

139 EBD., S. 398.

140 HANSLICK, Königsschwan, S. 123.

141 Vgl. dazu auch HAMANN, Elisabeth, S. 417. Zum schwierigen Lebensweg der Prinzessin Sophie siehe auch: GEBHARDT, König Ludwig II. und seine verbrannte Braut.

142 SCHMIDTBAUER / KEMPER, Ewig Rätsel, S. 37.

143 HAMANN, Elisabeth, S. 292 und 422 f.

144 DOTTERWEICH, Erbe, S. 249.

145 SCHMIDBAUER / KEMPER, Ewig Rätsel, S. 11 71 u. 60.

146 EBD., S. 7; ausführlich LIEBHART, Ludwig II., S. 217.

147 HANSLIK, Ludwig Kultfigur S. 100.

148 WÖBKING, Tod, S. 155.

149 Zitiert bei HEINDL, s. S.

150 Katalog König Ludwig II., S. 152.

151 KÖRNER, Leopold, S. 256 ff.

152 Dazu allgemein: RALL, Rotes Kreuz; ROTENHAN, Frauenverein vom Roten Kreuz. Jahresbericht 1965/66 Rotes Kreuz.

153 LIEBHART, Ludwig II., S. 207.

154 V. BÖHM, Ludwig II., S. 254.

155 EBD.

156 HÜTTL, Ludwig II., S. 191.

157 VON BÖHM, Ludwig II., S. 311.

158 EBD., S. 446.

159 EBD.

160 EBD., S. 321.

161 Schon seit dem 17. Jahrhundert war es im Hause Wittelsbach Tradition, die Herzen bayerischer Fürsten und Fürstinnen in silbernen Herzen und in Urnen zu bestatten. Lateinische Inschriften nennen Namen und Todestag. Erstmals wurde das Herz der am 3. Januar 1635 verstorbenen Kurfürstin Elisabeth, der ersten Gemahlin des Kurfürsten Maximilian I., nach Altötting gebracht, dann das Herz dieses Herrschers. Erst 94 Jahre später (1741) wurde das Herz des römisch-deutschen Kaisers Karl VII. aus dem Hause Wittelsbach und elf Jahre darauf das seiner Gemahlin, der Erzherzogin Maria Amalia in Altötting bestattet, sowie im Jahre 1777 das Herz seines Sohnes Max Josef III., des »Vielgeliebten«. In einer Urne ist das Herz des letzten Kurfürsten Karl Theodor aufbewahrt, der 1799 verschied. Des weiteren befinden sich die Herzen der bayerischen Könige Max I. Joseph († 1825), Ludwig I. († 1868), Max II. († 1864), Ludwig II. († 1886) in Urnen. Die Herzen der ersten beiden protestantischen Königinnen sind nicht in Altötting.

162 Zum Tod der Königin-Mutter Marie erschien in der Zeitung »Bayerisches Vaterland« ein so anmaßender Beitrag über die »angeblich unglücklichen Folgen der mit der Vermäh-

lung der Königin eingeleiteten näheren Verbindung Bayerns mit Preußen«, daß die betreffende Nummer beschlagnahmt wurde. In der Zeitung »Fremdenblatt« vom 17. 5. 1889 findet sich der entsetzliche Druckfehler »Die Königin sanft verschieden«.

Marie Therese von Österreich-Este, Seite 287–367

1 Vgl. hierzu grundlegend die bisher einzige Biographie über den König: BECKENBAUER, Ludwig III.

2 Mathilde war die Tochter von Prinzessin Hildegard (1825–1864), der Schwester des Königs Maximilian II.

3 Prinz Leopold vermählte sich fünf Jahre später, also 1873, mit Gisela, der Tochter des österreichischen Kaiserpaares.

4 ADALBERT, Erinnerungen, S. 20.

5 Zu allen biographischen Angaben siehe RALL, Lebensbilder, S. 350 ff. Zu Rupprecht grundlegend: SENDTNER, Rupprecht von Wittelsbach, und SCHROTT, Prinzregent.

6 Vgl. dazu HUBER, Marie Gabrielle.

7 EBD.

8 REDWITZ, Hofchronik, S. 282 ff.

9 ZORN, Bayern, S. 141.

10 RALL, Fürstengrüfte, S. 35.

11 Der einzige Sohn Luitpold Rupprecht Heinrich initiierte die Kaltenberger Ritterspiele.

12 Da die Königin-Witwe von Spanien eine österreichische Erzherzogin war, die Stiefschwester von Mathildens Mutter, konnte der junge Mann als politischer »Gegner« nicht in österreichische Dienste treten, wie er gewünscht hatte, man wollte ihm auch nicht die Nichte der spanischen Königin zur Frau geben. Don Jaime trat später in die russische Armee ein.

13 REDWITZ, Hofchronik, S. 287.

14 Traum und Leben, Gedichte einer früh Vollendeten.

15 RALL, Fürstengrüfte, S. 35.

16 BECKENBAUER, Ludwig III., S. 43; 1842 kniete der spätere Kaiser Wilhelm I. bei der Trauung von Marie in Berlin neben ihr am Altar.

17 Vgl. dazu REIDELBACH, Ludwig, Prinz von Bayern.

18 BADER, Isabella Braun.

19 zu Karl May siehe JAHRBUCH DER KARL-MAY-GESELLSCHAFT 1983: Karl May, Briefe an das bayerische Königshaus, S. 77–122.

20 Zum Folgenden vgl. SCHMID, »Mein höheres und eigentliches Vaterland ist Bayern«; zu den Briefen Karl Mays an das bayerische Königshaus, S. 123–145.

21 ADALBERT, Erinnerungen, S. 155.

22 Vgl. dazu SCHNEIDER, Kritik, S. 362.

23 ZORN, Bayern, S. 76.

24 Vgl. dazu BECKENBAUER, Ludwig III., S. 38 f.

25 GÖTZ / SCHACK-SIMITRIS (Hg.), Die Prinzregentenzeit, S. 322 f.

26 Vgl. BECKENBAUER, Ludwig III., S. 41.

27 EBD., S. 175.

28 ZORN, Bayern, S. 95; Die Bemalung ging durch Kriegszerstörung im Zweiten Weltkrieg verloren.

29 Zitiert bei BECKENBAUER, Ludwig III., S. 175.

30 ZORN, Bayern, S. 737.

31 EBD., S. 110.

32 BRUNNER, Hofgesellschaft, S. 183 ff.

33 Vgl. dazu allgemein REDWITZ, Hofchronik.

34 BRUNNER, Hofgesellschaft, S. 187.

35 REDWITZ, Hofchronik, S. 212.

36 Vgl. dazu VON ROTENHAN (Hg.), Frauenverein vom Roten Kreuz; Jahresbericht 1965/66: Hundert Jahre Rotes Kreuz.

37 STAATSZEITUNG vom 16. 3. 1917 »Unsere toten Helden«.

38 JESSE, Bertolt Brecht, S. 41 ff.

39 ADALBERT, Erinnerungen, S. 269.

40 Vgl. dazu ABELSHAUSER, u. a., Deutsche Sozialgeschichte 1914–1945, S. 219 ff.

41 STERNDORF-HAUCK, Brotmarken und rote Fahnen.

42 ATTINGER, Eine königliche Prinzessin als Kaninchenzüchter.

43 ZORN, Bayern, S. 89 ff.

44 REISER, Die Wittelsbacher, S. 280.

45 LOHMEIER, Die Ahnen des Hauses Bayern, S. 322.

46 TAGEBUCH der Prinzessin Wiltrud.

47 Es wird nachfolgend zitiert aus den Tagebüchern der Prinzessin Wiltrud für den Zeitabschnitt von 1918 bis zum Tod des Königspaares. Siehe auch ACHLEITNER, Umsturznacht. Achleitner stützt sich auf die mündlichen Aussagen Ludwig III.

48 ACHLEITNER, S. 39

Personenregister

Abel, Karl August von 96 f., 133 f.

Abstreiter, Drechslermeister 313

Achleitner, Artur 360

Adalbert Wilhelm, Prinz von Bayern 116, 123 f., 158, 169 f., 173, 194, 204

Adalbert, Erzherzog, Bruder von Königin Marie Therese 345

Adalbert, Prinz von Bayern 39, 80, 123 f., 243, 299, 317

Adalbert, Prinz von Preußen, Bruder der Königin Marie 179 f. 203, 211, 253

Adelgunde Auguste Charlotte, Prinzessin von Bayern, Herzogin von Modena 119 f., 168 f., 193, 197, 242, 290, 300, 315

Adelgunde Maria, Prinzessin, Tochter von Franz von Bayern 305

Adelgunde Marie Therese Auguste, Prinzessin, Tochter von Königin Marie Therese 295, 304, 311, 321, 324, 326

Adelgundis, Äbtissin 116

Albrecht Friedrich Rudolf, Erzherzog von Österreich 120, 250, 293

Albrecht, Erbprinz, Sohn von Kronprinz Rupprecht 168, 302 ff. 354–357

Alexander I., Zar 19, 51, 81 f., 107

Alexander, Papst 117

Alexander, Prinz von Hohenlohe-Schillingsfürst 114 f.

Alexandra Amalie, Prinzessin,

Tochter der Königin Therese 116, 121 ff., 169, 173, 217, 279

Alfons von Bourbon, Graf von Caserta 305

Alfons XII., König von Spanien 291

Alice von Parma, Großherzogin von Toskana 308

Altendorfer, Joseph 326

Amalia Felipe Pilar, Infantin von Spanien 123

Amalie Auguste, Tochter von Königin Caroline, Königin von Sachsen 33, 35, 82, 84 f., 90 f., 138

Amalie von Baden, Schwester der Königin Caroline 18, 24 ff., 38, 41

Amalie von Pfalz-Zweibrücken, Herzogin 57 f.

Amalie von Preußen, Prinzessin 178

Amalie, Königin von Griechenland 116, 129 f., 138, 160, 173, 178, 193, 198, 277

Amalie, Markgräfin 59, 89

Amalie, Prinzessin von Bayern, Herzogin von Urach 301, 310

Amalie, Prinzessin von Hessen-Darmstadt 18 f., 21, 25, 80

Andlau, Gräfin 74

Anna von Hessen, Großherzogin von Schwerin 253

Anton Maria, Prinz von Sachsen-Coburg-Gotha 307

Antonia, Prinzessin von Luxemburg und Nassau, Kronprinzessin von Bayern 303 f., 367

Arco, Gräfin von, geb. von Seinsheim 49

Arco-Zinneberg, Christiane Gräfin von und zu 312

Arco-Zinneberg, Graf 363

Aretin, Anton Freiherr von Aretin 326

Arnim, Bettina von 222

Arnulf, Prinz von Bayern, Sohn von Luitpold 120, 343

Augspurg, Anita 345

August Wilhelm, Prinz von Preußen 177

Auguste Amalie, Prinzessin von Bayern, verheiratete Beauharnais 25, 29 f., 33, 36, 39 f., 71–77, 80, 92, 97, 103, 158

Auguste Ferdinande, Herzogin von Toskana, Gemahlin Luitpolds 120, 137, 158 f., 167, 250, 273

Auguste Wilhelmine, Prinzessin von Hessen-Darmstadt, erste Gemahlin Max II. Joseph 18, 69

Bartels, Hans von 298

Bary, Alfred von 322

–, Jenny von 322

Bauer, Dekan 240

Bauer, Professor Dr. Karl Josef von 311

Baumeister, Herr und Frau 357 f.

Baur, Wilhelm 182

Beatrix, Erzherzogin von Österreich 121

Beauharnais, Amalie 158

–, Eugène 30, 72–77, 80

–, Josephine, Gemahlin Napoleon I. 72 f., 77, 163

–, Stephanie, Großherzogin von Baden 72, 80, 82, 84

Becker, Philipp Jakob 19, 56

Becker-Gundahl, Karl 323

Benedikt XV., Papst 327

Berger, Pfarrer 169

Bernau, Kaufmann 129

Berndes-Mebes, Philippine 180

Bernstorff, Albrecht Graf von 155 f.

Bettinger, Franziskus von, Kardinal 342

Beust, Charlotte Freiin von 168

Bever, Dr. 313

Biennais, Martin-Guillaume 163

Binder, Bürgermeister von Nürnberg 79, 84

Bingen, Hildegard von 116

Bismarck, Otto Fürst von 224, 263, 276

Blücher, Marschall Gebhart Leberecht von 179

Bluntschli, Johann C. 221

Bodenstedt, Friedrich von 221, 235 f.

Bodmann, Johann Baron von 351, 354 f., 358

Bodmer, G. 152

Boeckh, Dekan Christian Friedrich von 94, 239 f.

Bogdahn, Kreisdekan Martin 98

Böhm, Gottfried von 218, 256 f.

Bohnenberger, Maler 357

Bonaparte, Louis Lucien 123

Bonn, Moritz Julius 317

Borscht, Wilhelm Ritter von 329

Botzaris, Katharina 130

Branca, Otto Freiherr von 243, 263, 297

Brand, Dr. 283

Brattler, Medizinalrat Dr. 283

Braun, Isabella 122, 314

Brecht, Bertolt 343

Breitsameth, Walpurga 324

Brettreich, Friedrich von 352

Brunner, Max 220, 334

Brunswick, Gräfin 140
Buhl, Dr. 294
Bühler, Anna Lore 19
Bulyowsky, Lila von 257
Burger, Dr. Karl Heinrich von 240, 245

Canitz und Dallwitz, Karl Ernst Freiherr von 155
Canova, Antonio 40
Carl, Prinz von Hessen und bei Rhein 180, 183 f.
Carl, Prinz von Preußen 128, 189, 192
Caroline Friederike Wilhelmine, Prinzessin von Baden-Hochberg, Königin von Bayern 17–98, 104, 109, 111, 114, 117 f., 143, 145 f., 152, 161, 170, 184, 192, 197, 258, 273
Caroline Maximiliane (Ni), Prinzessin von Bayern 37–41, 52, 66, 104
Caroline von Hessen-Darmstadt 177
Castell, Graf Gustav zu 270, 277
Castell, Gräfin 114
Charlotte Auguste (Karoline), Prinzessin von Bayern, Gemahlin Wilhelm I. von Württemberg und Kaiser Franz I. von Österreich 25, 29 f., 33, 40, 74 f., 88, 92, 103, 110, 113, 159
Charlotte von Hildburghausen, Herzogin, Mutter der Königin Therese 101, 105, 107, 112
Charlotte(Alexandra), Prinzessin von Preußen, Gemahlin von Zar Nikolaus I. 101
Charlotte, Herzogin von Württemberg, Schwester der Königin Therese 107, 137, 157
Chornbühler, Regierungsrat 27

Christian III. von Pfalz-Zweibrükken, Herzog 18, 177
Christian IV., Herzog von Pfalz-Zweibrücken 17 f.
Christina, Erzherzogin von Österreich 308
Christine, Königin von Spanien 289
Condé, Prinz Louis Henri Joseph von 69 f.
Cornelius, Peter 58
Corti, Caesare 119, 123
Crailsheim, Friedrich August Freiherr von 264, 284
Cramer-Klett, Freiherr von 284

Dahn-Hausmann, Schauspielerin 256
Dandl, Otto von 348 f., 352 f., 359
Daumer, Professor Georg Friedrich 79
David, Jacques Louis 77
Denker, Marie 149
Deroy, Marie Therese Gräfin von 141
Destouches, Ernst von 324
Diepenbrock, Fürstbischoff Melchior Freiherr von 121, 156
Dietl, Geheimrätin von 274
Dietl, Krämerin 341
Dietlinde Maria Josepha, Prinzessin von Bayern 309 f.
Dingelstedt, Franz von 222 f.
Dingler, Professor Dr. 297
Dinkel, Bischof Pankratius von 244
Döderlein, Professor Dr. Albert von 321, 349, 361
Döllinger, Stifts-Probst Dr. Ignatz von 171
Don Carlos, Herzog von Madrid 306, 311

Don Jaime, Sohn von Don Carlos 306

Dönniges, Helene von 215

–, Wilhelm von 215, 232

Dorothea Therese, Prinzessin, Tochter v. Franz von Bayern 305

Drake, englischer Gesandter 71

Drechsel, Carl Joseph von 51

Dürckheim-Montmartin, Albrecht Graf von 134, 242

–, Olga Gräfin von 285

–, Therese Gräfin Eckbrecht von 324, 332 ff., 351

Dumoulin, Gräfin 246

Duroc, Marschall 71

Eberhard, Konrad 40

Edith Gabrielle, Prinzessin von Bayern 304

Eduard, Herzog von Sachsen-Altenburg 101, 143 f., 150

Egger, Andreas 202

Ehrhardt, Johann Heinrich 330

Ehrler, Domprediger 241

Eichendorff, Joseph von 221

Eichtal, Simon Freiherr von 129

Einsiedel, Graf und Gräfin von 88

Eisner, Kurt 359, 362 f.

Elenore Therese, Prinzessin, Tochter v. Franz von Bayern 305

Elisabeth Auguste, Kurfürstin von Pfalz-Bayern, erste Gemahlin Max II. Joseph 167, 323

Elisabeth, Gräfin Douglas 38

Elisabeth I., Königin von England 320

Elisabeth (Luise), Prinzessin von Baden, Zarin von Russland 19, 22, 30, 48 f., 57 f., 81, 86, 89

Elisabeth (Sisi), Herzogin in Bayern, Kaiserin von Österreich, Gemahlin Franz II. Joseph 36, 38, 195 f., 257, 259, 261, 263, 270, 293, 332

Elisabeth, Erzherzogin von Österreich 289, 301, 308

Elisabeth, Prinzessin, Tochter der Königin Caroline, Gemahlin von Friedrich Wilhelm IV. von Preußen 33, 41, 55, 82 f., 85, 92, 97, 157, 180 f., 184, 188 f., 200, 205, 248, 253, 255, 275

Elisabeth, Prinzessin von Preußen, Schwester der Königin Marie 180, 183 f. 202, 204, 211, 246 f.

Elssler, Fanny 179

–, Therese, Freifrau von Barnim 179 f.

Eltz, Gräfin von 156, 334

Engler, Professor Dr. 296

Ernst II., Herzog von Coburg 198

Ernst, Herzog von Sachsen-Altenburg 170 f.

Escherich, Auguste 140 ff.

–, Max Joseph 140

Eugen, Erzherzog, Stiefbruder der Königin Marie 289

Eylert, Bischof Dr. Friedrich 34, 188

Falger, Anton 237 f.

Faulhaber, Kardinal Dr. Michael von 309, 329, 361, 365

Ferdinand I., Kaiser von Österreich 211

Ferdinand IV., Großherzog von Toskana 290, 292

Ferdinand, Erzherzog von Österreich-Este, Prinz von Modena 289

Ferdinand, Herzog von Calabrien, Prinz von Bourbon-Sizilien 305

Fernau-Daxenberg 219 f.

Fessel, Christoph 56

Feuchtersleben geb. Kosboth,

Oberhofmeisterin, Freiin von 113, 138, 168
Feuerbach, Anselm von 79 f., 82 f.
Fischer, Karl von 48
Florenzi, Marianna Marchesa 120, 131, 138, 148, 154
Foa, Eugenie 122
Fontane, Theodor 221
Forbach, Marianne Gräfin 18
Franz Albrecht, Herzog von Sachsen-Lauenburg 136
Franz I., Kaiser von Österreich 30, 49, 51, 71, 77, 82, 85
Franz II. Joseph, Kaiser von Österreich 294, 332
Franz II., König beider Sizilien 259
Franz Joseph I., Kaiser von Österreich 36, 211 f.
Franz Joseph, Herzog in Bayern 302
Franz Karl Johann, Erzherzog von Österreich 36
Franz V. Ferdinand, Herzog von Modena, Erzherzog von Österreich-Este 120, 193, 242, 290
Franz, Prinz von Bayern (geb. 1933) 304
Franz, Prinz von Bayern, Sohn Ludwigs III. 305, 313, 341, 357, 361 f.
Fraunhofen, Freifrau von, geb. von Aretin 273
Freyberg, Marie Electrine von 56 f.
Friederike von Hessen-Darmstadt, Königin von Preußen 177
Friederike, Königin von Hannover 101
Friederike, Prinzessin von Baden, Königin von Schweden 53, 78, 90
Friedrich August, König von Sachsen 37, 138
Friedrich I., König in Preußen 188

Friedrich II., König von Preußen 177
Friedrich Michael von Birkenfeld-Zweibrücken, Pfalzgraf 17
Friedrich V., Landgraf von Hessen-Homburg 177
Friedrich von Württemberg, Prinz 20
Friedrich Wilhelm II., König von Preußen 177
Friedrich Wilhelm III. König von Preußen 20, 177
Friedrich Wilhelm IV., König von Preußen 34, 92, 94, 97, 101, 157, 181, 184, 189, 200, 204, 213, 248, 275
Friedrich Wilhelm, Herzog von Braunschweig 78
Friedrich Wilhelm, Kronprinz von Preußen 267, 278
Friedrich, Erzherzog, Stiefbruder der Königin Marie 289
Friedrich, Herzog von Sachsen-Hildburghausen 101
Friedrich, Ludwig 101
Friedrich, Prinz von Baden, Sohn von Karl Friedrich von Baden 79
Frischhut, Pfarrer 363
Frosch, Orgelmacher 61
Füger, Heinrich 56
Fugger von Glött, Carl Ernst Fürst 329
Fugger, Charlotte Gräfin 221, 233 f., 243, 254, 274, 277
Fuhrmann, Pfarrer 84

Gabler, Pfarrer Dr. 190
Gabriele Adelgunde, Prinzessin von Bayern 304
Ganghofer, Ludwig 307
Gärtner, Johann Friedrich von 144, 151

397

Gasser, Freifrau von 281

Gebsattel, Erzbischoff Lothar Anselm Freiherr von 93, 193, 203

Geibel, Emanuel 221

Geiger, Conrad 56

–, Katharina, verheiratete Sattler 56 f.

–, Margarete 56

Georg V., König von England 348

Georg von Sachsen-Hildburghausen 112

Georg, Erbprinz von Mecklenburg-Strelitz 71, 103

Georg, Herzog von Sachsen-Altenburg 138, 171

Georg, Prinz von Preußen 189

Gerard, François 77

Gerhard, Hubert 328

Giehrl, Emmy 314

Gietl, Franz Xaver von 201, 215, 232, 252

Gise, August Freiherr von 133 f., 185

Gisela, Erzherzogin 271

Gleichen-Rußwurm, Alexander Freiherr von 322

Goethe, Johann Wolfgang von 35

Gollwitzer, Heinz 132

Grashey, Dr. Hubert 266

Gravenreuth, Karl Ernst Graf von 128

Gregor VII., Papst 365

Gregor XVI., Papst 95

Gresser, Hofsekretär 265

Grimmenstein, Hofdame, Fräulein von 138

Grundherr, Caroline von 168

Gudden, Dr. Bernhard von 266

Gumppenberg, Franz Seraph Freiherr von 199

–, Friederike Freiin von 189, 199, 233

–, Ludwig, Freiherr von 199

Gundelinde, Prinzessin von Bayern 295, 309, 311 f., 315, 322, 326, 334, 337, 351, 354, 356 f., 360 f.

Gustav IV. Adolf, König von Schweden 78

Gutmann, Herr und Frau 41

Hagen, Dr. 266

Haller, Elfi M. 219

Hamann, Brigitte 196

Hamilton, Herzogin 81

Haneberg, Bischof Daniel von 241 f., 244, 247

Hardenberg, Carl August von 178

Harrach, Ernst 361

Hartmann, Familie 236

Hauber, Forstrat 358

Hauber, Geistlicher Rat 95

Haug, Therese 324

Hauner, August Dr. 218

Hauser, Kaspar 79–84

Haushofer, Maria 322

Haydn, Joseph 55

Hebbel, Friedrich 223

Hecher, Hofstiftsprobst Dr. von 324

Heinrich Franz, Prinz von Bayern 304

Heinrich, Prinz, Sohn von Prinz Arnulf 343, 350

Helene, Herzogin in Bayern 216, 259

Helfersdorfer, Abt Othmar 293

Hellingrath, Philipp von 342

Helmtrud, Prinzessin von Bayern 309, 315 f., 322, 324, 326, 334, 337, 343, 351 f., 354, 357, 359 f.

Henckel-Donnersmarck, Fürst von 318

Henriette Maria von Bourbon 319

Hertling, Freiherr von 284 f.

Hertling, Franz Xaver Baron von 285

Herzner, Marie 324

Heß, Peter von 113

Heuschkel, Johann Peter 102

Heydeck(Heidegger), Karl Wilhelm von 133

Heymann, Linda Gustava 345

Heyse, Paul 210, 221 f.

Hierl-Deronco, Professor Otto 329

Hilda Hildegard, Prinzessin von Bayern, Tochter von Rupprecht 304

Hildebrand, Adolf von 102, 305

Hildegard Louise Charlotte, Prinzessin von Bayern, Tochter der Königin Therese 120 f., 250

Hildegard Maria Christina Theresia, Prinzessin von Bayern 295, 308 f., 321 f., 324, 326, 334, 337, 343, 346, 351, 354, 356 f.

Hindenburg, Paul von 349

Hirsch, Joel Jakob Freiherr von 144

Hirt, Archäologe 178

Hochberg, Graf 322

Hochwind, Josef 125

Hofer, Andreas 47

Hofstätter, Heinrich, Bischof von Passau 96

Hohenadl, Hans 360

Holbein d. J., Hans 178

Hölken, Henriette, geb. Schoeller, ab 1859 von Frankenberg 30

Holnstein, Ludwig Graf von 354, 363

Homer 42

Hörmann, Staatsrat von 191

Hößlin, Dr. Gustav von 333, 349

Hubrich, Dr. 266

Humboldt, Wilhelm von 115, 178

Immaculata, Prinzessin von Sachsen-Coburg-Gotha 307

Irmingard, Prinzessin von Bayern, Tochter der Marie Gabrielle 302

Irmingard Marie, Prinzessin von Bayern, Tochter von Kronprinz Rupprecht 304 f.

Isabella (Miranha), Indianerkind 43 f.

Isabella, Prinzessin von Croy 305

Jakob II., König von England 319

Jakobii, Kreszenz 43

Jetzernitzky, Amalie Freiin von 168

Johann Georg, Graf von Preysing-Lichtenegg-Moos 312, 351 360 f., 363

Johann I., König von Sachsen 35, 138

Johann Konrad, Graf von Preysing-Lichtenegg-Moos 312, 361

Johannes (Juri), Indianerkind 43 f.

Joseph von Altenburg, Herzog 138

Joseph, Erzherzog, Palatin von Ungarn 71

Joseph, Herzog von Sachsen-Altenburg 129

Kagerer, Chauffeur 355 f.

Kahr, Dr. Gustav Ritter von 365

Karl August, Herzog von Pfalz-Zweibrücken 17

Karl Ferdinand, Erzherzog 289

Karl Friedrich, Großherzog von Baden 19, 79

Karl I., Kaiser von Österreich 319, 348

Karl II., Großherzog von Mecklenbug-Strelitz 101

Karl Ludwig von Baden, Erbprinz 18, 79 f.

Karl Maria Luitpold, Prinz von Bayern 305
Karl Stephan, Erzherzog 289
Karl Theodor, Herzog in Bayern 38, 300
Karl Theodor, Kurfürst von Pfalz-Bayern 17, 22 f., 25 f., 59, 61, 167
Karl Theodor, Prinz von Bayern, 25, 30, 33, 39, 92, 94, 252
Karl, Erzherzog von Österreich (Held von Aspern) 120
Karl, Großherzog von Baden 72, 76, 81
Karl, Prinz von Hessen und bei Rhein 204
Karoline von Hessen-Darmstadt, Landgräfin 18
Karoline von Hessen-Darmstadt, Marktgräfin von Baden 19
Kellerhoven, Joseph Moritz 39, 152
Kemper, Johannes 266
Kempis, Thomas a 66
Keppler, Bischof Dr. von 341 f.
Kessler, Karl August 102
Keßling, Elisabeth Baronin von 352, 354 f.
Keßling, Carl Ludwig Freiherr von 324
Klenze, Leo von 40, 64, 113, 151, 221, 294
Klopstock, Friedrich 107
Klüber, Johann Ludwig 79
Klug, Ludwig von 265
Kobell, Franz Freiherr von 221, 235, 284
Köberle, Familie 245
Koch, Josef Anton 237
Kosboth, Oberhofmeisterin 113
Kotzebue, August von 37
Kray, General 31
Kreusser, Maria Helene Blanche Freiin von 283 f.

Kronawitter, Georg 110
Krupp, Berta 318
Kühner, Heinrich 102
Küster, Fräulein von, Tochter des Friedrich 221
Küster, Friedrich von 184, 200

La Roche, Freiin Elisa von 274
–, Friedrich du Jurrys Freiherr von 138, 170, 172, 232
La Rosée, Graf Baselet 207, 235
Langner, Peter von 56
Laßberg, Hans Freiherr von 315, 332, 363
Lavater 107
Lebschée, Carl August 55
Lechleitner, Georg 242 ff.
Lechtaler, Karl 242
Lefebvre, Marschall François Joseph 47
Lenbach, Franz Seraph von 297, 323
Lenné, Peter Joseph 211
Leonrod, August Ludwig Freiherr von 207, 232, 235, 357
Leopold II., Großherzog von Toskana 291
Leopold, Großherzog von Baden 83
Leopold, Prinz von Bayern, Sohn Luitpolds 120, 149 f., 215 f., 269, 293
Lerchenfeld, Max Emanuel Graf von 107, 185, 189
Liebig, Justus Freiherr von 221
Liebl, Dekan Heimo 98
Lingg, Bischof Maximilian Ritter von 324
Löhe, Pfarrer Wilhelm 217
Louis Antoine Henri von Bourbon, Herzog von Enghin 20, 69 ff.

Ludendorff, Erich Freiherr von 348

Ludovika (Luise), Herzogin in Bayern, Tochter der Königin Caroline, Mutter der Kaiserin Elisabeth (Sisi) 36 ff., 41, 68, 88, 185, 196, 209, 244, 257, 260, 270

Ludwig Ferdinand, Prinz von Bayern 123, 243, 270

Ludwig I., König von Bayern 18, 24 f., 29 ff., 33, 36, 41, 48, 56 f., 64, 71, 75, 81, 83–92, 94, 97 f., 101, 103–110, 112–127, 129–131, 181, 184 f., 192 f., 197 f., 204, 206, 209, 211, 213, 216, 228, 232, 239, 250, 257, 275, 290, 294

Ludwig II., Großherzog von Hessen und bei Rhein 41

Ludwig II., König von Bayern 121, 145, 162, 203 f., 206 ff., 215 f., 218 f. 223 ff., 228, 233 ff., 237, 241, 243, 245, 250–271, 274–278, 280 f., 290, 294, 300, 314, 317

Ludwig III., Großherzog von Hessen und bei Rhein 83, 91, 94, 97, 117, 151

Ludwig III., König von Bayern Sohn Luitpolds 120, 150, 215, 271, 290–313, 317–320, 327 f., 335, 337, 341, 352 f., 359 f., 365 ff.

Ludwig IX. von Hessen-Darmstadt, Landgraf 18

Ludwig von Oettingen-Wallerstein, Fürst 135 f.

Ludwig Wilhelm, Herzog in Bayern 38

Ludwig XVI., König von Frankreich 18

Ludwig, Herzog in Bayern 38

Ludwig, Prinz Bourbon-Sizilien, Graf von Trani 259

Ludwig, Prinz von Baden 79

Ludwig, Prinz von Sachsen-Coburg-Gotha 306 f.

Ludwig, Prinz, Sohn von Franz von Bayern 305

Ludwig, Prinz, Sohn von Ludwig III. 311

Luise von Sachsen-Hildburghausen, Herzogin von Nassau 92, 103, 107, 111, 150

Luise, Freiin Geyer von Geyersberg, Gräfin von Hochberg 19, 80 ff.

Luise, Königin von Preußen 20, 71, 101 f., 105 f., 164, 178, 181

Luitpold, Prinz, Sohn von Kronprinz Rupprecht 302 f.

Luitpold, Prinzregent, Sohn der Königin Therese 116, 119 f., 124 f., 150, 158 ff., 167, 169, 192, 215, 226, 228, 243, 250, 264, 268- 271, 281, 284, 286, 290, 293, 298, 300, 302, 306, 314, 317, 339

Lutz, Johann von 264

Lützel, Lorenz und Katharina geb. Krebs 330

Luxburg, Caroline Gräfin von 189, 232 f.

Mac-Mahon, Duc de Magenta 279

Malsen, Baron Richard 361

–, Ludwig Freiherr von 280, 293

Mannlich, Christian von 56

Mansen, Ernst 126

Margarethe Klementine Maria, Erzherzogin von Österreich 326

Maria Anna Leopoldine, Tochter der Königin Caroline, Königin von Sachsen 36 f., 41, 88, 138

Maria Anna, Kurfürstin 167, 226

Maria Antonia, Großherzogin von Toskana 291

Maria de la Paz, Infantin von Spanien 270

Maria del Pilar, Prinzessin von Bayern 123, 344

Maria Elisabeth, Prinzessin, Tochter von Franz von Bayern 305

Maria Franziska Dorothea, Prinzessin von Pfalz-Sulzb. 17

Maria Leopoldine, Kurfürstin von Bayern 25 f.

Maria Ludwiga, Prinzessin, Herzogin von Calabrien 305

Maria Nikolajewna, Großfürstin 184

Maria Theresia, Erzherzogin von Österreich 121

Maria Theresia, Kaiserin von Österreich 36

Maria, Gräfin Draskovich von Trakostjan 304

Maria, Prinzessin, Tochter von Ludwig III. 311

Marianne von Preußen, Prinzessin von Hessen-Homburg, Mutter der Königin Marie 177–182, 187 f., 200 f., 204

Marie Adelheid, Großherzogin von Luxemburg und Nassau 304

Marie Antoinette, Königin von Frankreich 78

Marie Charlotte, Prinzessin von Bayern 304

Marie Christine, Königin von Spanien 308

Marie Friederike, Prinzessin von Preußen, Königin von Bayern 35, 37, 49, 97, 117, 121, 136, 138, 151, 153, 166, 177–204, 206–286, 294, 297, 308, 339, 345

Marie Gabrielle, Herzogin in Bayern, Gemahlin von Kronprinz Rupprecht 300–303, 336

Marie Gabrielle, Prinzessin von Bayern, Tochter von Prinz Albrecht 304

Marie Josefa, Prinzessin von Bragança Infantin von Portug. 300

Marie Louise, Erzherzogin, Tochter Kaiser Franz I. 77

Marie Therese, Erzherzogin von Österreich-Este, Königin von Bayern 270, 289–301, 303, 305–343, 349–362, 365 ff.

Marie Valerie, Erzherzogin von Österreich, Tochter von Sisi 261 f., 294

Marie, Herzogin von Braunschweig 78

Marogna-Redwitz, Rudi Graf 357

Martius, Carl Friedrich von 43

Mary Stuart, Königin von Schottland 320

Mathilde Maria Therese, Prinzessin von Bayern, Tochter der Königin Marie Therese 295, 305 f.

Mathilde Therese von Mecklenburg-Strelitz 107

Mathilde, Erzherzogin von Österreich 290, 293

Mathilde, Tochter der Königin Therese, Großherzogin von Hessen-Darmstadt 91, 117 f., 124 f., 145, 151, 158, 169 f., 173, 193 f., 213

Mathilde, Herzogin in Bayern 259

Mathilde, Kaiserin 116

Maurer, Staatsrat 57

Max Emanuel, Prinz von und Herzog in Bayern 38

Max, Prinz von Bayern 304

Maximilian I. Joseph, König von Bayern 17 f., 20–33, 35, 37–53, 57, 59, 63 f., 69, 71 f., 76, 80 f., 86, 88, 90, 103, 107 ff., 114, 118, 124, 151 f., 161 f., 164, 181, 194, 258

Maximilian I., Kurfürst von Bayern 328

Maximilian II. Joseph, König von Bayern 35, 94, 97, 116 f., 120 f., 123–126, 133, 136, 138, 145, 150 f., 153, 158 f., 164, 167, 169, 184- 188, 191–204, 207–214, 216–228, 230, 233, 235, 239–242, 250, 254, 266, 284 f., 318, 335

Maximilian III. Joseph, Kurfürst 226

Maximilian Joseph Karl Friedrich, Prinz von Bayern 33, 40

Maximilian, Bischoff 116

Maximilian, Herzog in Bayern 37 f., 43, 94150, 185, 196, 209, 224, 244, 257, 261

May, Karl 315 f.

–, Klara 316

Mebes, Johann Wilhelm 180

–, Philippine 246, 253

Meier, Hausleute 358

Meilhaus, Johann 206

–, Magdalena Thekla geb. Walz 206

–, Sybille von 206 ff., 216, 232

Meixner, Auguste 314

Menzel, Adolf von 221

Mercy, d'Argenteau, Franz Joseph 48

Metternich, Klemens Wenzel Lothar Fürst 121, 156

Metting, Moritz Freiherr von 141

Metzer, Hofkaplan Dr. Joseph 24

Meyer, Jakob, Bürgermeister von Basel 178

Mia, Comteß 85

Michel, Balthasar 63

Mikes, Bischof Graf 320

Miller, Ferdinand von 153, 322

–, Fritz von 153

Möckl, Karl 242

Moll, Johann 237

Montez (Gilbert), Lola (Maria Dolores) 57, 121, 143 f., 154–158

Montgelas, Freiherr (ab 1809 Graf) Maximilian Joseph von 20, 23 32, 45, 59 f., 63 f., 75, 78, 103 f., 107

Moreau, Jean Victor, General 32 f.

Moy, Ernst Graf von 358 f.

Mühle, Julie Gräfin von der 233, 243, 267, 269, 274, 280, 284

Müller 213

Muth, Karl 332

Nachtmann, Franz Xaver 55

Napoleon I., Kaiser 17, 30, 33, 45–48, 57, 69–78, 103, 107, 112, 120, 123, 163, 178 f.

Napoleon III., Kaiser 279

Neureuter, Alois 233

Nikolaus I., Zar 86, 101, 133

Nonne, Johanna 101 f.

Nostiz, Generalleutnant von 188

Notburga Karolina Maria Therese, Prinzessin von Bayern 309

Nußbaum, Johann Nepomuk von 274

Odilio, Pater 311

Odilo von Cluny, Abt 116

Offenbach, Jacques 263

Ohlmüller, Daniel 125

Olga, Großfürstin 133

Orff, Major Karl Maximilian von 263

Ortner, Thaddäus 286

Osterrieder, Sebastian 321

Otto Friedrich Ludwig, Sohn Ludwig I., König von Griechenland 116, 118 ff.124–133, 137, 139, 144, 149 f., 153, 155, 160, 169, 172, 204, 212, 214, 216

Otto von Hohenschwangau, Prinz 233

Otto, Prinz von Bayern, Bruder Ludwigs II. 120, 159, 209, 214f., 224, 226, 234–238, 240f., 243, 250, 253f., 260–266, 269, 271f., 275, 280, 292, 300, 317f.
Ottomeyer, Hans 54

Pacelli, Nuntius Eugenio 304, 329
Pappenheim, Max Graf von 235, 284
Paul Friedrich August, Großherzog von Oldenburg 129
Paul I., Zar 19, 22
Paul, Herzog von Württemberg 157
Paul, Jean 101, 107
Pauli, Elise 224
Percier, Charles 163
Pertsch, Johann Nepomuk 64
Petersen, Hans Ritter von 135, 298
Peterson, Christoph de 62
Petin, Marie Anna Sophie, ab 1823 Freifrau von Bayersdorf 30
Petzmayr, Zitherspieler 150, 224
Philipp von Bayern, Herzog 136
Philipp, Matthäus und Katharina geb. Gulgas 330
Pillement, Euphrasia Gräfin von 189, 221, 232
Piloty, Karl Theodor und Ferdinand 323
Pius IX., Papst 243
Pius XII., Papst 304
Platen, August Graf von 55
Pocci, Franz Graf von 107f., 221, 274, 314
–, Marie Gräfin von 274
Ponickau, Freiherr von 239
Possart, Ernst Ritter von 278
Prela, Nuntius Michael Viale 198, 241
Puille, Charles Pierre 55

Quaglio, Domenico 55

Rall, Hans 18, 122, 132, 225, 308
Rango, Major von 128
Ranke, Leopold von 227, 236
Rasso, Prinz, Sohn von Franz von Bayern 305
Raumer, Geheimrat von 188
Rechberg, Gräfin 274
–, Karl Graf von 94, 96, 232
Redwitz, Oskar Baron von 354–357
–, Marie Baronin von 119, 221, 295, 300f., 307, 334ff., 366
Reindl, Domdechant Karl von 244
Reisach, Erzbischof Karl August von 98
Ricciardelli 235
Ricciardelli, Graf 232, 235
Richarz, Bischoff Peter von 95
Rid, Ludger Pater 309
Riehl, Wilhelm Heinrich 221f., 235
Ringelmann, Friedrich von 172
Rochow, preuß. Staatsminister von 189
Rohan-Rochefort, Charlotte von 70
Roland, Berthold 152
Rolle, Theodor 136
Romberg, Nervenarzt 213
Rossini, Gioacchino 188
Rückert, Friedrich 107
Rudolf, Prinz von Bayern, Sohn von Kronprinz Rupprecht 301
Rupert, Pater 361
Rupprecht, Kronprinz von Bayern 295, 300–305, 311, 331, 336, 341, 352, 361f., 365, 367

Sailer, Johann Michael 241
Salabert, Peter de Abbé 27, 71
Sambuga, Joseph Anton 104
Sattler geb. Geiger, Katharina 56f.

Sattler, Wilhelm 56
Schack, Adolf Friedrich von 221
Schaffgotsch, Bischof von Brünn, Graf von 293
Scheidl, Elisabeth 353–357
Scheidl, Fanny 333
Schelling, Friedrich Wilhelm Joseph von 186 f., 197, 213, 226
Scherr, Erzbischof Gregor von 245, 252, 300
Schilcher, Walburga von 274
Schiller, Friedrich 186, 278
Schizlein, Forstmeister 358
Schleitheim, Baron 238
Schlichter, Zimmermann 233
Schmalz, Augenarzt Dr. 137 f.
Schmedding, Franz Karl 325
Schmid, Christoph von 314
Schmidbauer, Wolfgang 206, 266
Schmidt, Dr. 307
Schmidt, Ludwig, Hofprediger 34, 59–64, 86 f., 91, 93,
Schneller, Dekan Josef 238, 242
Schönborn-Wiesentheid, Franz Erwein Graf von 113
Schöpf, Fräulein 20
Schorn, Ludwig von 146
Schrenk, Freifrau von 274
Schrettinger, Leibarzt Dr. 169
Schreyer, Monika 333
Schubert, Franz 322
Schumann, Robert 322
Schuster, Johann 162
Schwanthaler, Ludwig von 54, 150, 152
Schwind, Moritz von 225
Seinsheim, Gräfin von 49
Seinsheim, Karl August Joseph von 114, 150, 189
Seipp, Bettina 322
Senfft, Graf von 156
Seydewitz, Graf von 62 f.

Seyssel, d'Aix Graf und Gräfin von 121
Siegert, Pfarrer in Fischbach 200, 202, 208, 210, 212 f., 239, 268
Sophie Charlotte, Herzogin in Bayern, Schwester von Sisi 162, 257–261
Sophie Friederike, Prinzessin von Bayern, Tochter der Königin Caroline 36, 41, 50, 68, 84, 88, 92
Sophie Marie Therese, Prinzessin von Bayern 304
Spaur, Karl Graf zu 185
Spix, Johann Baptist von 43
Stainer-Knittel, Anna Rosa (Geier-Wally) 238
Stanhope, Philipp Henry vierter Graf von 79, 82, 84
Stein, Heinrich Friedrich Karl Freiherr vom und zum 19, 178 f.
Steininger, Professor 263
Steinsdorf, Therese von 274
Stengel, Henriette von 102
Stephanie, Kronprinzessin 301
Stieler, Joseph 39, 55, 122, 130, 152, 154, 161, 199
Stiglmair, Johann Baptist 44
Stock, Joseph 202
Straub, Frau 330
Strauß, Friedrich Adolph 187
Strixner, Nepomuk 152
Strunz, Hauptmann 232
Stuck, Franz von 323
Stuntz, Johann Baptist 57
Sybel, Heinrich von 221

Talleyrand-Périgord, Charles Maurice Herzog von 107
Tann, Freifrau von der 274, 280
–, Heinrich Freiherr von der 83, 148, 173, 197, 221

–, Ludwig Freiherr von der 232–235, 254

Tannenberg, Therese Gräfin von 199

Tänzl von Tratzberg, Antonie Freiin 334

Taufkirchen, Oberstsilberkämmerer Graf von 26

Teichlein, Anton 153

Theodolinde Charlotte Luise, Prinzessin von Bayern, Tochter der Königin Therese 119

Therese, Königin von Bayern, Prinzessin von Sachsen-Hildburghausen 65 f., 83, 92, 97, 101–174, 192, 194, 201, 213, 216, 218, 239 f.

Therese, Prinzessin von Bayern, Schwester König Ludwig III. 120, 238, 242, 250 f., 261, 267 ff., 271 f., 280, 283, 286, 300, 308, 315

Therese, Prinzessin von Lichtenstein 343

Thiersch, Friedrich Wilhelm 34, 41 f., 64, 130, 132, 220, 223

Thoma, Ludwig 328

Thorvaldsen, Bertel 40

Thurn und Taxis, Albert Fürst von 326

–, Anton Lamoral von 259

–, Fürst von 50, 318

–, Karl Alexander Fürst von 107

–, Mathilde Sophie von 121

–, Mathilde Therese von 101, 119

–, Maximilian Karl von 121

–, Prinz Joseph von 83

Tiefenthaler, Chauffeur 354, 359

Tschokke, Heinrich 66

Türk, Dekan J. von 249, 270

Urach, Eberhard von 316

Usedom, Kammerherr von 188

Veit, Dekan 338

Velics, Dr. von 343

Victoria, Königin von England 271

Voß 42

Wagner, Richard 252, 254, 258, 263

Waibl, Pfarrer Christian 244, 283

Waldemar, Prinz von Preußen 180, 189, 211

Wallerstein, Ludwig Fürst von Oettingen 50

Warmut, Graf von Preysing-Lichtenegg-Moos 361 f.

Wäschle, Frau 350

Washington, Carl Freiherr von 267

Weber, Carl Maria von 35, 102

Weiland, Luise Hofrätin 135

Weinmiller, Witwe 324

Weis, Eberhard 18

Weiß, Professor Dr. Johann Evangelist 296

Welden, Karl Freiherr von 189, 295

Wenzeslaus, Clemens, Bischof von Augsburg 46, 161

Wenzeslaus, Kunigunde 45

Werthern, Freiherr von 262 f.

Wetzenhausen, Christian Truchseß von 112

Wichern, Johann Hinrich 217

Wilhelm I., Kaiser 188, 247 f., 280

Wilhelm I., König von Preußen 101, 224 f., 275

Wilhelm II., Kaiser 305, 309, 318, 329

Wilhelm von Birkenfeld, ab 1799 Herzog in Bayern 22, 24 f., 37

Wilhelm, Fürst von Hohenzollern 304

Wilhelm, Herzog von Nassau 103

Wilhelm, Herzog von Urach, Graf von Württemberg 310

Wilhelm, Kronprinz von Württemberg 74
Wilhelm, Prinz von Hessen 283
Wilhelm, Prinz von Preußen, Vater der Königin Marie 177 ff., 181, 184, 188, 204
Wilson, Woodrow 348
Wiltrud Maria Alix, Prinzessin von Bayern 296, 303, 309–311, 315, 326, 334, 348–354, 356–360, 362
Wimmer, Paula 323
Windischmann, Friedrich 96
Wolfgang Maria Leopold, Prinz von Bayern 308, 313
Wolfsteiner, Joseph Dr. 233, 275

Woronzow, Semen Romanowitsch Graf 53
Wrede, Baronin 46
–, Karl Philipp Fürst von 47, 85 f., 184
Wulfen, Baron von 235
–, Berta Freiin von 334, 351

Zentner, Friedrich von 31
Ziebland, Friedrich 127
Zimmermann, Professor Adolf 297
Zoller, Baron Ludwig von 221, 232
Zügel, Heinrich 308 f.
Zwehl, Helene von 334, 351
Zwehl, Maria von 330, 339

Martha Schad
Kaiserin Elisabeth und ihre Töchter

201 Seiten mit 31 Farb- und 28 s/w-Abbildungen.
Serie Piper

Einundzwanzig Salutschüsse kündigten 1855 die Geburt von Erzherzogin Sophie von Österreich an, der ersten Tochter des österreichischen Kaiserpaars Elisabeth und Franz Joseph. Ein Jahr später wurde Erzherzogin Gisela geboren. Als nach dem plötzlichen Tod der gerade zweijährigen Sophie endlich der ersehnte Thronfolger Rudolf zur Welt kam, war die Freude am Hof und beim Volk überwältigend. Zehn Jahre später folgte Marie Valérie, der erklärte Liebling von Mutter Elisabeth, der kleine Sonnenschein am Kaiserhof. Martha Schad schöpft für diese Familienchronik wie eine intime Freundin aus dem privaten Fundus der Kaiserfamilie. Anhand von Briefen, Tagebüchern, Gemälden und Photographien folgt sie den Lebenswegen der Töchter der Kaiserin und denen ihrer Nachkommen bis in die Gegenwart.

Martha Schad
Die Frauen des Hauses Fugger

Mit sanfter Macht zum Weltruhm.
190 Seiten mit einem farbigen Bildteil. Serie Piper

Die Augsburger Handwerker- und Kaufmannsfamilie Fugger stieg im 16. Jahrhundert zu sagenhaftem Reichtum und politischem Einfluß auf. Den Weg von einfachen Webern zum wichtigen Handelsgeschlecht ebneten auch die bislang nur wenig beachteten weiblichen Akteure des Hauses: Martha Schad zeigt, wie mit sanfter Macht die Fäden der Familien- und Reichspolitik gezogen wurden. Ein engagiertes Geschichtsbuch, das detaillierte Einblicke in Freud und Leid der Fugger bietet und dabei die historische Objektivität niemals verläßt.

»Die Autorin holt die Frauen aus der Fußnote der Geschichtsschreibung ... Mit der bei Martha Schad gewohnten Mischung aus Witz, Spannung und Detailreichtum.«
Aichacher Zeitung

SERIE PIPER

Marie Valérie von Österreich

Das Tagebuch der Lieblingstochter von Kaiserin Elisabeth 1878–1899. Herausgegeben von Martha und Horst Schad. 352 Seiten mit 70 Abbildungen. Serie Piper

Marie Valérie (1868–1924) wurde als viertes Kind von Kaiser Franz Joseph und Kaiserin Elisabeth in Budapest geboren. Wie keines der anderen Geschwister gewann sie das Herz ihrer Mutter und durfte ihre Nähe erleben, aber auch Sisis ruheloses Leben. In ihrem Tagebuch beschreibt Marie Valérie ihre Eltern, Geschwister und Verwandten ganz unmittelbar, oft ungeschminkt. Kritisch beschreibt die Erzherzogin auch ihre Zeit, die Monarchie und nicht zuletzt sich selbst – als Kind, als Braut, als Frau und Mutter.

»Wer dieses interessante, reich bebilderte Buch mit der Absicht gekauft hat, um mehr Persönliches über die legendäre Kaiserin von Österreich zu erfahren, wird nicht enttäuscht sein.«
seitenweise

Cosima Wagner, Ludwig II. von Bayern

Briefe

Eine erstaunliche Korrespondenz. Zum ersten Mal vollständig herausgegeben von Martha Schad unter Mitarbeit von Horst Heinrich Schad. 576 Seiten mit 23 Abbildungen. Serie Piper

Schon als junger Mann schwärmte Ludwig II. für die Musik Richard Wagners. Zum König gekrönt, holte er den mittellosen Komponisten nach München, für Wagner der Wendepunkt seines Lebens. Der Briefwechsel zwischen König Ludwig II. und Wagners Frau Cosima erhellt das biographische Zwielicht der Jahre 1865 bis 1869. Es sind die Jahre der »heimlichen« Ehe Wagners mit Cosima, der Uraufführung seiner epochemachenden Werke »Tristan« und »Meistersinger« sowie des Ringens um ein eigenes Opernhaus. Die Herausgeberin Martha Schad hat die zahlreichen Anspielungen und Zitate entschlüsselt und so die Bedeutung dieses erstaunlichen Briefwechsels deutlich gemacht, der zugleich einen neuen Zugang zur Person Richard Wagners eröffnet.

Brigitte Hamann

Elisabeth

Kaiserin wider Willen. 660 Seiten mit 57 Fotos. Serie Piper

Das übliche süße Sisi-Klischee wird man in diesem Buch vergeblich suchen: Elisabeth, Kaiserin von Österreich, Königin von Ungarn, war eine der gebildetsten und interessantesten Frauen ihrer Zeit: eine Königin, die sich von den Vorurteilen ihres Standes zu befreien vermochte. Häufig entfloh sie der verhaßten Wiener »Kerkerburg«, weil sie nicht bereit war, sich von den Menschen »immer anglotzen« zu lassen. Statt dessen war sie monatelang auf Reisen, lernte Sprachen und trieb – im Rittersaal der Hofburg! – Sport. Schon vor dem Attentat war sie eine legendäre Figur geworden.

Brigitte Hamann

Kronprinz Rudolf

Ein Leben. Aktualisierte Neuausgabe. 544 Seiten mit zahlreichen Abbildungen. Serie Piper

Der Suizid von Kronprinz Rudolf von Österreich (1858 bis 1889) in Mayerling am 30. Januar 1889 war ein Schock für ganz Europa und sollte die Welt nachhaltig beeinflussen. Hier zeichnet die Bestsellerautorin Brigitte Hamann das detaillierte Bild eines liberalen Intellektuellen, der stets vehement gegen Antisemitismus, Nationalitätenhaß und Klerikalismus eintrat und dessen politisches Ziel ein vereintes Europa liberaler Staaten war.

»Ein profundes und dabei außerordentlich lesbares Werk, ein Buch, das keineswegs nur historisch interessierte Leser fesseln kann, sondern auch eine reiche Fundgrube für psychologisch Interessierte bedeutet.«
Wochenpresse

SERIE PIPER

SERIE PIPER

Thea Leitner

Habsburgs verkaufte Töchter

272 Seiten mit 16 Abbildungen.
Serie Piper

Thea Leitner bringt in ihrem Bestseller eine unbekannte Seite der europäischen Geschichte zur Sprache, nämlich die Biographien Habsburger Prinzessinnen, die schon im Kindesalter der Politik verschrieben wurden. Ihre Wünsche und Gefühle hatten keinen Platz. Obwohl von Kindesbeinen an über sie verfügt wurde, waren sie als erwachsene Frauen keineswegs passive Opfer ihrer Herkunft. Im Gegenteil, unter ihnen gab es eine Reihe brillanter Politikerinnen, teils klüger und geschickter als die Herren des Hauses Habsburg.

Stefan Gläser

Frauen um Napoleon

261 Seiten und 16 Seiten Bildtafeln.
Serie Piper

Elf Frauen, die in Napoleons Leben eine besondere Rolle spielten, die seinen glanzvollen Aufstieg und seinen jähen Sturz erlebten, die ihn liebten, bewunderten oder auch verachteten: von der Mutter Letizia und den drei Schwestern über die Ehefrauen Joséphine und Marie Louise und die beiden Adoptivtöchter bis hin zur Geliebten Marie Walewska und den Gegnerinnen Königin Luise und Madame de Staël – sie alle hat Stefan Gläser historisch fundiert und mitreißend porträtiert.

»Eine flüssig zu lesende und zugleich neue Einsichten eröffnende Ergänzung zu den unzähligen politischen Napoleon-Biographien.«
Geschichte

Karin Feuerstein-Praßer

Die preußischen Königinnen

367 Seiten mit 38 Abbildungen.
Serie Piper

Es war durchaus kein leichtes Schicksal, das die preußischen Königinnen im »Männerstaat« Preußen zu bewältigen hatten. Gleichwohl gelang es einigen von ihnen, sich Freiräume zu schaffen – beispielsweise der »Philosophin auf dem Thron«, Sophie Charlotte von Hannover, und der bis heute wohl populärsten preußischen Königin, Luise von Mecklenburg-Strelitz. Andere wiederum litten unter den höfischen Intrigen und der Mißachtung ihres Gemahls oder konnten sich nur durch Lügen oder Heuchelei behaupten.
Unterhaltsam und mit großer Sachkenntnis erzählt Karin Feuerstein-Praßer vom Leben der sieben preußischen Königinnen.

»Wer sich für Geschichte interessiert und für Frauenschicksale der etwas besonderen Art, wird an dieser Lektüre viel Vergnügen haben.«
Aachener Nachrichten

Klaus Günzel

Das Weimarer Fürstenhaus

Eine Dynastie schreibt Kulturgeschichte. 223 Seiten mit 32 Seiten Abbildungen. Serie Piper

Am Weimarer Hof wurde eines der glanzvollsten Kapitel der europäischen Kulturgeschichte geschrieben. Vor allem die Frauen prägten das Gesicht der Dynastie: Herzogin Anna Amalia machte aus dem unbedeutenden Kleinstaat eines der wichtigsten geistigen Zentren des 18. Jahrhunderts. Als ihr Sohn Carl August den jungen Goethe an den Weimarer Hof holt, beginnt der Aufstieg des Fürstenhauses zum strahlenden Mittelpunkt der deutschen Klassik. – Mit leichter Feder zeichnet Klaus Günzel die Geschichte der Weimarer Dynastie und beleuchtet dabei auch die menschlichen Licht- und Schattenseiten ihrer bedeutendsten Persönlichkeiten.

»Eine vorzügliche Schilderung des nicht nur klassischen Weimar.«
Frankfurter Allgemeine Zeitung

SERIE
PIPER

Ein Streifzug durch die Geschichte Bayerns

Hrsg. von Sigmund Bonk und Peter Schmid
208 Seiten • 8 Farbseiten, 8 Textabb.
Gebunden mit Schutzumschlag
ISBN 978-3-7917-1989-4 • € (D) 19,90

www.pustet.de   **Verlag Friedrich Pustet**